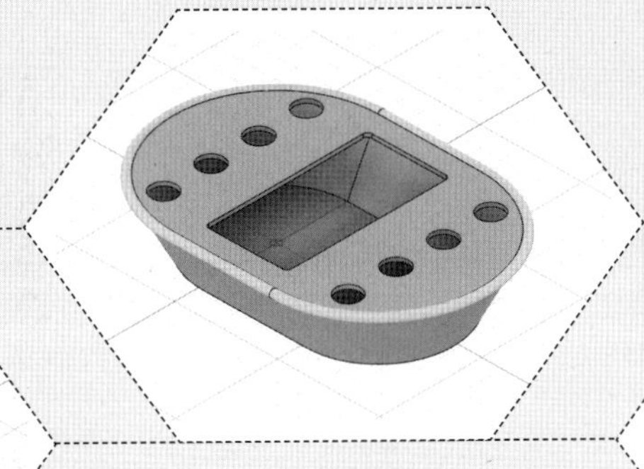

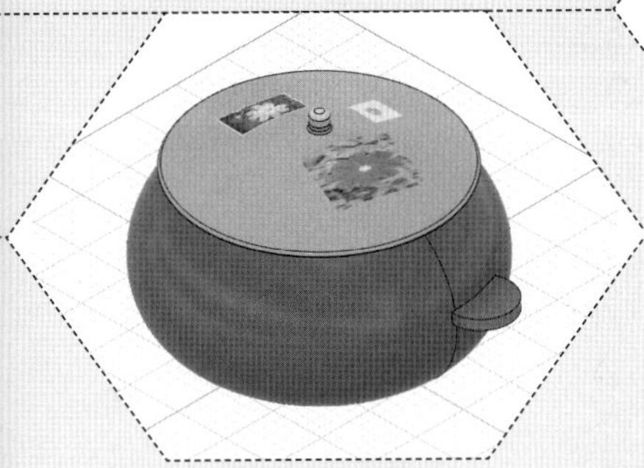

재미있고 신나는
3D모델링

원대희 지음

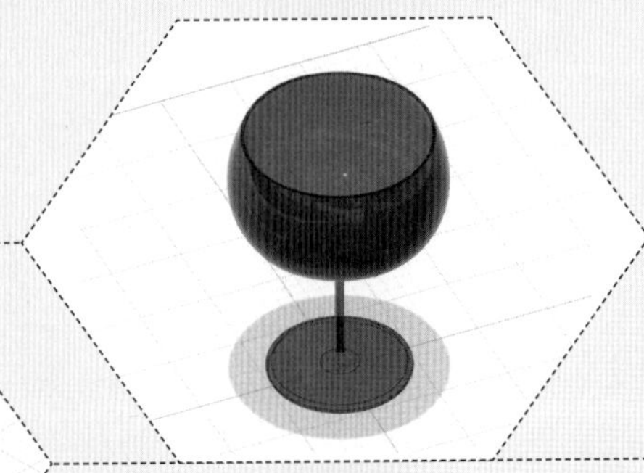

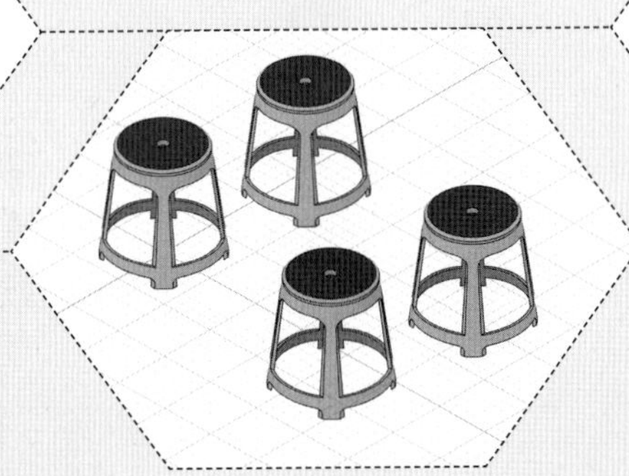

GS인터비전

머리말

3D 프린팅은 4차 산업혁명 시대에 매우 관심이 있는 산업 중의 하나이며, 따라서 많은 학생들이 관심을 갖고 있다. 서점에 3D 프린팅에 관련된 많은 서적이 출판되고 있다. 이 책에서 3D 모델링을 하는데 사용한 도구는 Fusion 360 프로그램으로 미국 오토데스크 회사에서 개발된 프로그램을 사용하였으며, 학생 및 교수자용으로 무료로 사용할 수 있도록 제공되고 있다.

이 책에서는 1장에는 도면에 대한 기초이해와 3D 프린팅에 대하여 이해를 할 수 있는 내용을 요약해서 서술하였으며, 2장에서는 솔리드 모델링을 사용하여 다양한 제품에 대하여 모델링하는 방법에 대하여 서술하였고, 3장에서는 곡면 모델링 방법을 적용하여 새로운 제품에 대하여 모델링 하는 방법을 기술하였다.

이 책의 특징은 오랜 기간 3D 프린팅 및 모델링 수업을 진행하면서 처음으로 배우는 이공계열, 인문사회계열, 예체능계열, 경상계열, 의학계열 등 여러 학문 분야의 학생들에게 쉽게 다가갈 수 있도록 노트에 정리한 내용을 정리하여 책으로 출판하였다.

끝으로 이 책으로 공부하는 학생들이 열심히 습득하여 자신의 생각과 아이디어로 새로운 신제품에 개발하는데 조금이라도 도움이 되었으면 하는 간절한 마음이다.

원대희 저자

차례

Chapter 1

제도 일반 및 3D 프린팅 소개

1-1 제도 일반

- 도면은 부품의 3차원 입체형상을 그래픽 방법으로 표현한 것이며, 도면을 작성하는 것을 "제도"라 한다. 제도는 자신의 생각과 아이디어를 표현하기 위한 그래픽 언어이다. 따라서 제도에 의해서 작성된 도면은 국제적으로 통용되므로 세계 공통언어라고 할 수 있다.
  - 제도 : 도면을 작성하는 것, 그래픽 언어
  - 도면을 그리는 목적 : 의사소통
  - 사람들이 의사소통을 위해 사용하는 것 : 그림, 도면, 기호

- 여러 나라의 표준규격 제정

  미국 (ANSI), 일본 (JIS), 독일(DIN), 국제(ISO), 한국(KS) 등의 규격이 있다.

- 한국은 제도와 관련된 규격은 KS A 0005 제도 통칙이 있다.

- 제도에서의 치수의 단위는 mm이다.

  예) 사람의 키가 170 cm인 경우 키 1700 mm로 작성해야 한다.

- KS 규격 A0111에 "제도에 사용되는 투상법"에서 "투상도는 제3각법에 의하여 그린다."라고 되어 있다.
  - 투상법 : 광원, 입체 및 평면을 나란히 놓고, 광선을 입체에 비추어 평면으로 옮겨진 그림으로 입체를 표시하는 화법을 말한다.
  - 투상선 : 광선에 해당되는 것을 말한다.
  - 투상면 : 그림이 옮겨지는 평면을 말한다.
  - 투상도 : 투상면에 그려진 그림을 말한다.

■ 투상도의 명칭은 정면 방향을 기준으로 아래와 같이 부른다.

- 정면도 : 정면에서 투시한 투상도
- 우측면도 : 우측에서 투시한 투상도
- 평면도 : 위에서 투시한 투상도
- 좌측면도 : 좌측에서 투시한 투상도
- 배면도 : 뒤쪽에서 투시한 투상도
- 저면도 : 밑에서 투시한 투상도

제 3각법 도면의 배열 위치

예) 아래에 나타낸 도면은 절단된 원뿔형 깔대기의 정면도와 좌측면도이다.
사다리꼴이 정면도이다.

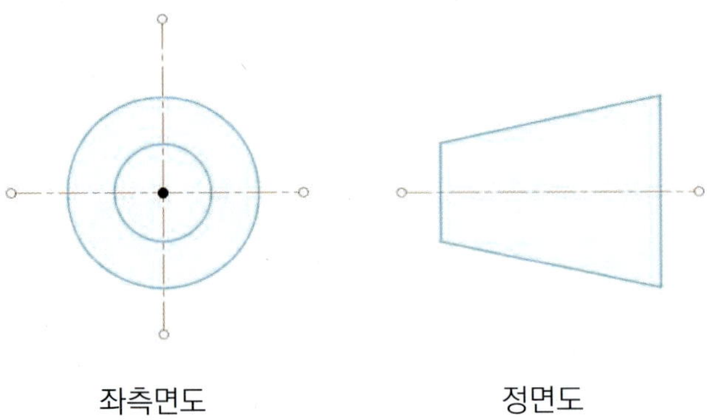

도면에서 제3각법 표시

KS 규격 A0109에 " 선의 형태에 따른 명칭과 기본적인 형태"를 나타내었다.

선의 명칭	형태	해설
실선	――――――――――	연속된 선(외형선)
파선	······························	일정한 간격으로 짧은 선의 요소가 규칙적으로 반복된 선(숨은선)
1점 쇄선	—·—·—·—·—·—	장, 단 2종류의 길이의 선의 요소가 규칙적으로 반복된 선(중심선)
2점 쇄선	—··—··—··—··—	장, 단, 단, 장의 순서로 반복된 선(가상선)

도면에 작성되는 모양 기호

모양 기호		기입 예
지름	ϕ(D)	ϕ 13
두께	t	t7
반지름	R	R25
45° 모따기	C	C5
정사각형	□	□30

1-2 3D 프린팅 소개

- 3D 프린팅이란 3차원 CAD에 따라 생산하고자 하는 형상을 만들 때 재료를 열로 녹여서 붙이거나, 레이저나 빛으로 응고시켜 형상을 만드는 신속조형 기술을 말한다.

  신속조형(Rapid Prototyping) 기술은 컴퓨터 내에서 작업된 3D 모델링 데이터를 손으로 만질 수 있는 물리적인 형상으로 빠르게 제작하는 기술을 말한다.

- 디지털 파일이 3D 프린터에 의해 출력되는 과정

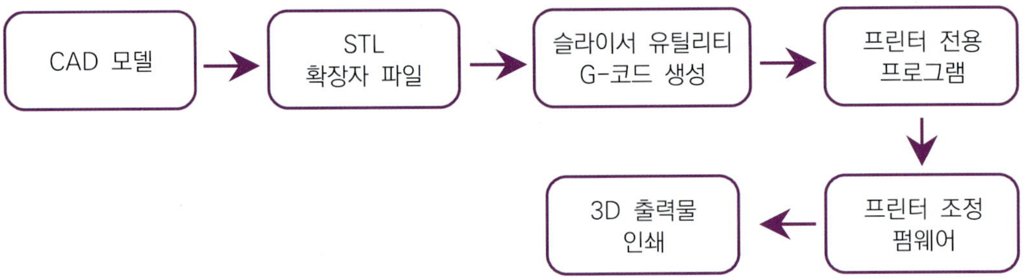

- 슬라이서란 프린터시 적층되는 두께로 얇게 분할하는 것을 말한다.

- 3D 프린팅의 장점과 단점은 다음과 같다.

① 장점

◇ 디자인 가변성이 용이하다.

- 제품디자인 소요 시간이 단축되어 다품종 생산이 가능하다.
- 대량생산이 불가능한 맞춤형 디자인 제품 생산이 용이하다.
- 보청기, 의족, 임플란트 등을 만들 수 있다.
- 개인별 차이로 1:1 맞춤 제작이 필요한 제품에 적용할 수 있다.

◇ 기존 방식으로 생산 불가한 제품의 효율적인 구현이 가능하다.

- 기존 절삭가공으로 구현 불가능한 구조의 사출 금형 몰드와 완성부품, 완제품 생산이 가능하다.
- 소재의 낭비를 줄이고 복잡한 구조 구현이 가능하고, 강도 및 기능을 향상시킬 수 있으며, 무게 감소 제품의 생산이 가능하다.

◇ 제조 공정이 단축된다.

- 후처리 공정을 거친 후 바로 완제품 생산이 가능하다.
- 기존 공정 대비 시장 출시 시간이 단축된다.
- 부품 제조, 인건비, 조립비, 물류비 등이 상대적으로 경감된다.

② 단점

◇ 제작속도, 제품크기, 완성도에 제약이 있다.

- 보급형 FDM 프린터의 경우 1시간에 3 cm 작업 가능하다.
- 대량생산으로 발생하는 규모의 경제 달성이 불가능하여, 단위당 생산비가 고정된다.
- 생산 제품 크기가 제한된다.
- 보급형 프린터 제품은 디테일이 부족하다.
- 후처리(연마 등)공정이 필요하다.

◇ 사용가능한 소재가 제한적이다.

- 현재 플라스틱, 종이, 세라믹, 일부 금속분말로 제한된다.
- 내구성을 극복하는 다양한 소재를 개발 중에 있다.
- 식품소재, 바이오 소재 등 복합 기능소재에 대한 개발이 필요하다.
- 분말, 필라멘트 형태에서 액상, 판형 등으로 확대가 필요하다.

◇ 지식재산권 침해 및 안전성 위험이 있다.

- 3D 스캐닝을 통해 디자인 복제 가능하다.
- 향후 디자인 침해 지재권 분쟁 증가 우려가 있다.
- 보급형 3D 프린터 확산에 따라 저작자가 저작물 활용 조건을 지정하는 CCL 방식이 확산 될 전망이 있다.
- 총기, 불법 약물제조 등 건강과 안전에 위험이 크다.

1-3 3D 프린팅의 역사

- 1978년 3M사에서 알렌 허버트에 의해 광조형 연구 시작
- 1980년 " 입체 도형 만들기 장치" 세계 최초 특허 출원, 일본인 히데오 코다마
- 1981년 기능성 포토 폴리머에 관한 실험 결과를 일본 전자통신학회 발표, 히데오 코다마
- 1983년 찰스 헐, STL 파일 형식을 개발한 최초의 프로토 타입의 SLA-1을 선보임
- 1986년 "조형에 의한 3차원 물체의 제조 장치" 미국 특허 획득
- 1992년 미국의 스트라타시스사의 스캇 크럼프, " 3차원 물체를 생성하는 장치 및 방법" 미국 특허 획득, FDM 방식, 3D 시스템사에서는 MJM 방식의 기술 특허 획득
- 1993년 MIT에서 3DP 방식으로 특허 획득
- 1994년 세계 최초로 금속분말에 레이저 소결 방식을 적용한 DMLS 방식 출시
- 1996년 미국 솔리드 스케이프사의 "3D 모델 메이커" 특허 획득
- 1998년 영국 아캄 리미티드 "입체물을 생산하는 방법 및 장치" 미국 특허 획득
- 2001년 독일, DLP 방식 기술 출시
- 2005년 고선명 칼라 3D 프린터인 "Z510"출시
- 2007년 이스라엘, 다양한 재료로 3D 프린팅이 가능한 Connex 500 출시
- 2008년 미국, 3DP 방식 출시
- 2011년 영국 사우스햄튼대학에서 세계 최초 3D 프린터로 제작한 비행체를 제작하여 시험 비행 성공
- 2014년 SLS 방식의 특허 만료

1-4 3D 프린팅의 주요 조형방식

FDM(Fused Deposition Modeling)

열가소성 플라스틱 재료를 반용융 상태로 가열하여 녹인 다음, 컴퓨터가 제어하는 경로에 의해 압출하는 방식으로 한층씩 부품을 쌓아가며 완성하는 방식이다.

SLA(Stereo Lithography Apparatus)

액상 기반의 재료(광경화 수지)를 이용하는 방식으로 액체 상태의 재료를 자외선 레이저를 사용하여 한층 한층 경화시켜 조형하는 방식이다.

DLP(Digital Light Processing)

광경화 수지를 경화시켜 모델을 제작하는 방식이다.

SLS(Selective Laser Sintering)

선택적 레이저 소결방식으로 사용 가능한 소재의 종류가 비교적 다양하고 분말 형태의 플라스틱, 알루미늄, 스테인레스 등을 사용하여 복잡한 형상 구현이나 절밀도가 요구되는 실용적인 제품을 제작할 수 있다.

MJM(Multi-Jet Modeling)

잉크젯 프린팅 방식 이라고 하며, 빌드 재료인 아크릴 포토 폴리머와 서포트 재료가 되는 왁스를 동시에 분사하여 자외선으로 경화시키면서 모델을 제작하는 방식이다.

LOM(Laminating Object Manufacturing)

얇은 두께의 종이나 롤 상태의 PVC 라미레이트 시트와 같은 재료에 열을 가하고 접착하고 레이저 빔으로 불필요한 부분을 잘라내면서 모델을 조형하는 방식이다.

1-5 Fusion 360 프로그램 설치

Fusion 360 프로그램 찾기

순서 1 Naver 또는 Daum에서 오토데스크 코리아를 작성하여 찾는다.

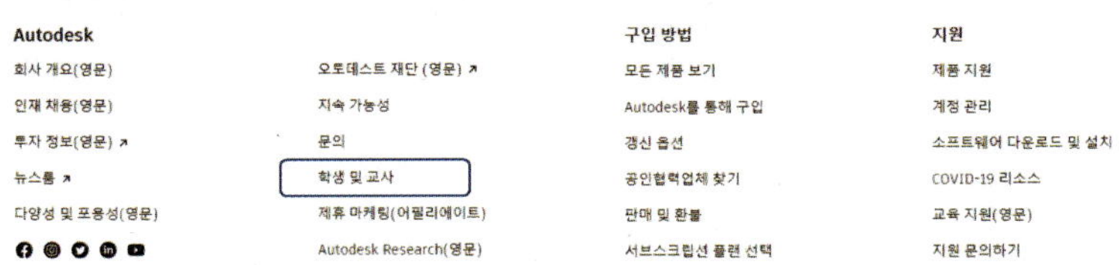

순서 2 www.autodesk.co.kr 선택한다.
메인 화면 아래쪽으로 내려가면 오토데스크 정보에 학생 및 교사를 찾아 클릭한다.

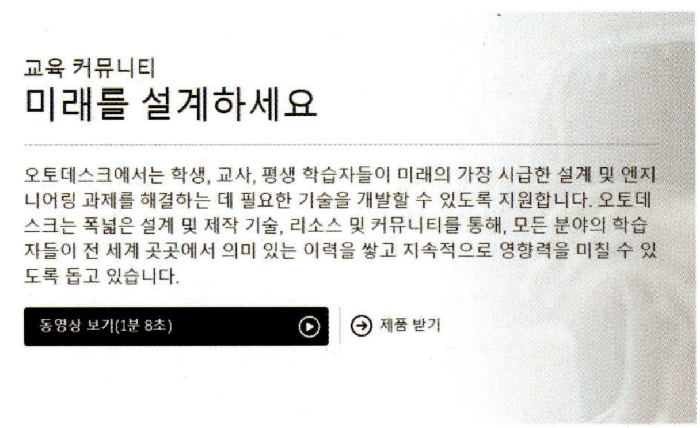

순서 3 "교육 커뮤니티 미래를 설계하세요"에서 제품 받기를 선택한다.

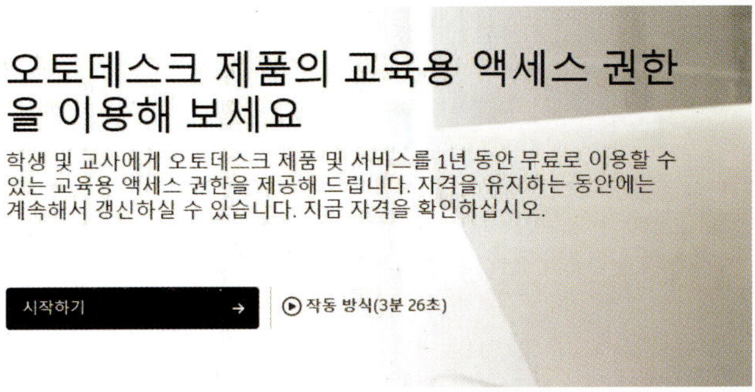

순서 4 "오토데스크 제품의 교육용 엑세스 권한을 이용해 보세요."화면에서 시작하기를 누른다.

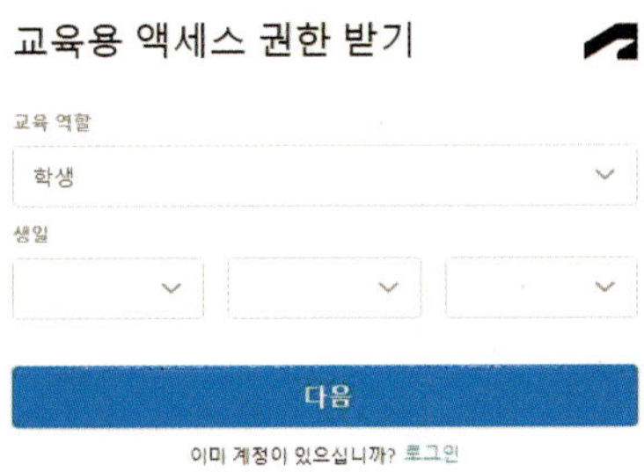

순서 5 교육용 권한 받기에서 교육의 역할을 눌러 학생을 선택한다.
생일을 넣고 다음을 누른다.

순서 6 전자 메일, 암호를 입력하고 약관에 동의한 뒤 계정 작성을 누른다.

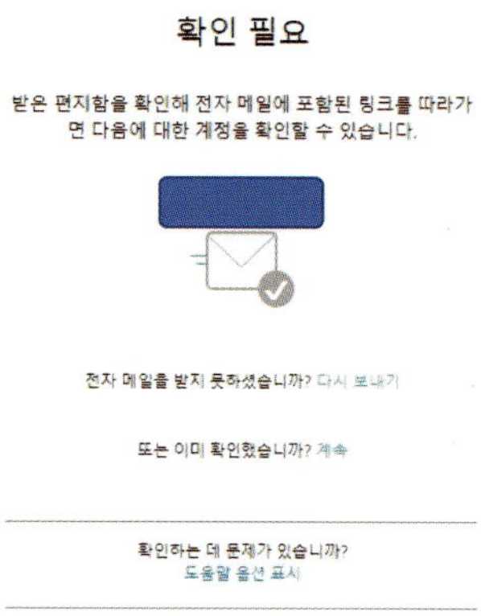

순서 7 계정을 신청한 학생들의 메일을 확인하기 위해 전자메일 확인을 요청한다.

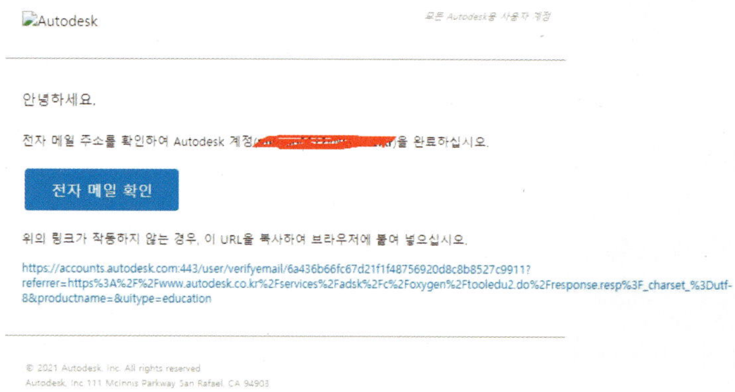

순서 8 본인의 전자 메일로 가서 전자메일 확인을 누른다.

순서 9 계정이 확인된 후 완료를 누른다.

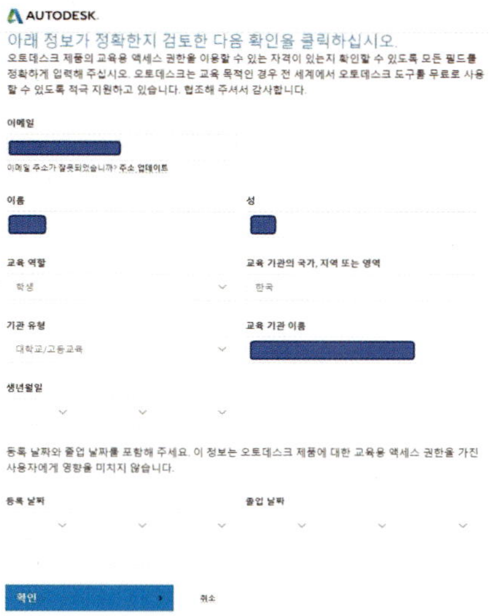

순서 10 정보가 올바르면 확인을 누른다.

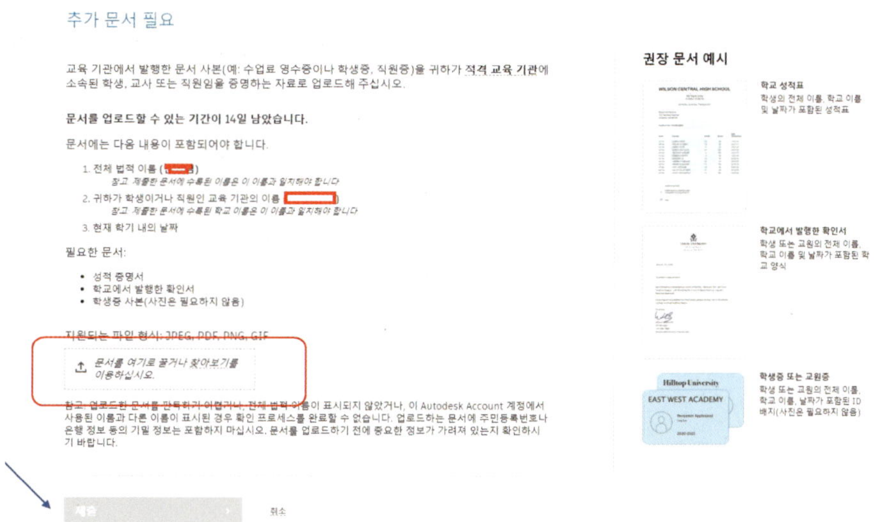

순서 11 추가 문서(학생증, 재학증명서 등) 자료를 업로드 하고 제출 버튼을 누른다.

1-6 Fusion 360 화면 정보

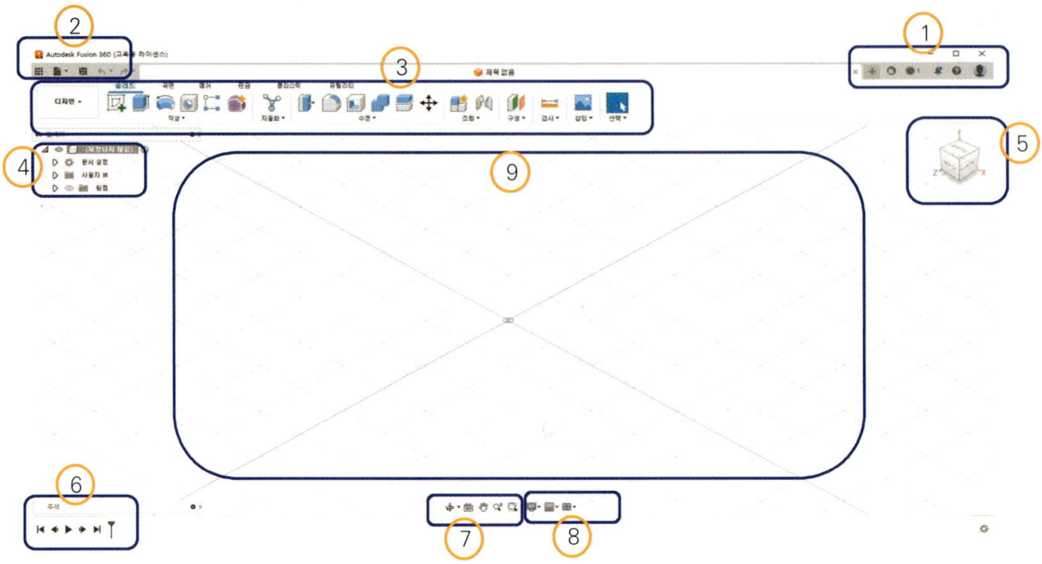

그림 1 화면 정보

Fusion 360 프로그램을 실행하면 그림1과 같이 화면이 보인다. 화면에 대한 자세한 내용은 아래의 순서에 따라 설명하였다.

① 로그인 정보 창

- 익스텐션(Additive bulid, Machining, Nesting Fabrication product design)
- 작업상태
- 알림센터
- 도움말
- Autodesk 계정, 기본설정, 내 프로필, 피드백 공유, 로그아웃

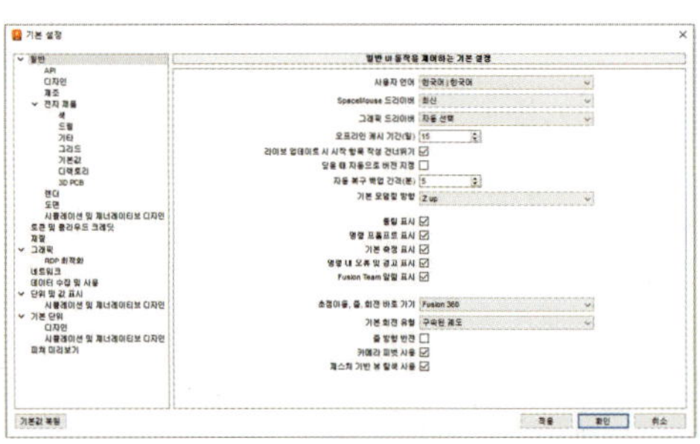

※ 기본설정에서 기본 모델링 방향 : Y up으로 설정한다.

② **메뉴**

- 데이터 판널 표시 : 클라우드에 저장된 파일을 볼 수 있다.
- 파일
- 저장
- 명령취소
- 명령복구

③ **아이콘 바**

자주 사용하는 명령어를 보여준다.

- 랜더링
- 애니메이션
- 시뮬레이션
- 제조
- 도면

④ **검색기**

- 문서설정 : 치수의 단위는 mm
- 사용자 뷰
- 원점

⑤ **큐브**

- 화면의 방향을 보여준다.
- 홈(Home)
- 정면도, 우측면도, 평면도

⑥ **타임라인**

- 스케치와 생성된 명령어를 순서대로 보여준다.

⑦ **화면제어 바**

- 회전
- 보기
- 초점 이동
- 줌
- 줌 창

⑧ **화면 셋팅 바**

- 화면 표시 설정
- 그리드 및 스냅
- 뷰 포트

※ 스냅(snap)

- 끝점, 중간점, 교차점, 원의 중심 점 등 구속조건을 정확히 부여할 때 사용

⑨ **작업 창**

- 도면과 모델링을 작업하는 곳이다.

Fusion 360 **모델링하는 순서**

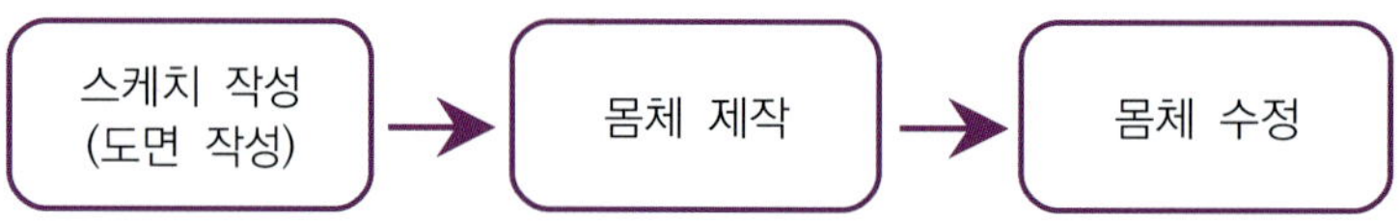

Chapter 2

솔리드 명령어

2-1 머그컵 모델링

2-2 책장 모델링

2-3 식탁 모델링

2-4 그린 의자 모델링

2-5 샴푸통 모델링

2-6 사각형 시계 모델링

2-7 뚝배기 모델링

2-8 문고리 자물쇠 모델링

2-9 와인잔 모델링

2-10 의자 모델링

2-11 전기 포트 모델링

2-12 알콜램프와 사발이 모델링

2-13 행사용 의자 모델링

2-14 전기플러그 모델링

2-15 무선주전자 모델링

2-16 현관문 모델링

2-1 머그컵 모델링

학습목표

1. 스케치와 돌출 명령어에 대해 이해한다.
2. 파이프, 모깍기, 간격띄우기 명령어에 대해 이해한다.
3. 형상투영. 쉘 명령어에 대해 이해한다.
4. 평면간격 띄우기 명령어에 대해 이해한다.

완성된 그림

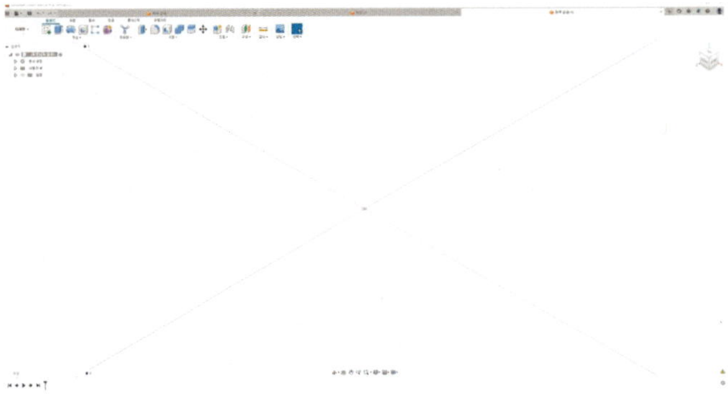

순서 1 Fusion 360을 실행하여 작업 창이 나타나도록 한다.

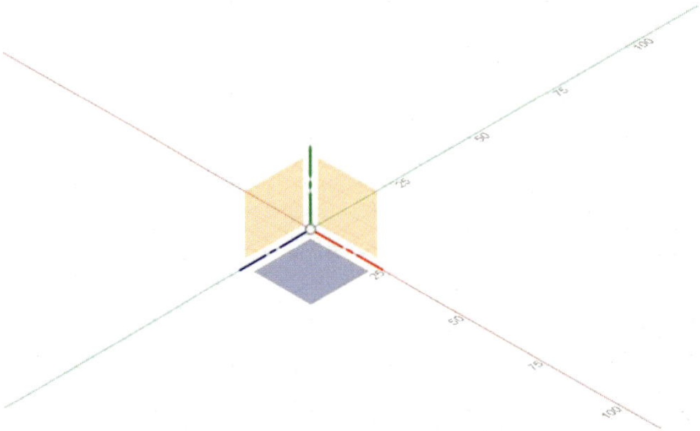

순서 2 스케치 작성을 누르고 밑면(XZ)을 선택한다.

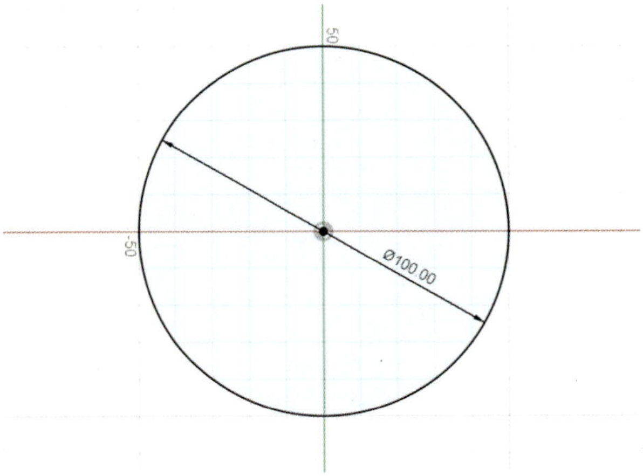

※ 원과 타원의 차이점
- 원 : 가로 세로의 길이가 같다.
- 타원 : 가로 세로의 길이가 다르다.

순서 3 작성을 누르고 원에서 중심 지름 원을 선택한다.
원점(0,0)에서 직경이 100.0 mm 원을 그린다. 스케치 마무리를 누른다.

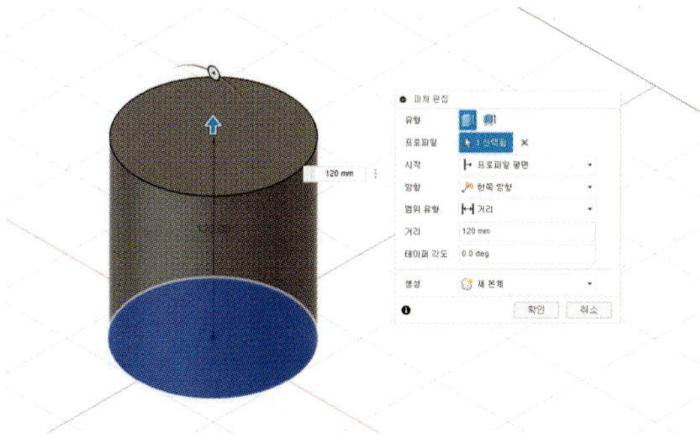

순서 4 작성에서 돌출을 선택한다. 프로파일을 선택한다.
거리를 120.0 mm로 한다. 생성은 새 본체로 한다. 확인을 누른다.

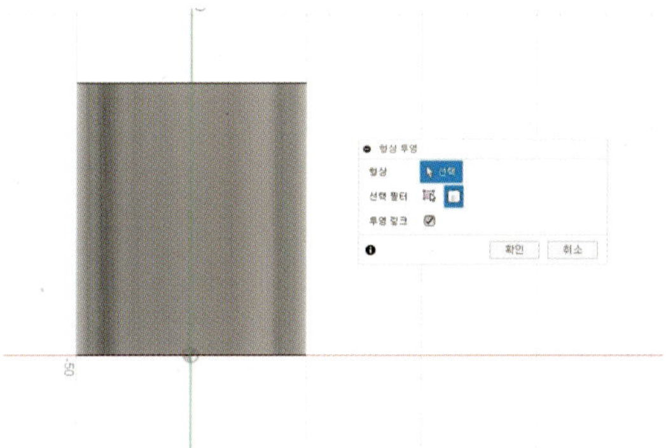

순서 5 스케치 작성에서 우측면(XY)을 선택한다.
작성에서 투영/포함을 누르고, 형상투영을 선택한다.
선택 필터는 본체를 선택한다. 확인을 누른다.

➡ 사각형 손잡이인 경우

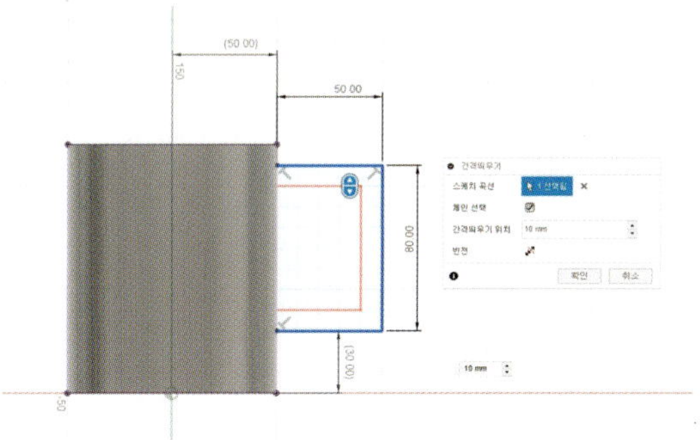

순서 6 작성에서 선을 선택한다.
중점(0.0)에서 가로길이 100.0 mm, 세로길이 80.0 mm인 사각형을 만든다.
수정에서 간격 띄우기를 선택한다. 간격 띄우기 위치는 10.0 mm로 한다.
확인을 누른다.

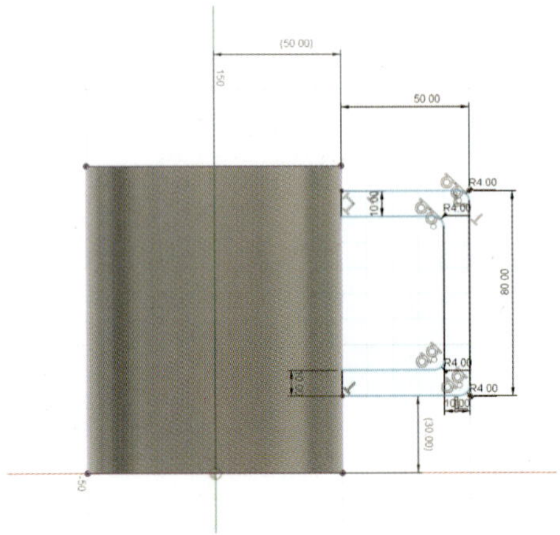

순서 7 수정에서 모깍기를 선택한다. 4개 모서리를 거리는 4.0 mm로 모깍기 한다. 옆면의 선을 연결한다. 스케치 마무리를 누른다.

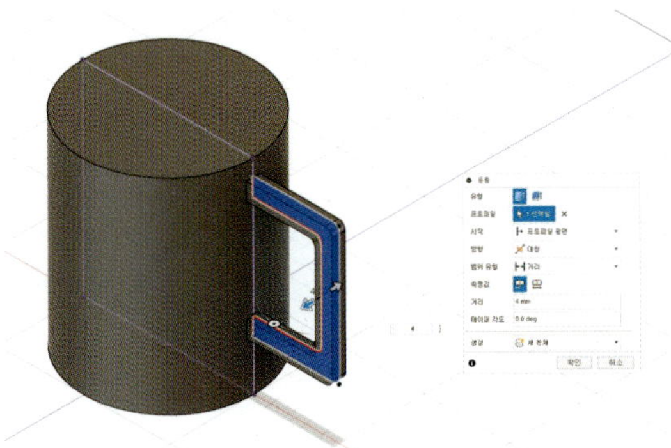

순서 8 작성에서 돌출을 선택한다. 프로파일을 선택하고, 방향을 대칭으로 한다. 거리를 4.0 mm, 생성은 새 본체로 하고, 확인을 누른다.

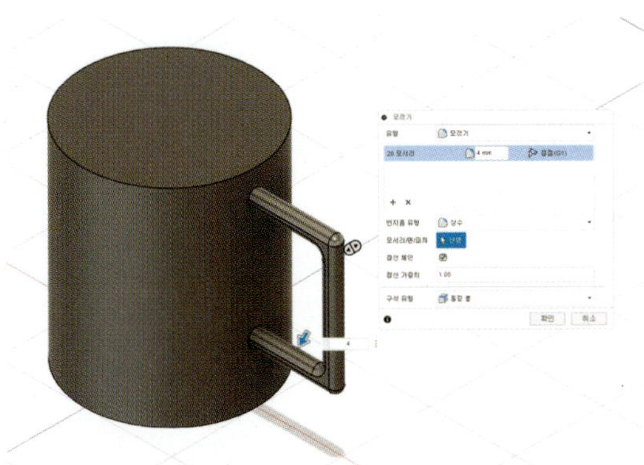

순서 9 수정에서 모깍기를 선택한다. 손잡이 모서리 4곳을 선택한다. 모서리를 4.0 mm로 모깍기 한다. 확인을 누른다.

순서 10 수정에서 쉘을 선택한다. 내부 두께를 4.0 mm로 만든다.
확인을 누른다.

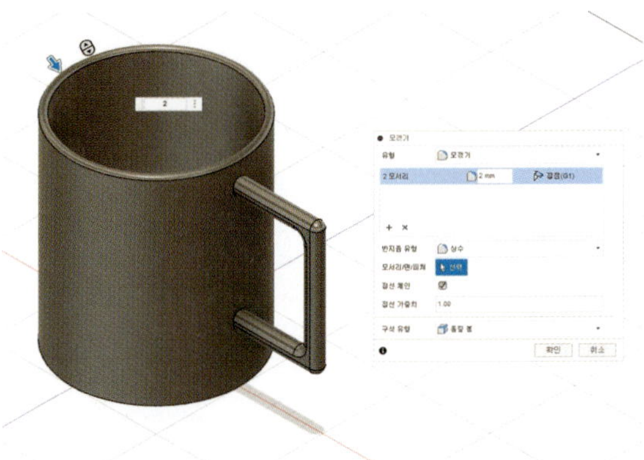

순서 11 수정에서 모깍기를 선택한다. 모서리를 2.0 mm로 모깍기 한다.
확인을 누른다.

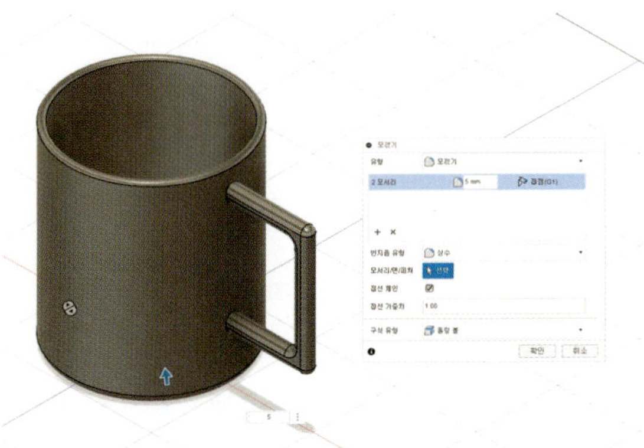

순서 12 수정에서 모깍기를 선택한다. 밑면의 내부와 외부 2곳을 선택한다.
모서리를 5.0 mm로 모깍기 한다. 확인을 누른다.

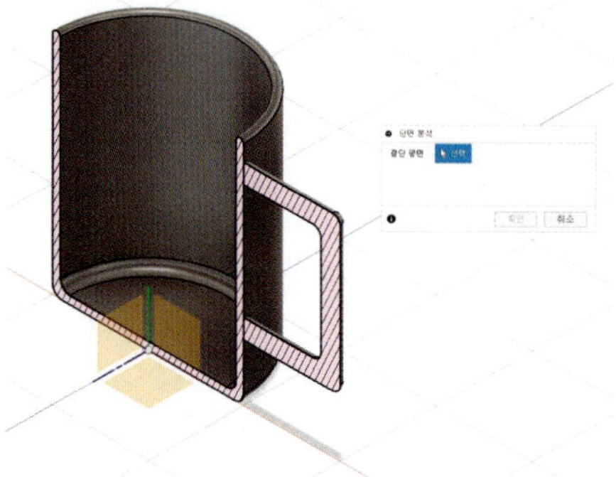

순서 13 검사에서 단면분석을 선택한다. 절단 평면을 우측 면(XY)을 선택한다. 이상이 있는 지 검사한다. 확인을 누른다.

➡ **원통형 손잡이인 경우**

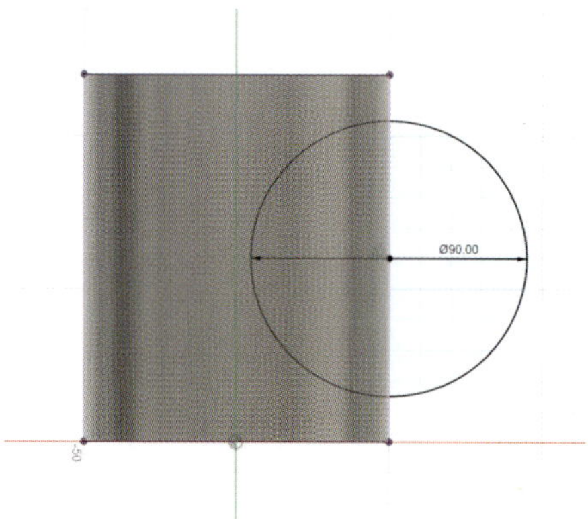

순서 14 스케치 작성에서 우측 면(XY)을 선택한다. 작성에서 투영/포함 형상투영을 선택한다. 작성에서 원을 선택하고, 중심 지름 원을 선택한다. 중심부에 직경이 90.0 mm 원을 그린다. 스케치 마무리를 누른다.

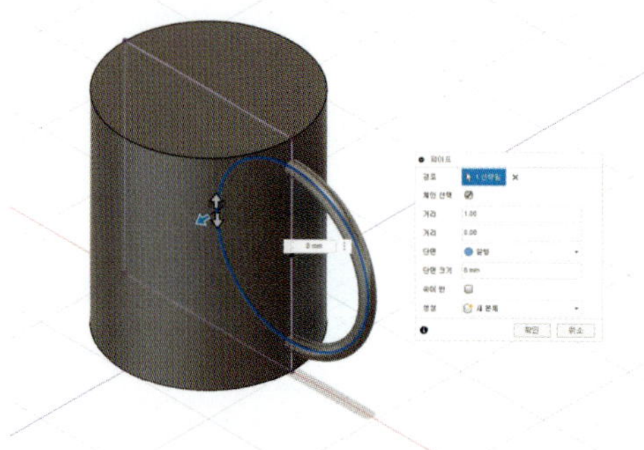

순서 15 작성에서 파이프를 선택한다. 경로를 선택한다. 단면크기를 8.0 mm로 만든다. 생성은 새 본체로 한다. 확인을 누른다.

순서 16 수정에서 쉘을 선택한다. 내부 두께를 4.0 mm로 만든다. 확인을 누른다.

순서 17 수정에서 모깍기를 선택한다. 모서리를 2.0 mm로 모깍기 한다. 확인을 누른다.

순서 18 수정에서 모깍기를 선택한다. 밑면의 내부와 외부 2곳을 선택한다. 모서리를 5.0 mm로 모깍기 한다. 확인을 누른다.

순서 19 머그컵을 회전시켜 내부가 보이도록 한다.

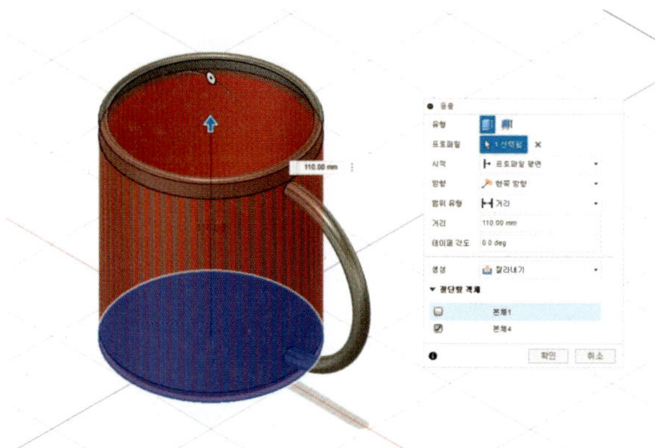

순서 20 머그컵 내부에 있는 원통형 손잡이를 제거하기 위해 검색기에서 스케치 1을 활성화 한다. 밑면에 스케치1원이 나타난다. 작성에서 돌출을 누르고 스케치를 선택한다. 윗쪽 방향으로 거리를 120.0 mm 만큼 돌출하고 생성을 잘라내기를 선택한다. 절단할 객체를 눌러 본체1에 체크되어 있는 것을 해제한다. 확인을 누른다.

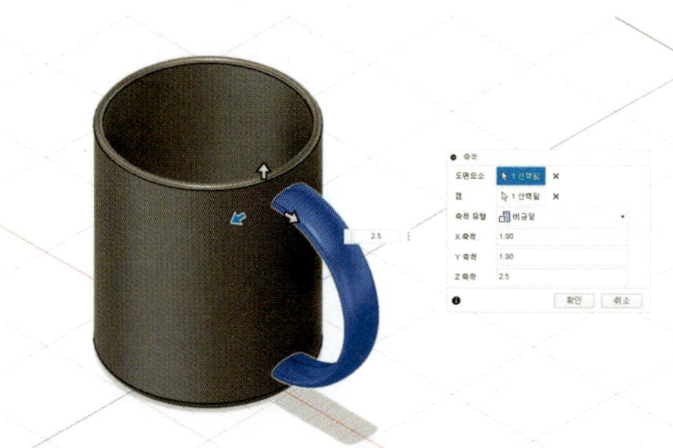

순서 21 수정에서 축척을 선택한다. 도면 요소를 선택하고, 검색기에서 스케치 2를 활성화한다. 중심점을 선택한다. 축척 유형을 비균일로 한다. Z 축척을 2.5 mm로 한다. 확인을 누른다.

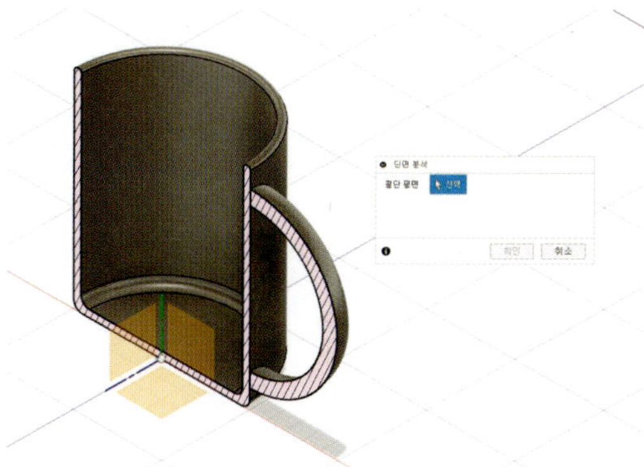

순서 22 검사에서 단면 분석을 선택 한다. 이상이 없으면 확인을 누른다.

순서 23 스케치 작성에서 우측 면(XY)을 선택한다.
작성에서 원을 선택하고, 중심 지름 원을 눌러 직경이 20.0 mm 원을 겹치도록 그린다.

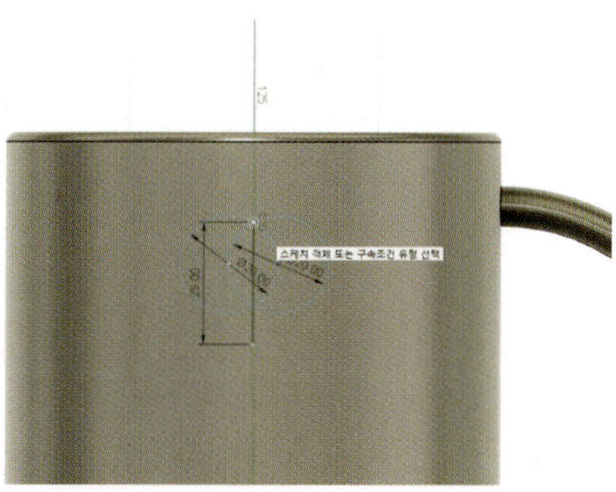

순서 24 작성에서 선을 선택하여 2개의 원이 접하는 곳에서 아래 쪽으로 25.0 mm 선을 그린다.

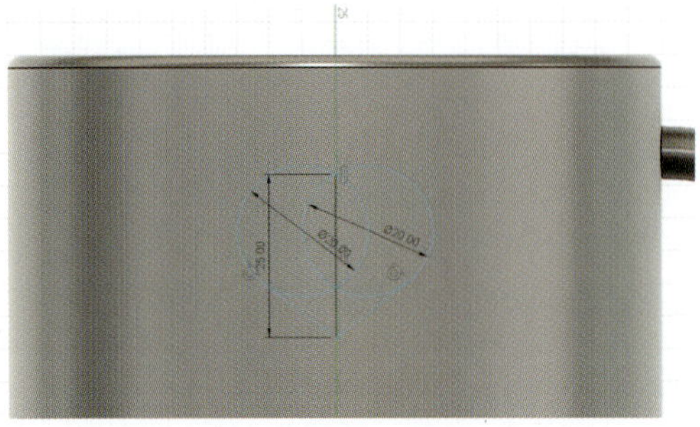

순서 25 작성에서 선을 선택하여 25.0 mm 끝 점에서 양쪽 원에 접하는 선을 그린다.

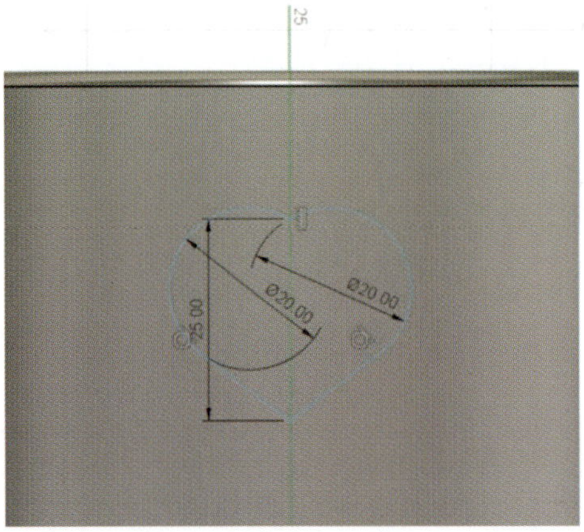

순서 26 수정에서 자르기를 선택한다. 하트 모양이 되도록 선을 잘라내기 한다.
스케치 마무리를 누른다. 홈(집)을 누른다.

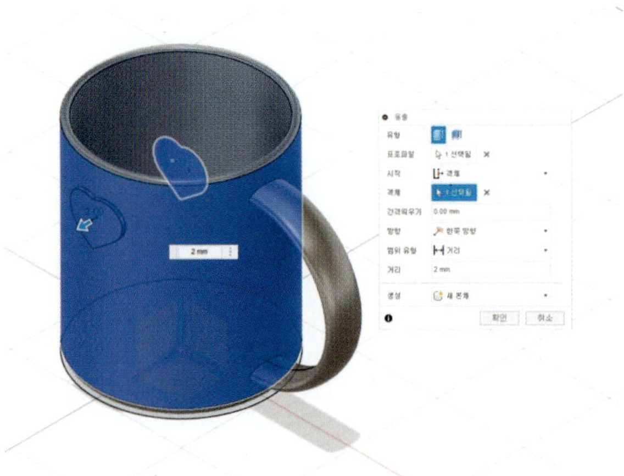

순서 27 작성에서 돌출을 선택한다.
프로파일을 선택하고, 시작을 객체로 한 다음, 컵의 표면을 선택한다.
거리를 2.0 mm로 하고, 생성은 새 본체로 한다. 확인을 누른다.

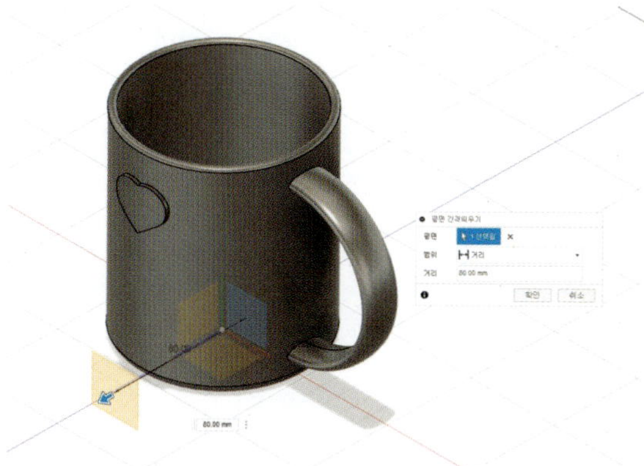

순서 28 구성에서 평면 간격 띄우기을 누르고, 우측 면(XY)을 선택한다.
선택한 면을 앞쪽으로 80.0 mm 이동시킨다. 확인을 누른다.

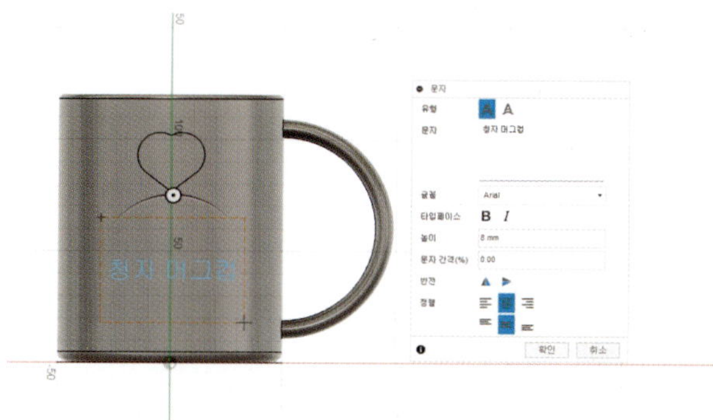

순서 29 띄운 면 위에 마우스를 대고 오른쪽 마우스를 눌러 스케치 작성을 선택한다.
작성에서 문자를 선택한다. 원하는 문자를 넣고 배열을 조절한 다음, 확인을 누른다.
스케치 마무리를 누른다.

순서 30 작성에서 돌출을 누른다. 프로파일을 선택하고, 시작을 객체로 한다.
객체는 컵의 표면을 선택한다. 거리를 1.0 mm로 한다. 생성은 새 본체로 한다. 확인을 누른다.

순서 31 디자인에서 렌더링으로 이동한다.

그림자를 제거하기 위해 장면 설정을 선택한다. 고정에서 고정 평면에 체크를 해제한다.

닫기를 누른다.

순서 32 색상에서 원하는 색을 선택한다. 닫기를 누른다.

순서 33 캔버스 내 렌더링을 한다. 시간이 우수가 될 때까지 기다린다.

순서 34 바탕화면에 원하는 그림을 JPEG, PNG로 저장한다.
삽입에서 전사를 선택하여 원하는 그림을 넣는다. 확인을 누른다.

순서 35 최종적으로 머그컵 모델이 만들어진다.

2-2 책장 모델링

학습목표

1. 스케치와 돌출 명령어에 대하여 이해한다.
2. 모깍기, 직사각형 패턴 명령어에 대하여 이해한다.
3. 결합, 분리 명령어 대하여 이해한다.
4. 렌더링 명령어에 대하여 이해한다.

완성된 그림

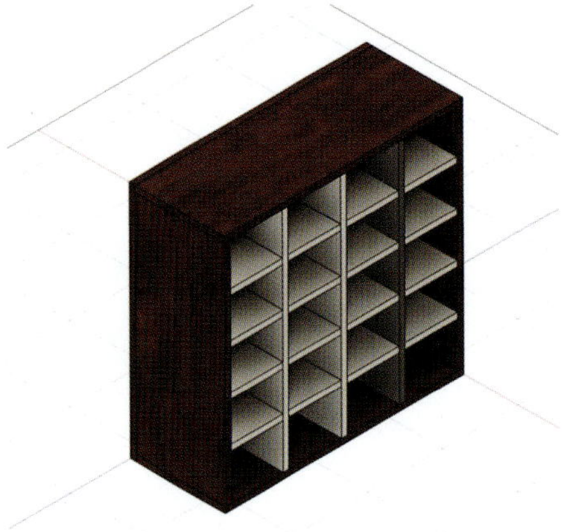

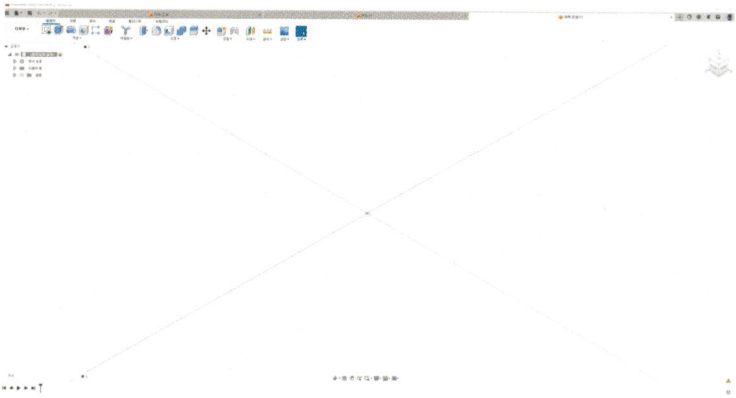

순서 1 Fusion 360을 실행하여 작업 창이 나타나도록 한다.

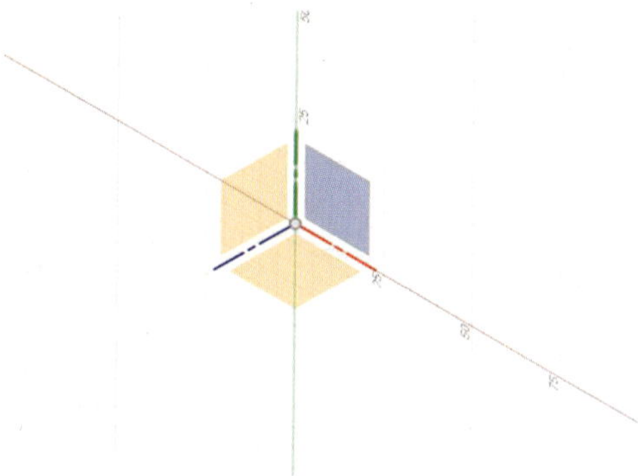

순서 2 스케치 작성을 누르고 우측 면(XY)을 선택한다.

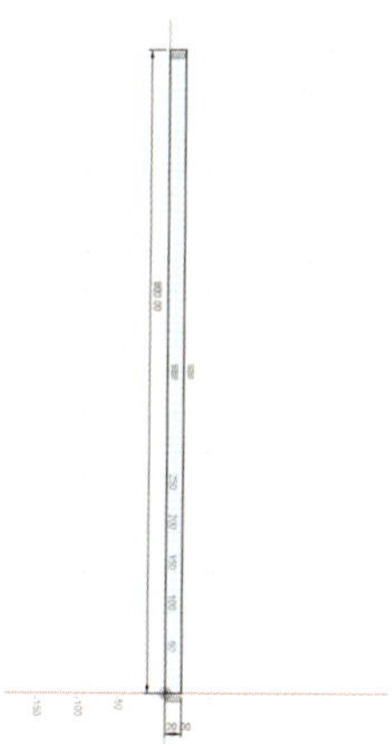

※ 직사각형(rectangle)
사각형을 작성하는 것

순서 3 스케치 작성을 누르고 2점 직사각형을 선택한다.
원점(0,0)에서 위쪽으로 2점을 선택하여 사각형을 그린다.
치수는 높이 800.0 mm, 두께 20.0 mm로 한다.

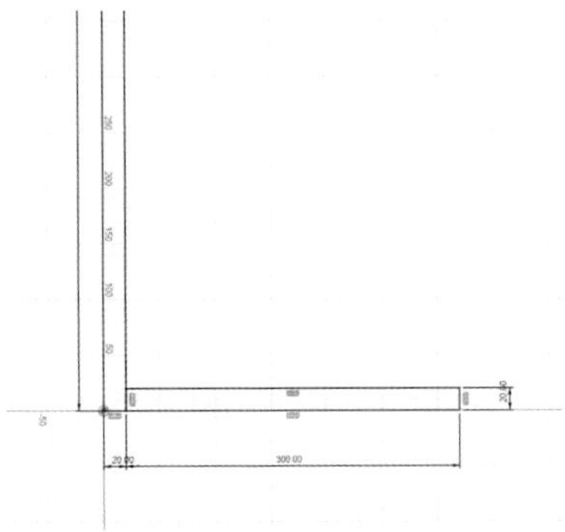

순서 4 밑 부분에서 2점을 사용하여 사각형을 그린다.
길이는 300.0 mm, 두께는 20.0 mm로 한다.

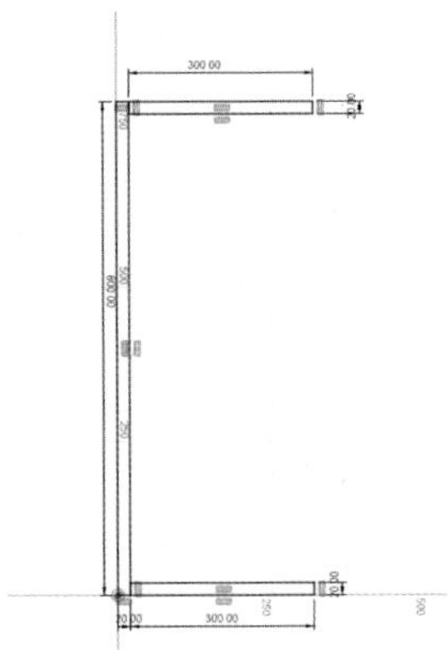

순서 5 위 부분도 아래 부분과 같이 길이 300.0 mm, 두께 20.0 mm로 한다.

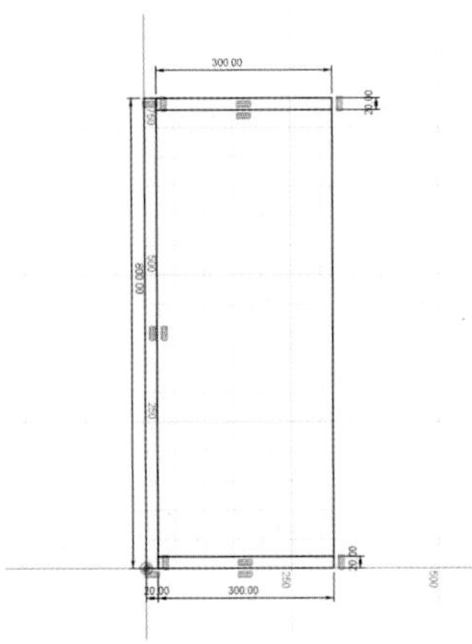

순서 6 스케치 작성에서 선을 선택하고 위 분분에서 아래 분분까지 선을 연결한다.
확인을 누른다. 스케치 마무리를 누른다. 홈(집)을 누른다.

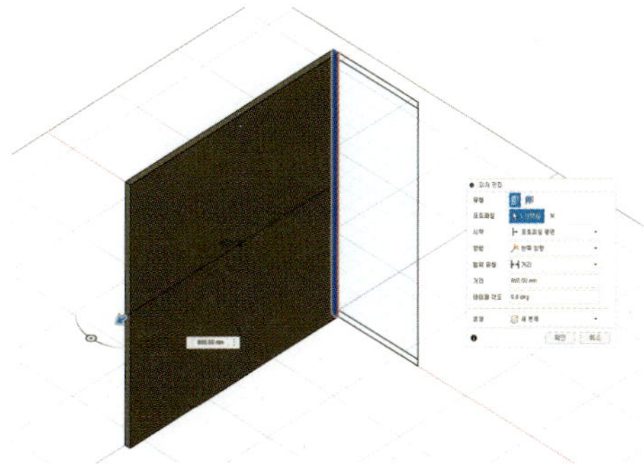

※ 돌출(extrude)

스케치 파일을 한 방향으로
밀어내어 형상을 만든다.

순서 7 처음으로 만든 세로 스케치를 선택한다.
돌출을 선택하고 길이를 800.0 mm, 생성을 새 본체로 한다.
확인을 누른다.

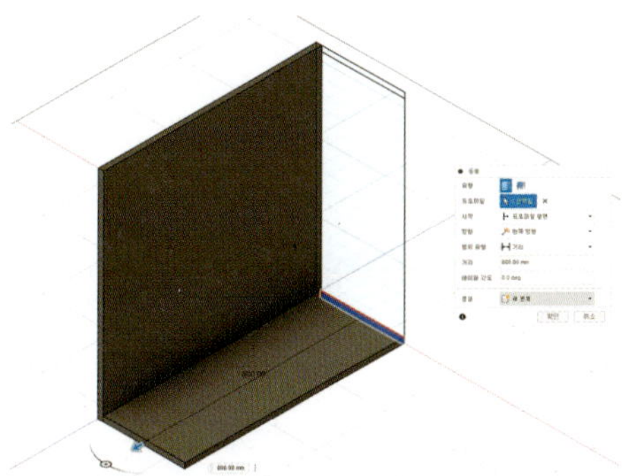

순서 8 검색기에서 스케치1을 활성화한다.
돌출을 선택하고 밑부분 프로파일을 선택한다.
거리를 800.0 mm한다. 생성은 새 본체로 한다. 확인을 누른다.

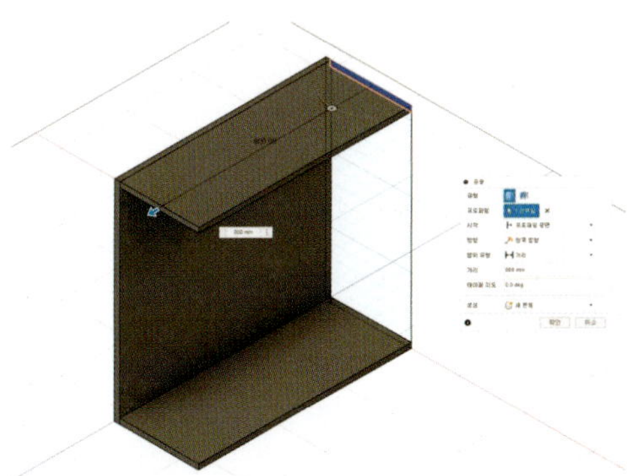

순서 9 돌출에서 위 부분 프로파일을 선택한다.
거리를 800.0 mm로 한다. 생성은 새 본체로 한다. 확인을 누른다.

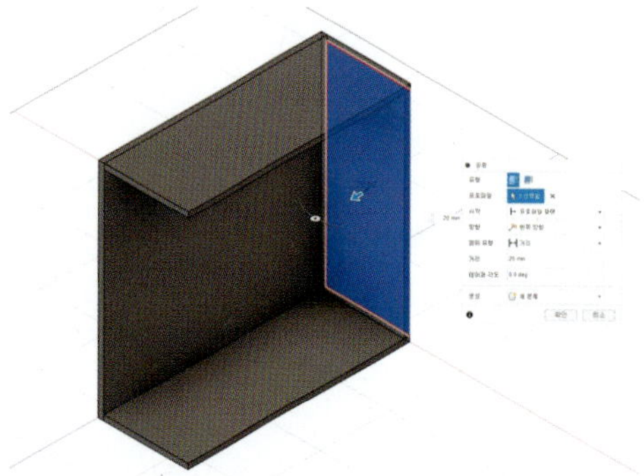

순서 10 돌출을 선택한다. 마지막 프로파일을 선택 한다.
거리를 20.0 mm로 한다. 생성은 새 본체로 한다. 확인을 누른다.

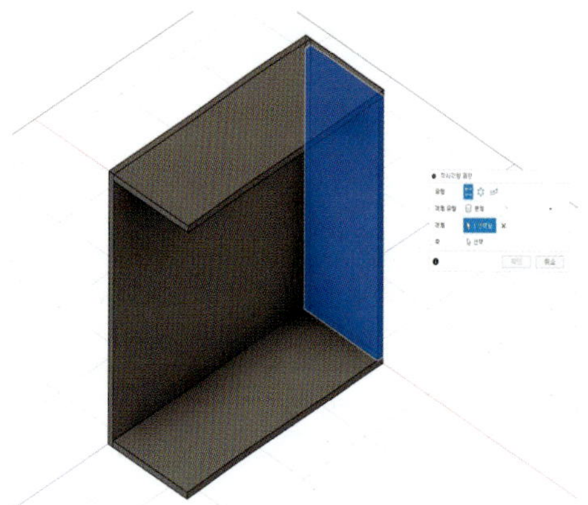

※ 직사각형 패턴(rectangular pattern)

직사각형으로 패턴을 작성 하는 것

순서 11 직사각형 패턴을 선택한다. 왼쪽 면 객체를 선택한다.

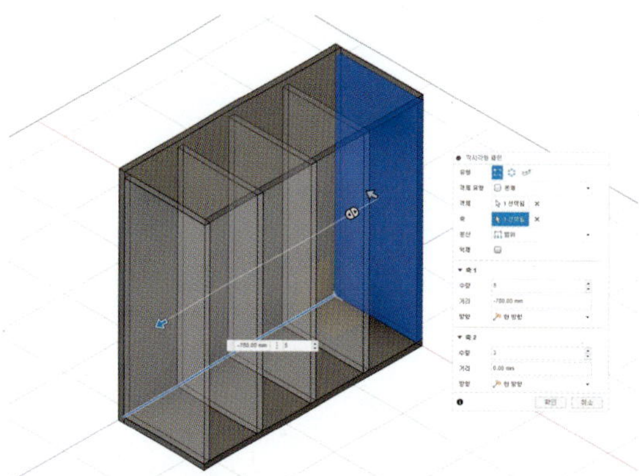

순서 12 축을 Z 방향을 선택한다. 수량을 5개를 입력한다. 거리를 -780.0 mm로 한다. 확인을 누른다.

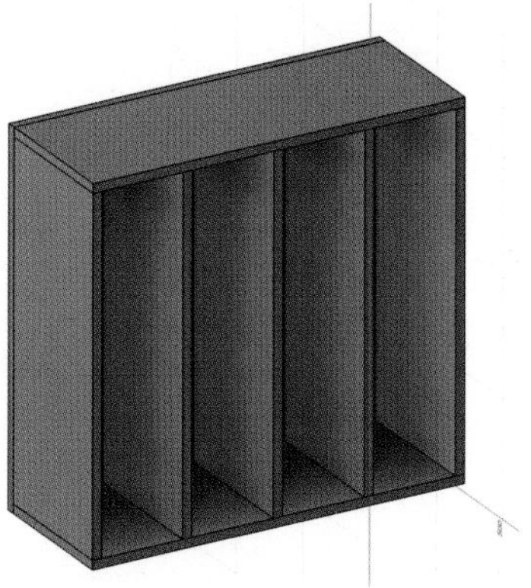

순서 13 마우스를 안쪽 우측 면을 대고, 오른쪽 마우스를 누르고, 스케치 작성을 한다.

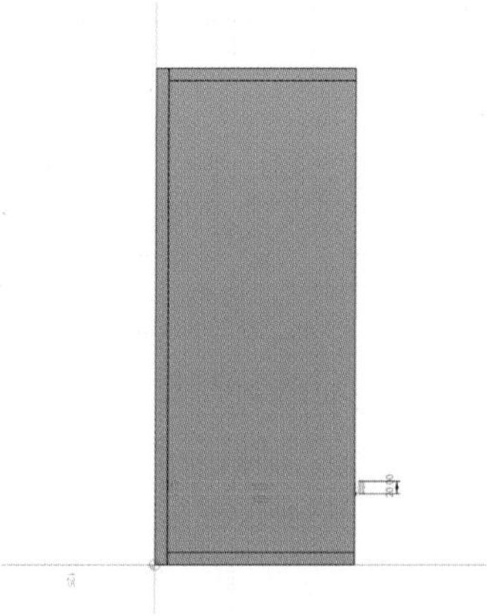

순서 14 작성에서 2점 직사각형을 선택한다. 길이 300.0 mm, 두께 20.0 mm로 한다.

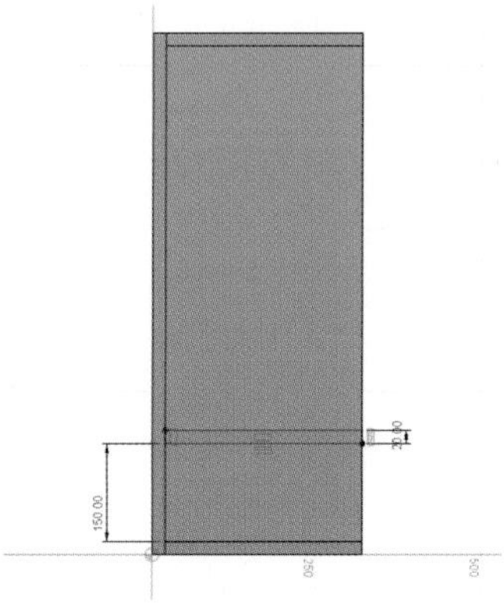

순서 15 밑판과 위판 간의 간격을 150.0 mm로 한다.
스케치 마무리를 누른다. 홈(집)을 누른다.

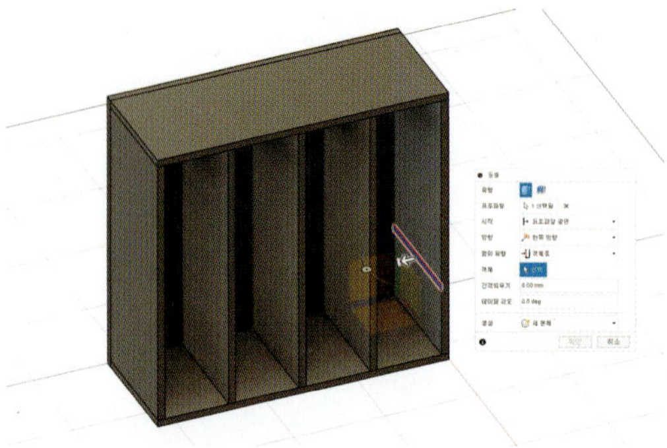

순서 16 스케치 작성에서 돌출을 선택한다.
프로파일을 선택하고 shift와 동시에 마우스 볼을 누르고 책장을 회전시킨다.

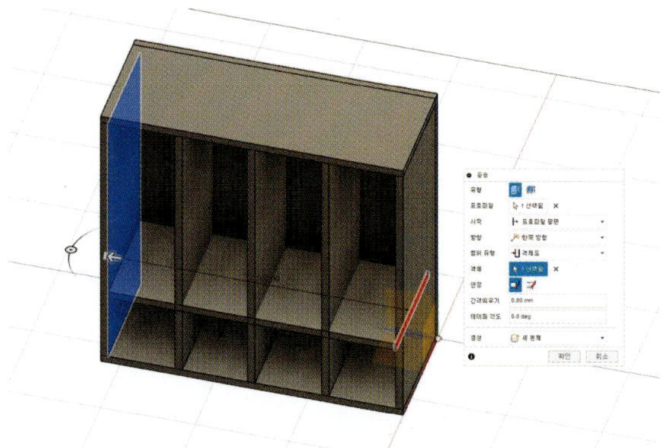

순서 17 맞은편 안쪽이 보이도록 회전한다.
안쪽이 보이면 범위 유형을 객체로 하고, 객체는 안쪽 면에 마우스를 클릭한다.
생성은 새 본체로 한다. 확인한다.

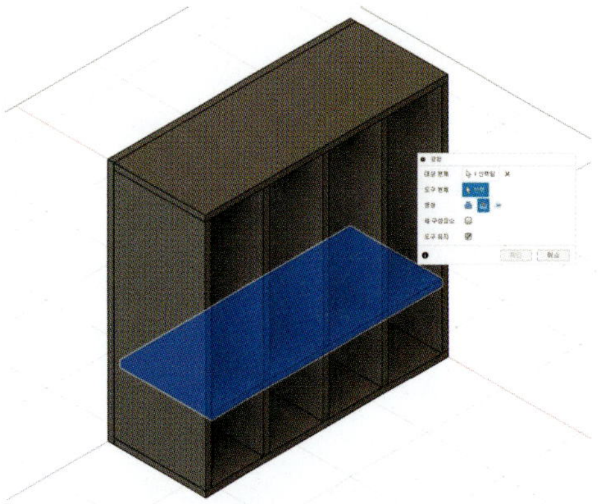

순서 18 수정에서 결합을 선택한다.

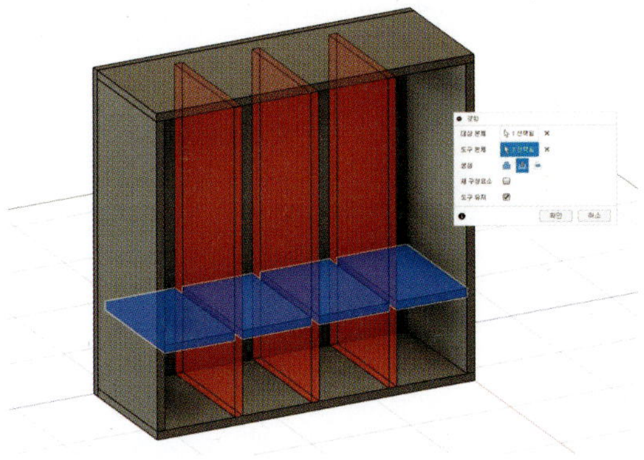

순서 19 수정에서 결합을 선택하고 대상은 본체를 선택한다.
도구를 3개 선택한다. 생성을 자르기를 선택한다.
도구 유지에 체크한다.

순서 20 확인을 누른다. 홈(집)을 누른다.

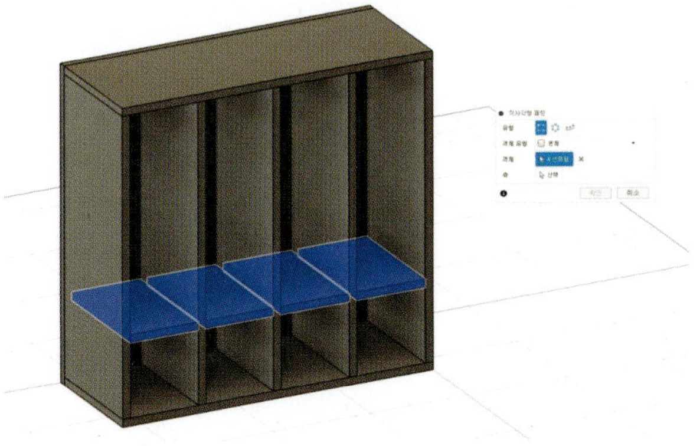

순서 21 작성에서 패턴을 누르고, 직사각형 패턴을 선택한다. 이동시킬 객체 4개를 선택한다.

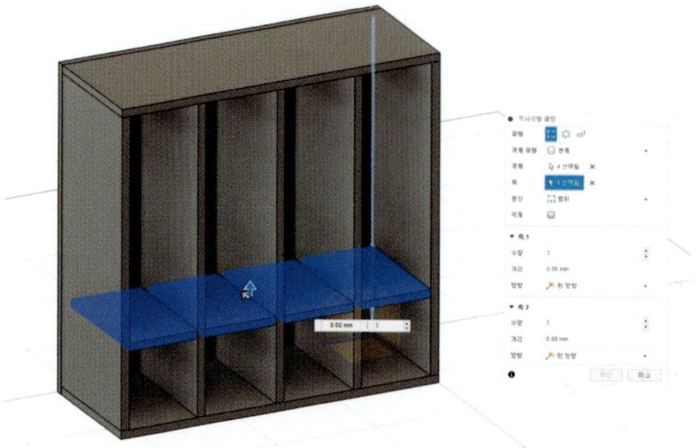

순서 22 축 선택은 Y 방향을 선택한다.

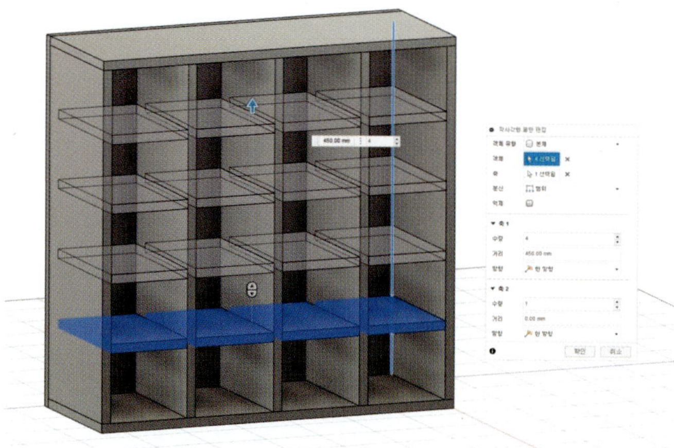

순서 23 축의 수량은 4개를 입력한다. 거리를 450.0 mm로 한다. 확인을 누른다. 스케치 마무리를 누른다. 홈(집)을 누른다.

순서 24 디자인에서 렌더링으로 이동한다.

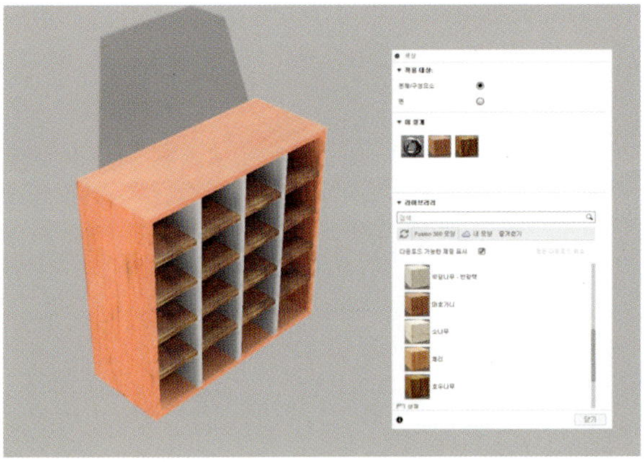

순서 25 색상을 누르고, 본체/구성요소에 체크한다.
라이브러리에서 목재를 선택한 다음 원하는 나무색을 드래그해서 면으로 이동한다.

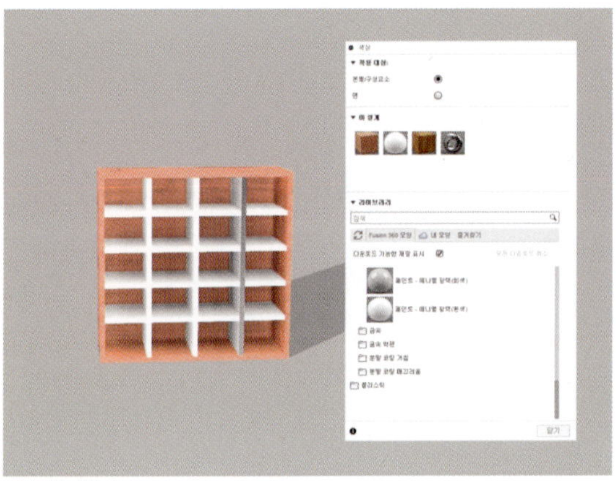

순서 26 책장 내부를 페인트 광택에서 흰색으로 선택 한다.

순서 27 캠퍼스 내 렌더링을 선택한다 다음 아래 렌더링이 우수가 될 때까지 기다린다..

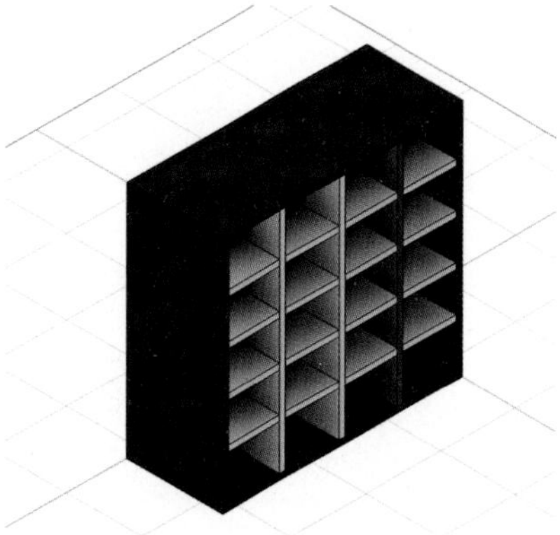

순서 28 렌더링에서 디자인으로 돌아온다. 최종적으로 책장이 만들어진다.

2-3 식탁 모델링

학습목표

1. 스케치 작성, 돌출 명령어에 대하여 이해한다.
2. 모깍기, 미러 명령어에 대하여 이해한다.
3. 렌더링 명령어에 대하여 이해한다.

완성된 그림

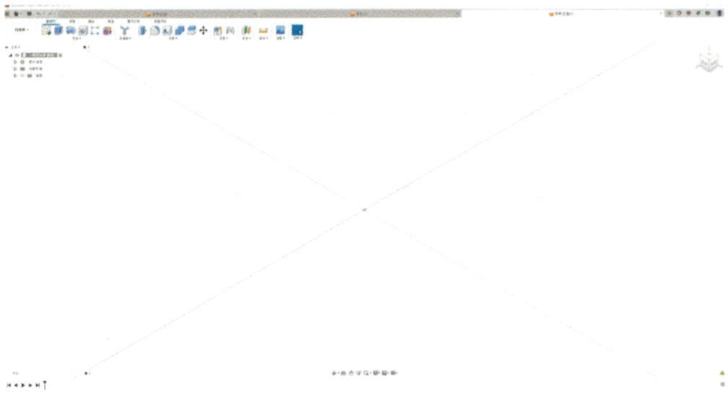

순서 1 Fusion 360을 실행하여 작업 창이 나타나도록 한다.

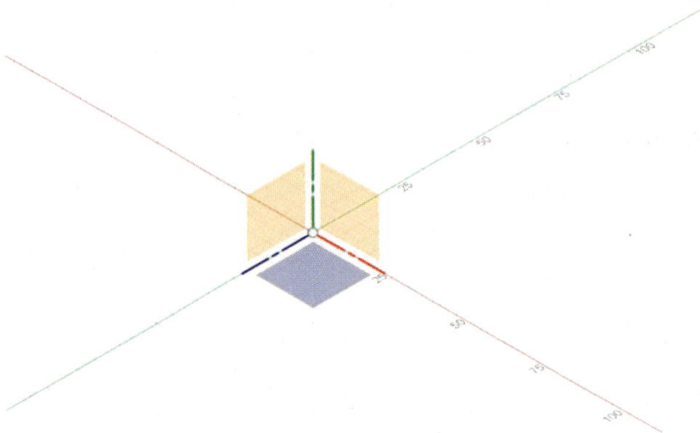

순서 2 스케치 작성을 누르고 밑면(XZ)을 선택한다.

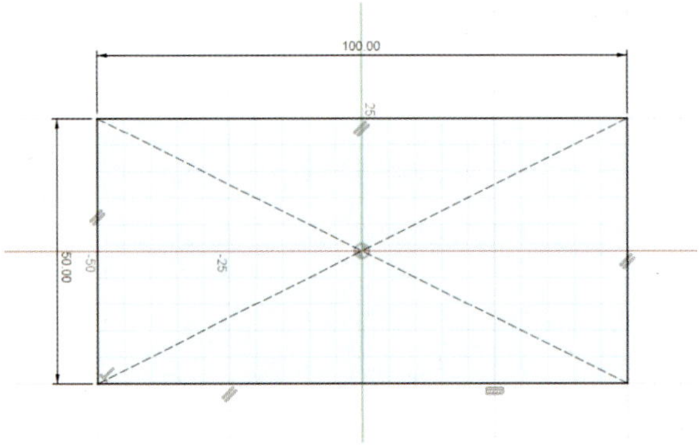

순서 3 스케치 작성을 누르고 직사각형에서 중심 직사각형을 선택한다.
원점(0,0)에서 직사각형을 그린다.
치수는 가로 100.0 mm, 세로 50.0 mm으로 한다.
스케치 마무리를 누른다.

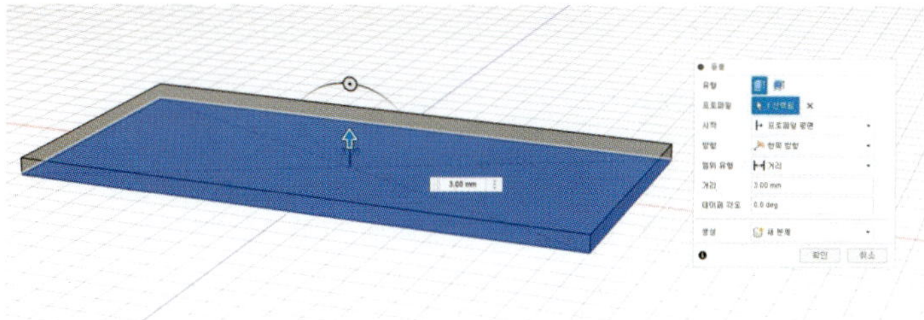

순서 4 작성에서 돌출을 누르고, 프로파일을 선택한다.
위 쪽 방향으로 거리 3.0 mm으로 한다. 확인을 누른다.

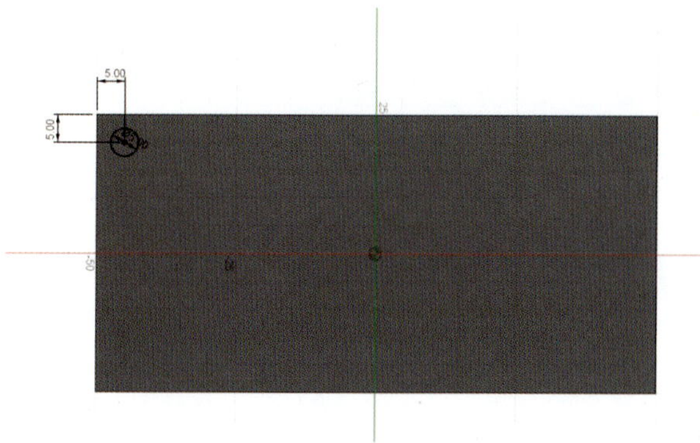

순서 5 Shift와 마우스 볼을 동시에 누르고 회전을 시켜 판의 밑 부분을 선택한다.
마우스 오른쪽을 눌러 스케치 작성을 선택한다.
상단 왼쪽 모서리 부분에서 가로, 세로 5.0 mm 거리에서 직경이 5.0 mm인 원을 그린다.

순서 6 스케치 마무리를 누른다. 홈(집)을 누른다.

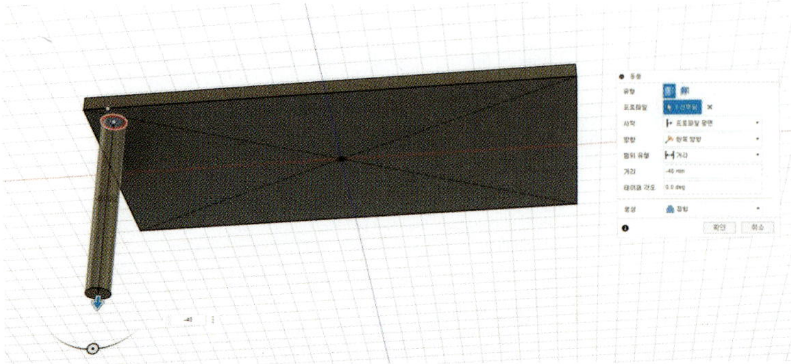

순서 7

Shift와 마우스 볼을 누른 상태에서 회전을 시켜 밑면이 보이도록 한다. 작성에서 돌출을 누르고, 프로파일을 선택하고 아래 방향으로 40.0 mm, 거리를 넣는다. 생성을 새 본체로 한다. 확인을 누른다.

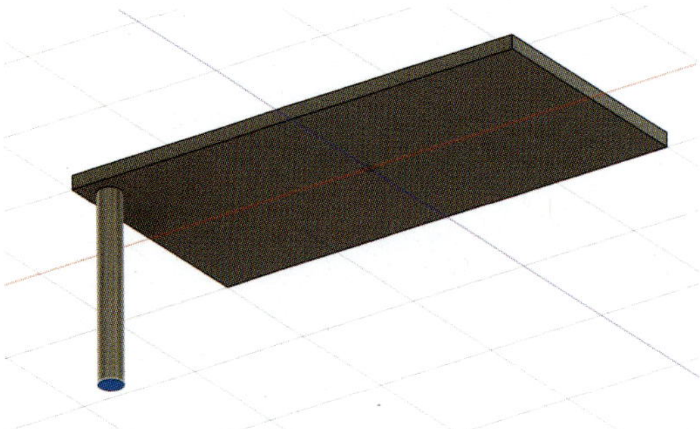

순서 8

돌출된 다리의 밑 부분을 선택하고 마우스 오른쪽을 눌러 스케치 작성을 선택한다.

순서 9

작성에서 중심선 원을 선택한 다음 직경이 2.0 mm 원을 그린다. 스케치 마무리를 누른다. 홈(집)으로 간다.

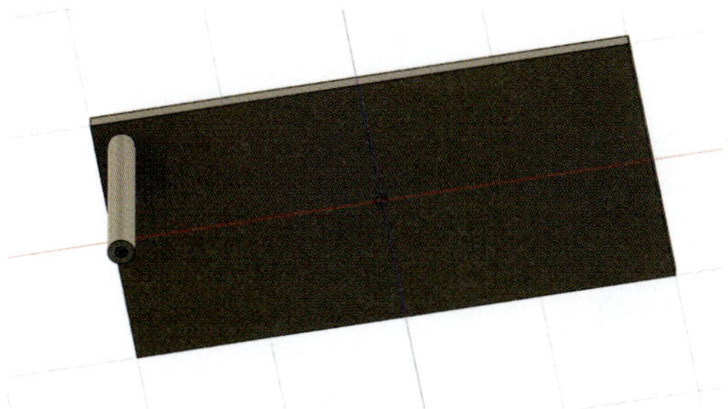

순서 10 Shift와 마우스 볼을 동시에 눌러 식탁의 다리 밑면이 보이도록 회전을 시킨다.

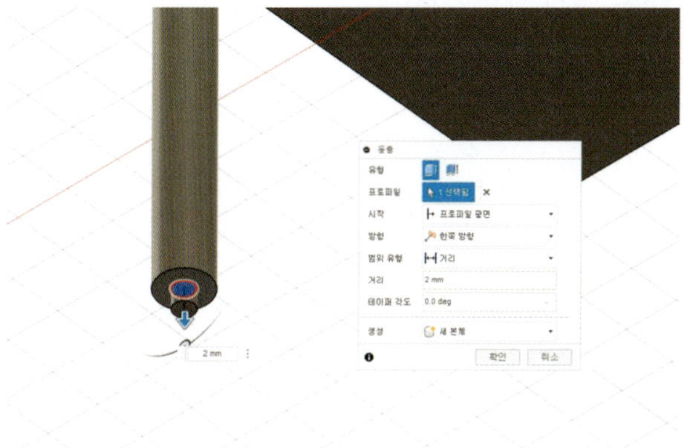

순서 11 작성에서 돌출을 선택한다. 프로파일에서 원을 선택 한다.
돌출 방향을 아래로 하고 거리를 2.0 mm로 한다. 생성은 새 본체로 한다.
확인을 누른다.

순서 12 2.0 mm로 돌출된 면을 선택한다. 오른쪽 마우스를 눌러 스케치 작성을 누른다.

순서 13 작성에서 중심선 원을 선택하고, 직경이 5.0 mm인 원을 그린다.
스케치 마무리를 누른다.

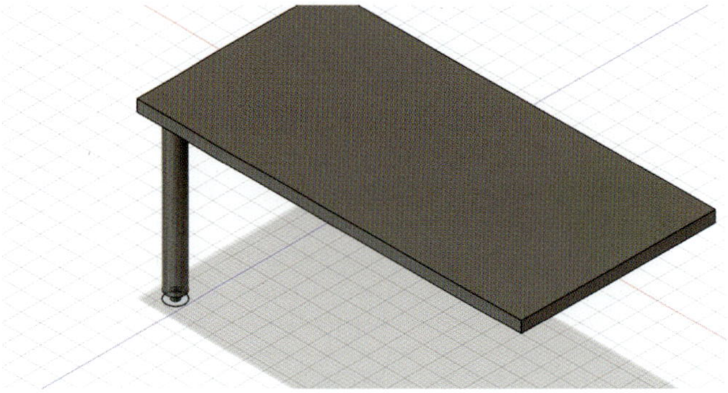

순서 14 홈(집)을 누른다.

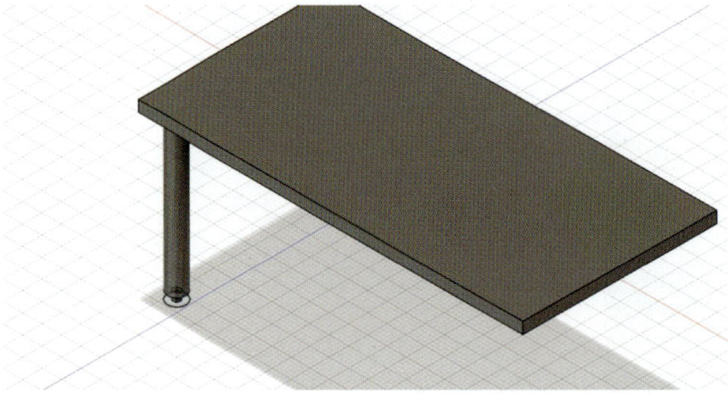

순서 15 Shift와 동시에 마우스 볼을 누르는 상태에서 회전시켜 다리의 밑 부분이 보이도록 한다.

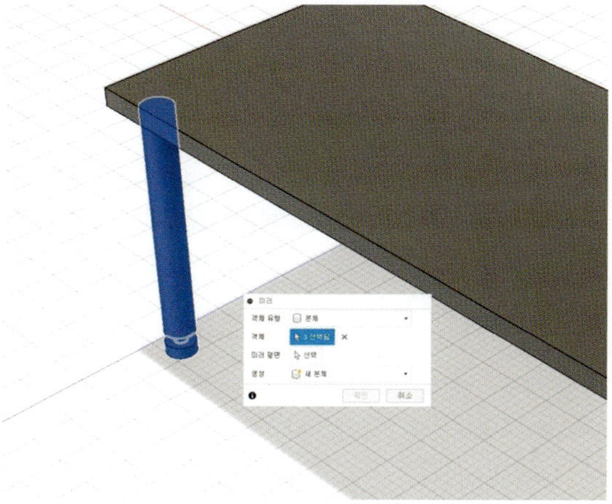

순서 16 작성에서 미러를 선택하고, 객체 3개를 선택한다.
생성을 새 본체로 하고, 확인을 누른다.

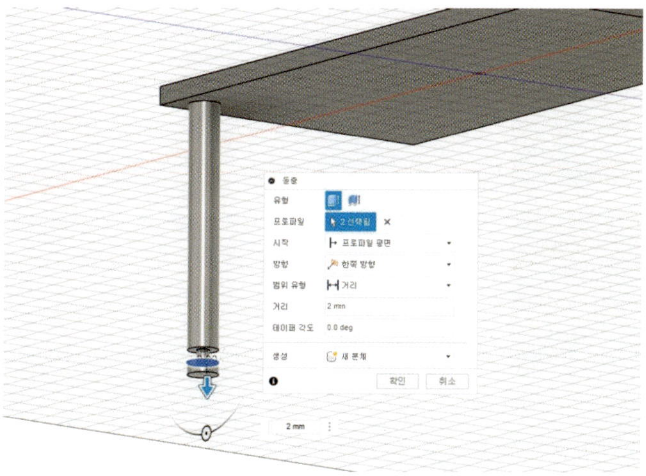

순서 17 작성에서 돌출을 선택하고, 작은 원과 큰 원의 프로파일을 선택한다.
방향을 아래 쪽으로 하고, 거리를 2.0 mm, 생성을 새 본체로 하고, 확인을 누른다.

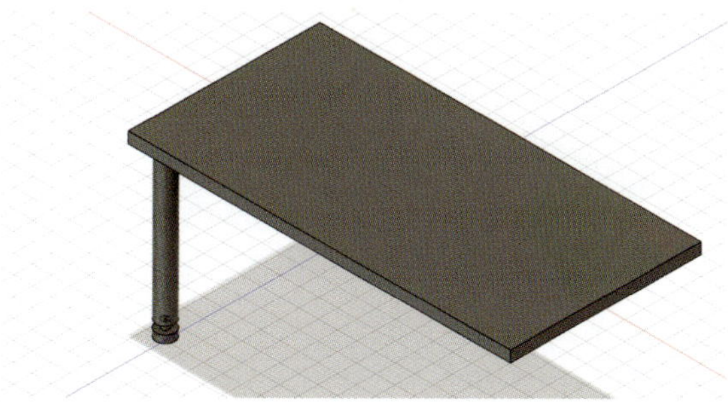

순서 18 홈(집)을 누른다.

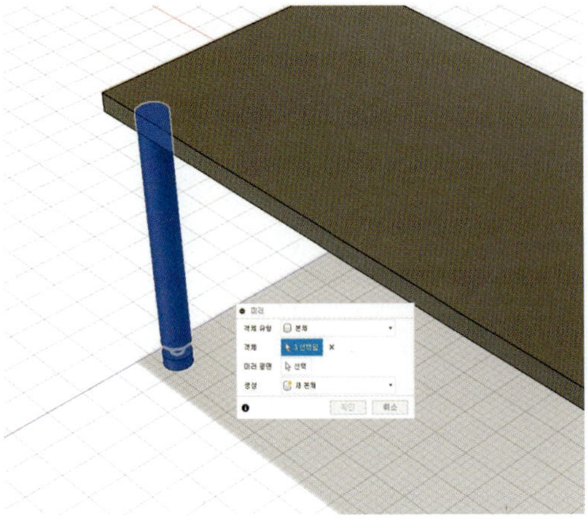

※ 미러(mirror)
선택한 피처/솔리드 객체를 기준 평면에 대칭이 되게 복사하는 것

순서 19 작성에 미러(대칭)를 선택하여 객체 3개를 선택한다.

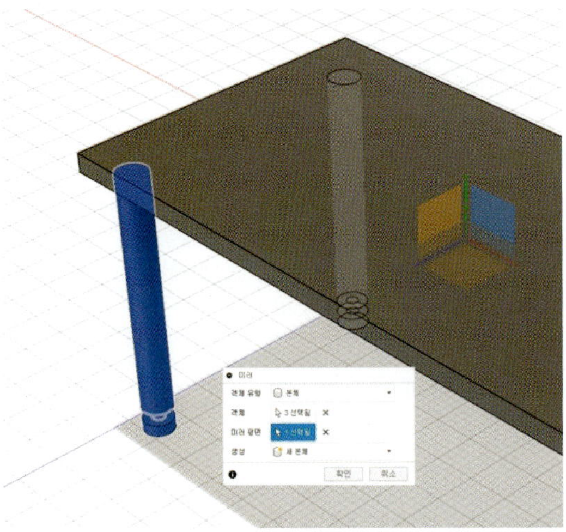

순서 20 작성에서 미러(대칭)을 선택하고, 미러 평면을 우측면(XY)을 선택한다.
생성은 새 본체로 한다. 확인을 누른다.

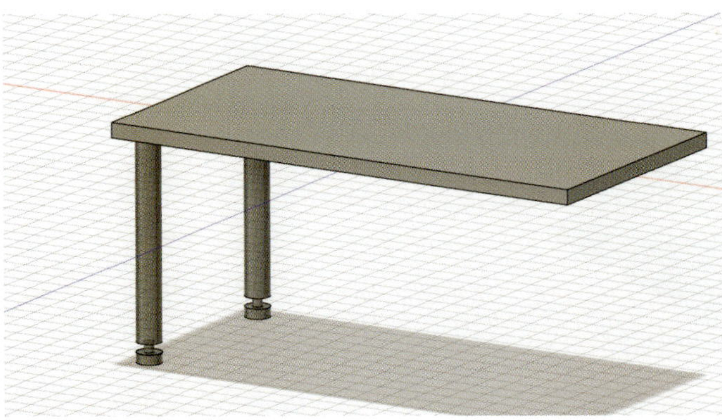

순서 21 홈(집)을 누른다. 탁자 다리가 보이도록 회전 시킨다.

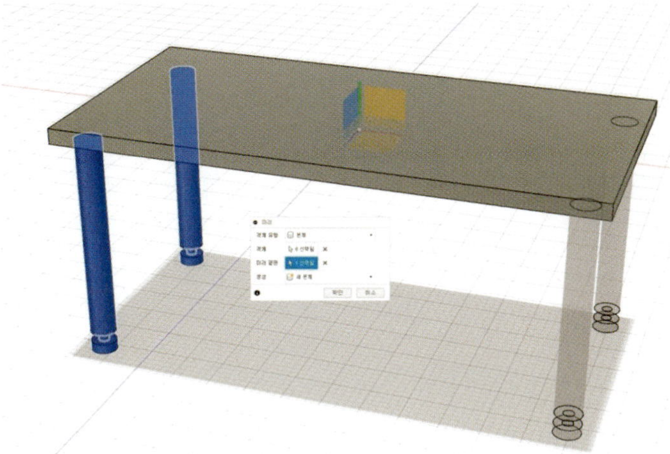

순서 22 작성에서 미러를 선택하고, 탁자 다리 6개 객체를 선택한다.
미러 평면은 좌측면(YZ)을 선택한다.

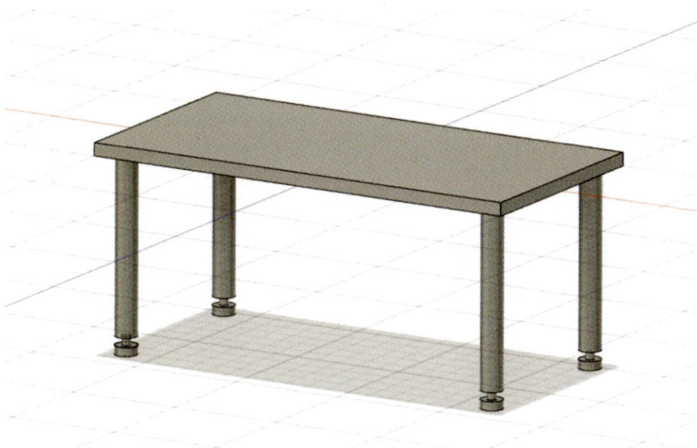

순서 23 확인을 누른다.

순서 24 탁자 위판 모서리 4곳을 5.0 mm로 모깍기 한다.
확인을 누른다.

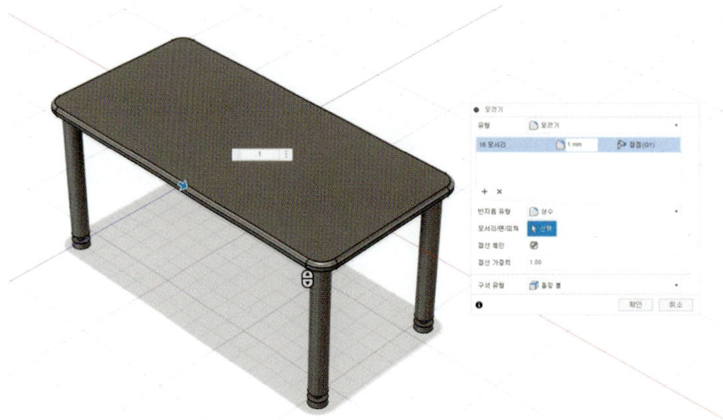

순서 25 탁자 위판의 중심을 선택하면 전체적으로 1.0 mm로 모깍기 한다.
확인을 누른다.

순서 26 탁자 위판 위에 마우스를 올려놓고, 오른쪽 마우스를 눌러 스케치 작성을 선택한다.

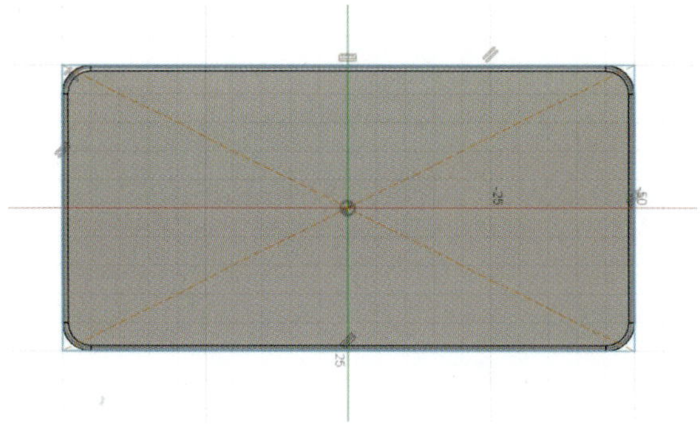

순서 27 작성에서 중심 직사각형을 선택하여 탁자 위판과 똑같은 크기(100×50)로 직사각형을 그린다.
스케치 마무리를 누른다.

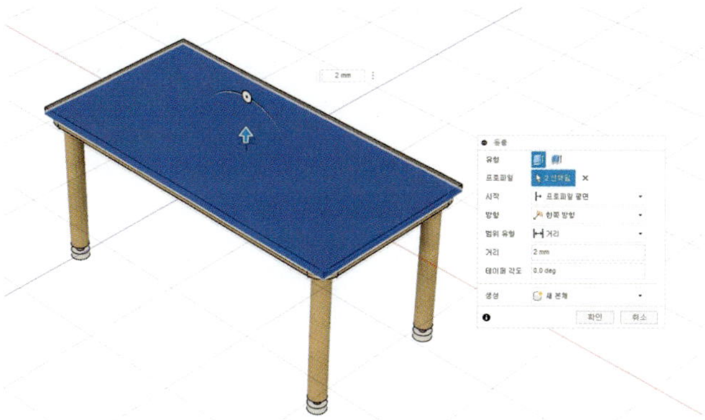

순서 28 [작성]을 [돌출]을 선택하고 프로파일 2개를 선택한다.
위쪽 방향으로 거리 2.0 mm 만큼 돌출하고, 생성은 새 본체로 한다.
확인을 누른다.

순서 29 돌출된 판의 4곳 모서리를 5.0 mm 만큼 모깍기 한다.
확인을 누른다.

순서 30 디자인에서 렌더링으로 이동한다.
그림자를 제거하기 위해 설정에서 장면설정으로 이동하고, 평면 고정을 해제한다.
닫기를 누른다.

순서 31 색상에서 목재를 선택한다. 대나무 맑음을 선택하여 드래그해서 색상을 칠한다.

순서 32 바닥과 만나는 부분은 기타에서 고무에서 실리콘을 선택하여 드래그 해서 색상을 칠한다.
철로 만들 부분은 금속에서 스테인레스 스틸 연마를 선택하여 색상을 칠한다.
닫기를 누른다.

순서 33 탁자 위판은 유리에서 매끄러움을 선택하고 유리(녹색)을 선택하여 드래그 한다.
닫기를 누른다.

순서 34 캔버스 내 렌더링을 선택한다. 시간이 우수까지 될 때까지 기다린다.

순서 35 렌더링에서 디자인으로 이동한다. 최종적으로 식탁이 만들어 진다.

2-4 그린 의자 모델링

학습목표

1. 스케치 작성, 도출 명령어에 대하여 이해한다.
2. 미러, 간격 띄우기 명령어에 대하여 이해한다.
3. 직사각형 패턴 명령어에 대하여 이해한다.
4. 렌더링 명령어에 대하여 이해한다.

완성된 그림

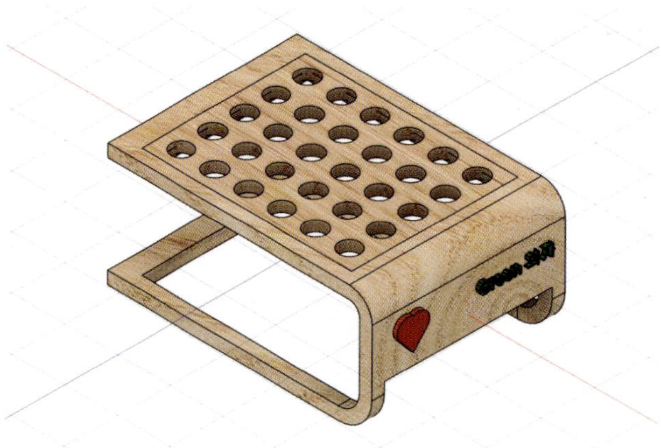

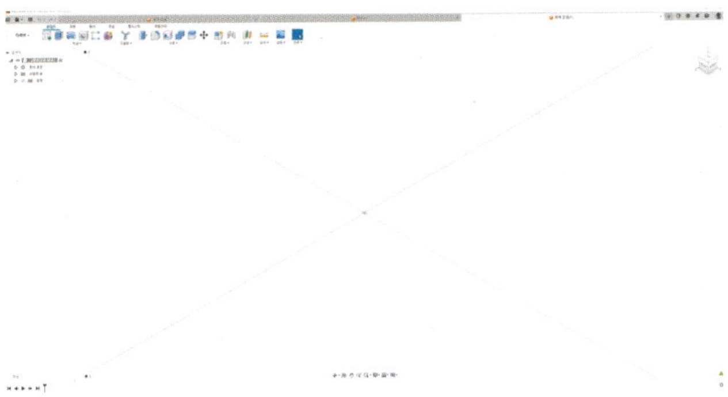

순서 1 Fusion 360을 실행하여 작업 창이 나타나도록 한다.

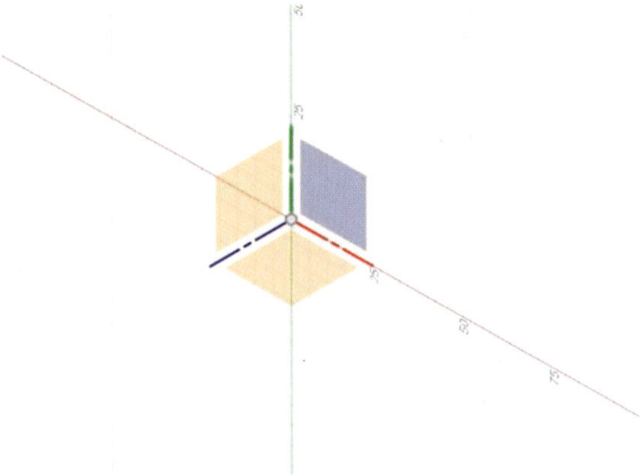

순서 2 스케치 작성을 누르고 우측 면(XY)을 선택한다.

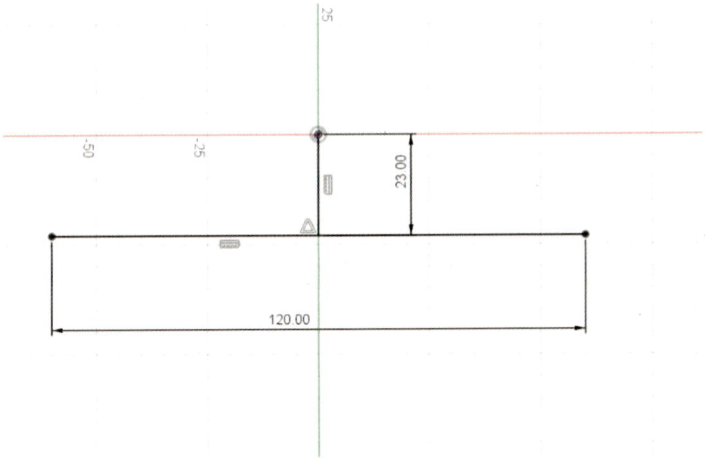

순서 3 선을 누르고 원점(0.0) 중심에서 23.0 mm 거리를 띄운다.
선의 중심 연결하고 원점과 수평/수직을 누른다. 선의 길이를 120.0 mm로 한다.

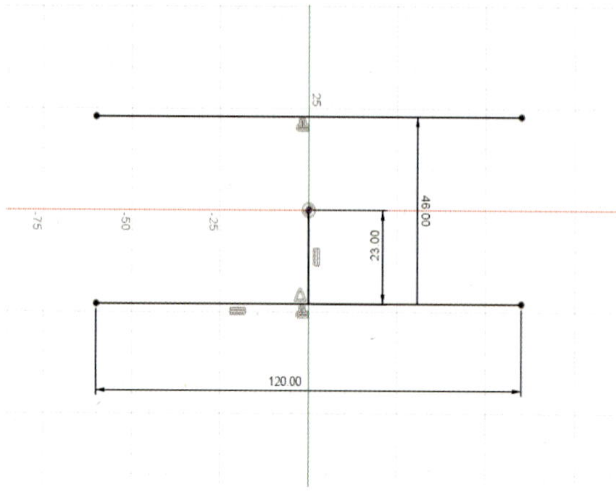

※ 수평/수직(horizental/vertical)

객체의 정렬 포인트가 수평/수직에 가까우면 그에 맞는 구속조건이 적용된다.

순서 4 수정에서 간격 띄우기를 선택한다. 간격을 −46.0 mm로 띄운다. 확인을 누른다.

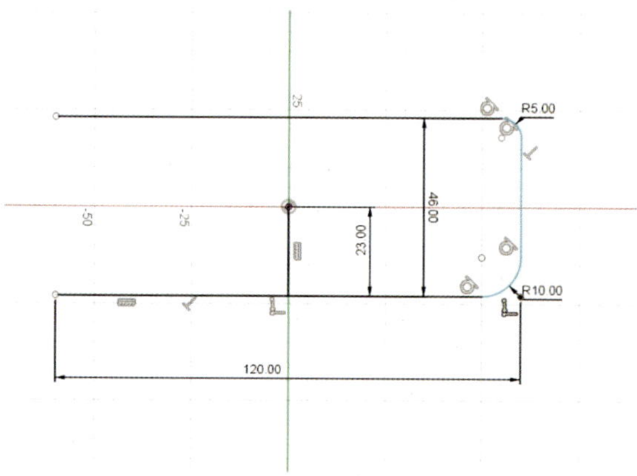

순서 5 오른쪽 선을 연결한다. 상부 모서리를 5.0 mm로 모깍기 한다.
하부 모서리는 10.0 mm로 모깍기 한다.

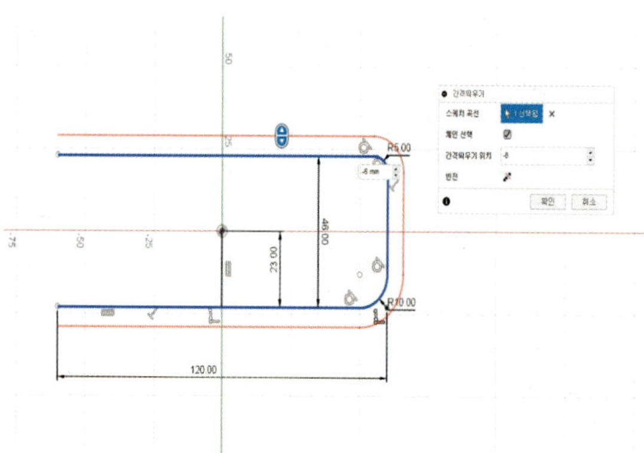

※ 간격띄우기(offset)

일정한 거리만큼 간격을 띄운다.

순서 6 수정에서 간격 띄우기를 선택하고, 간격 띄우기 위치는 −6.0 mm로 한다.
확인을 누른다.

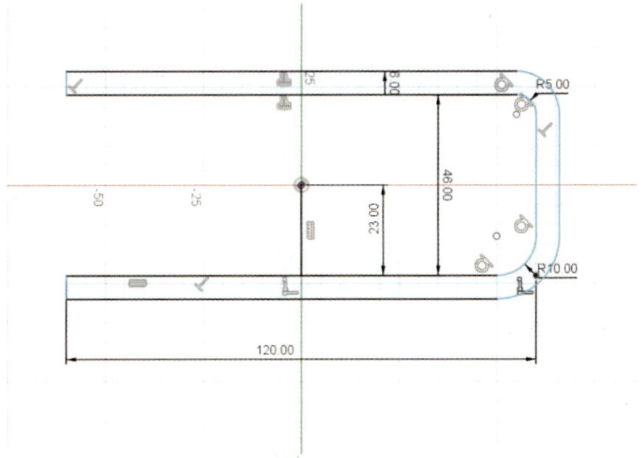

순서 7 작성에서 선을 선택하고 좌측 부분을 선을 연결한다.
스케치 마무리를 누른다.

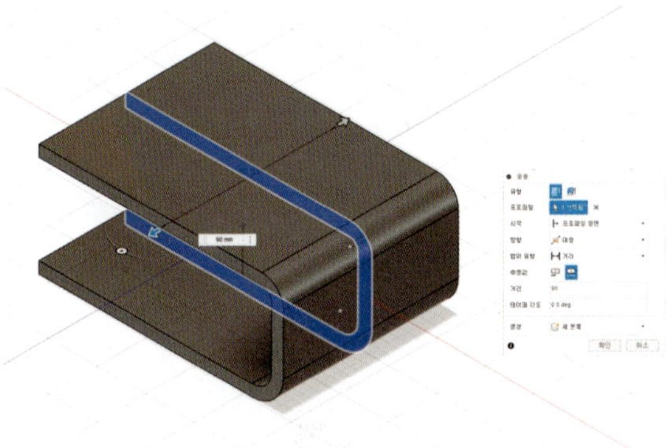

순서 8 작성에서 돌출을 선택한다. 프로파일을 선택하고, 방향을 대칭으로 한다.
측정 값을 전체길이로 하고, 거리를 90.0 mm로 한다.
생성은 새 본체로 하고, 확인을 누른다.

순서 9 마우스를 위쪽 면에 올려 놓고, 오른쪽 마우스를 눌러 스케치 작성을 선택한다.

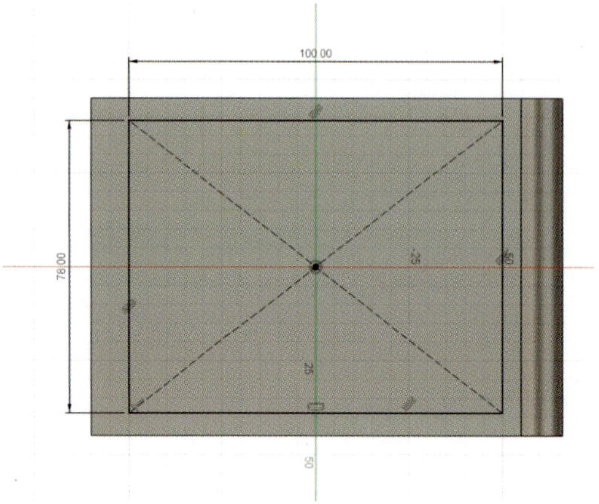

순서 10 작성에서 직사각형을 누르고, 중심 직사각형을 선택한다.
가로 100.0 mm, 세로 78.0 mm인 직사각형을 만든다.
스케치 마무리를 누른다.

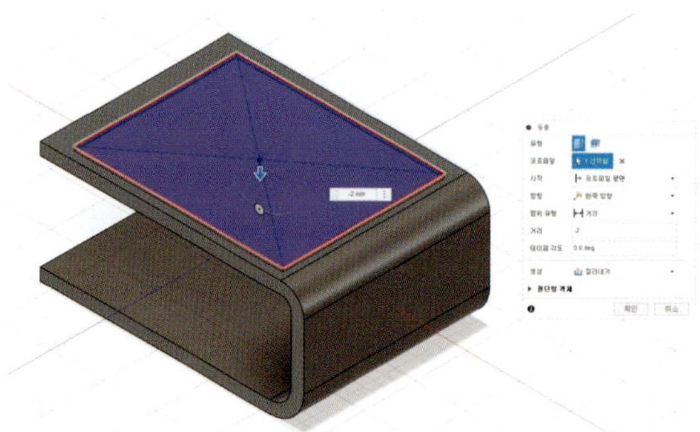

순서 11 작성에서 돌출을 누르고, 프로파일을 선택한다.
거리를 -2.0 mm로 하고, 생성은 잘라내기를 한다. 확인을 누른다.

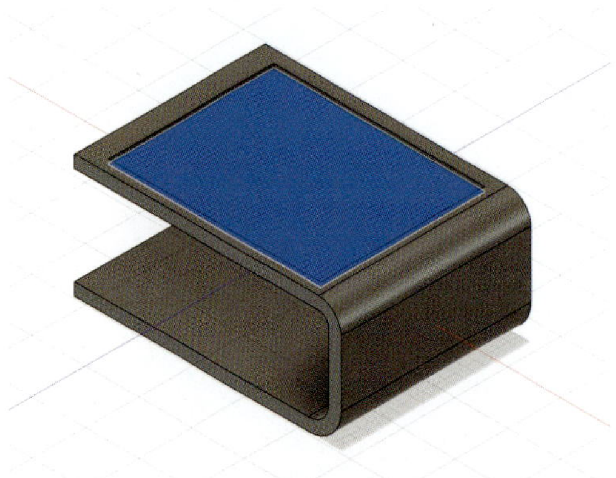

순서 12 마우스를 위쪽 면에 올려 놓고, 오른쪽 마우스를 눌러 스케치 작성을 선택한다.

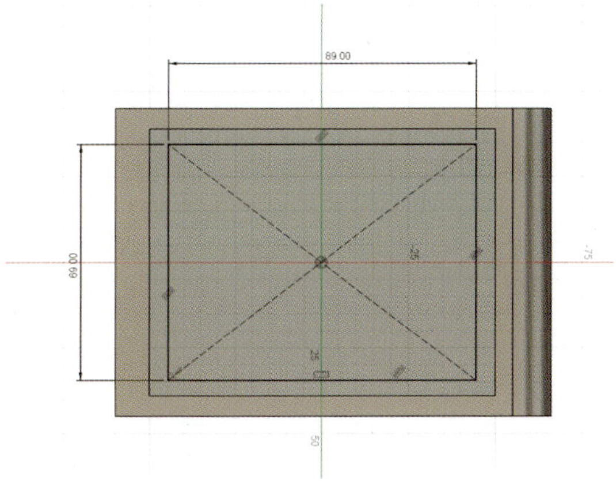

순서 13 작성에서 직사각형을 누르고, 중심 직사각형을 선택한다.
가로 89.0 mm, 세로 69.0 mm인 직사각형을 만든다.
스케치 마무리를 누른다.

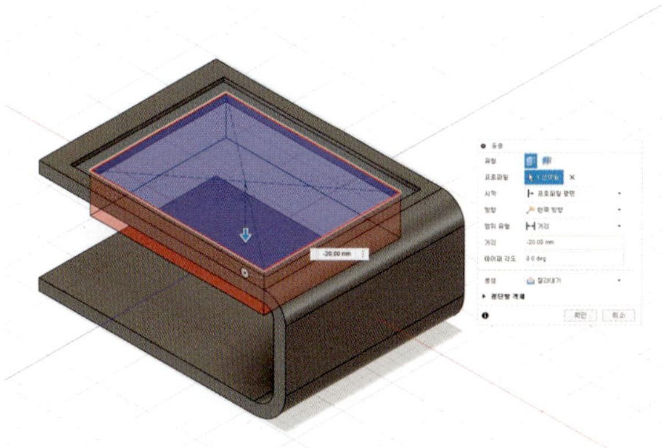

순서 14 작성에서 돌출을 누르고, 프로파일을 선택한다.
거리를 −20.0 mm로 하고, 생성은 잘라내기를 한다. 확인을 누른다.

순서 15 Shift+마우스 볼을 동시에 눌은 상태에서 본체를 회전시켜 밑면이 보이도록 회전시킨다.
마우스를 위쪽 면에 올려 놓고, 오른쪽 마우스를 눌러 스케치 작성을 선택한다.

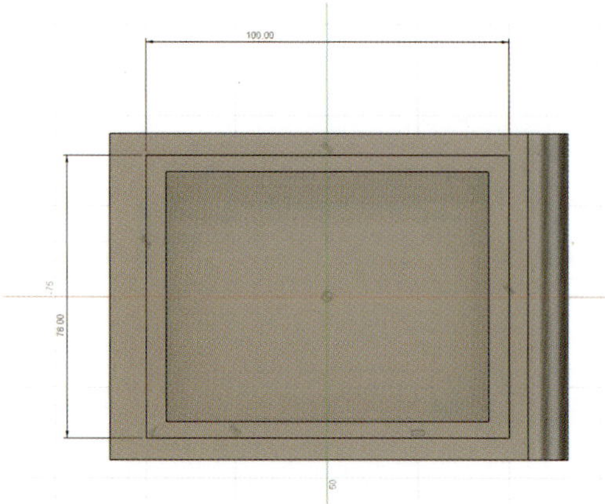

순서 16 작성에서 직사각형을 누르고, 중심 직사각형을 선택한다.
가로 100.0 mm, 세로 78.0 mm인 직사각형을 만든다.
스케치 마무리를 누른다.

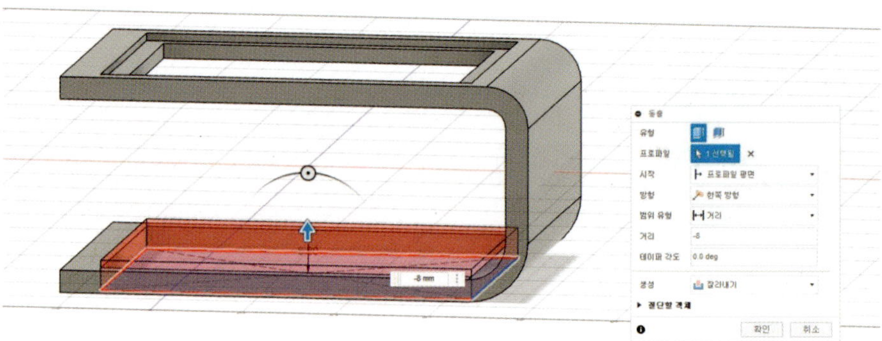

순서 17 작성에서 돌출을 누르고, 프로파일을 선택한다.
거리를 -8.0 mm로 하고, 생성은 잘라내기를 한다. 확인을 누른다.

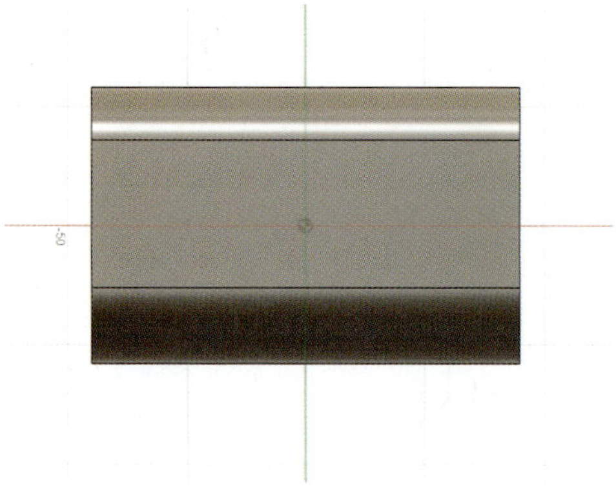

순서 18 스케치 작성을 누른다. 좌측 면(YZ)을 선택한다.

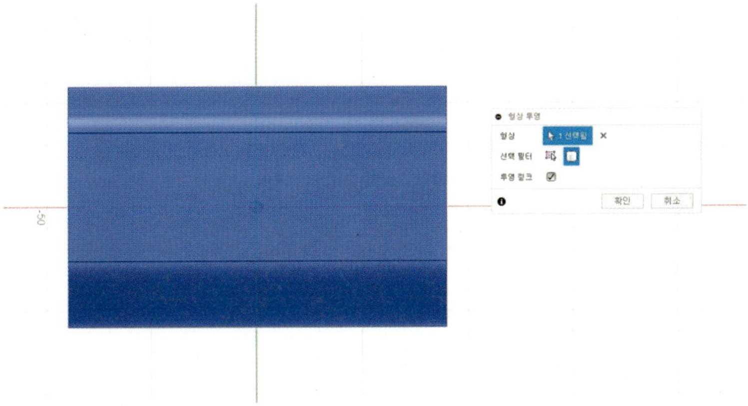

순서 19 작성에서 투영/포함 누르고 형상투영을 선택한다.
선택 필터는 본체를 선택하고 마우스로 본체를 클릭한다. 확인을 누른다.

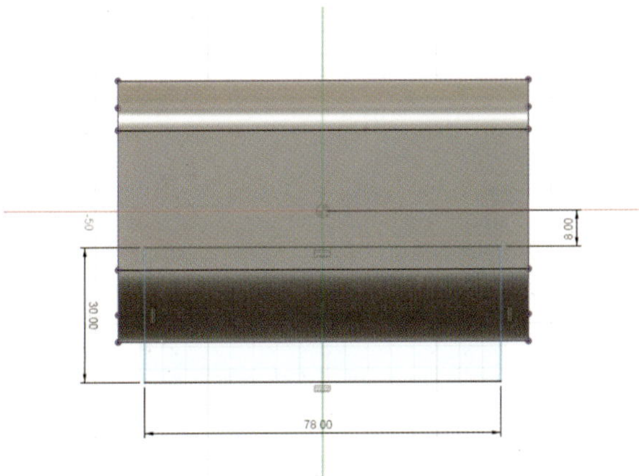

순서 20 작성에서 직사각형에서 2점 직사각형을 선택한다.
원점(0.0)에서 8.0 mm 거리에서 직사각형을 그린다.
직사각형은 가로 78.0 mm, 세로 30.0 mm를 그린다.

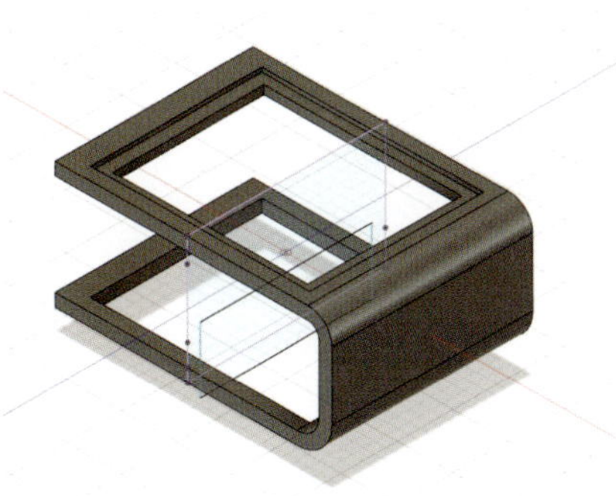

순서 21 스케치 마무리를 누른다. 홈(집)을 누른다.

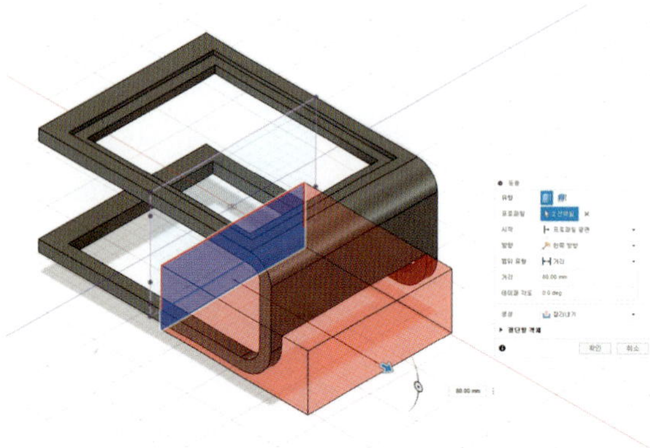

순서 22 작성에서 돌출을 선택한다. 프로파일 2개 선택한다.
거리를 80.0 mm로 하고, 생성은 잘라내기를 한다. 확인을 누른다.

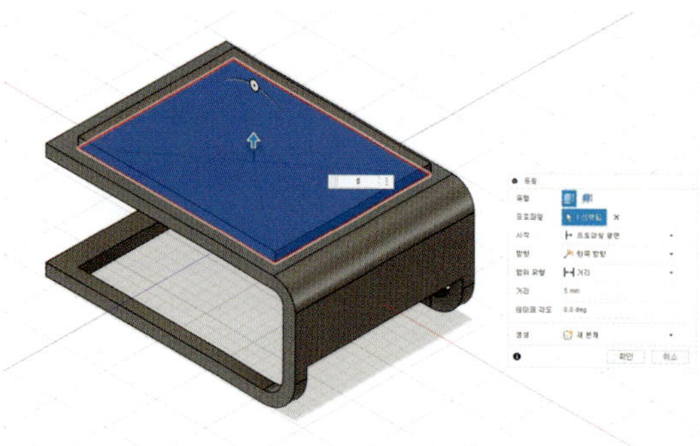

순서 23 검색기에서 스케치2를 선택한다. 작성에서 돌출을 누른다.
거리를 위 쪽으로 5.0 mm로 한다. 확인을 누른다.

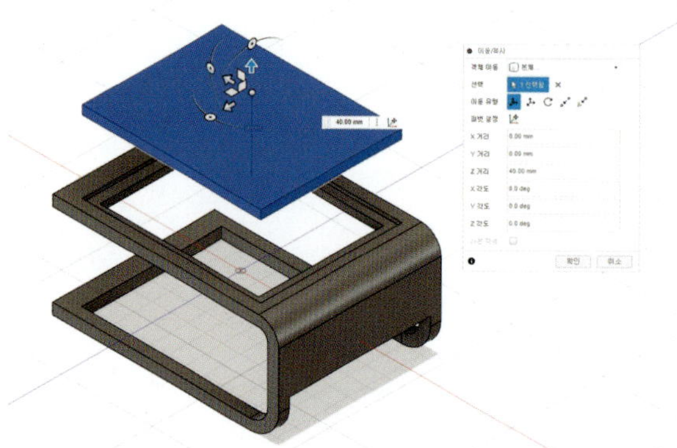

순서 24 수정에서 이동/복사를 선택한다. 프로파일을 선택한다.
Z 방향으로 거리를 40.0 mm 이동한다. 확인을 누른다.

순서 25 이동된 면 위에 마우스를 대고 오른쪽 마우스를 누른다.
스케치 작성을 선택한다.

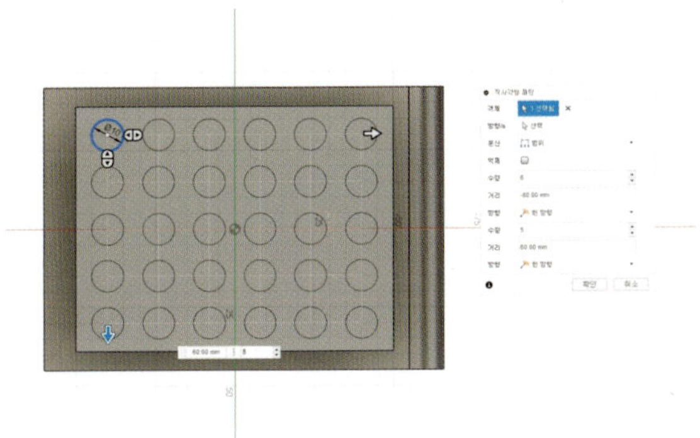

순서 26 작성에서 중심 지름 원을 선택하여 직경이 10.0 mm인 원을 그린다.
작성에서 패턴, 직각형 패턴을 선택한다. 객체를 선택한다.
오른쪽 방향으로 수량 6개, 거리 −80.0 mm, 아래 쪽 방향으로 수량 5개, 거리 60.0 mm로 한다.
확인을 누른다.

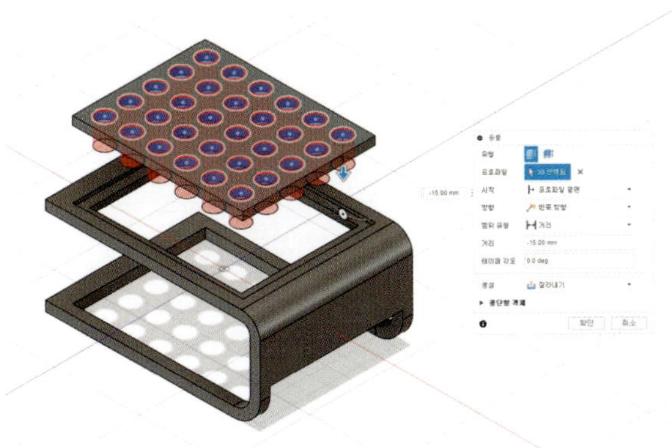

순서 27 작성에서 돌출을 누른다. 프로파일 30개를 선택한다.
거리를 −15.0 mm로 하고, 생성은 잘라내기를 한다. 확인을 누른다.

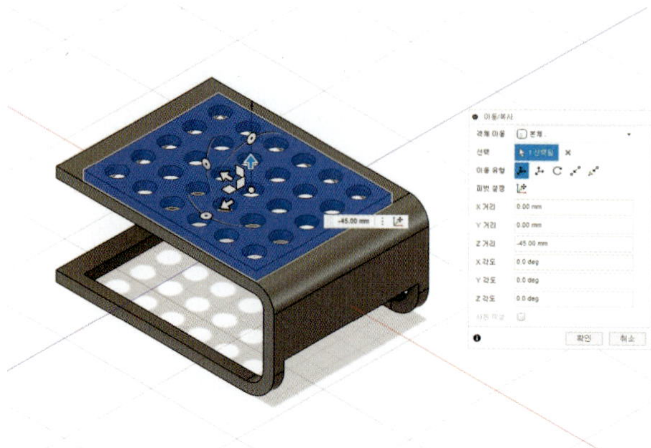

순서 28 수정에서 이동/복사를 누른다. Z거리로 −45.0 mm 이동한다. 확인을 누른다.

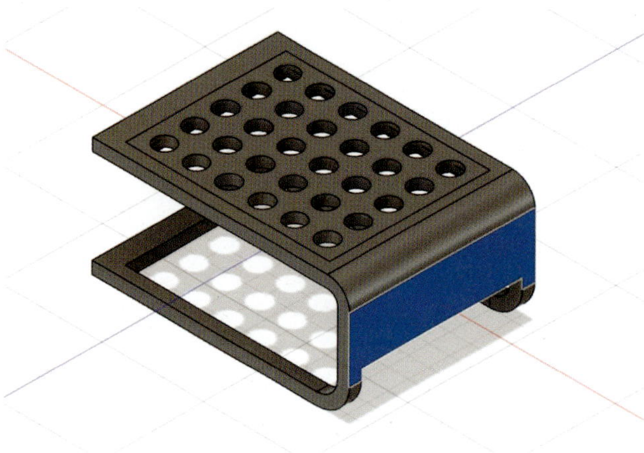

순서 29 마우스를 의자 옆면에 대고 오른쪽 마우스를 눌러 스케치 작성을 선택한다.

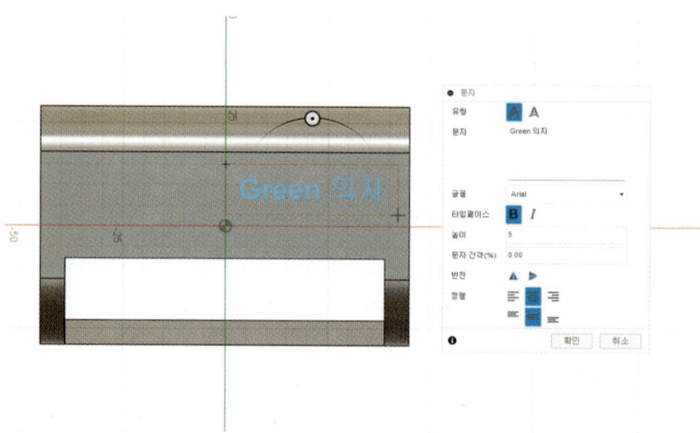

순서 30 작성에서 문자를 선택하고, Green 의자를 입력한다.
정렬을 한 다음, 확인을 누른다. 스케치 마무리를 누른다.
작성에서 돌출을 선택하고 거리를 2.0 mm로 한다. 확인을 누른다.

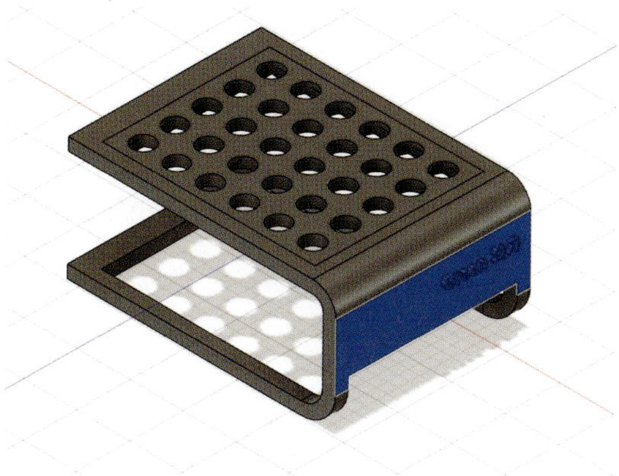

순서 31 마우스를 의자 옆면에 대고 오른쪽 마우스를 눌러 스케치 작성을 선택한다.

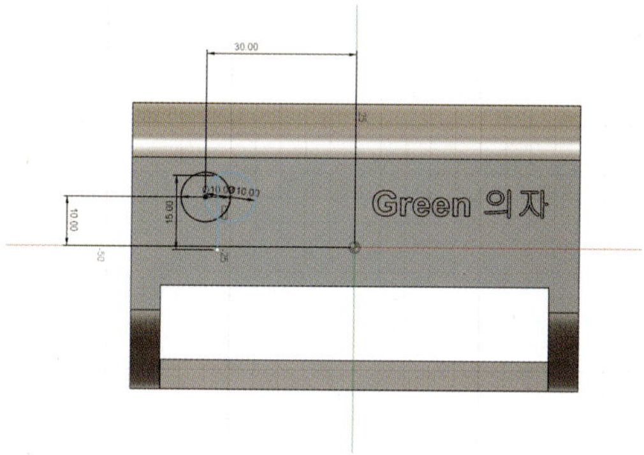

순서 32 작성에서 원으로 간다. 중심 지름 원을 선택한다.
원점(0.0)에서 가로 30.0 mm, 세로 10.0 mm 위치에 직경이 10.0 mm인 원이 겹치도록 그린다.
두 개의 원이 접하는 위치에서 아래 방향으로 15.0 mm 직선을 그린다.

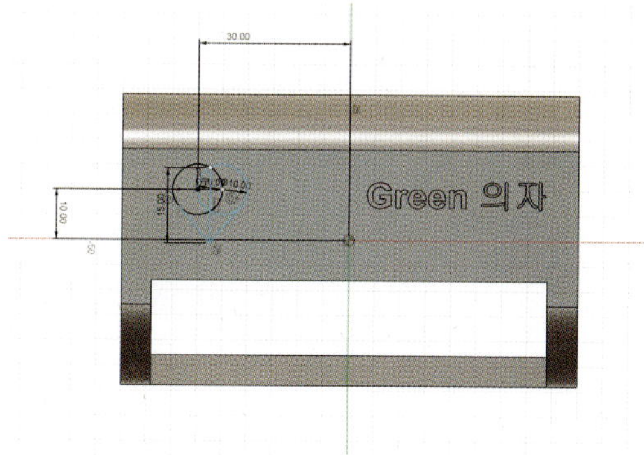

순서 33 직선이 끝나는 점에서 양쪽 원에 접하는 선을 연결한다.

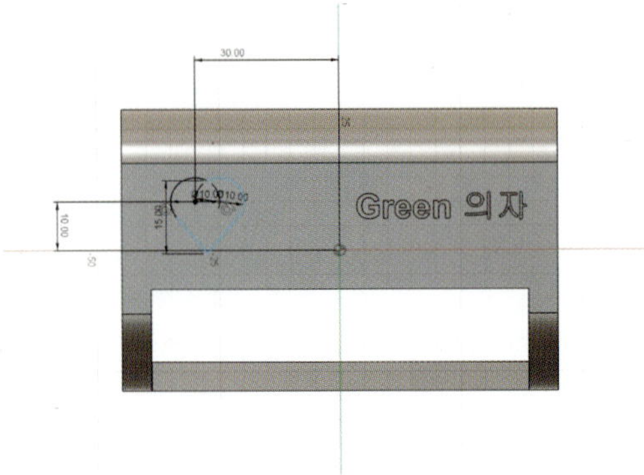

순서 34 수정에서 자르기를 선택한다. 접하는 선을 잘라내기를 한다. 스케치 마무리를 누른다. 홈(집)을 누른다.

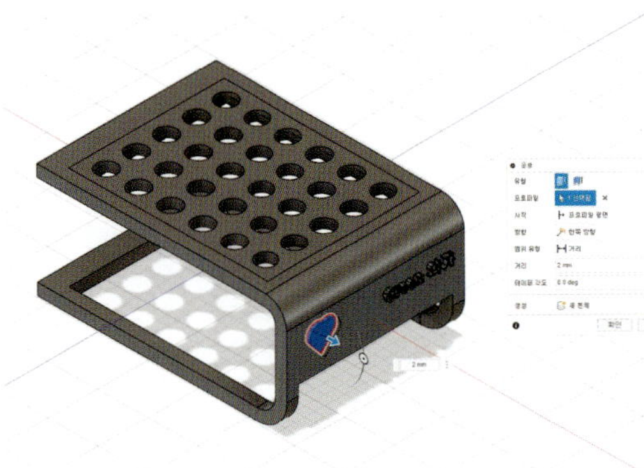

순서 35 작성에서 돌출을 선택한다. 프로파일을 선택한 다음, 거리를 2.0 mm로 한다. 확인을 누른다.

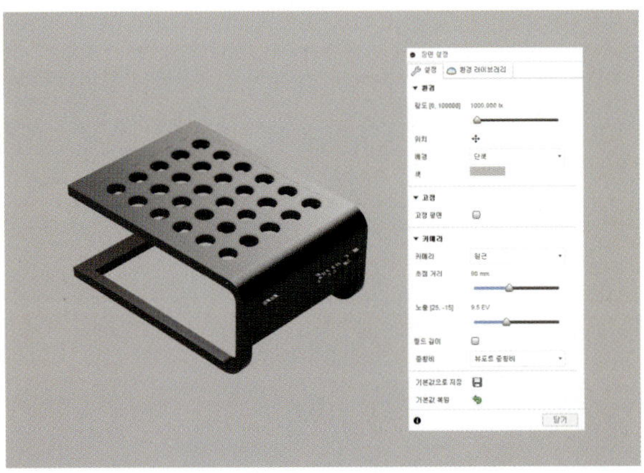

순서 36 디자인에서 렌더링으로 이동한다.
그림자를 제거하기 위해 장면 설정을 누른다. 고정에 고정평면에 체크를 해제한다. 닫기를 누른다.

순서 37 색상을 누르고 wood(solid)에서 Finished를 선택한다.
3D Oak-Glossy를 선택하여 드래그 하여 의자 몸체 위에 놓는다.
닫기를 누른다.

순서 38 색상을 누르고 페인트로 간다. 글씨는 녹색을 선택하다.
하트 모양은 빨간색을 선택한다. 닫기를 누른다.

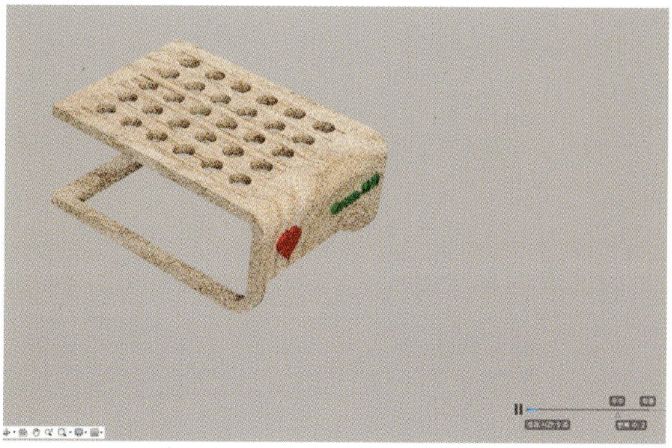

순서 39 캔버스 내 렌더링을 누른다. 시간이 우수가 될 때까지 기다린다.

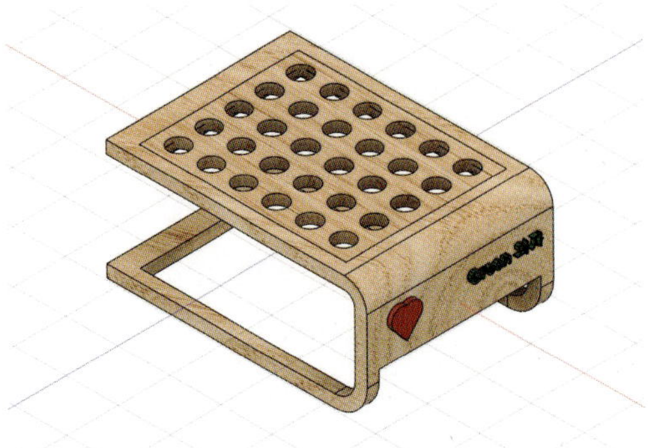

순서 40 렌더링에서 디자인으로 간다. 최종적으로 Green 의자가 만들어진다.

2-5 샴푸통 모델링

■ 학습 목표

1. 회전, 쉘 명령어에 대해 이해한다.
2. 스레드 명령어에 대해 이해한다.
3. 이동/복사 명령어에 대해 이해한다.
4. 단면분석, 색상 명령어에 대해 이해한다.

■ 완성된 그림

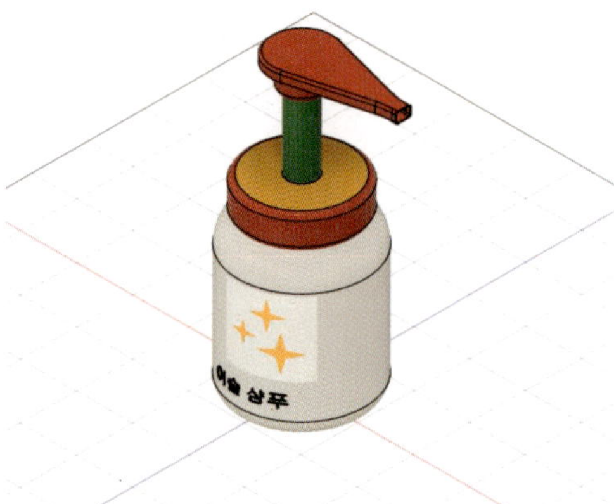

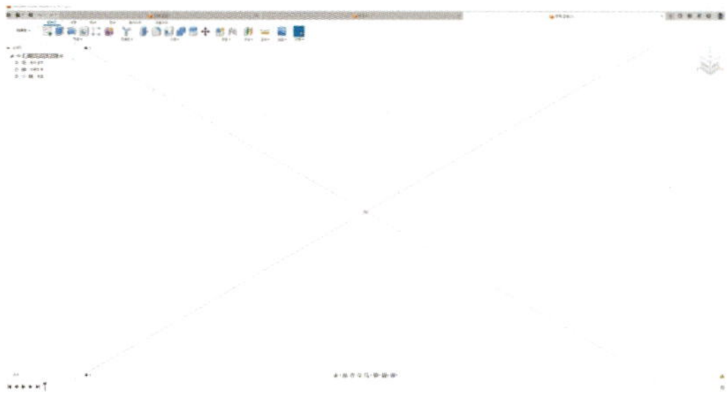

순서 1 Fusion 360을 실행하여 작업 창이 나타나도록 한다.

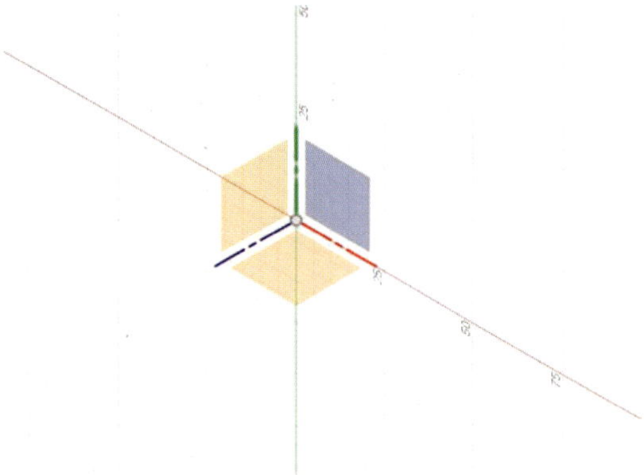

순서 2 스케치 작성을 누르고 우측 면(XY)을 선택한다.

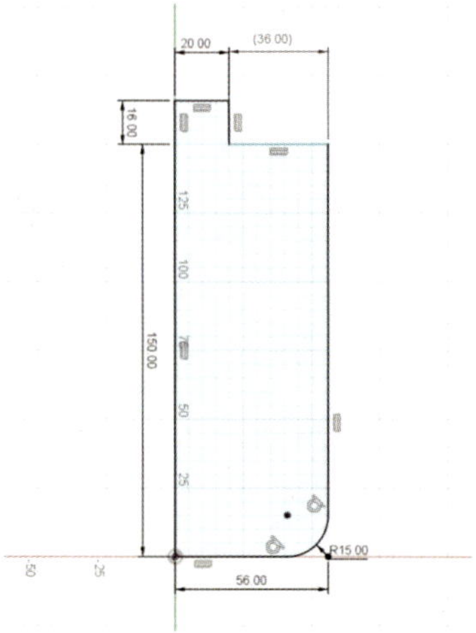

순서 3 스케치 작성에서 선을 선택한다.

가로 560.0 mm, 가로 15.0 mm, 밑면 모깍기 15.0 mm이다.

병의 목 부위 가로길이를 40.0 mm로 한다.

스케치 마무리를 누른다.

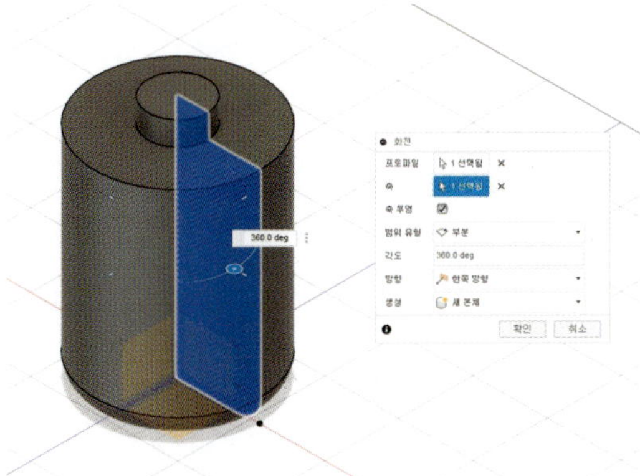

순서 4 작성에서 회전을 누른다.
프로 파일을 선택한 다음 축을 세로 방향으로 선택한다.
각도를 360도 회전하고 확인을 누른다.

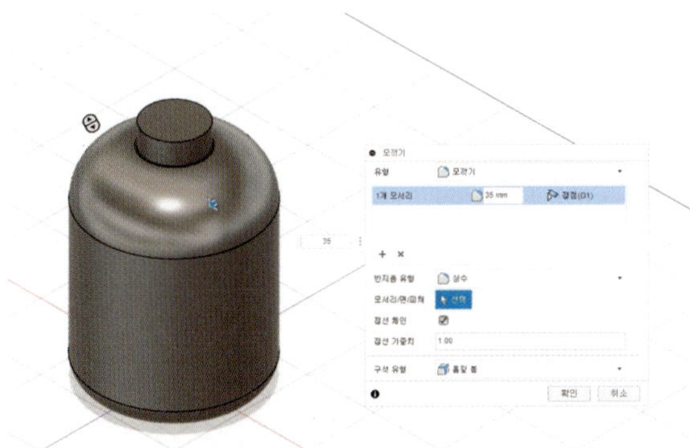

순서 5 수정에서 모깍기를 누르고 병의 윗면을 선택한다.
모서리를 35.0 mm 기입한다. 확인을 누른다.

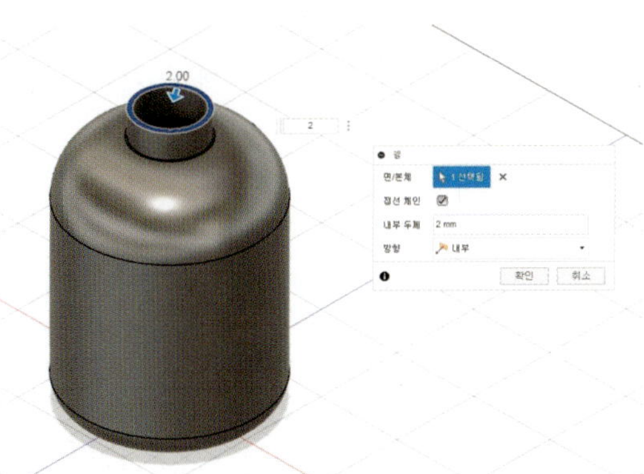

순서 6 수정에서 쉘을 누르고 병의 목의 윗면을 선택한다.
내부 두께를 2.0 mm 기입한다. 확인을 누른다.

순서 7 작성에서 스레드를 선택하고 목의 옆면을 선택한다.
전체길이를 체크한다. 확인을 누른다.

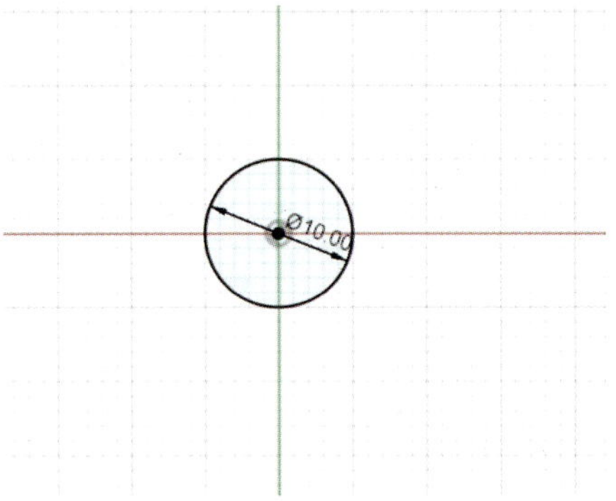

순서 8 스케치 작성에서 밑면을 선택한다. 검색기 본체에서 본체 1을 비활성화한다.
스케치 작성에서 중심 지름 원을 선택하여 직경이 10.0 mm인 원을 그린다.
스케치 마무리를 누른다. 을 누른다.

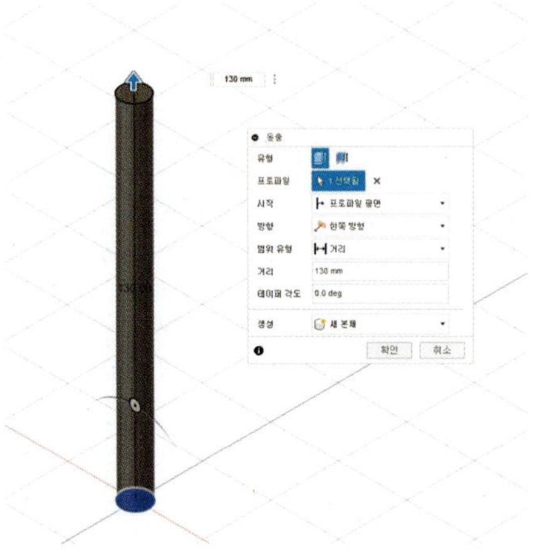

순서 9 작성에서 돌출을 선택하고, 거리를 130.0 mm로 한다.
확인을 누른다.

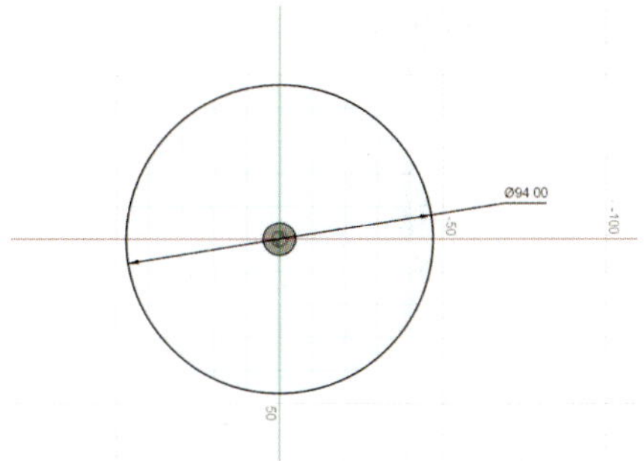

순서 10 마우스를 원통 위면 위에 놓고, 마우스 오른쪽을 누른다. 스케치 작성을 선택한다. 스케치 작성에서 중심 지름 원을 선택한다. 직경이 94.0 mm원을 그린다. 확인을 누른다. 을 누른다.

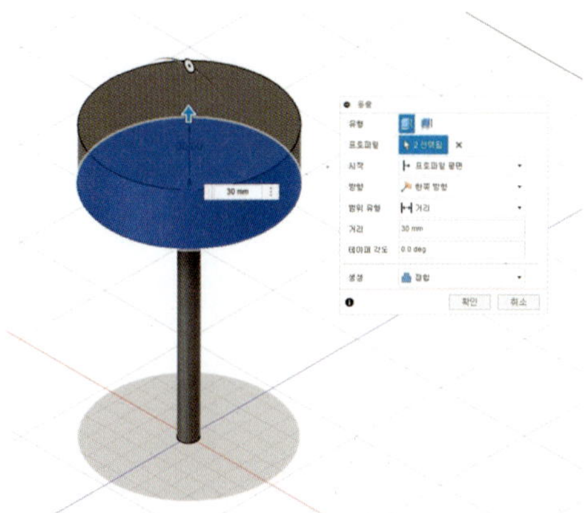

순서 11 작성에서 돌출을 누르고, 직경이 94.0 mm와 직경이 10.0 mm원을 선택한다. 위쪽으로 드래그 해서 거리를 30.0 mm으로 한다. 생성을 접합으로 한다. 확인을 누른다.

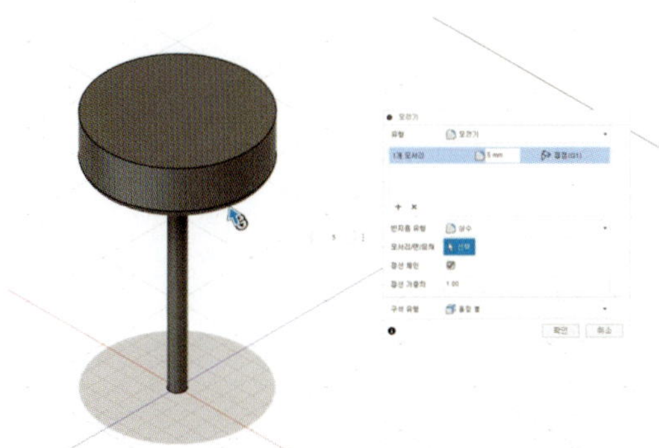

순서 12 도출 후 밑 부분을 모깍기 5.0 mm로 한다. 확인을 누른다.

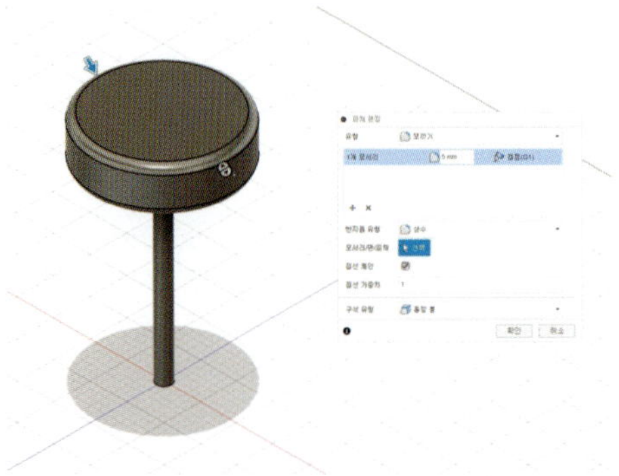

순서 13 상부를 5.0 mm로 모깍기 한다.
확인을 누른다.

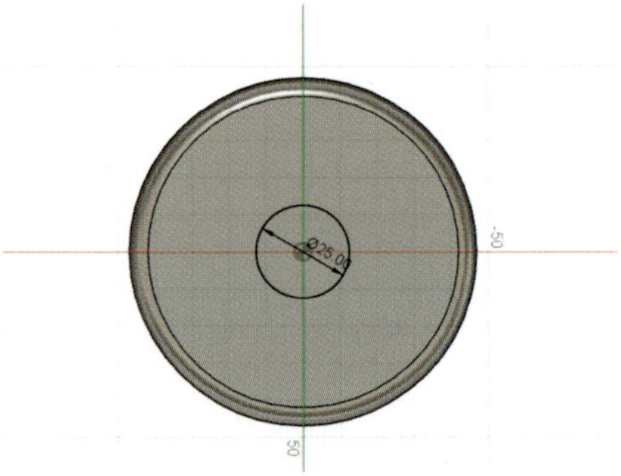

순서 14 상부 윗면에 마우스를 올려놓고 오른쪽 마우스를 눌러 스케치 작성을 누른다.
스케치 작성에서 원, 중심선 원을 선택하고 직경이 25.0 mm인 원을 그린다.
확인을 누른다. 스케치 마무리를 누른다.

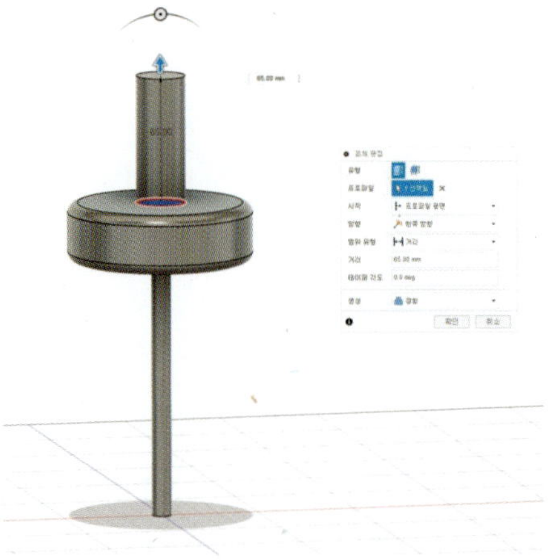

순서 15 작성에서 돌출을 누르고, 원을 선택하여 위 쪽으로 거리를 65.0 mm으로 한다.
생성을 접합으로 하고, 확인을 누른다.

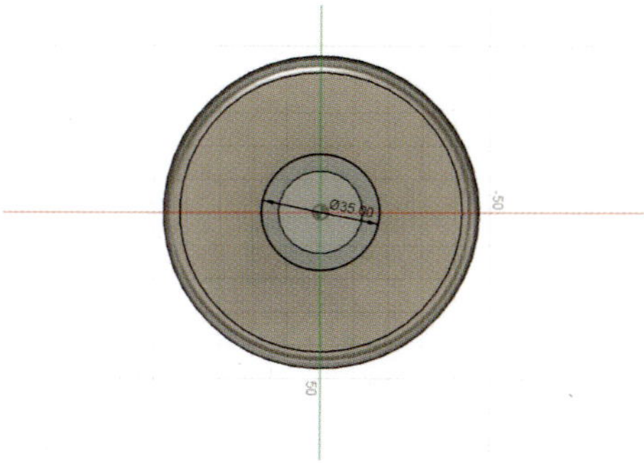

순서 16 돌출한 원 위에 마우스를 올려 놓고, 마우스 오른쪽을 눌러 스케치 작성을 한다.
스케치 작성에서 원으로 가서, 중심선 원을 선택하여 직경이 35.0 mm인 원을 그린다.
스케치 마무리를 누른다. 을 누른다.

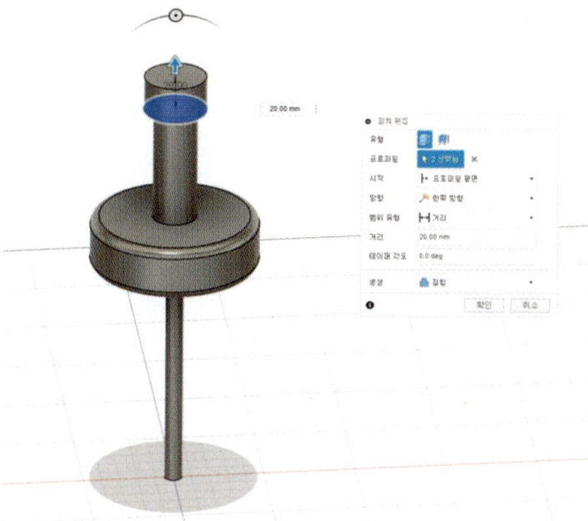

순서 17 작성에서 돌출을 선택한다. 직경 35.0 mm, 직경 25.0 mm을 선택한다.
위쪽으로 거리 20.0 mm로 돌출하고, 생성을 접합으로 한다.
확인을 누른다.

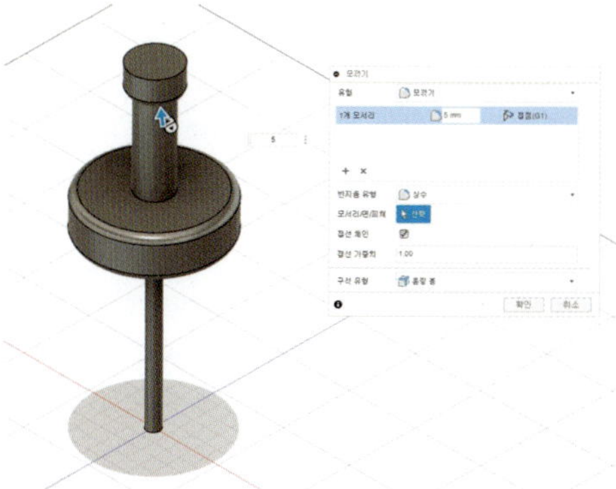

순서 18 수정에서 모깍기를 선택한다. 모서리를 5.0 mm을 선택한다.
확인을 누른다.

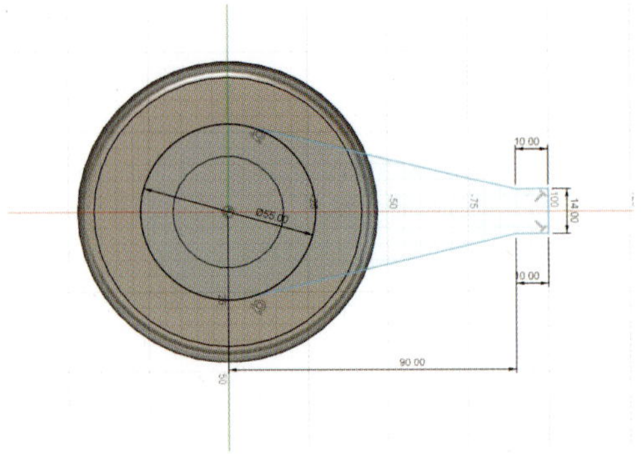

순서 19 돌출된 원통 윗면에서 스케치 작성을 누른다. 직경이 55.0 mm원을 그린다. 오른쪽으로 100.0 mm 만큼 직선을 그린다.10 mm 만큼 등간격을 띄우고, 그 점에서 원에 접(tangent)하는 선을 연결한다.

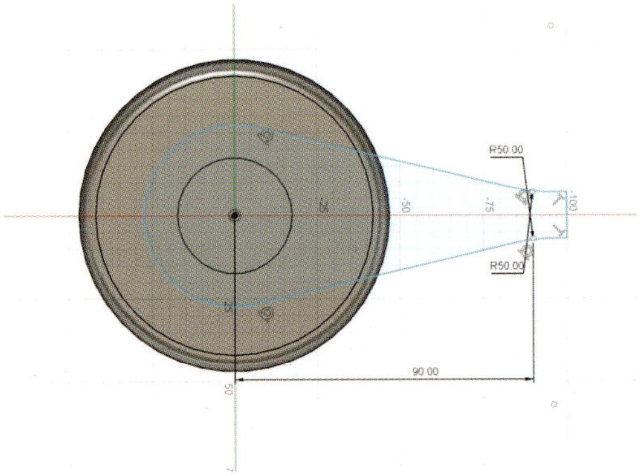

순서 20 목 부위에 양쪽에 반지름이 50.0 mm로 모깍기를 이동한다. 스케치 마무리를 누른다. 홈(집)을 누른다.

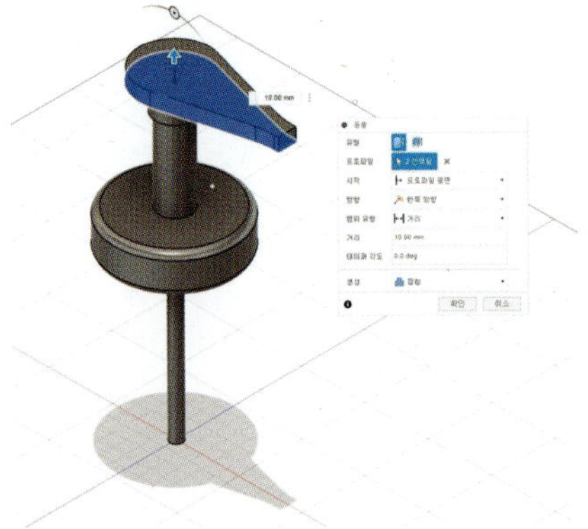

순서 21 작성에서 돌출을 누르고, 위쪽으로 거리 10.0 mm로 하고, 생성을 접합으로 한다. 확인을 누른다.

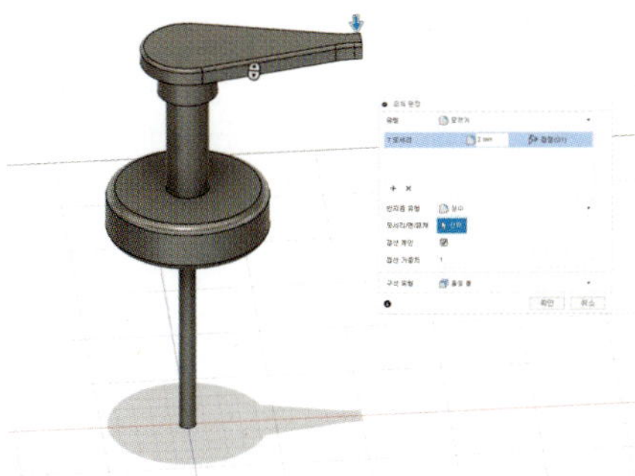

순서 22

돌출된 상부를 2.0 mm로 모깍기를 한다.
확인을 누른다.

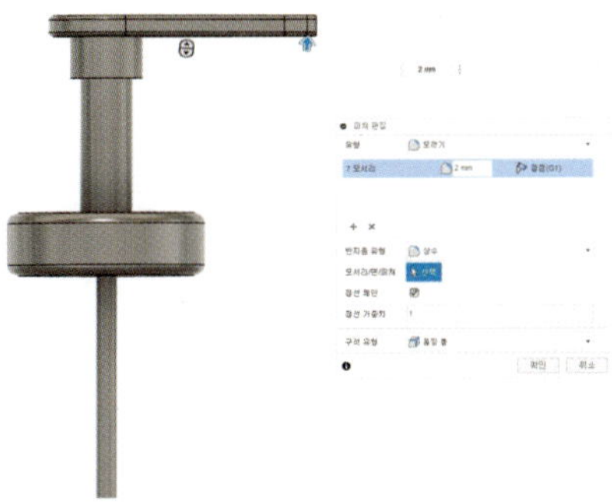

순서 23

돌출된 하부를 2.0 mm로 모깍기를 한다.
확인을 누른다.

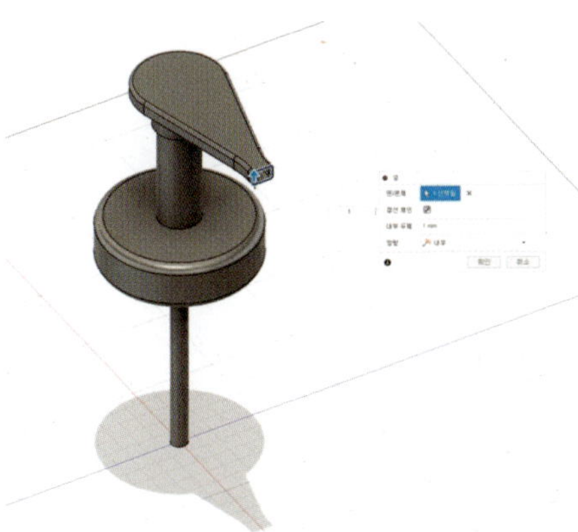

순서 24

Shift+ 마우스 볼을 동시에 누르면서 회전을 한다.
즉 물이 나오는 면이 옆으로 이동하도록 회전을 시킨다.
수정에서 쉘을 누르고, 내부 두께를 1.0 mm로 한다.
확인을 누른다.

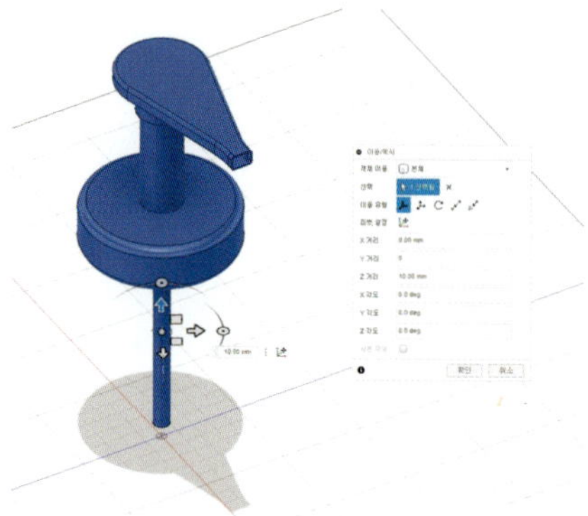

순서 25 수정에서 이동/복사를 누른다. 아래 기둥을 선택한다.
위쪽(Z축) 으로 10.0 mm 이동시킨다.
확인을 누른다.

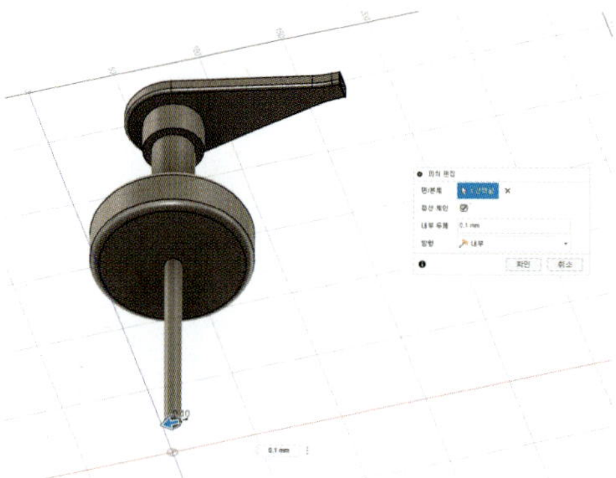

순서 26 Shift+마우스 볼을 동시에 누른 상태에서 회전을 시켜 기둥의 밑면이 보이도록 한다.
수정에서 쉘을 누르고 밑면을 선택한다. 내부 두께를 0.1 mm로 한다.
확인을 누른다. 을 누른다.

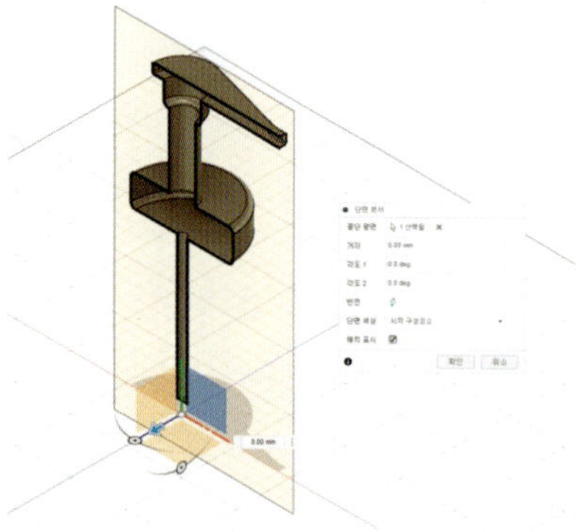

순서 27 검사에서 단면분석을 선택한다. 면은 우측 면을 선택 한다.
확인을 누른다.

순서 28 검색기에서 본체를 선택하여 본체 1을 활성화 시킨다.

순서 29 디자인에서 렌더링으로 이동한다.

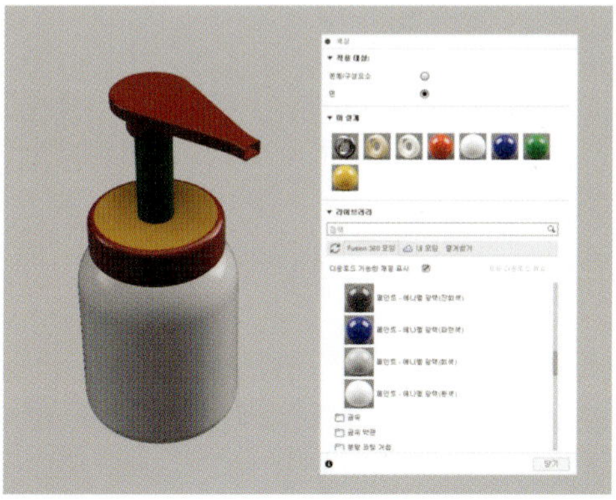

순서 30 색상으로 간다. 색사에서 원하는 색을 선택하고 드래그 해서 면을 선택한다.
닫기를 누른다.

순서 31 캔퍼스 내 렌더링을 한다. 렌더링의 진행이 우수까지 기다린다.

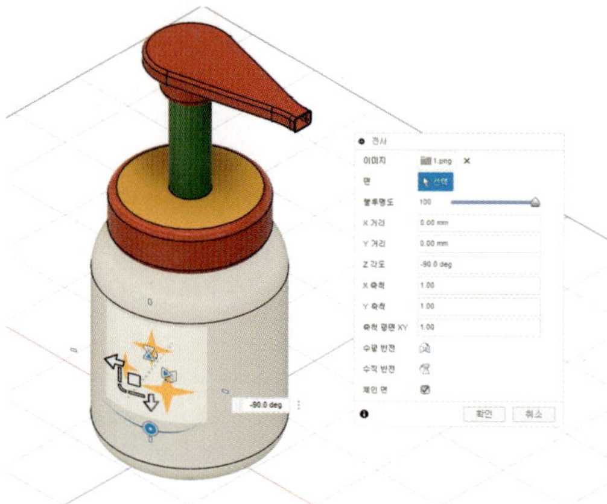

순서 32 렌더링에서 디자인으로 이동한다.

삽입에서 전사를 선택한다.(먼저 원하는 그림을 인터넷에서 찾아 바탕화면에 그림파일로 저장한다).

그림을 거리, 각도, 축척 등을 수정한 다음 확인을 누른다.

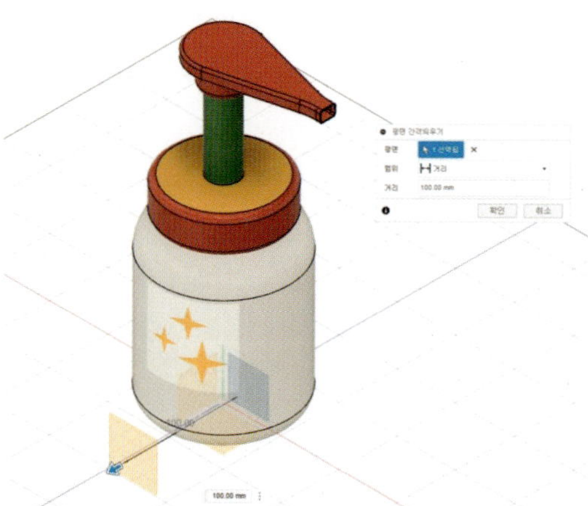

순서 33 구성에서 평면간격 띄우기로 간다. 우측 면을 선택하고 앞쪽으로 드래그 한다.

거리를 100.0 mm 입력한다. 확인을 누른다.

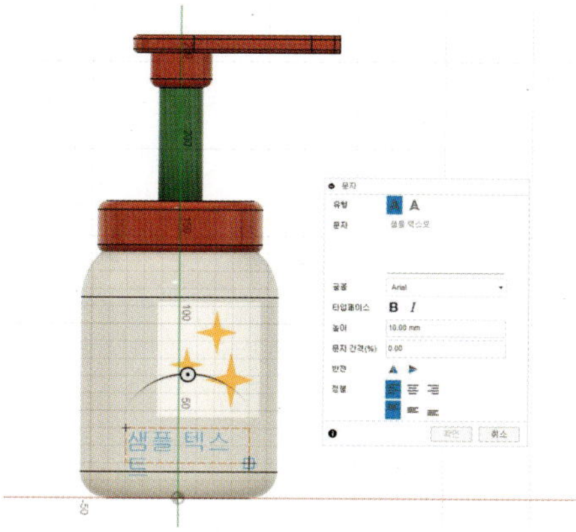

순서 34 도출된 면 위에 마우스를 올려 놓고, 오른쪽 마우스를 눌러 스케치 작성을 선택한다.
스케치 작성에서 문자를 선택하고 원하는 몸통의 위치에 드래그 한다.
문자를 작성하고 글꼴, 정렬 등을 한 다음에 확인을 누른다.

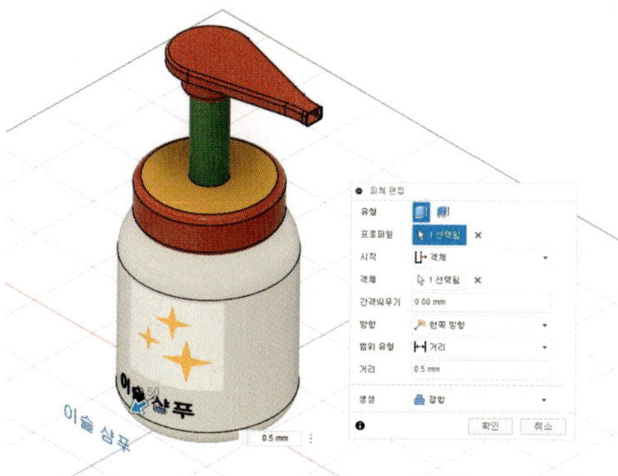

순서 35 작성에서 도출을 누른다.
프로파일을 선택하고, 시작을 객체로 하고, 객체는 몸통을 선택한다.
거리를 0.1 mm 입력한다. 생성을 접합으로 한다.

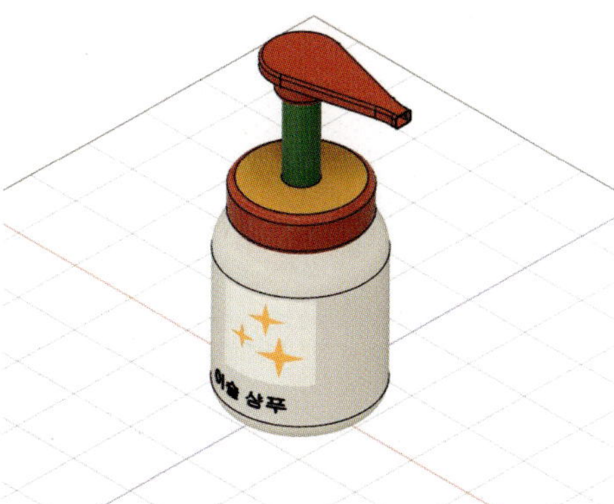

순서 36 확인을 누른다.

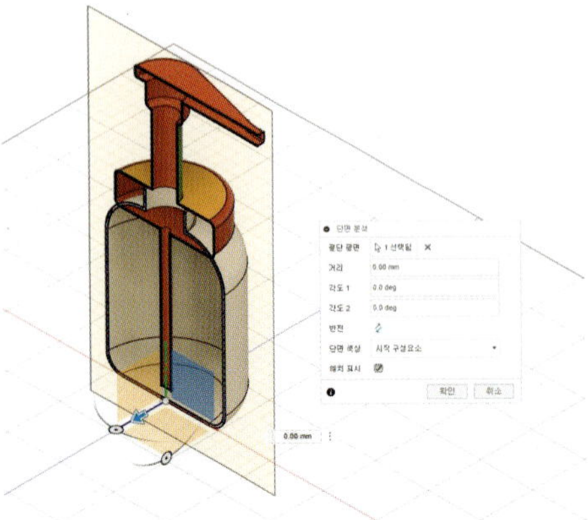

순서 37 검사에서 단면분석을 선택한다.
절단평면을 우측 면을 선택한다. 확인을 누른다.

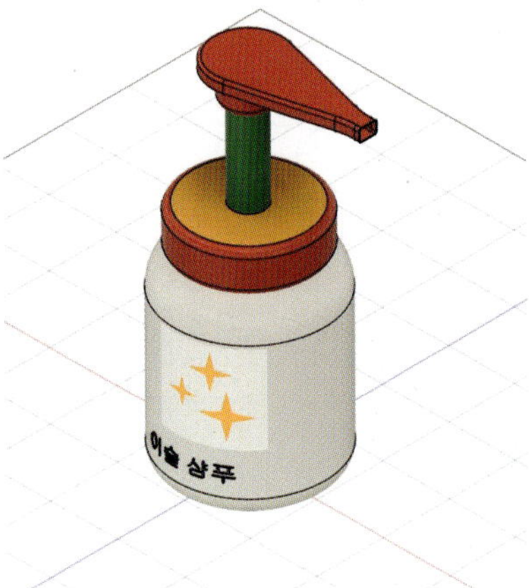

순서 38 검색기로 간다. 분석을 비활성화로 시킨다.
최종적으로 이슬 샴푸가 만들어진다.

2-6 사각형 시계 모델링

학습목표

1. 스케치와 돌출 명령어에 대하여 이해한다.
2. 원, 직각 사각형 명령어에 대하여 이해한다.
3. 구속조건에서 수평/수직 명령어에 대하여 이해한다.
4. 슬롯, 원형패턴 명령어에 대하여 이해한다.

완성된 그림

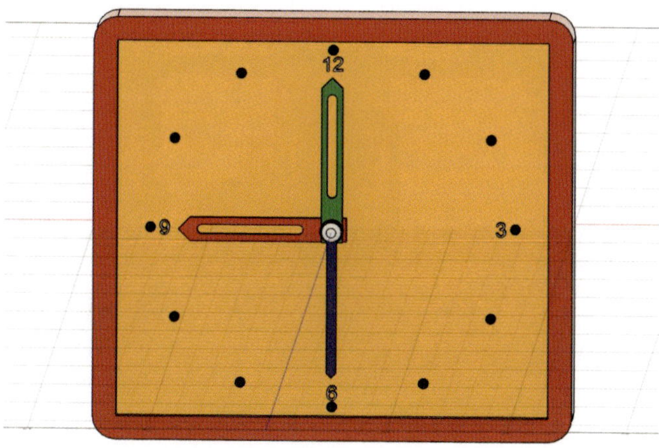

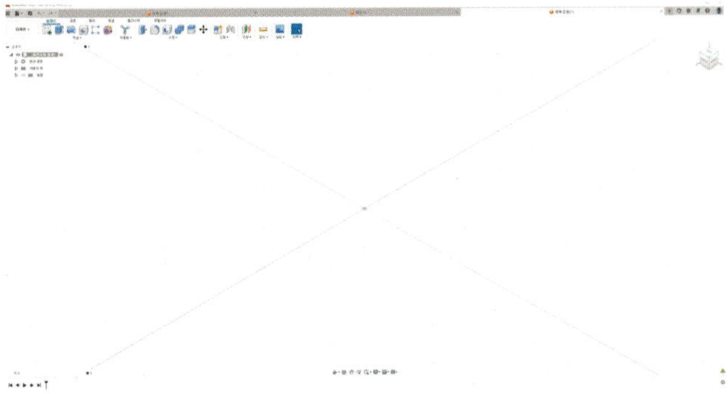

순서 1 Fusion 360을 실행하여 작업 창이 나타나도록 한다.

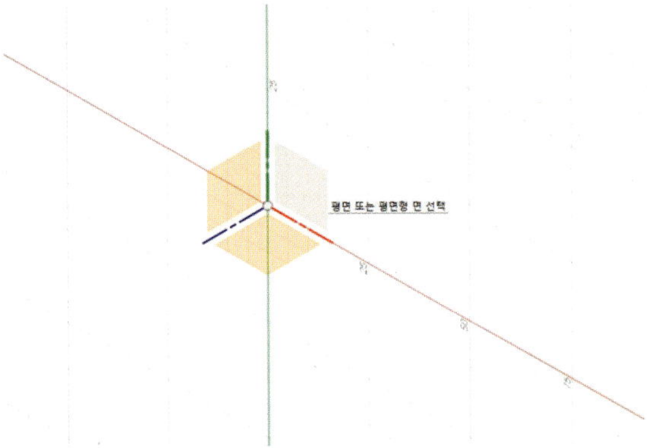

순서 2 스케치 작성을 누르고 우측 면(XY)을 선택한다.

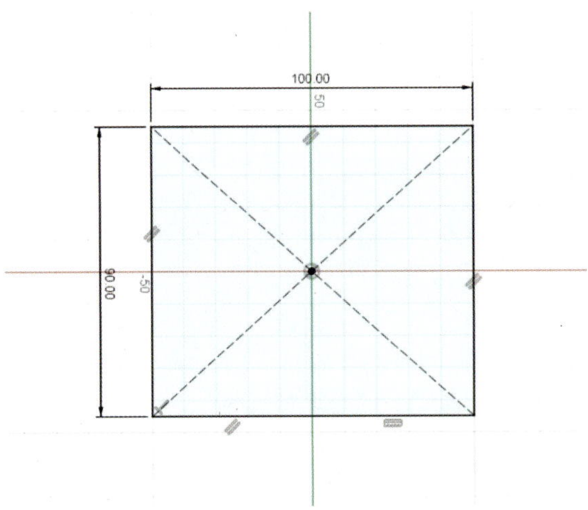

순서 3 작성에서 직사각형으로 간다. 중심 직사각형을 선택하여 원점을 누른다.
가로 100.0 mm, 세로 90.0 mm인 직사각형을 만든다.
스케치 마무리를 누른다.

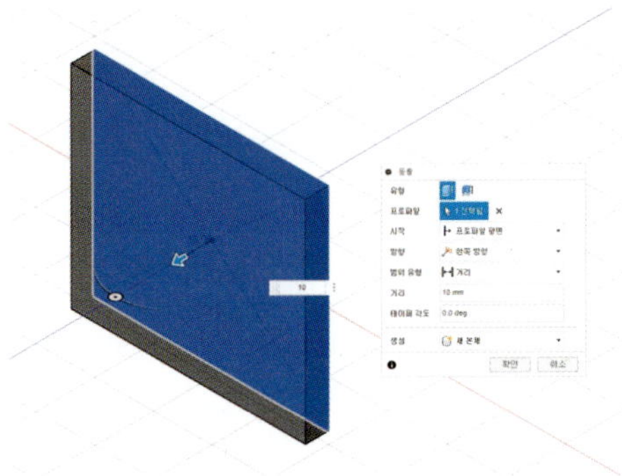

순서 4 　작성에서 돌출을 누르고 프로파일을 선택한다.
거리를 10.0 mm로 하고, 확인을 누른다.

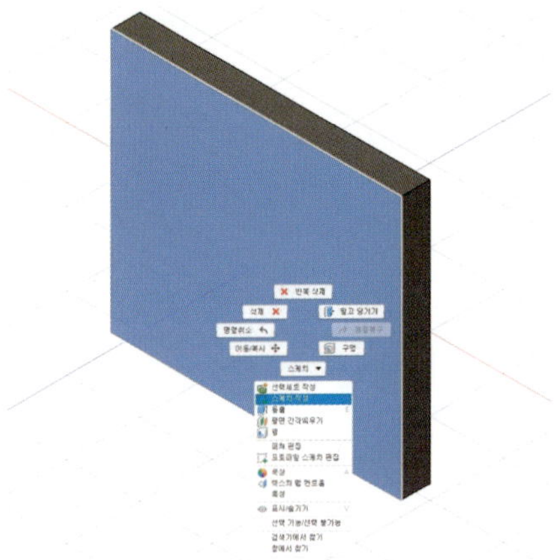

순서 5 　마우스를 돌출된 면 위에 놓고 오른쪽 마우스를 눌러 스케치 작성을 선택한다.

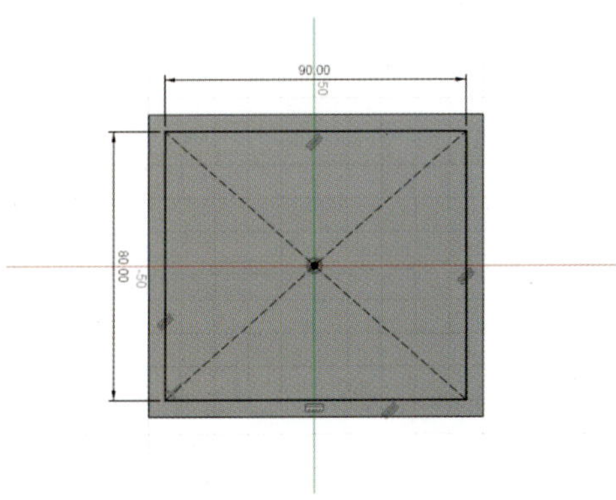

순서 6 　작성에서 직사각형으로 간 다음 중심 직사각형을 선택한다.
원점 위에서 누르고 가로 90.0 mm, 세로 80.0 mm인 직사각형을 만든다.
스케치 마무리를 누른다.

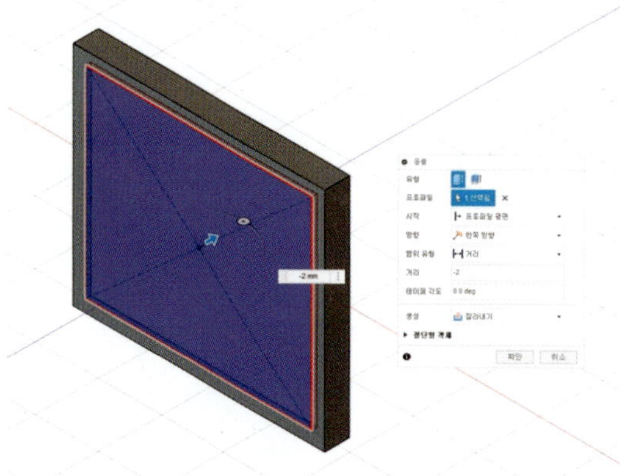

순서 7

작성에서 돌출을 누르고 프로파일을 선택한다.
거리를 -2.0 mm 로 하고, 생성을 잘라내기로 한다.
확인을 누른다.

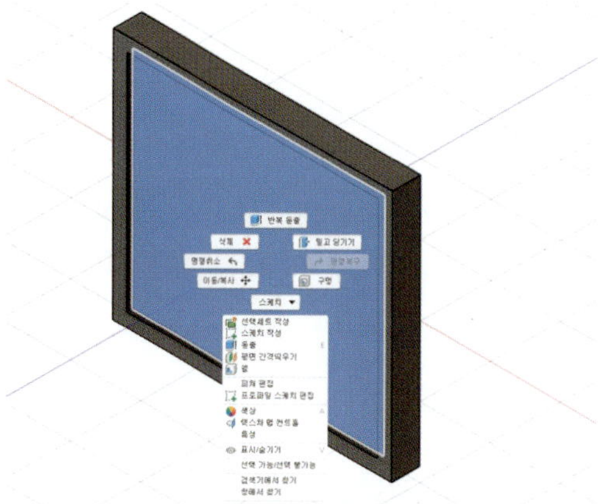

순서 8

잘라낸 면 위에서 마우스를 대고 오른쪽 마우스를 눌러 스케치 작성을 선택한다.

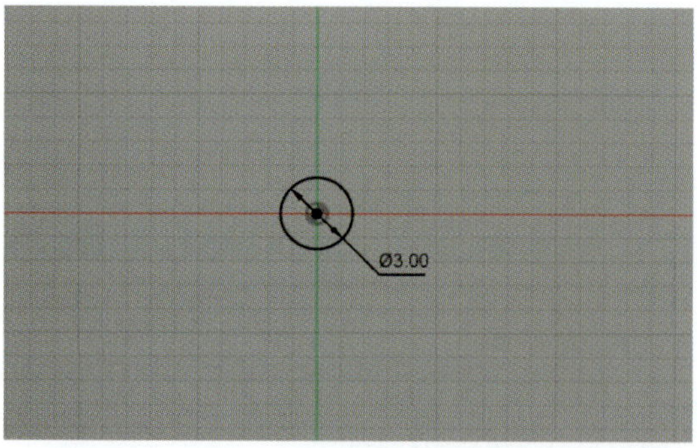

순서 9

작성에서 원을 선택한다.
중심 지름 원을 선택한 다음 원점에서 직경이 3.0 mm인 원을 그린다.
스케치 마무리를 누른다.

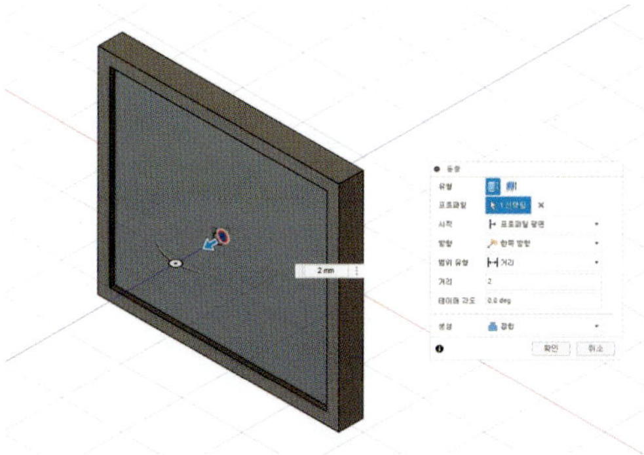

순서 10 작성에서 돌출을 선택한다. 프로파일을 선택하고 거리를 2.0 mm로 한다.
생성을 접합으로 한다. 확인을 누른다.

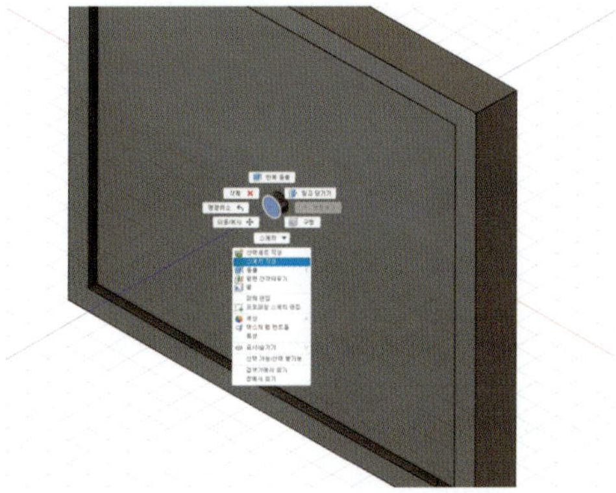

순서 11 돌출된 면 위에 마우스를 대고 오른쪽 마우스를 누른다.
스케치 작성을 선택한다.

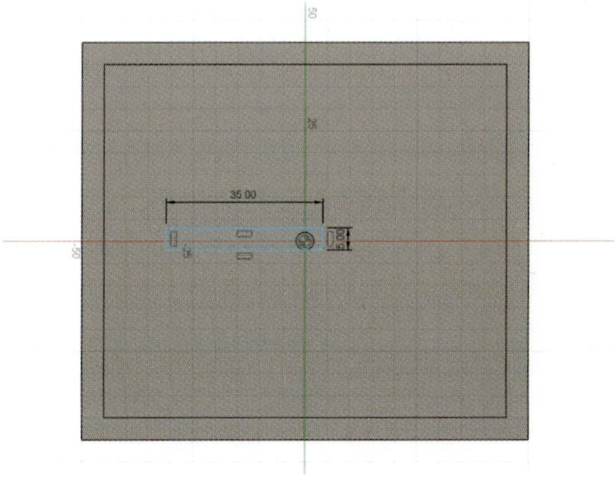

순서 12 작성에서 직사각형을 선택한다.
가로 35.0 mm, 세로 5.0 mm인 직사각형을 만들어 시침(시간을 가르키는)으로 사용한다.

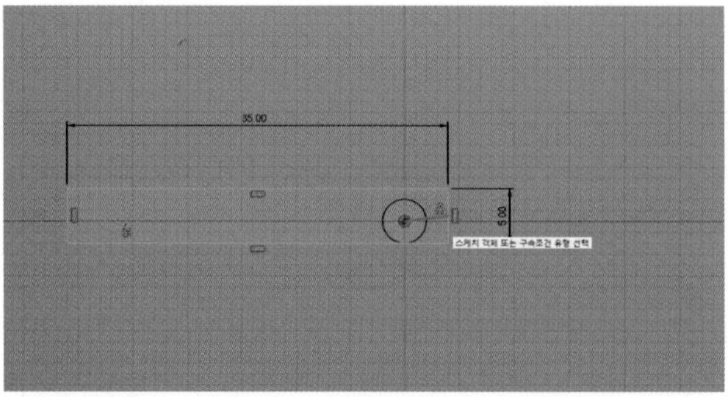

순서 13 직사각형의 중심을 잡기 위해 작성에서 선을 선택한다.
원점에서 좌측 직사각형의 중심을 선으로 연결한다.

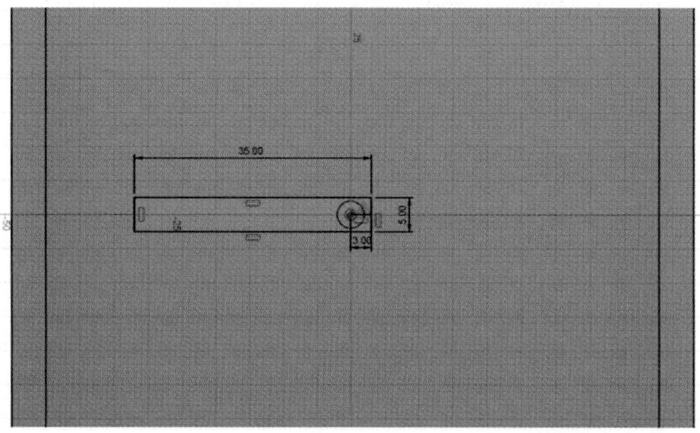

순서 14 구속조건에서 수평/수직을 누르고 원점과 중심선을 연결한 선 위를 선택한다.
원점과 거리를 3.0 mm로 한다.

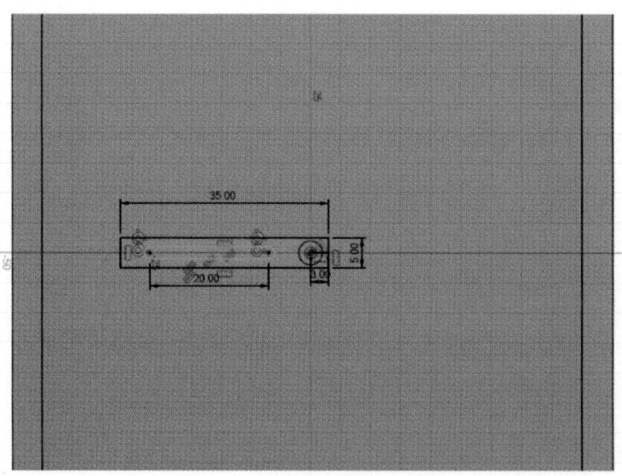

※ 슬롯(Slot)

장구모양의 홈을 작성한다.

순서 15 작성에서 슬롯으로 간다. 중심 대 중심 슬롯을 선택한다.
중심에서 중심까지 거리가 20.0 mm, 세로 2.0 mm로 슬롯을 그린다.
스케치 마무리를 누른다.

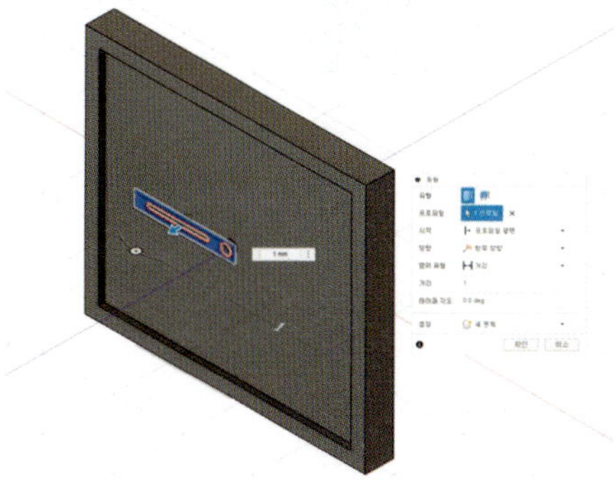

순서 16

작성에서 돌출을 누르고 프로파일을 선택한다.
거리를 1.0 mm로 하고 생성을 새 본체를 한다.
확인을 누른다.

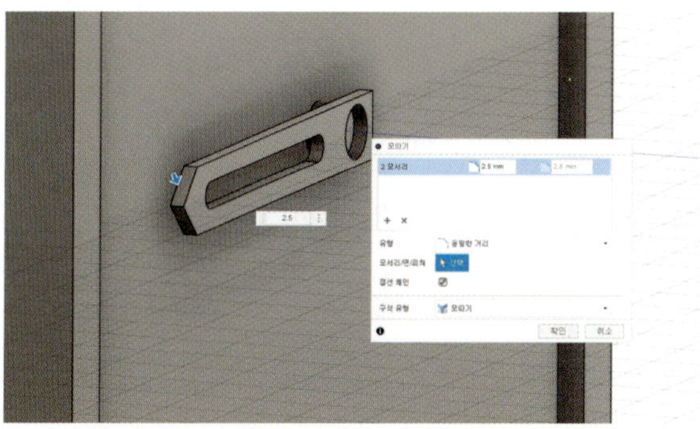

순서 17

수정에서 모따기를 선택한다.
시침의 양쪽 모서리를 선택하고 2.5 mm로 모따기를 한다.
확인을 누른다.

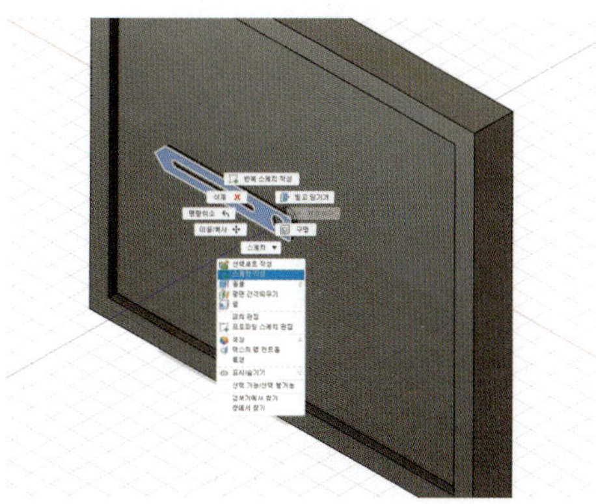

순서 18

시침 위에 마우스를 올려놓고 오른쪽 마우스를 누른다.
스케치 작성을 선택한다.

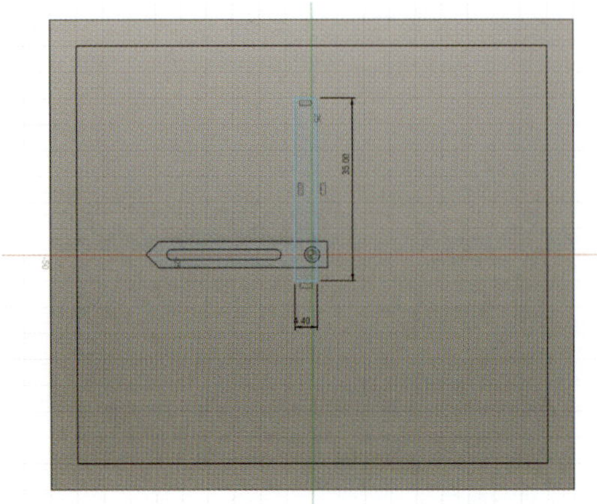

순서 19 분침(분을 나타내는 바늘)을 만들기 위해 작성에서 직사각형을 선택한다.
가로 4.4 mm, 세로 35.0 mm인 직사각형을 그린다.

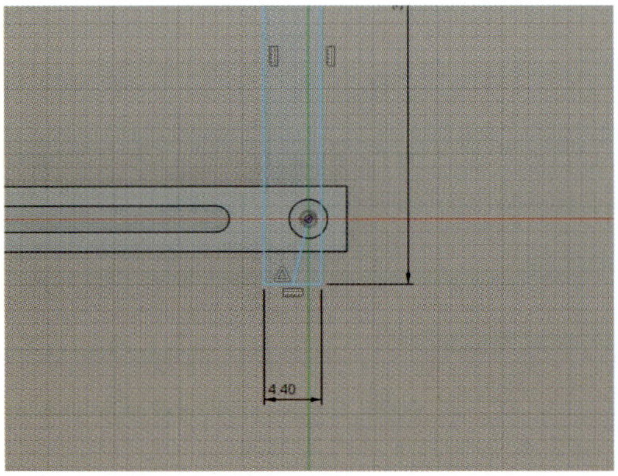

순서 20 직사각형의 중심을 잡기 위해 작성에서 선을 선택한다.
원점에서 우측 직사각형의 중심을 선으로 연결한다.

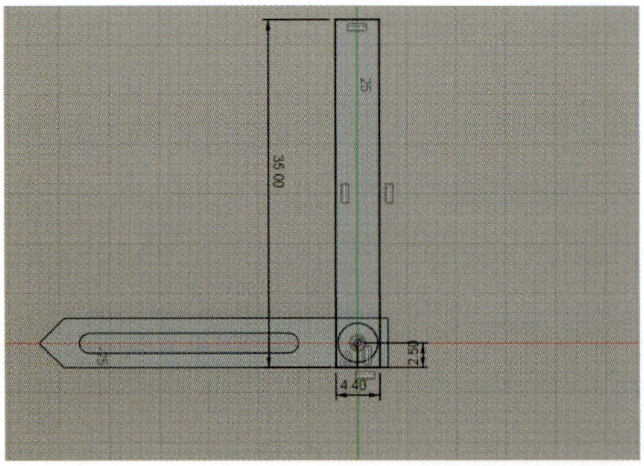

순서 21 구속조건에서 수평/수직을 누르고 원점과 중심선을 연결한 선 위를 선택한다.
원점과 거리를 2.5 mm로 한다.

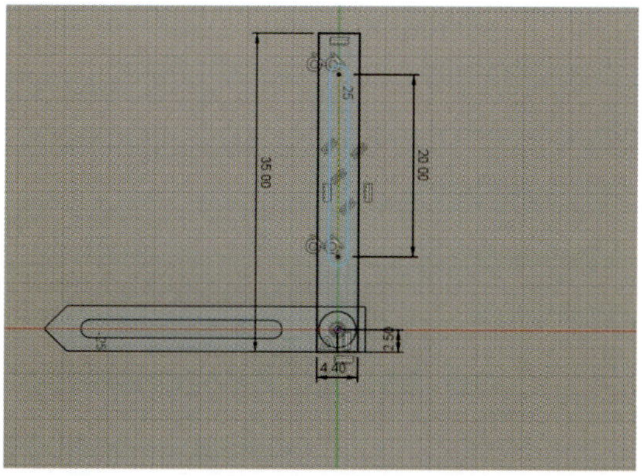

순서 22 작성에서 슬롯으로 간다. 중심 대 중심 슬롯을 선택한다.
중심에서 중심까지 거리가 20.0 mm으로 슬롯을 그린다. 스케치 마무리를 누른다.

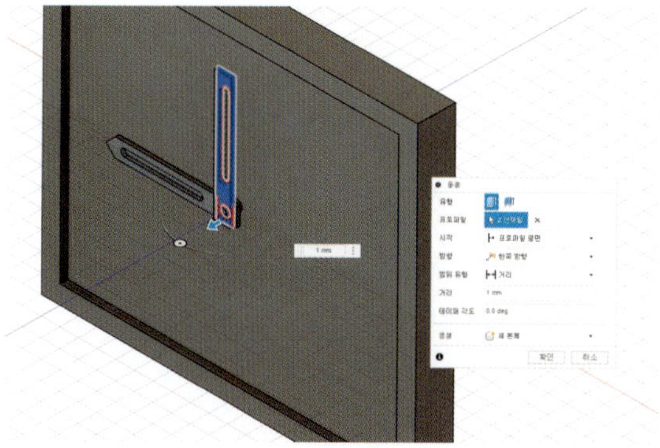

순서 23 작성에서 돌출을 누르고 프로파일을 선택한다.
거리를 1.0 mm로 하고 생성을 새 본체를 한다.
확인을 누른다.

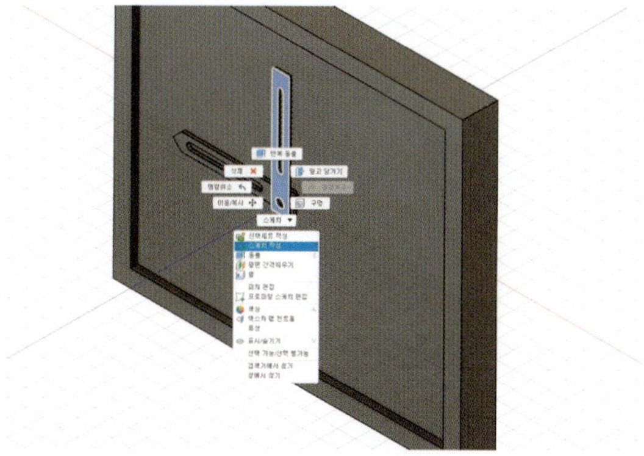

순서 24 초침(초를 나타내는 바늘)을 만들기 위해 분침 위에 마우스를 올려 놓는다.
마우스 오른쪽 눌러 스케치 작성을 선택한다.

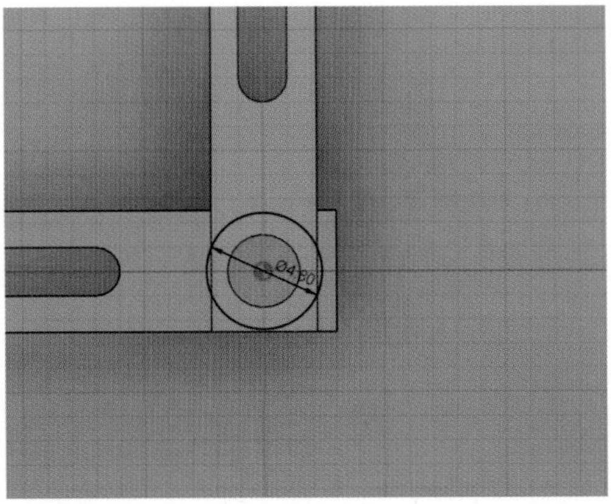

순서 25 작성에서 원을 선택하여 직경이 4.8 mm인 원을 그린다.

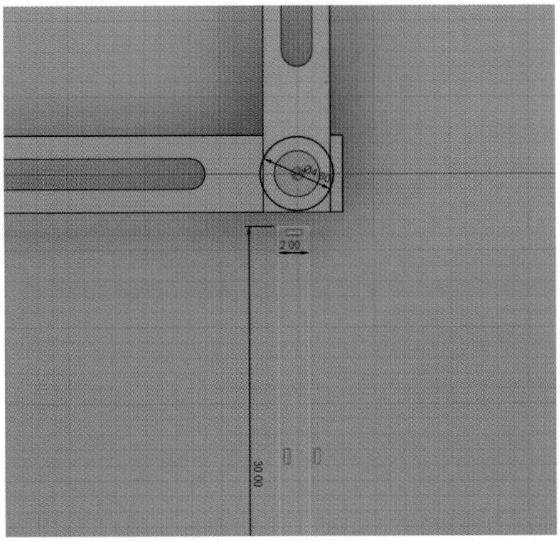

순서 26 가로 2.0 mm, 세로 30.0 mm인 직사각형을 그린다.

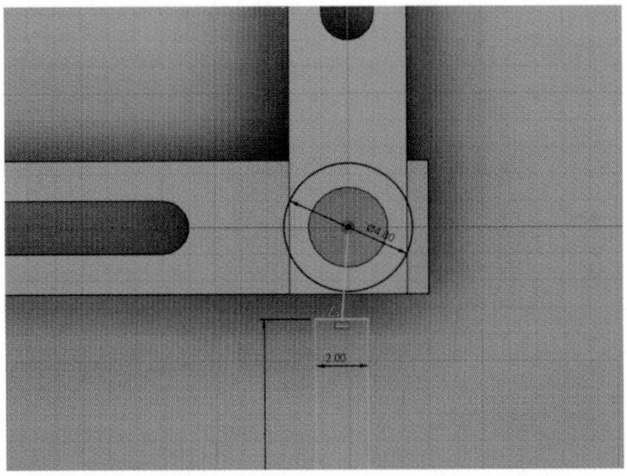

순서 27 직사각형의 중심을 잡기 위해 작성에서 선을 선택한다.
원점에서 아래쪽 직사각형의 중심을 선으로 연결한다.

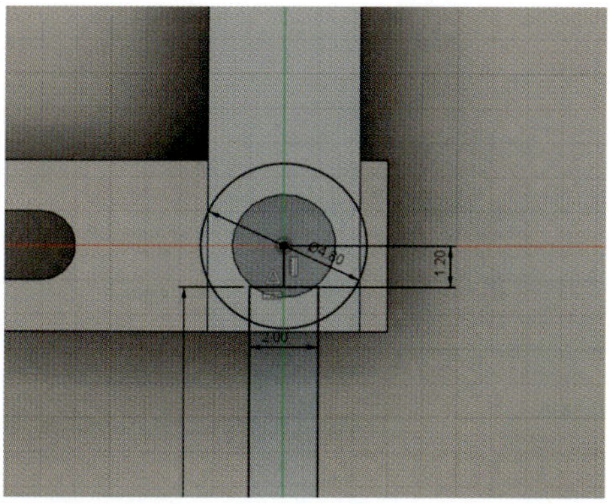

순서 28 구속조건에서 수평/수직을 누르고 원점과 중심선을 연결한 선 위를 선택한다.
원점과 거리를 1.2 mm로 한다.

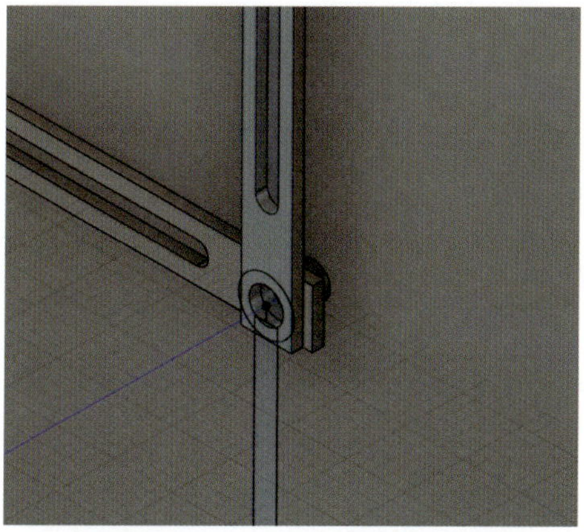

순서 29 스케치 마무리를 누른다.

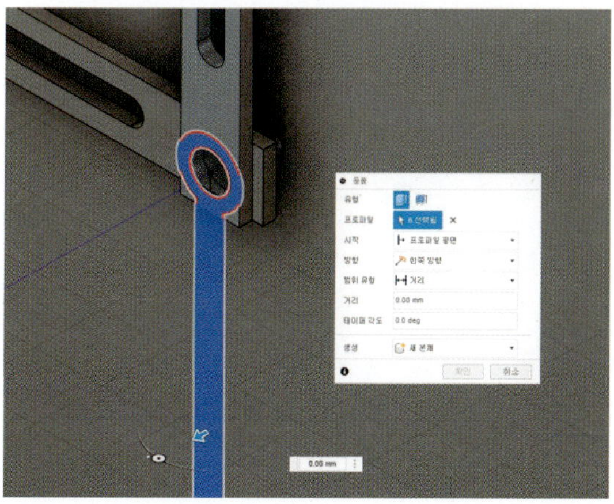

순서 30 작성에서 돌출을 선택한다.
프로파일 8곳을 선택한다.

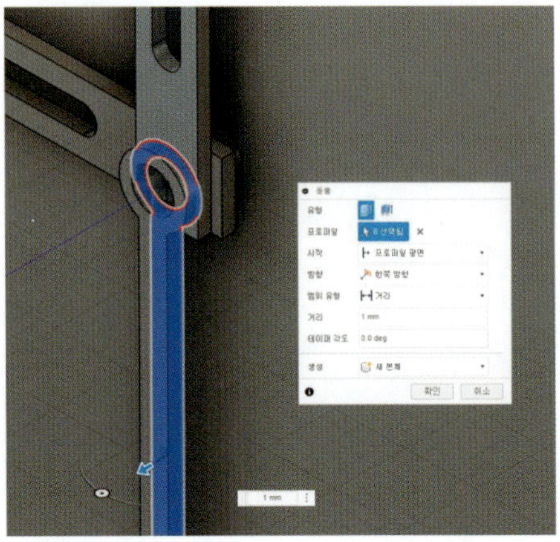

순서 31 거리를 1.0 mm로 하고, 생성을 새 본체로 한다.
확인을 누른다.

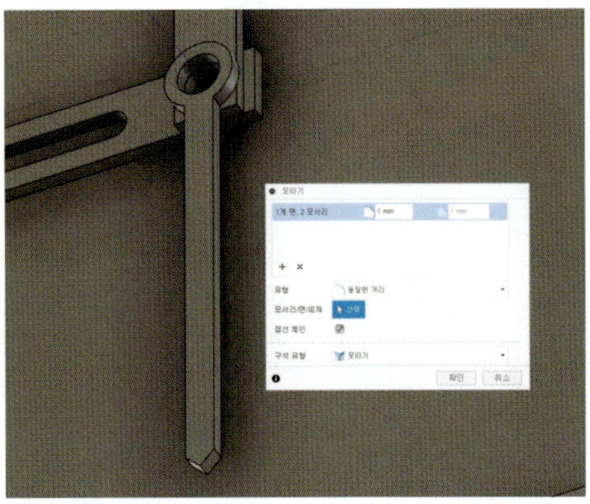

순서 32 수정에서 모따기를 선택한다.
돌출된 시침 끝부분 모서리 양쪽을 선택하여 1.0 mm로 모따기 한다.

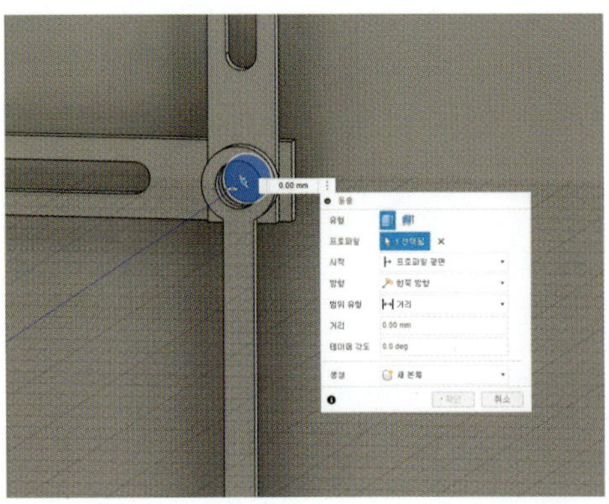

순서 33 시계를 회전하여 구멍의 홀이 보이도록 한다.
작성에서 돌출을 선택한다. 구멍의 홀의 밑면을 선택한다.

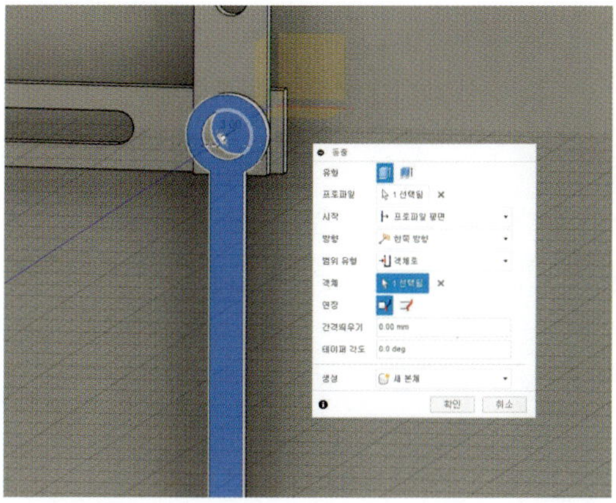

순서 34 범위 유형을 객체로 하고 객체를 초침의 윗면을 선택한다.
생성을 새 본체로 한다.

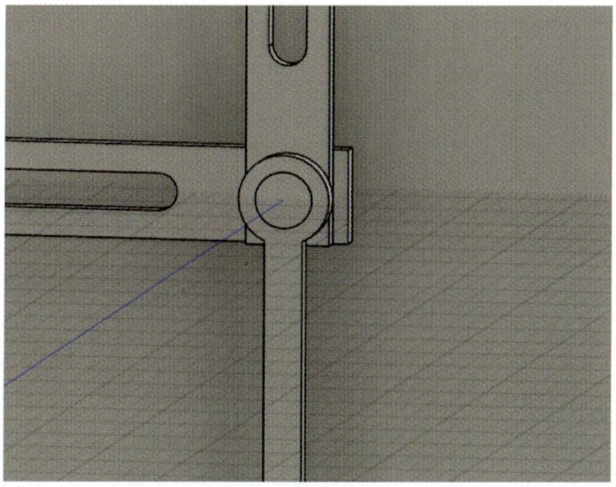

순서 35 확인을 누른다.

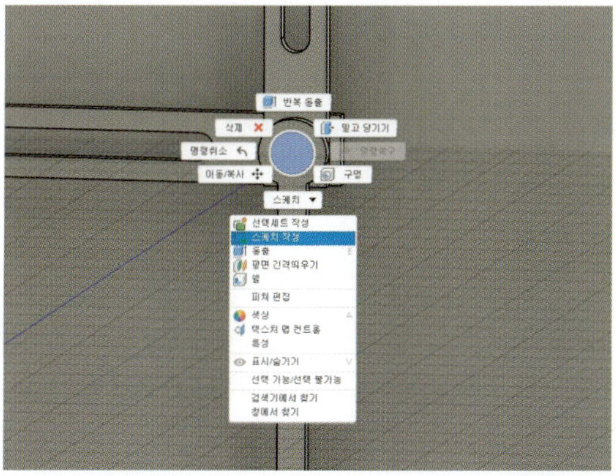

순서 36 돌출된 면 위에 마우스를 오려 놓고 오른쪽 마우스를 눌러 스케치 생성을 선택한다.

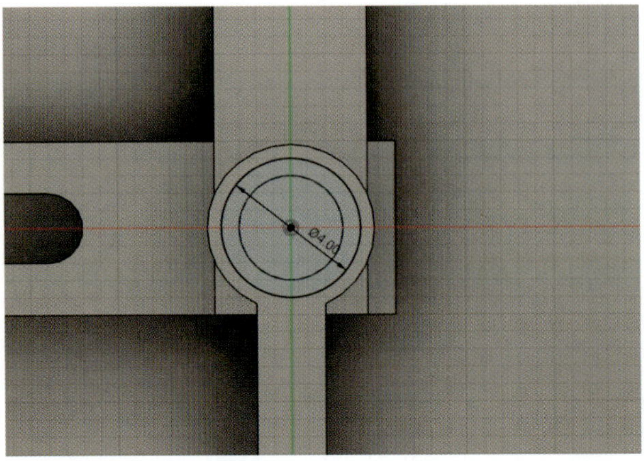

순서 37 작성에서 중심선 원을 선택한다. 원점을 선택하고 직경이 4.0 mm인 원을 그린다. 스케치 마무리를 누른다.

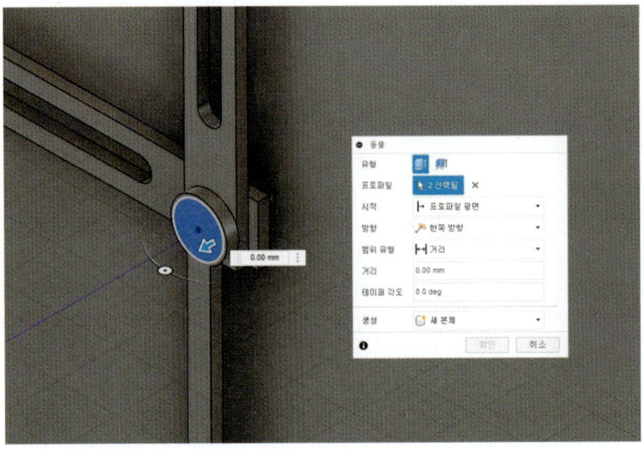

순서 38 작성에서 돌출을 선택한다. 프로파일 2개를 선택한다.

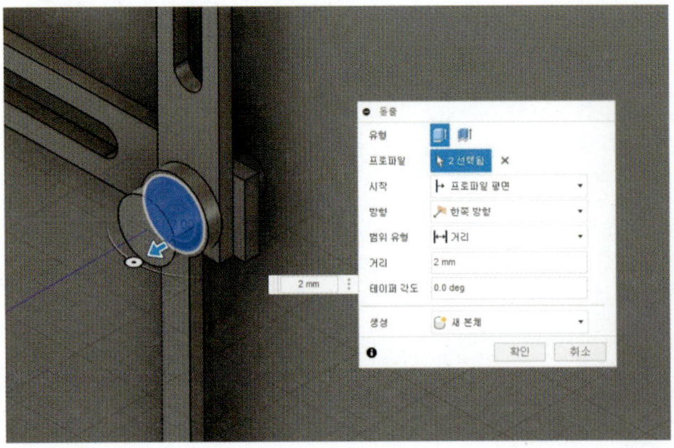

순서 39 거리를 2.0 mm 로 한다. 생성을 새 본체로 한다. 확인을 누른다.

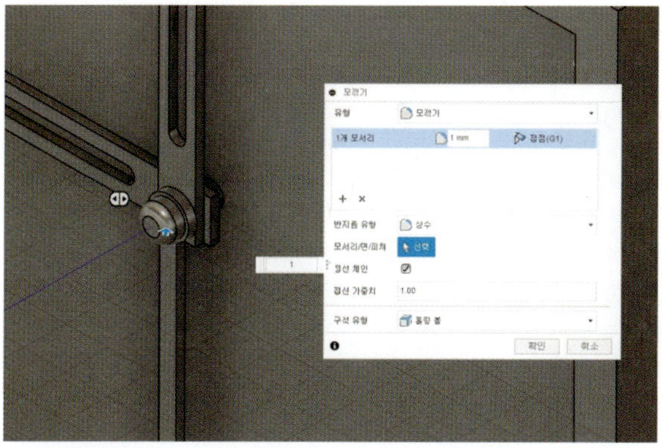

순서 40 수정에서 모깍기를 선택한다.
원통 모서리를 선택하여 1.0 mm로 모깍기 한다.

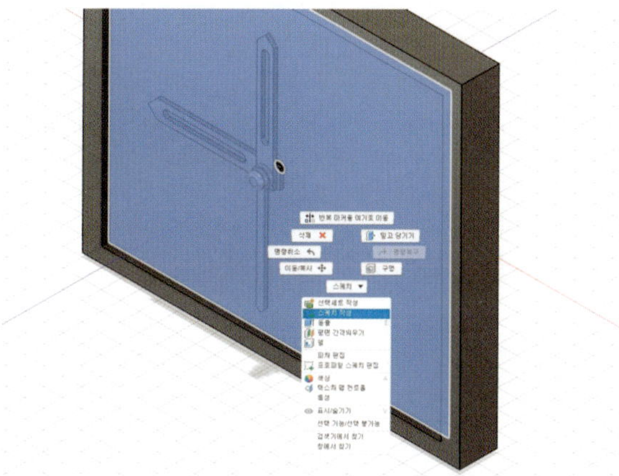

순서 41 사각시계의 앞면 내부에 마우스를 올려 놓고 오른쪽 마우스를 눌러 스케치 작성을 한다.

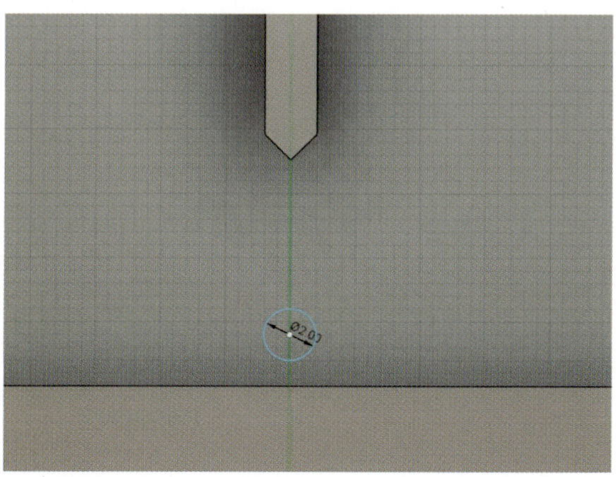

순서 42 작성에서 중심선 원을 선택한다.
초침 밑 부분에 직경이 2.0 mm인 원을 그린다.

순서 43 작성에서 도출을 선택한다.
프로파일을 선택하고 거리를 1.0 mm로 한다.
생성은 새 본체로 하고 확인을 누른다.

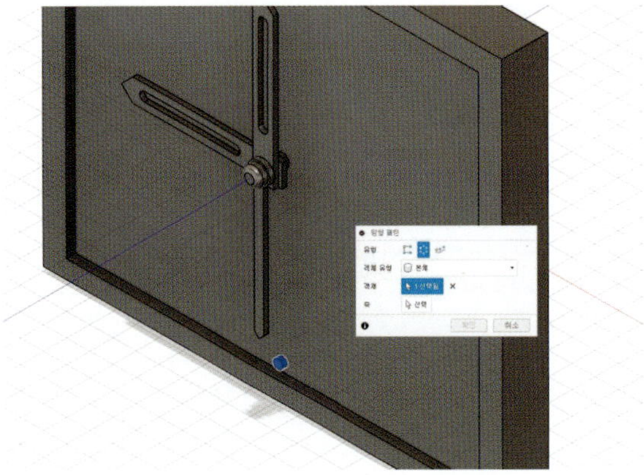

순서 44 작성에서 원형패턴을 선택한다. 객체를 선택한다.

순서 45 축은 중심축을 선택한다. 수량을 12개를 입력한다.
확인을 누른다.

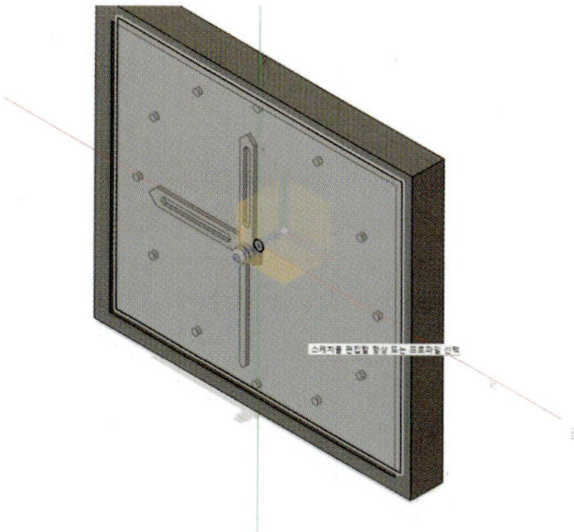

순서 46 마우스를 사각시계의 앞면 내부 올려 놓는다.
마우스 오른쪽을 눌러 스케치 작성을 선택한다.

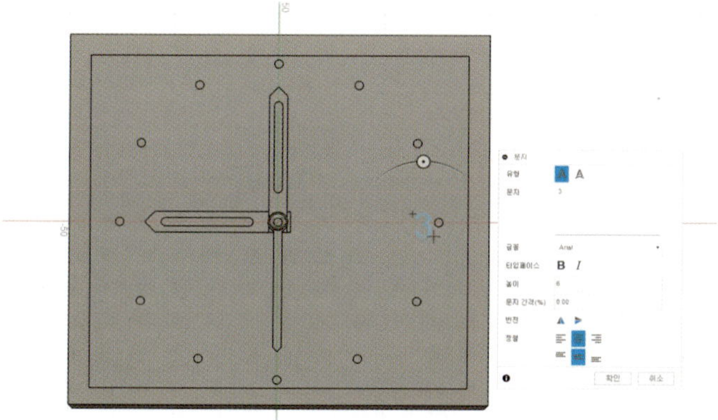

순서 47 작성에서 문자를 선택한다. 3의 숫자를 입력한다. 높이를 5로 입력한다.

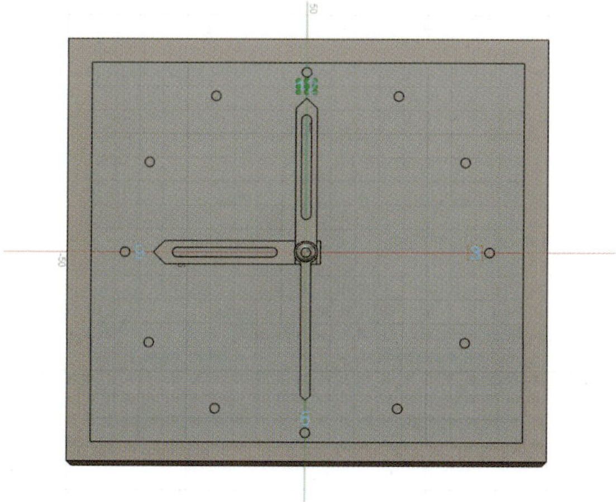

순서 48 6, 9, 12 숫자를 입력한다. 스케치 마무리를 누른다.

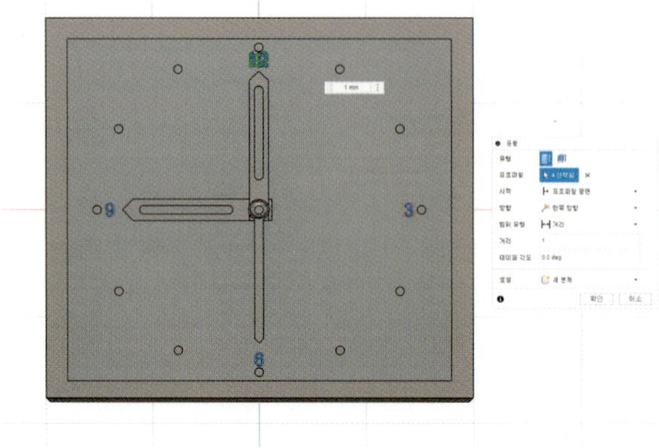

순서 49 작성에서 돌출을 선택한다. 3, 6, 9, 12를 선택한다.
거리를 1.0 mm로 하고, 생성을 새 본체로 한다.

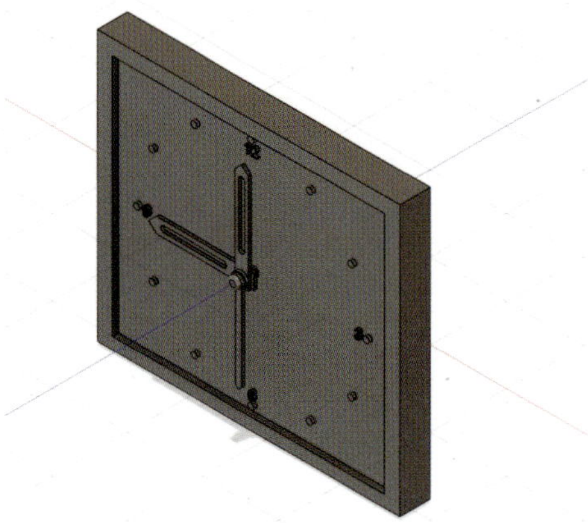

순서 50 확인을 누른다.

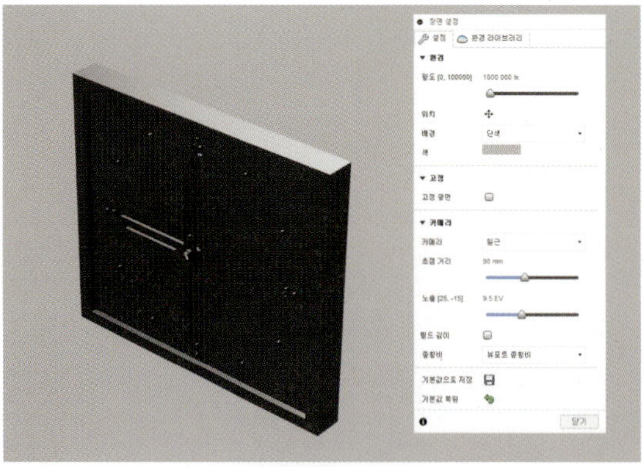

순서 51 디자인에서 렌더링으로 이동한다.
설정에서 장면 설정 한 다음, 고정에 고정 평면을 해제한다.

순서 52 사각시계 본체와 시침, 분침, 초침을 원하는 색으로 칠한다.

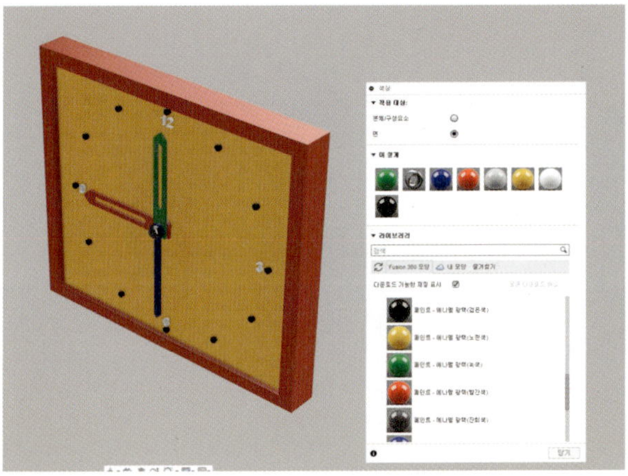

순서 53 사각시계 앞 면을 노랑색으로 칠한다.

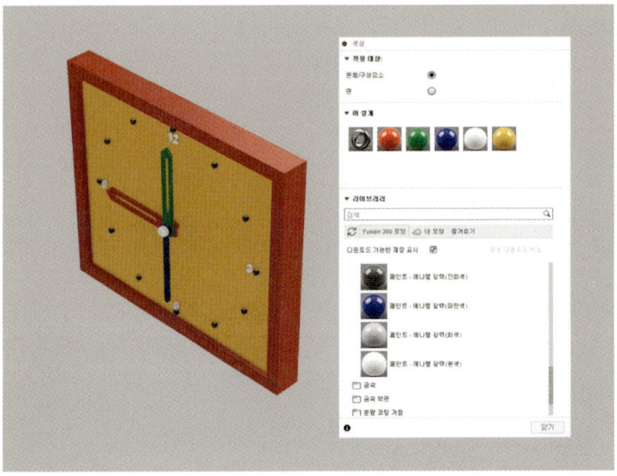

순서 54 색상에서 스케치 초침 덮개를 흰색으로 칠한다.

순서 55 캠퍼스 내 렌더링을 누른다. 시간이 우수가 될 때까지 기다린다.

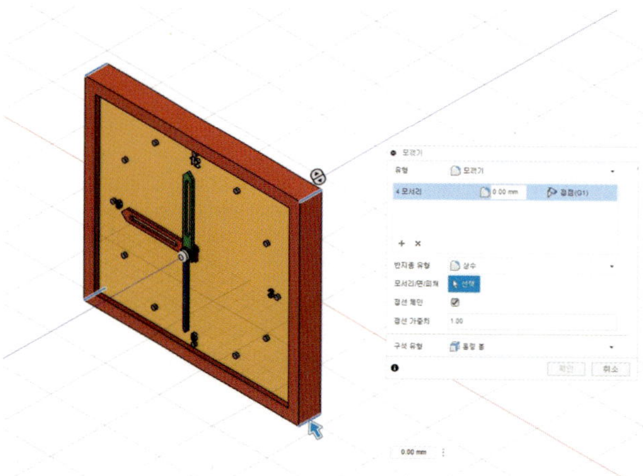

순서 56 수정에서 모깍기를 선택한다. 시계의 4곳 모서리를 선택한다.

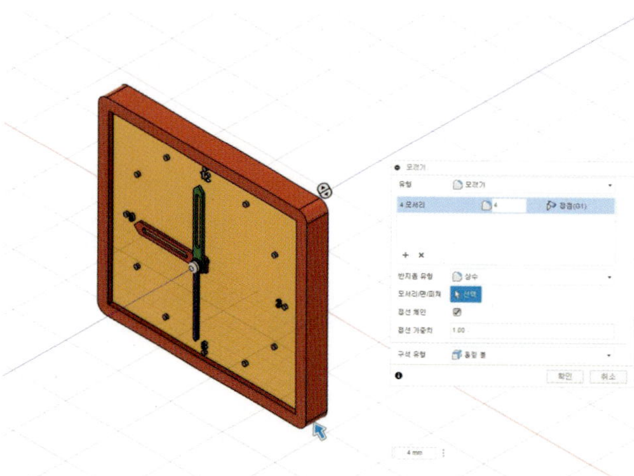

순서 57 모서리를 4.0 mm로 모깍기 한다.

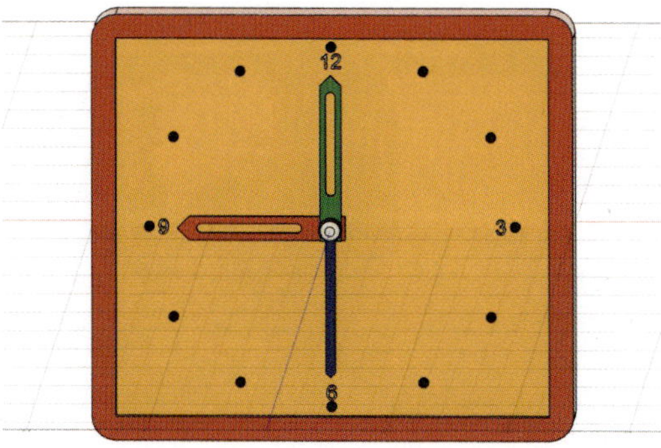

순서 58 최종 사각형 시계가 만들어진다.

2-7 뚝배기 그릇 모델링

학습목표

1. 스케치와 돌출 명령어에 대하여 이해한다.
2. 쉘, 회전 명령어에 대하여 이해한다.
3. 이동/복사 명령어에 대하여 이해한다.
4. 전사 명령어에 대하여 이해한다.

완성된 그림

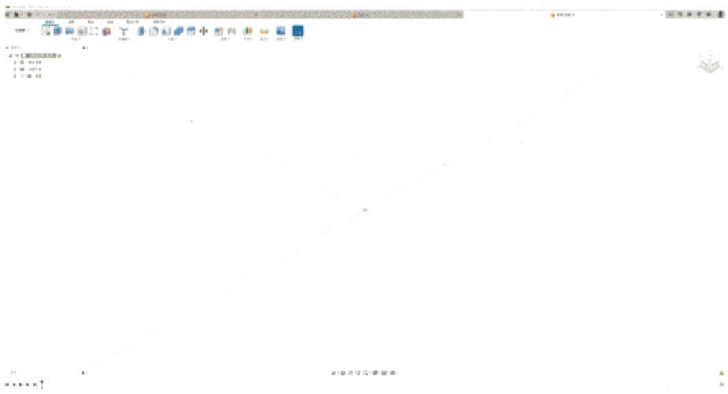

순서 1 Fusion 360을 실행하여 작업 창이 나타나도록 한다.

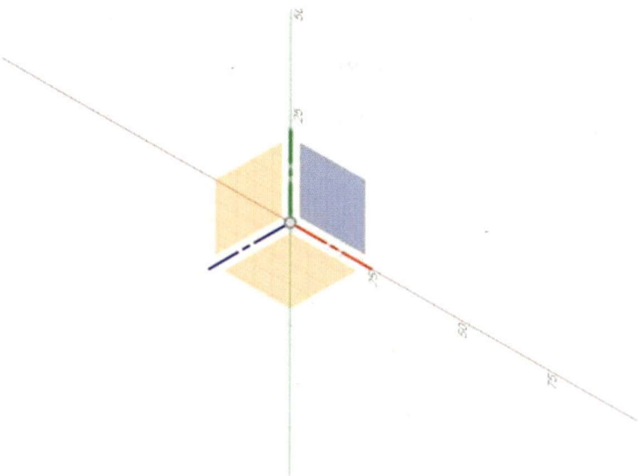

순서 2 작성에서 누르고 우측(XY)면을 선택한다.

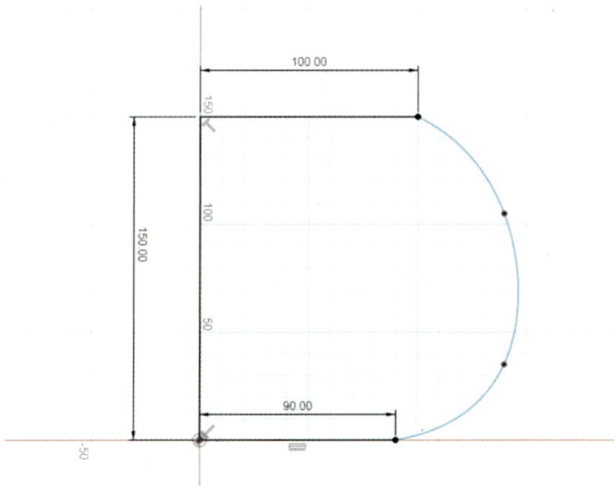

순서 3 작성에서 선을 선택한다.

원점에서 가로 90.0 mm, 세로 150.0 mm, 세로 끝점에서 우측으로 100.0 mm그린다.

작성에서 스플라인을 선택하여 위쪽부터 아래로 우측으로 2포인트 찍고 연결한다.

스케치 마무리를 누른다.

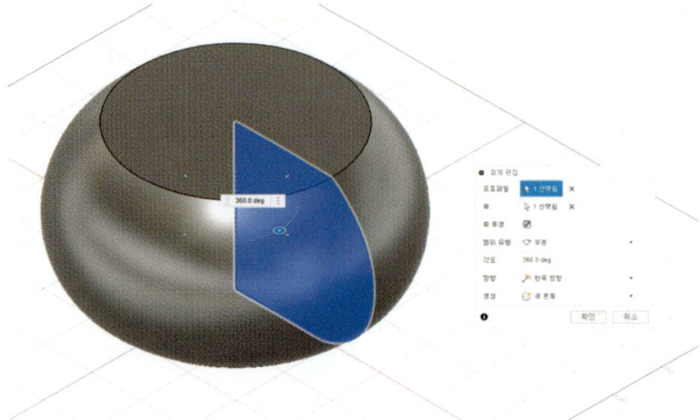

순서 4 작성에서 회전을 선택한다.
프로파일을 선택하고, 축은 중심을 선택하고 360도를 입력한다.
생성은 새 본체를 한다. 확인을 누른다.

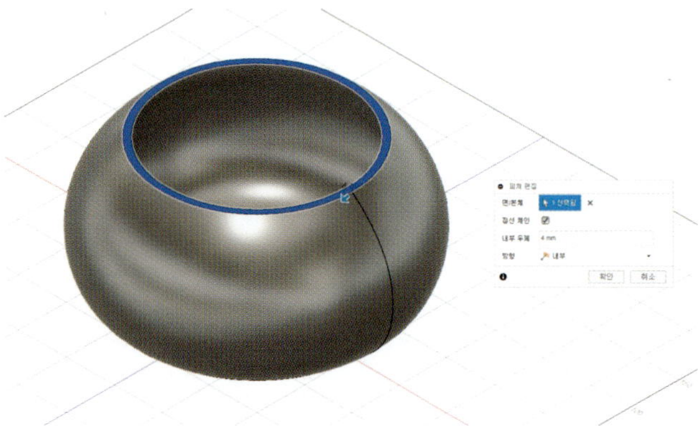

※ 쉘(shell)

입력한 두께의 벽으로 속이 빈 형태를 만든다.

순서 5 수정에서 쉘을 선택하여 그릇의 표면 위에서 내부 두께가 4.0 mm로 홈을 판다.
확인을 누른다.

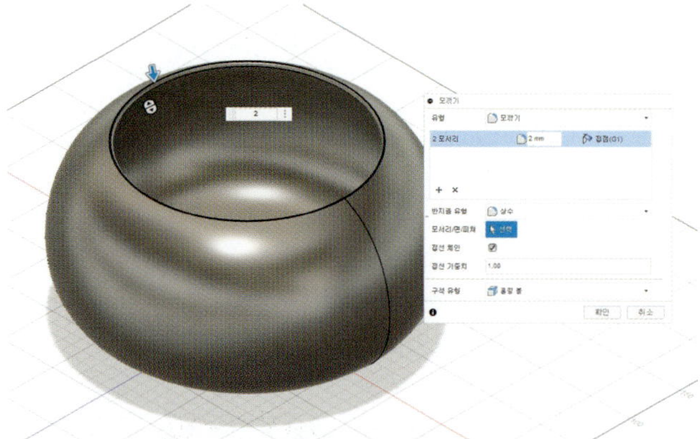

순서 6 수정에서 모깍기를 선택한다.
윗면의 안쪽과 바깥쪽을 선택하여 2.0 mm 모깍기를 한다. 확인을 누른다.

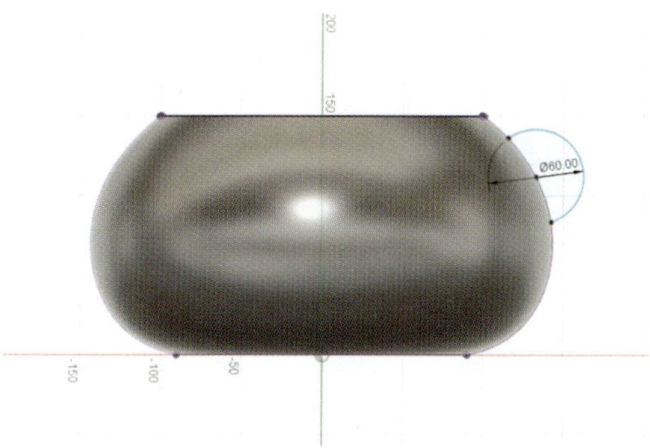

순서 7 스케치 작성에서 우측면(XY)을 선택한다.
작성에서 투영/포함에서 형상투영으로 간다. 본체를 선택한다. 확인을 누른다.
작성에서 원을 선택하고, 중심지름 원을 선택하여 직경이 60.0 mm인 원을 작성한다.
수정에서 자르기를 선택한다. 안쪽으로 그려진 원을 절단한다. 스케치 마무리를 누른다.

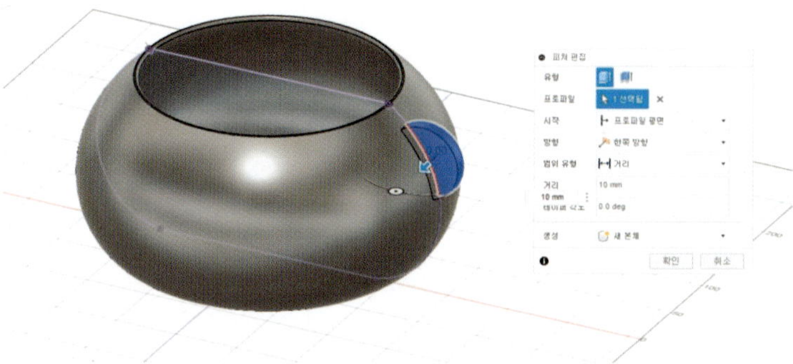

순서 8 작성에서 돌출을 선택한다. 프로파일을 선택한다.
거리를 10.0 mm로 한다. 생성을 새 본체로 한다. 확인을 누른다.

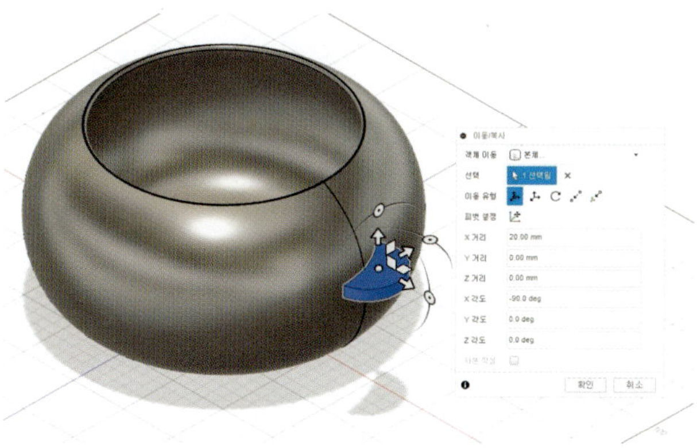

순서 9 수정에서 이동/복사를 선택한다. 돌출된 손잡이 중심부를 선택한다.
X 거리를 20.0 mm, X 각도 -90.0 deg, X 축으로 10.0 mm 입력하고 확인을 누른다.

순서 10 확인을 누른다.

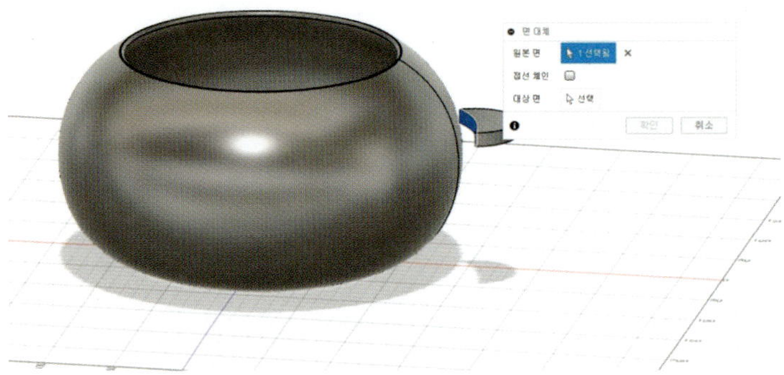

순서 11 Shift+마우스 볼을 누른 상태에서 손잡이 내부 면이 보이도록 회전을 한다.
수정에서 면 대체를 누르고 내부 면을 선택한다.

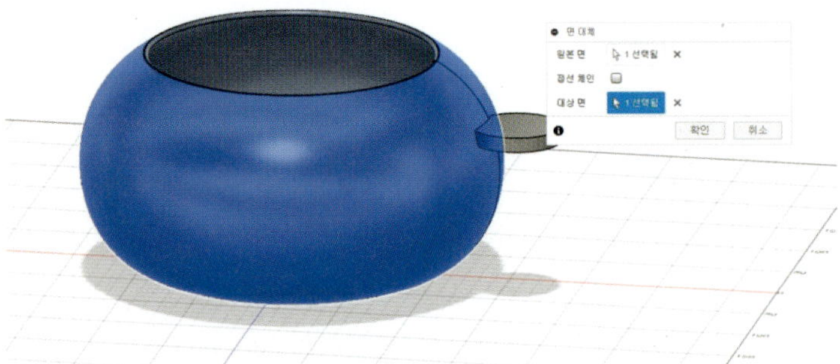

순서 12 대상 면 선택을 누른 다음에 마우스를 그릇 표면을 선택한다.
확인을 누른다.

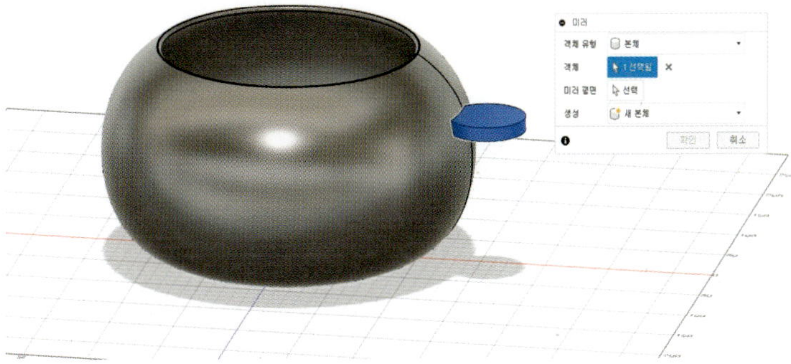

※ 미러(mirror)

대칭 요소를 만든다.

순서 13

작성에서 미러를 선택한다. 그릇 손잡이를 선택한다.

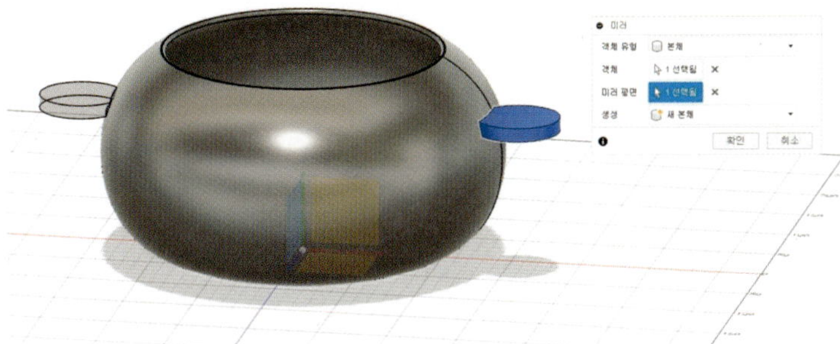

순서 14

미러 평면은 좌측(YZ)면 선택한다. 생성을 새 본체로 한다.
확인을 누른다.

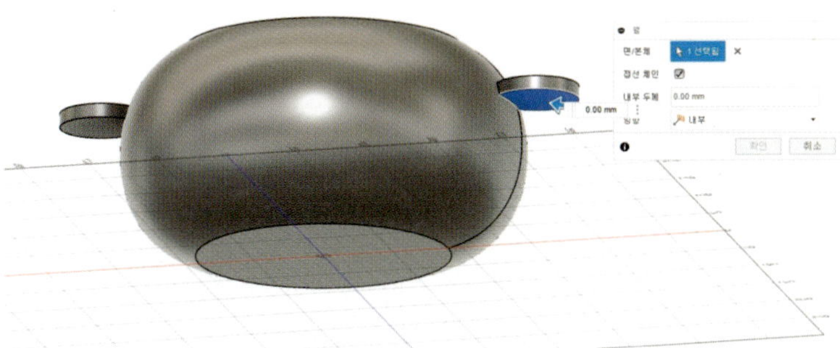

순서 15

Shift+마우스 볼을 누른 상태에서 그릇 밑면이 보이도록 회전을 한다.
밑 부분을 선택한 다음, 작성에서 쉘을 누른다.

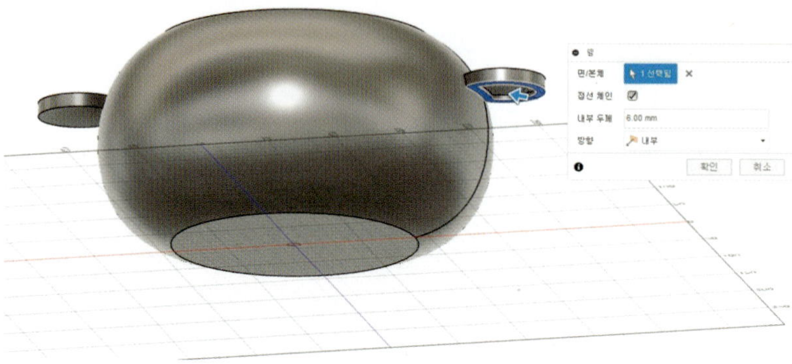

순서 16 내부 두께를 6.0 mm로 한다. 확인을 누른다.

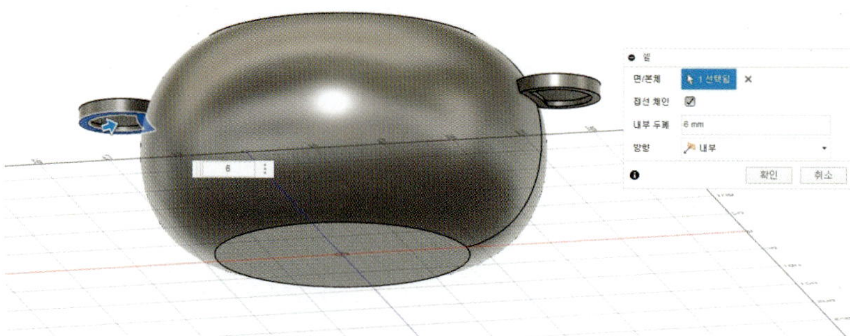

순서 17 좌측 손잡이도 같은 내용으로 하고, 내부 두께를 6.0 mm로 한다. 확인을 누른다.

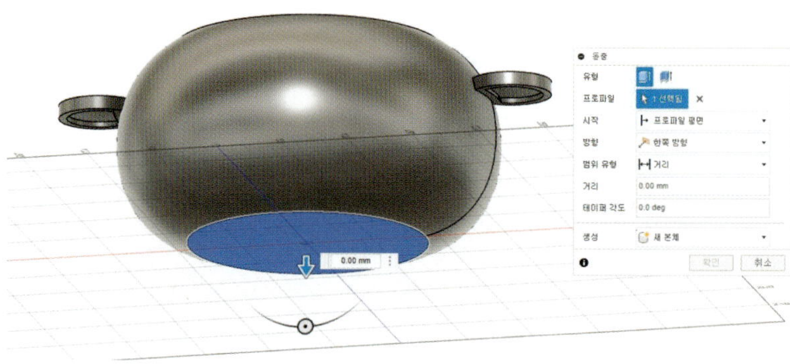

순서 18 작성에서 돌출을 선택한다. 프로파일은 밑면을 선택한다.

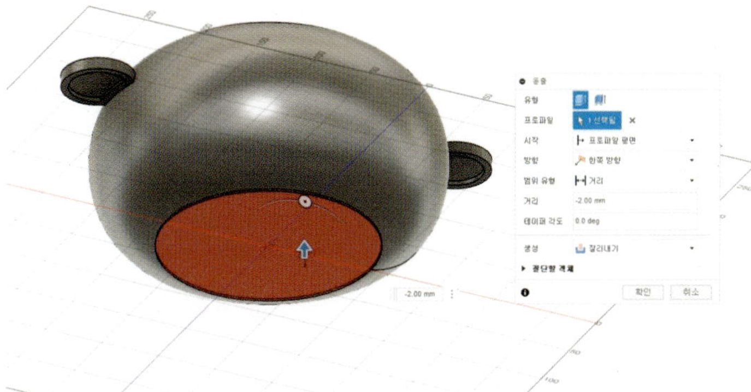

순서 19 거리를 −2.0 mm로 한다. 생성을 잘라내기를 한다. 확인을 누른다.

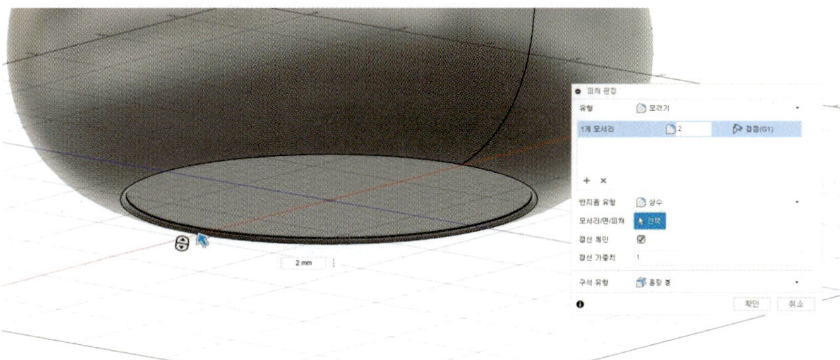

순서 20 수정에서 모깍기를 2.0 mm 한다. 확인을 누른다. 홈(집)을 누른다.

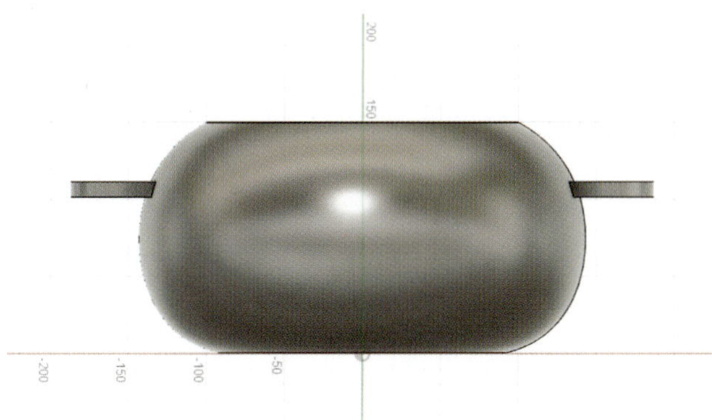

순서 21 스케치 작성을 누르고 우측면(XY)을 선택한다.

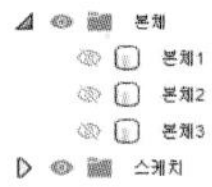

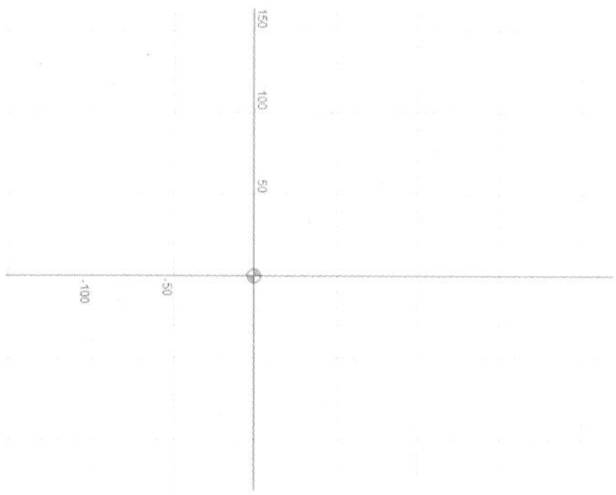

순서 22 검색기에서 본체1, 2, 3을 비활성화 시킨다.

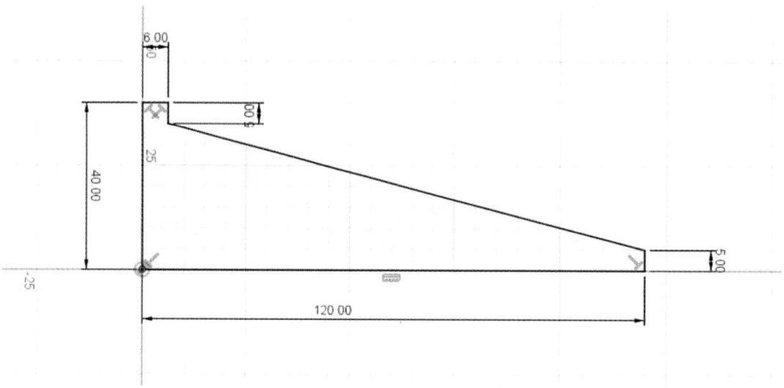

순서 23 작성에서 선을 선택한다. 원점에서 가로 120.0 mm, 세로 40.0 mm로 선을 그린다.
상부에서 오른쪽으로 6.0 mm, 높이 5.0 mm, 하부 오른쪽 끝 부분의 높이를 5.0 mm로 한다.

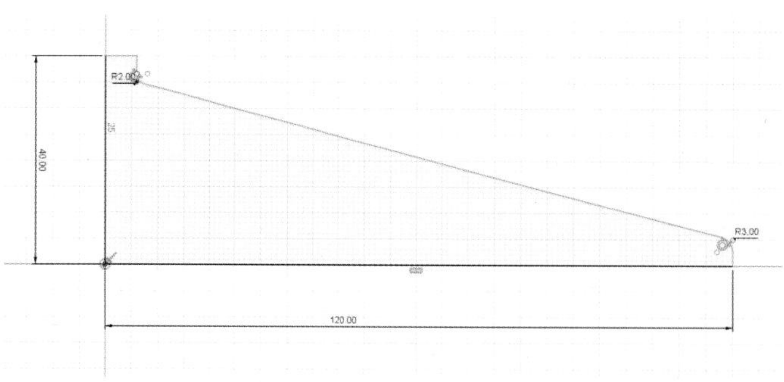

순서 24 수정에서 모깍기를 선택한다.
상부는 반지름 2.0 mm, 하부는 반지름 3.0 mm로 모깍기 한다.
스케치 마무리를 누른다. 홈(집)을 누른다.

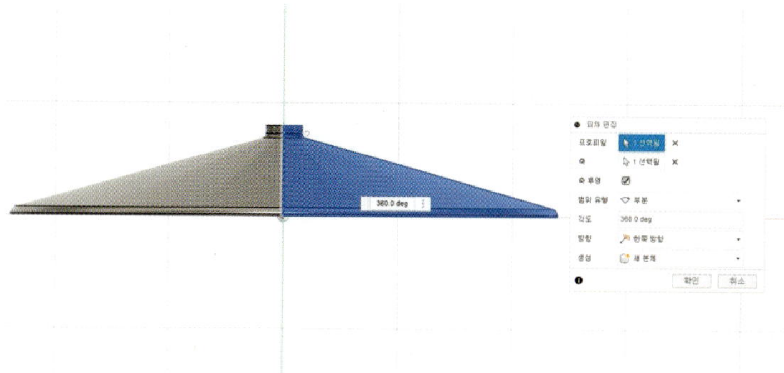

순서 25 작성에서 회전을 선택한다. 프로파일을 선택하고, 중심축을 선택한다. 각도를 360도로 하고 생성을 새 본체로 한다. 확인을 누른다.

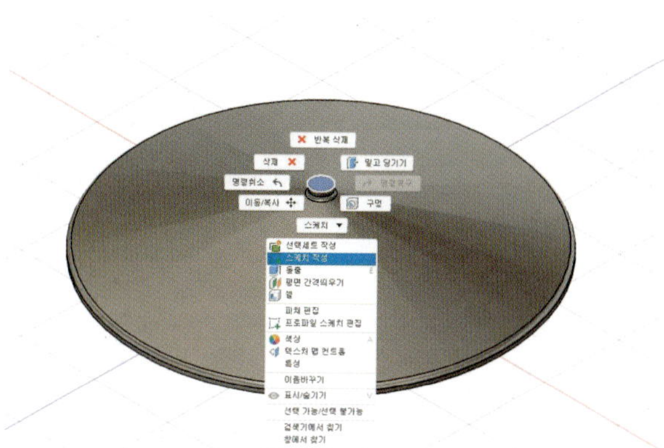

순서 26 마우스로 뚜껑 손잡이 원을 선택한 다음, 마우스 오른 쪽을 누른다. 스케치 작성을 선택한다.

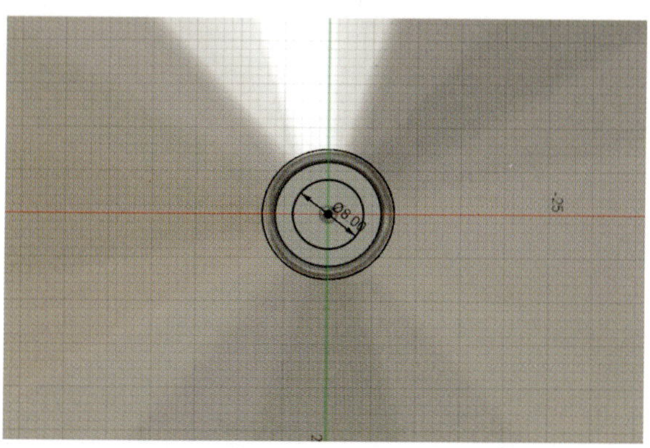

순서 27 작성에서 중심지름 원을 선택한다. 원점에서 직경이 8.0 mm인 원을 그린다. 스케치 마무리를 누른다. 홈(집)을 누른다.

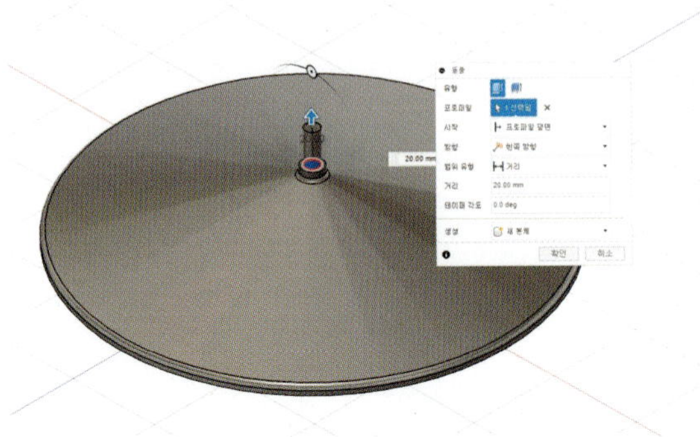

순서 28 작성에서 돌출을 선택하고 작은 원 8.0 mm을 선택한다.
상부 방향으로 거리를 20.0 mm으로 한다. 생성을 새 본체로 한다.
확인을 누른다.

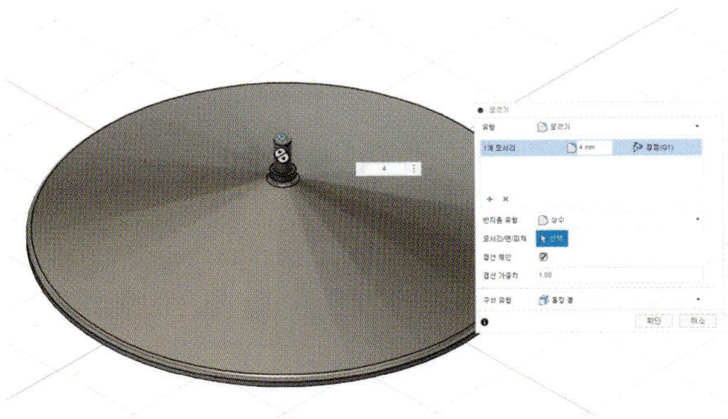

순서 29 수정에서 모깍기를 선택한다. 돌출된 면의 모서리를 선택한다.
모서리를 4.0 mm로 모깍기 한다. 확인을 누른다.

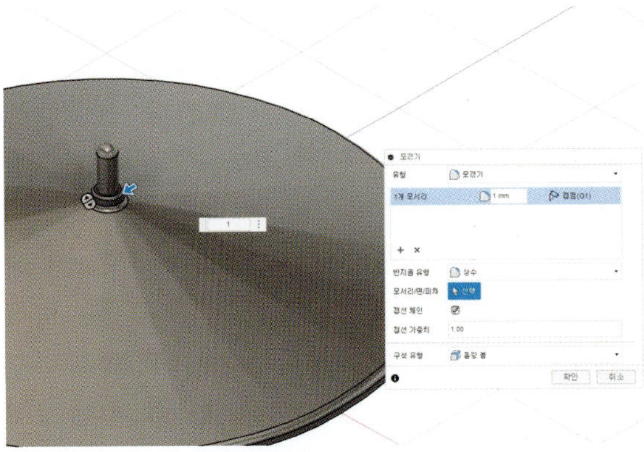

순서 30 수정에서 모깍기를 선택한다.
손잡이 아래 부분 모서리를 1.0 mm로 모깍기 한다.
확인을 누른다.

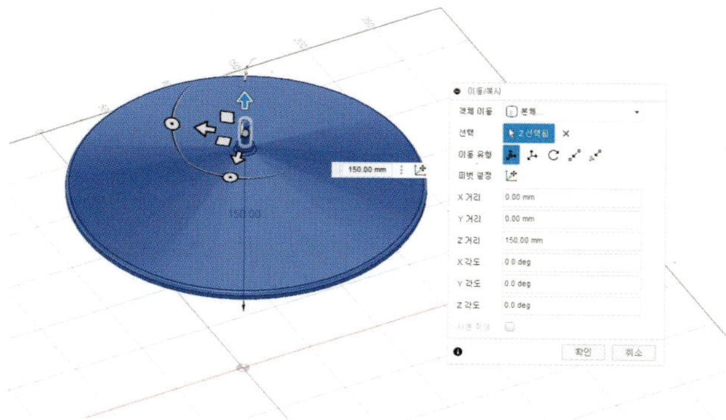

순서 31 수정에서 이동/복사를 누른다. 그릇 손잡이와 밑 부분 2곳을 선택한다.
Y 거리 150.0 mm으로 이동한다. 확인을 누른다.

순서 32 검색기로 이동하여 본체 1,2,3을 활성화 한다. 홈(집)을 누른다.

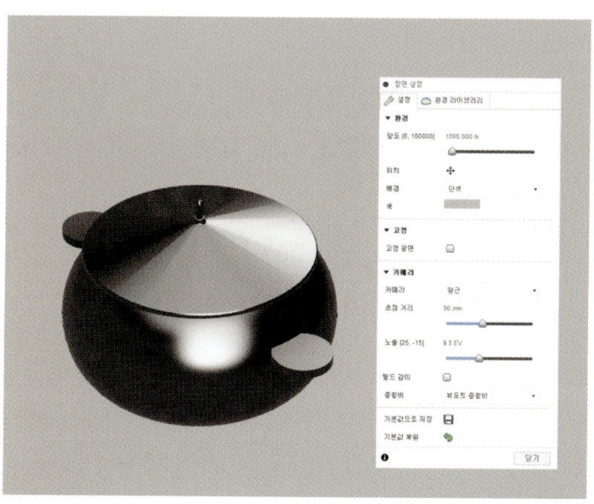

순서 33 디자인에서 렌더링으로 이동한다. 설정에서 장면설정으로 간다.
고정 평면에 체크되어 있는 것을 해제한다. 닫기를 누른다.

순서 34 색상에서 페인트로 가서 광택을 선택한다. 원하는 색을 드래그 해서 색칠한다.

순서 35 캔버스 내 렌더링을 한다. 시간이 우수가 될 때까지 기다린다.

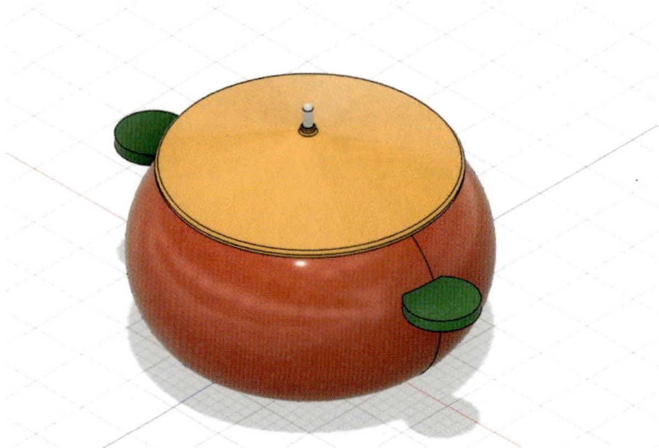

순서 36 렌더링에서 디자인으로 이동한다.

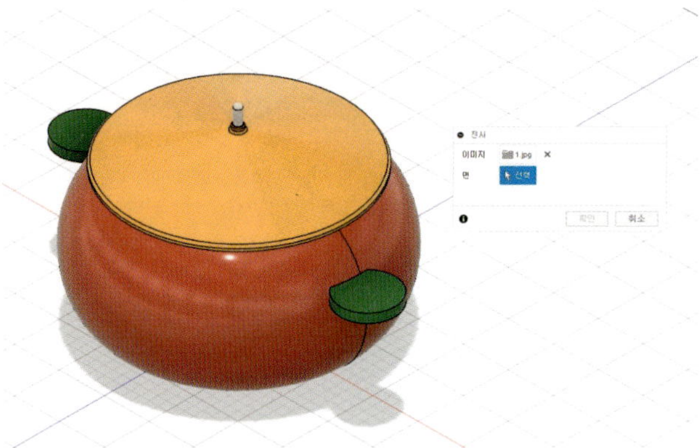

순서 37 인터넷에서 원하는 그림파일을 바탕화면에 저장한다.
삽입에서 전사를 누른 다음, 바탕화면에 있는 그림을 파일 열기를 한다.

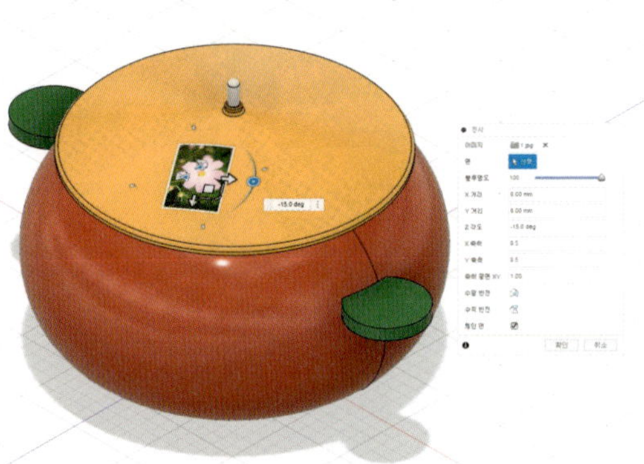

순서 38 원하는 면을 선택한다. 전사의 거리, 각도, 축척 등을 변경한다.
원하는 그림을 계속 넣을 수 있다. 확인을 누른다.

순서 39 최종적으로 뚝배기 모델링이 만들어진다.

2-8 문고리 자물쇠 모델링

■ 학습목표

1. 스케치 작성, 도출 명령어에 대하여 이해한다.
2. 미러, 간격 띄우기 명령어에 대하여 이해한다.
3. 회전, 수평/수직 명령어에 대하여 이해한다.
4. 문자 명령어에 대하여 이해한다.

■ 완성된 그림

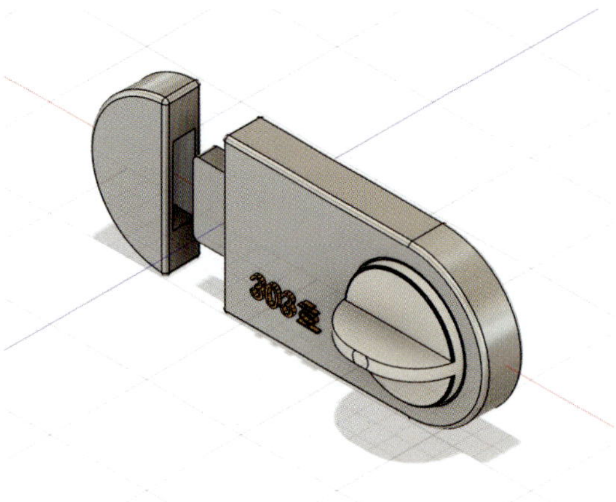

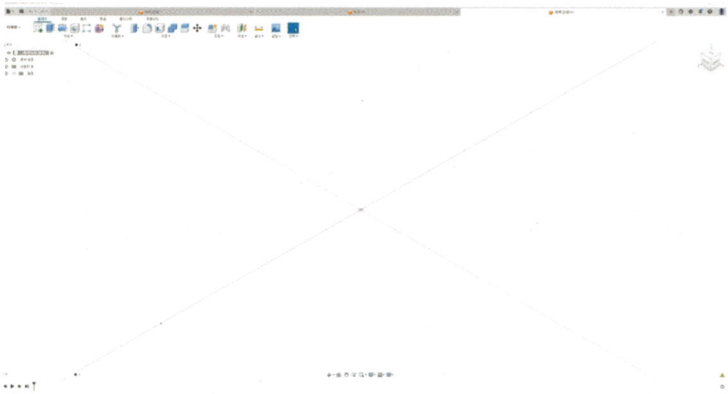

순서 1 Fusion 360을 실행하여 작업 창이 나타나도록 한다.

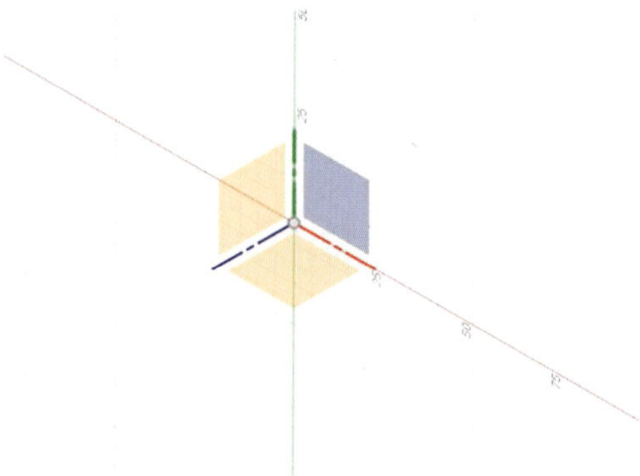

순서 2 스케치 작성을 누르고 우측 면(XY)을 선택한다.

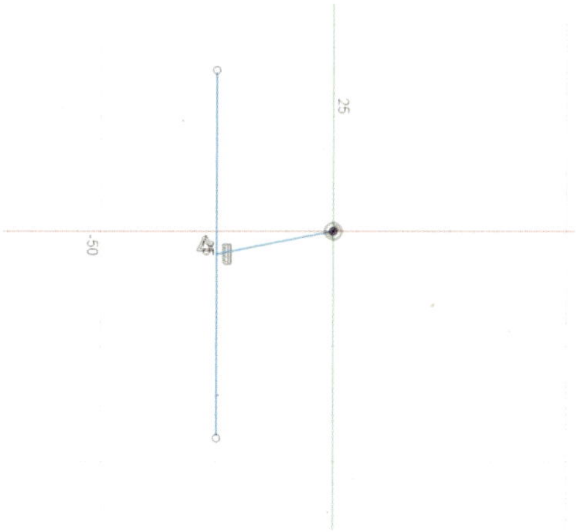

순서 3 선을 누르고 원점(0.0) 중심에서 임의의 세로 길이로 선을 그린다.
선을 선택하여 원점(0.0)에서 세로 선의 중심을 연결한다.

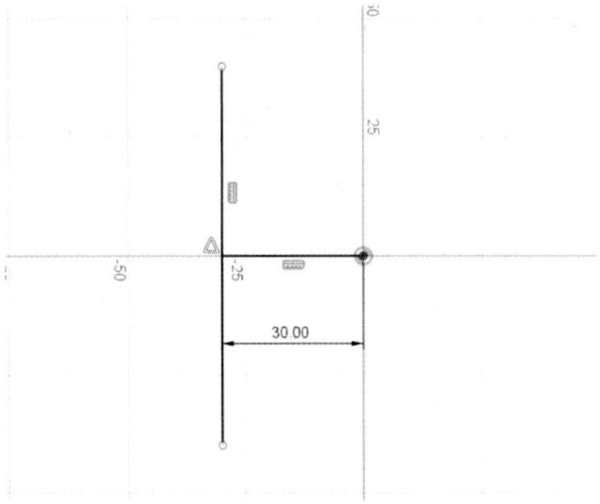

순서 4 구속조건에서 수평/수직을 눌러 중심선을 연결한 선을 누른다.
원점에서 30.0 mm의 간격으로 치수를 잡는다.

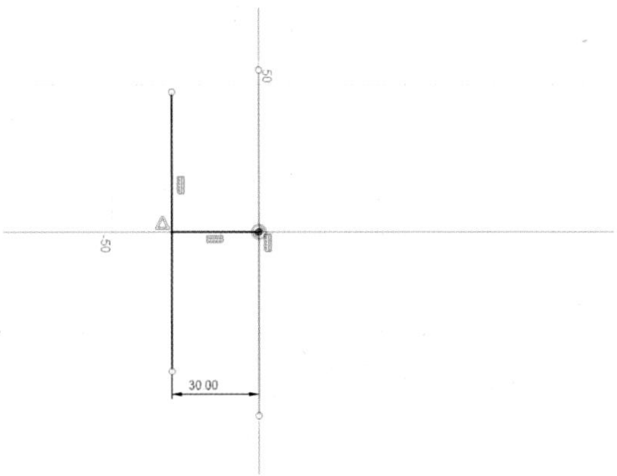

순서 5 작성에서 선을 선택하고 원점(0.0) 위에 임의의 직선을 긋는다.

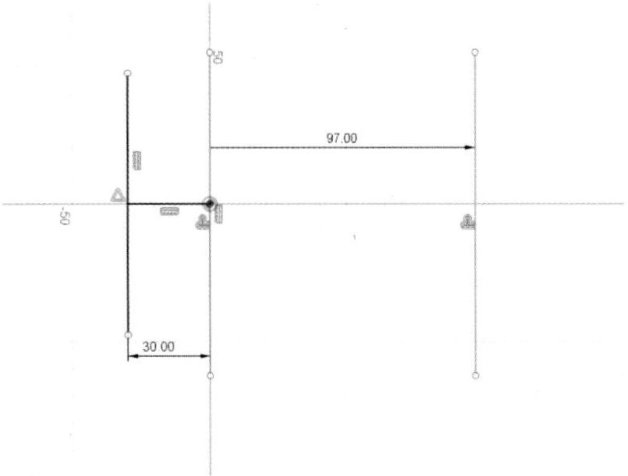

순서 6 수정에서 간격 띄우기를 선택한다. 오른쪽으로 97.0 mm 간격을 띄운다.

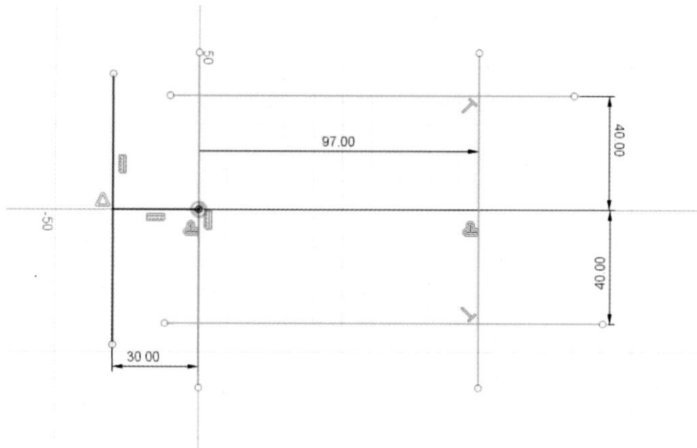

순서 7 작성에서 선을 선택한다. 양쪽으로 40.0 mm 간격을 띄운다.

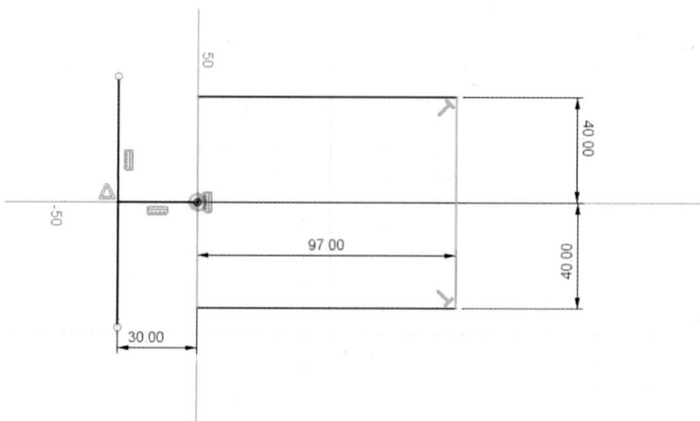

순서 8 수정에서 자르기를 선택한다. 교차되는 선을 자른다.

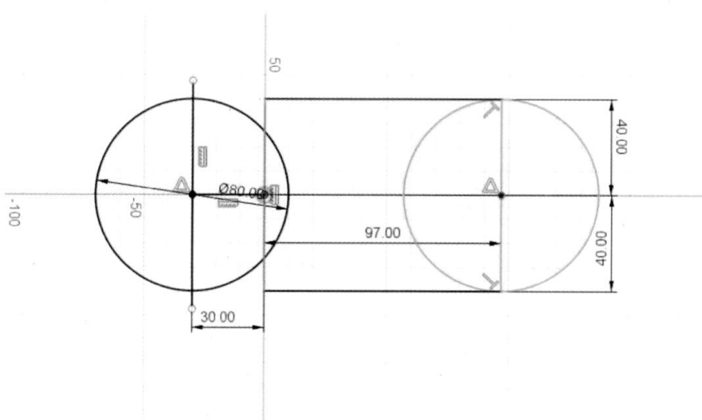

순서 9 작성에서 원을 선택한다. 중심점에서 직경이 80.0 mm 원을 그린다.

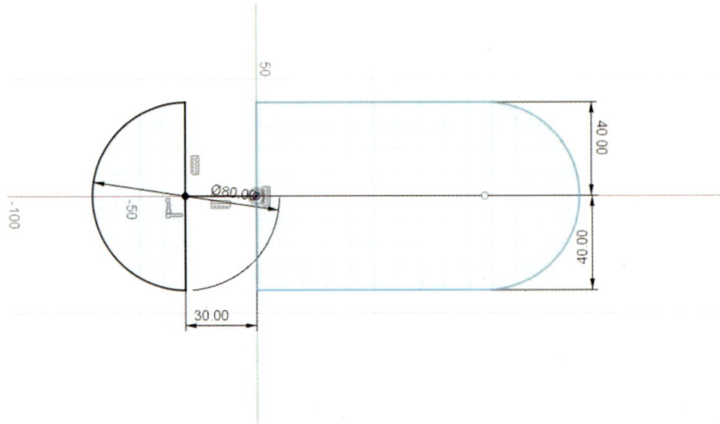

순서 10 수정에서 자르기를 선택하여 교차된 선을 자른다.

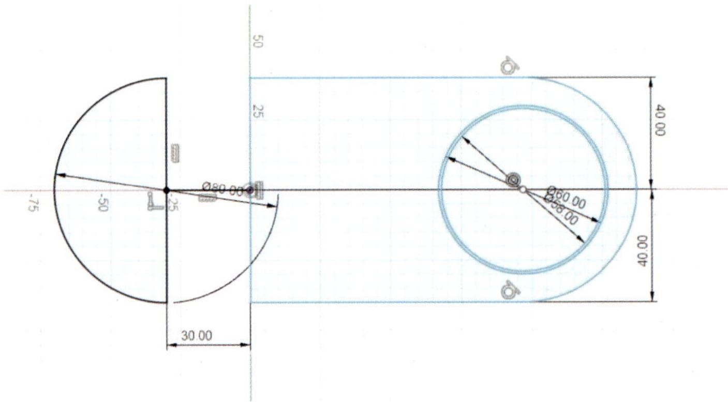

순서 11 구속조건에서 접선을 선택하고, 상, 하에 접선을 누른다.
작성에서 원을 선택하여 직경이 60, 58 mm인 원을 그린다.
스케치 마무리를 누른다.

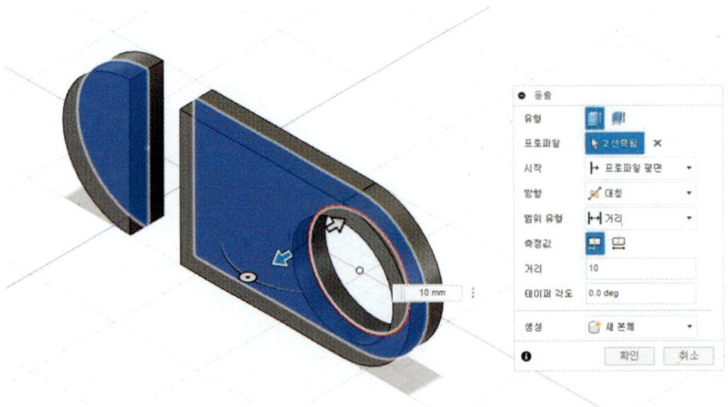

순서 12 작성에서 돌출을 선택한다. 방향은 대칭을 선택한다. 거리는 10.0 mm, 확인을 누른다.

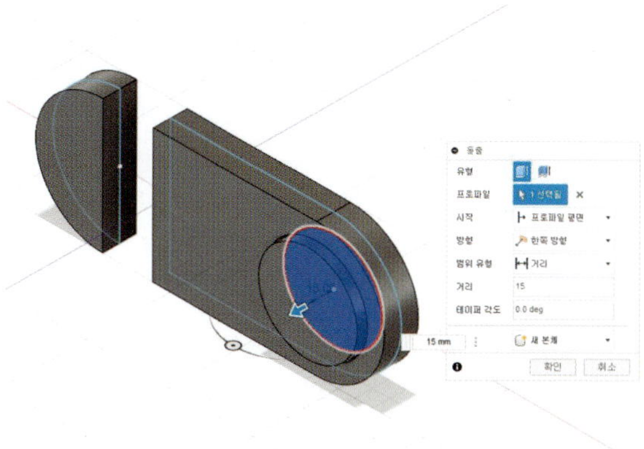

순서 13 검색기에서 스케치 1을 활성화 한다. 작성에서 돌출을 누른다.
직경이 58.0 mm인 원을 선택하여 돌출을 한다. 거리를 15.0 mm 한다.
확인을 누른다.

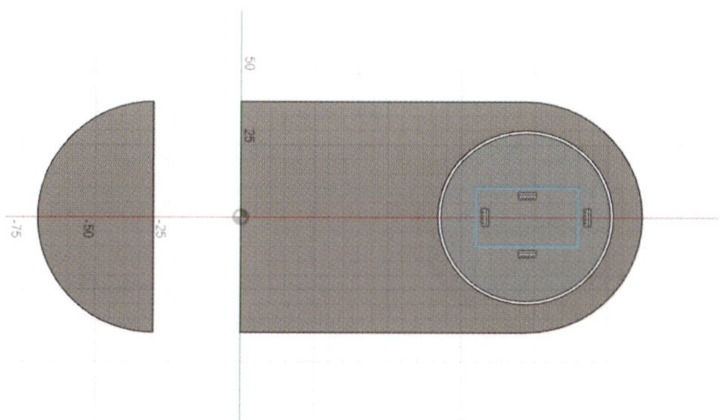

순서 14 스케치 작성에서 원의 옆면을 선택한다.
작성에서 직사각형을 선택한다. 원안에 임의의 직사각형을 그린다.

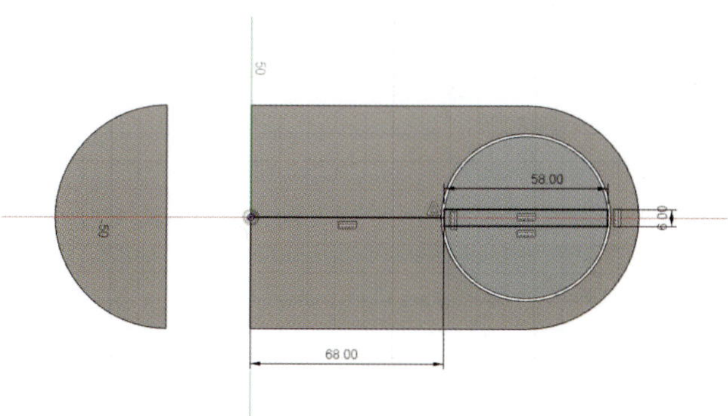

순서 15 작성에서 스케치 치수를 선택한다. 세로 6.0 mm, 가로 58.0 mm 한다.
원점(0.0)에서 사각형까지의 거리는 68.0 mm이다. 스케치 마무리를 누른다.
홈(집)을 누른다.

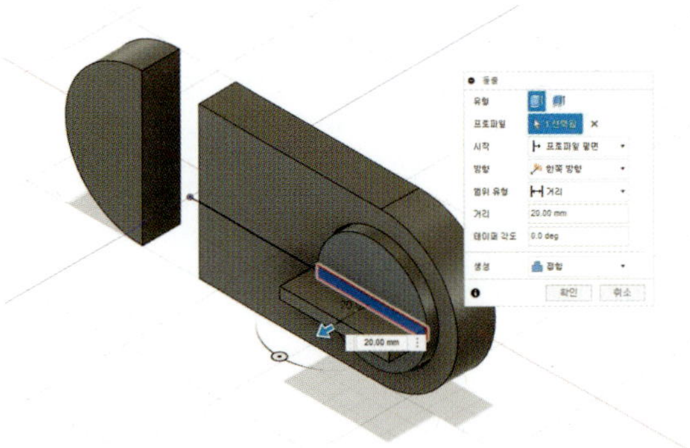

순서 16 작성에서 돌출을 선택한다. 거리를 20.0 mm, 생성은 접합을 누른다. 확인을 누른다.

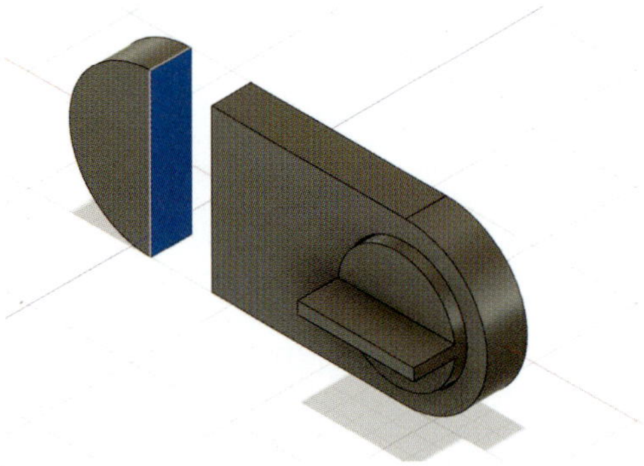

순서 17 우측면을 누르고, 오른쪽 마우스를 눌러 스케치 작성을 선택한다.

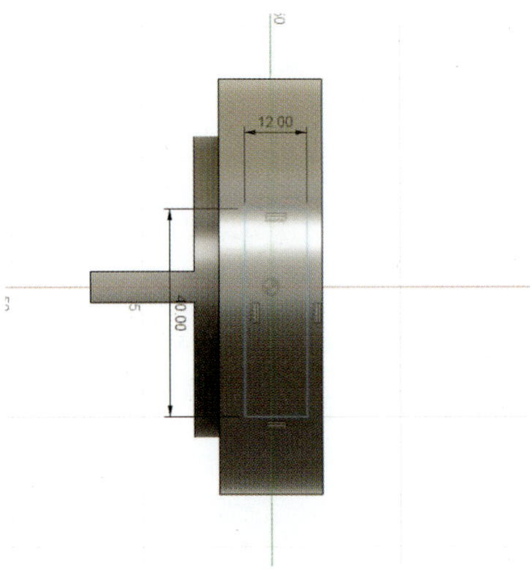

순서 18 작성에서 직사각형을 선택한다. 가로 12.0 mm, 세로 40.0 mm인 직사각형을 그린다.

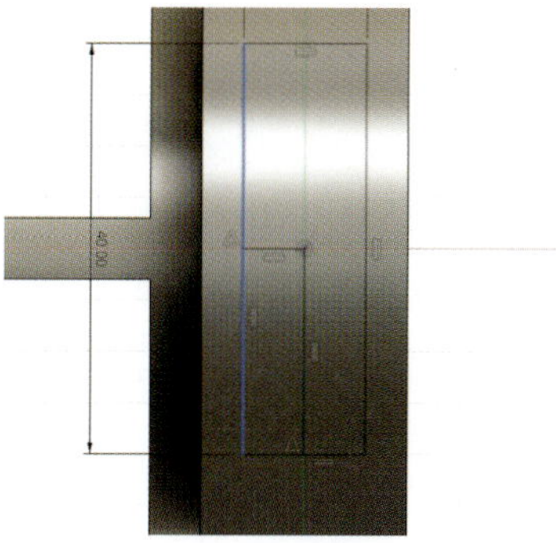

순서 19 작성에서 선을 선택하여, 가로 세로 중심으로 선을 연결한다. 구속조건에서 수평/수직을 누르고, 가로, 세로 선을 선택한다. 스케치 마무리를 누른다. 홈(집)을 누른다.

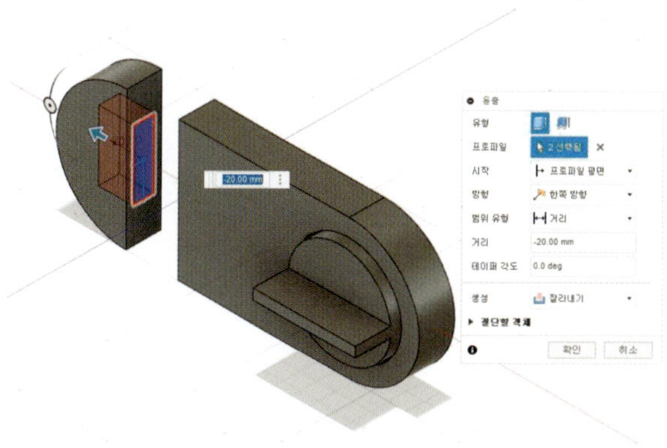

순서 20 작성에서 돌출을 누르고, 거리를 -20.0 mm 한다. 생성은 잘라내기를 한다. 확인을 누른다.

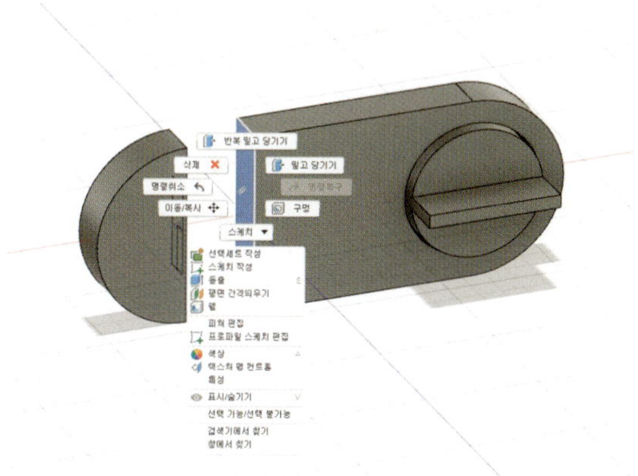

순서 21 문고리를 회전시킨다. 마우스를 면에 대고 우측마우스를 눌러 스케치 작성을 선택한다.

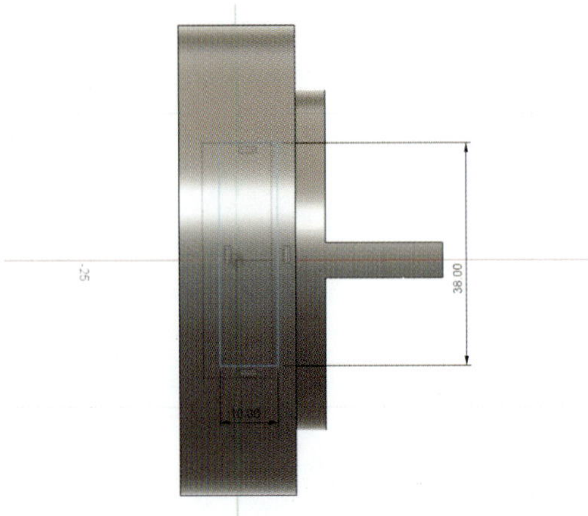

순서 22 작성에서 직사각형을 선택한다. 가로 10.0 mm, 세로 38.0 mm인 사각형을 그린다.

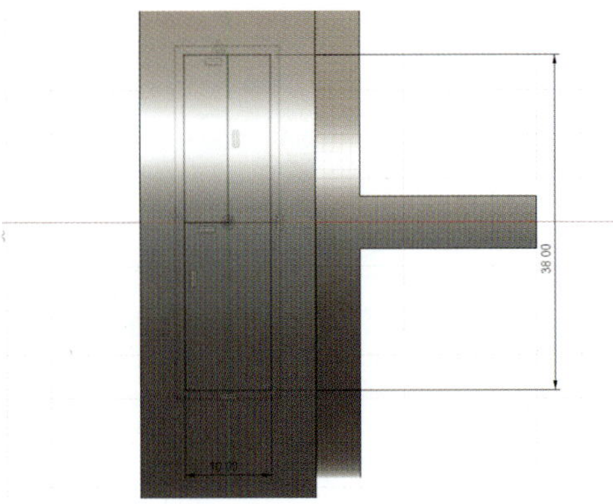

순서 23 작성에서 선을 선택하여, 가로 세로 중심으로 선을 연결한다.
구속조건에서 수평/수직을 누르고, 가로, 세로 선을 선택한다.
스케치 마무리를 누른다. 홈(집)을 누른다.

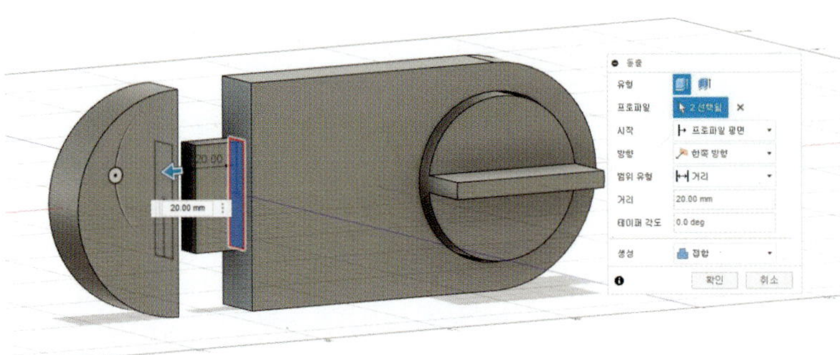

순서 24 스케치 마무리를 누른다. 작성에서 돌출을 선택하고 프로파일을 선택한다.
거리를 20.0 mm으로 생성은 접합을 한다. 확인을 누른다.

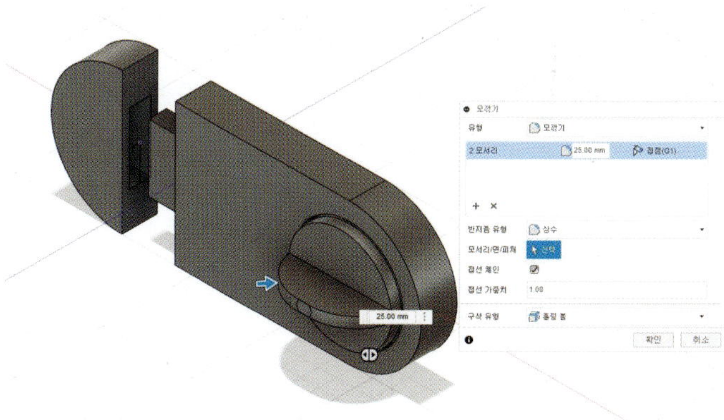

순서 25 수정에서 모깎기를 선택한다. 모서리를 선택하여 25.0 mm한다. 확인을 선택한다.

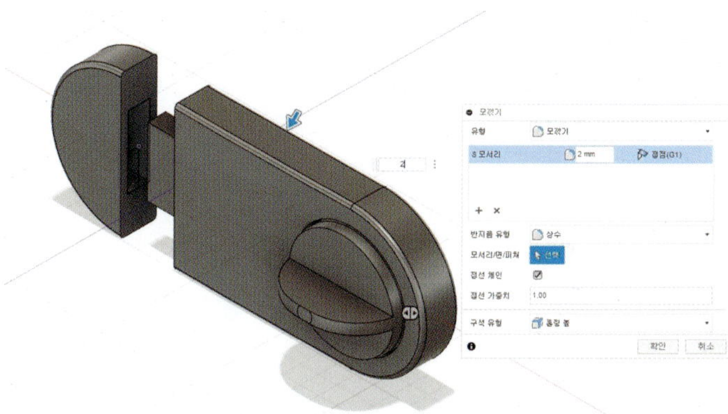

순서 26 수정에서 모깎기를 선택한다. 4개의 모서리를 선택하여 2.0 mm을 한다. 확인을 누른다.

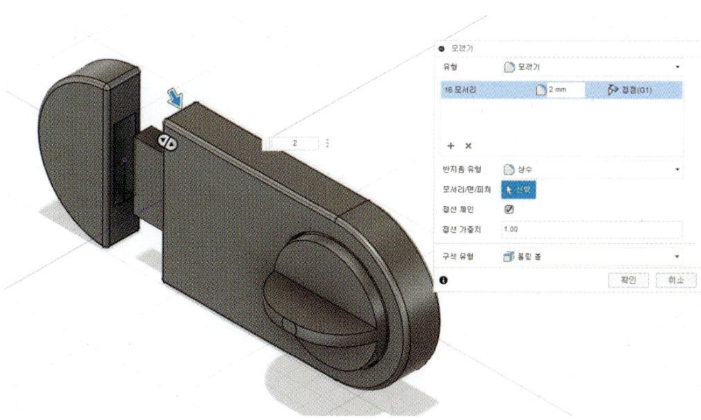

순서 27 수정에서 모깎기를 선택한다. 모서리를 선택하여 2.0 mm 모깎기 한다. 확인을 누른다.

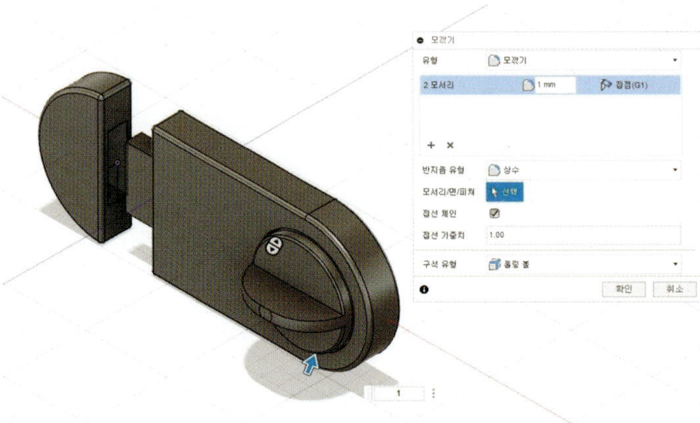

순서 28 수정에서 도출을 선택한다. 양쪽 모서리를 선택하고 모깍기 1.0 mm를 한다. 확인을 누른다.

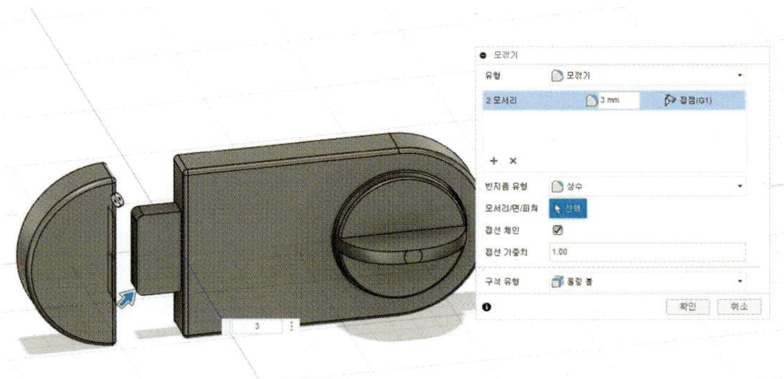

순서 29 수정에서 돌출을 누르고 2곳 모서리를 선택하여 3.0 mm로 모깍기를 한다. 확인을 누른다.

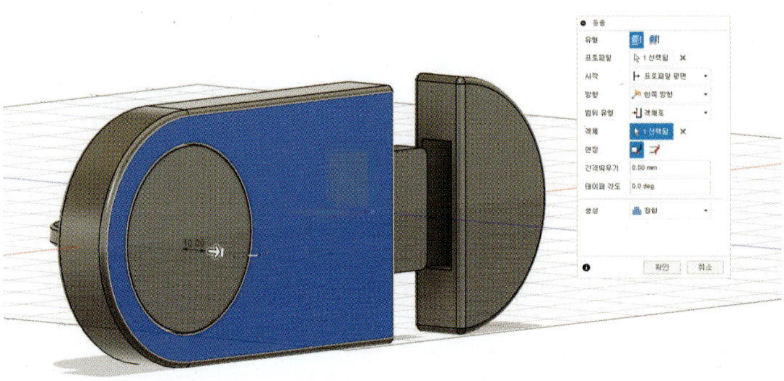

순서 30 그림을 회전하여 뒷면이 보이도록 한다. 작성에서 돌출을 누르고 원을 선택한다. 범위 유형을 객체로를 선택하고, 마우스를 옆에 면을 선택한다. 생성은 접합으로 하고 확인을 누른다.

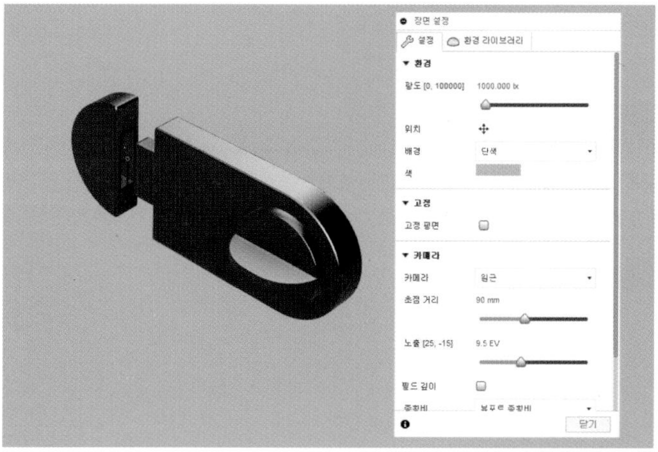

순서 31 디자인에서 렌더링을 간다. 장면설정에서 고정 평면에 체크를 해제한다.
닫기를 누른다.

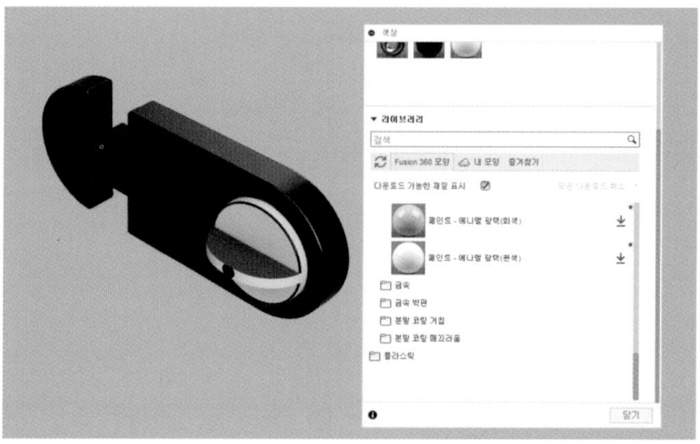

순서 32 색상에서 페인트를 선택한다. 바디를 원하는 색으로 칠한다.
닫기를 누른다.

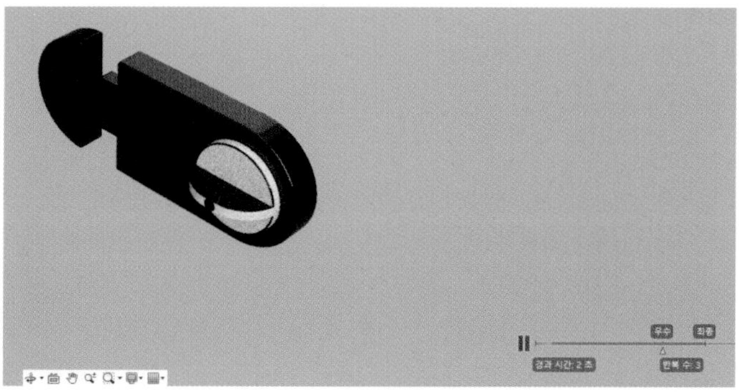

순서 33 캔버스 내 렌더링을 한다. 우수가 될 때까지 기다린다.

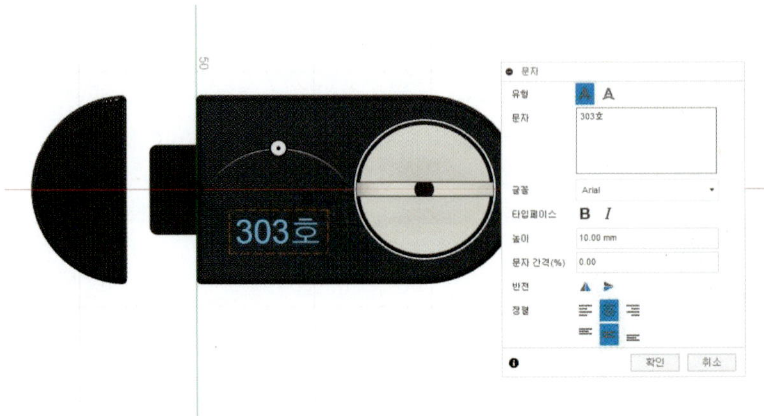

순서 34 문고리 옆면을 선택한다. 스케치 작성을 선택한다. 작성에서 문자를 선택한다. 문자를 작성하고 확인을 누른다.

순서 35 작성에서 돌출을 누른다. 거리를 2.0 mm로 한다. 확인을 누른다.

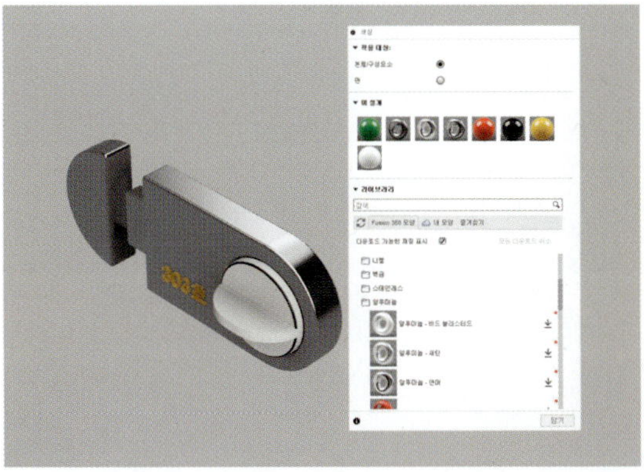

순서 36 색상을 누르고 본체/구성요소를 선택한다. 원하는 색을 선택한다. 닫기를 누른다.

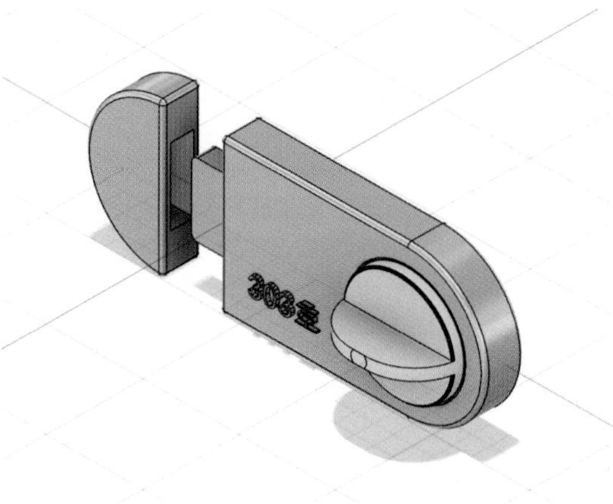

순서 37 렌더링에서 디자인으로 간다. 최종 마무리된 문고리 자물쇠이다.

2-9 와인잔 모델링

학습목표

1. 스케치와 돌출 명령어에 대하여 이해한다.
2. 회전, 스플라인 명령어 대하여 이해한다.
3. 쉘 명령어에 대하여 이해한다.
4. 모깍기 명령어 대하여 이해한다.

완성된 그림

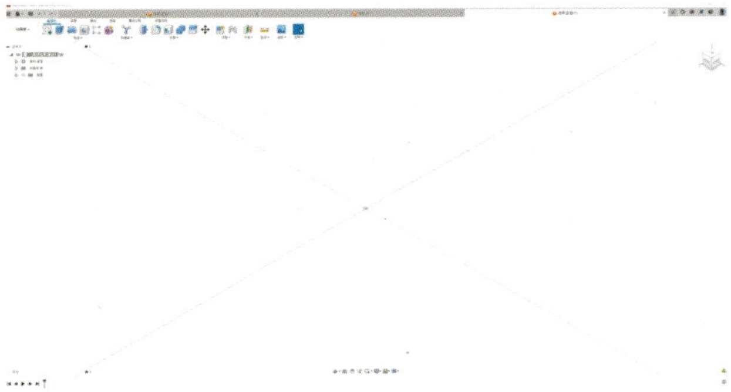

순서 1 Fusion 360을 실행하여 작업 창이 나타나도록 한다.

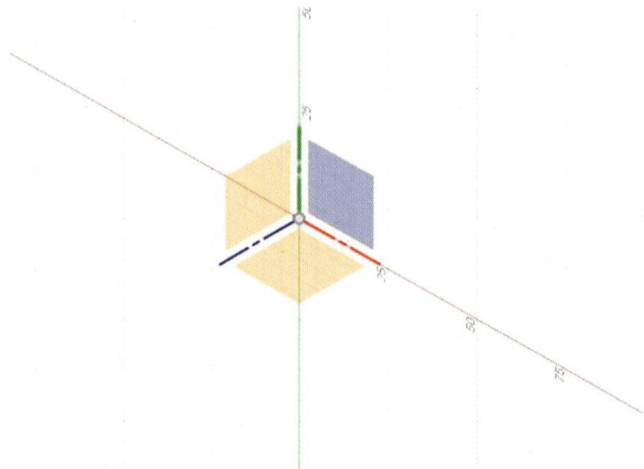

순서 2 스케치 작성을 누르고 우측 면(XY)을 선택한다.

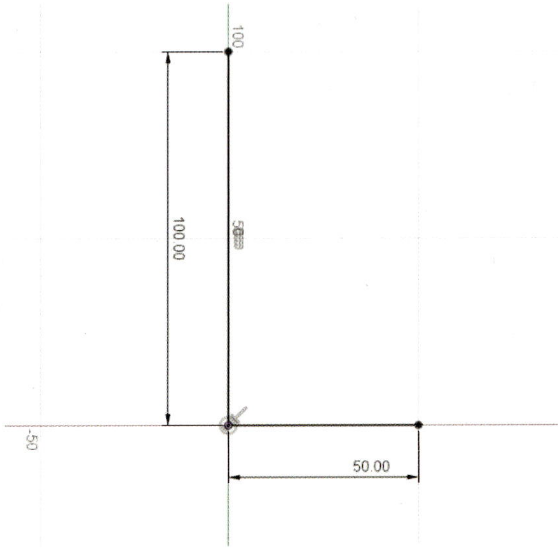

순서 3 작성에서 선을 누르고 원점을 선택하고 우측 방향으로 50.0 mm, 위쪽 방향으로 100.0 mm 그리기를 한다.

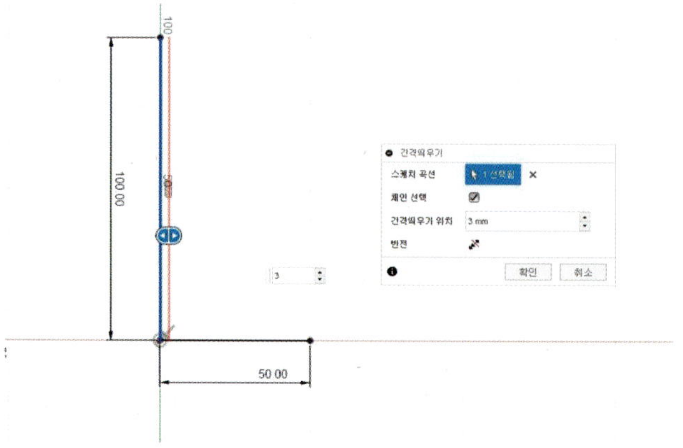

순서 4 수정에서 간격 띄우기를 선택한다. 거리를 3.0 mm로 한다.

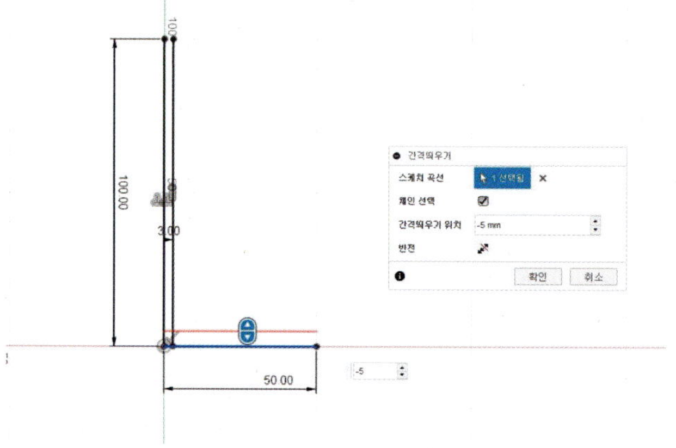

순서 5 수정에서 간격 띄우기를 선택한다. 거리를 −5.0 mm의 을 그린다.

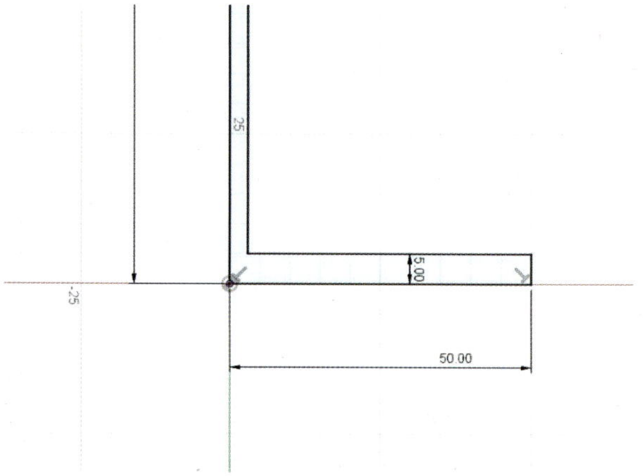

순서 6 작성에서 선을 선택하고 상부와 우측 연결한다.
수정에서 자르기 선택한다. 교차 부위를 자른다.

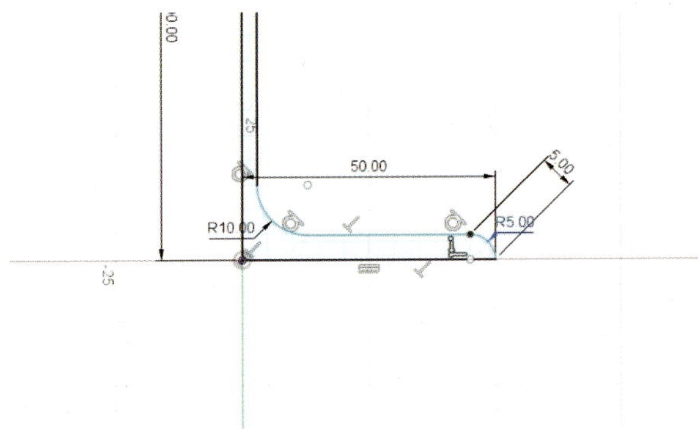

순서 7 수정에서 모깍기를 선택하고 안쪽에는 10.0 mm, 바깥쪽에는 5.0 mm로 한다. 스케치 마무리를 누른다.

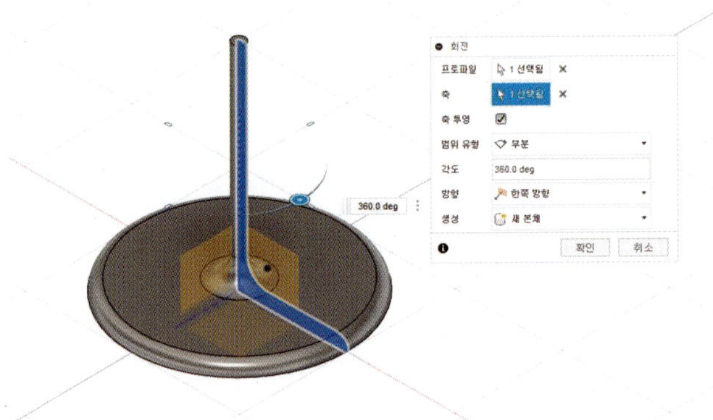

※ 회전(revolve)

프로파일이 선택한 축을
중심으로 회전시켜 형상을 만든다.

순서 8 홈(집)을 누른다. 작성에서 회전을 선택한다. 프로파일을 선택하고, 축을 중심축을 선택한다. 생성을 새 본체로 선택한다. 확인을 누른다.

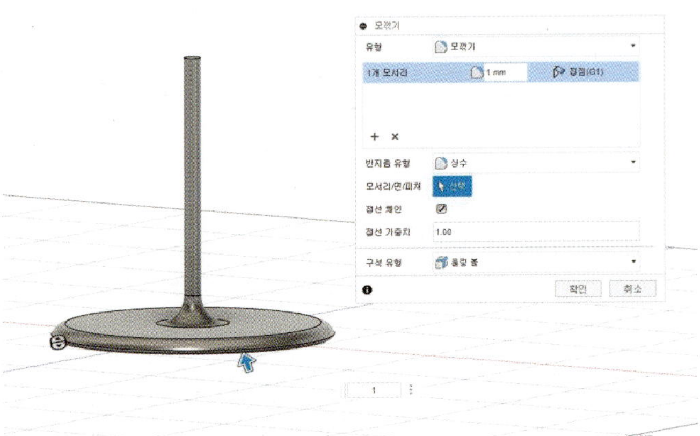

순서 9 수정에서 모깍기를 선택한다. 와인잔의 밑부분을 선택하여 1.0 mm 기입한다. 확인을 누른다.

순서 10 홈(집)을 누른다.

순서 11 수정에서 우측면(XY)을 선택한다.

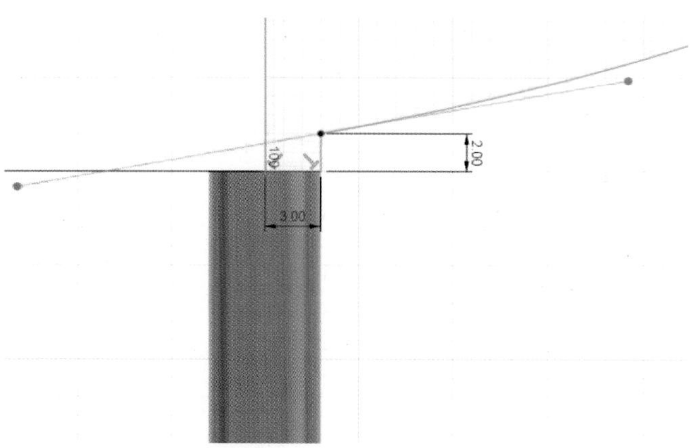

순서 12 작성에서 선을 선택한다. 가로 3.0 mm, 세로 2.0 mm로 한다.

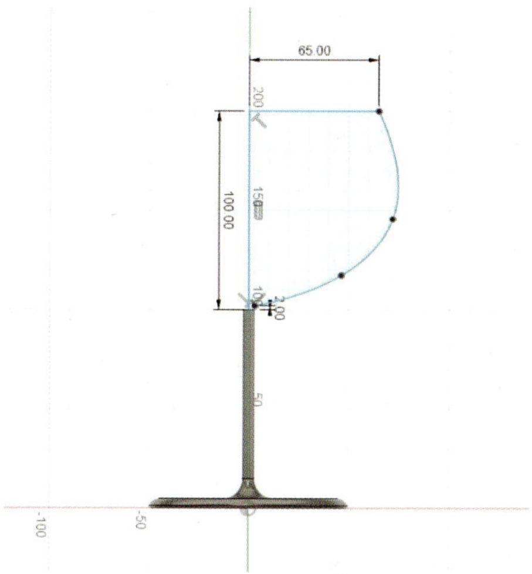

순서 13 작성에서 선을 선택한다. 위쪽으로 100.0 mm로, 우측으로 56.0 mm를 기입한다.
작성에서 스플라인을 선택하고 맞춤점 스플라인을 누른 다음 4점을 연결한다.
스케치 마무리를 누른다.

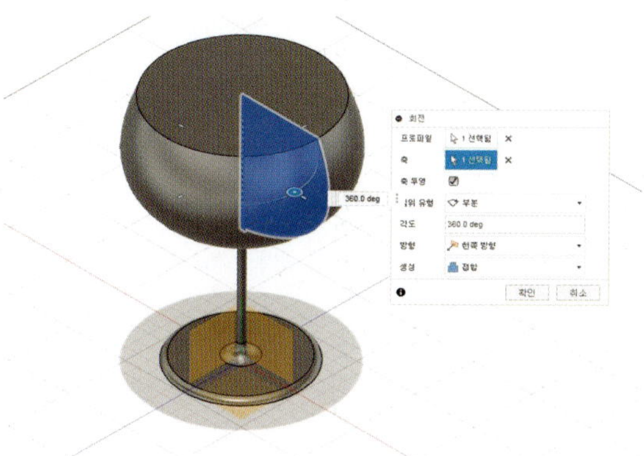

순서 14 작성에서 회전을 선택한다. 프로파일을 선택하고 축은 중심축을 선택한다.
생성은 접합을 선택한다. 확인을 누른다.

순서 15 홈(집)을 누른다.

순서 16 수정에서 쉘을 누른다. 와인 잔의 상단부분을 선택한다.
내부 두께를 2.0 mm하고 선택 후 확인을 누른다.

순서 17 디자인에서 렌더링으로 간다. 설정에서 장면설정을 누른다.
고정에서 고정 평면에 체크되어 있는 것을 해제한다.

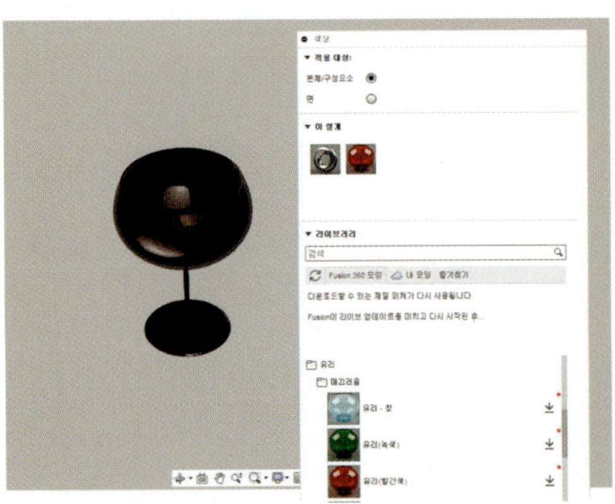

순서 18 색상에서 유리로 간다. 매끄러움에서 빨간색을 선택하여 칠한다.
닫기를 누른다.

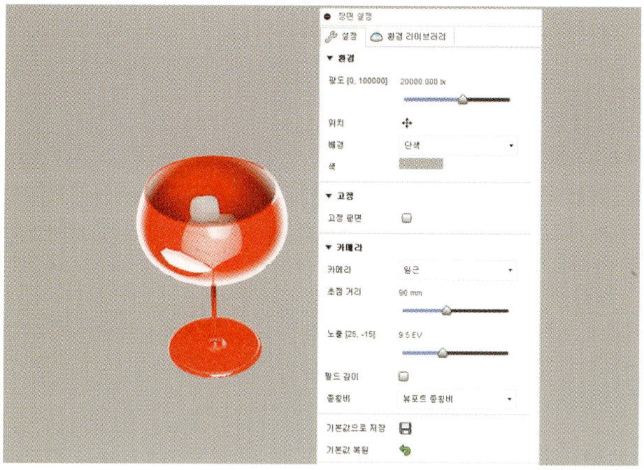

순서 19 설정에서 장면설정으로 간다. 환경에서 광도 밝기를 20,000 lx 설정한다.
닫기를 누른다.

순서 20 캔버스 내 렌더링으로 간다. 시간이 우수가 될 때까지 기다린다.

순서 21 수정에서 모깍기를 누른다. 와인 잔의 상단 부분 2곳을 선택한다.
0.5 mm로 모깍기 한다. 확인을 누른다.

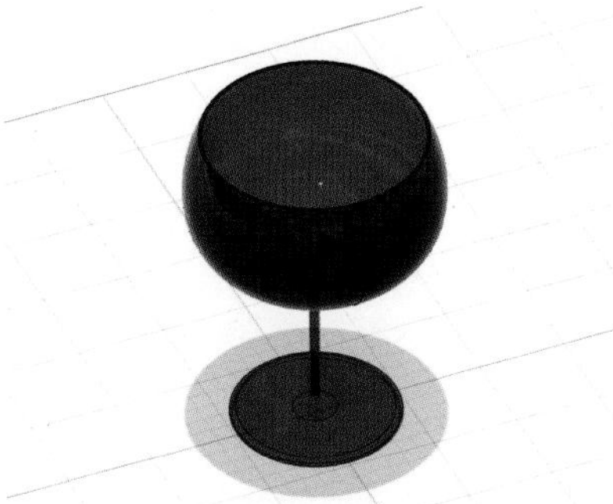

순서 22 최종 마무리된 와인 잔이다.

2-10 의자 모델링

학습목표

1. 스케치와 돌출 명령어에 대하여 이해를 한다.
2. 모깎기, 직사각형 패턴 명령어에 대하여 이해를 한다.
3. 미러 명령어에 대하여 이해를 한다.
4. 렌더링 명령어에 대하여 이해를 한다.

완성된 그림

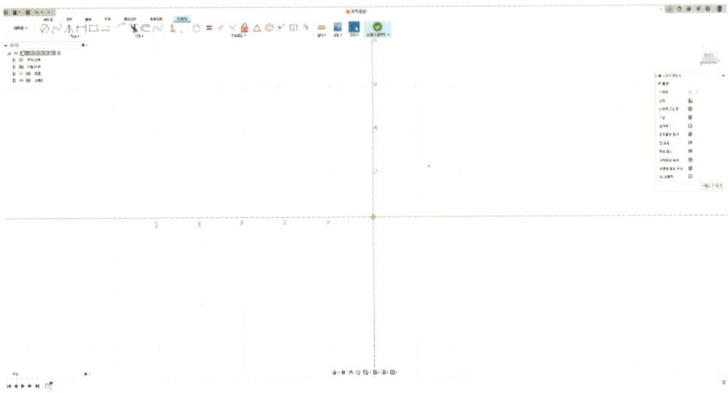

순서 1 Fusion 360을 실행하여 작업 창이 나타나도록 한다.

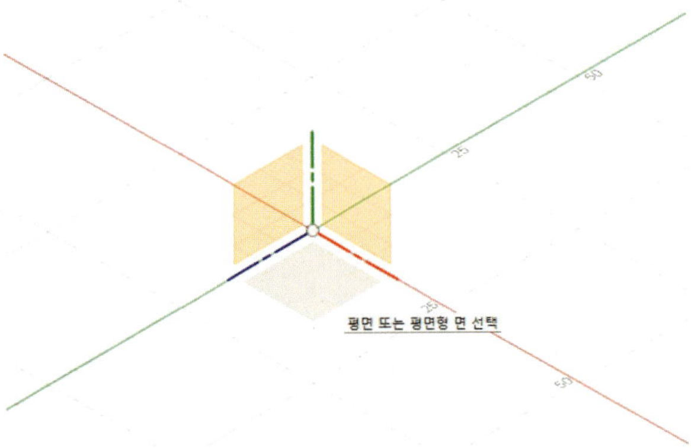

순서 2 스케치 작성을 누르고 밑면(XZ)을 선택한다.

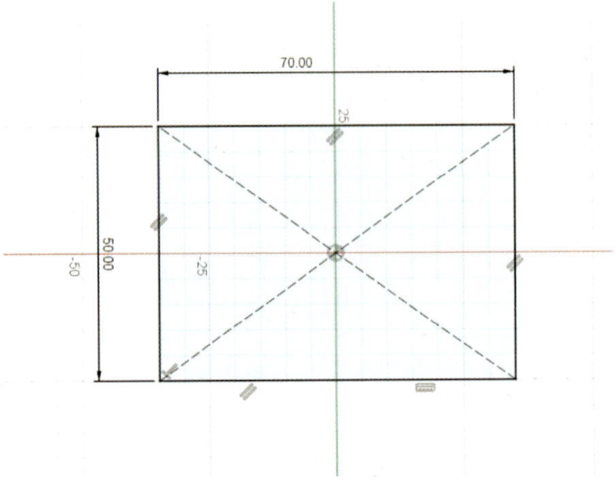

순서 3 작성에서 직사각형을 선택하고, 중심 사각형을 선택한 다음, 원점(0.0)을 잡는다.
가로 70.0 mm, 세로 50.0 mm인 사각형을 그린다.
스케치 마무리를 누른다. 홈(집)을 누른다.

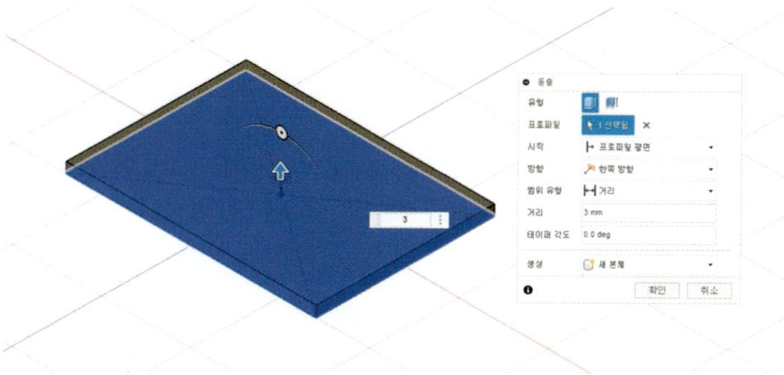

순서 4 작성에서 돌출을 누른다. 위쪽 방향으로 거리를 3.0 mm 기입한다.
확인을 누른다.

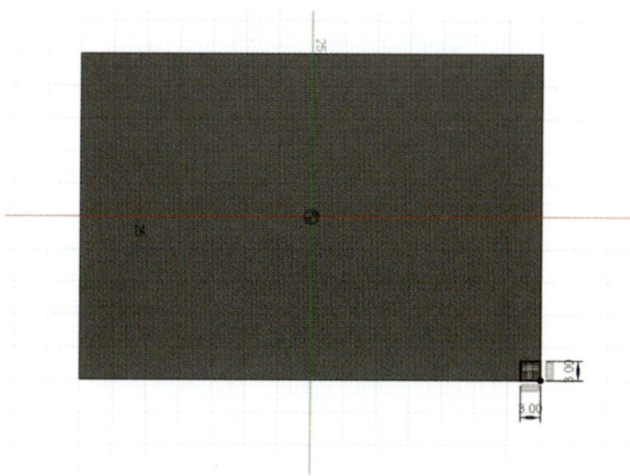

순서 5 Shift와 동시에 마우스 볼을 누르고 회전을 시켜 밑면이 보이도록 한다.
밑면에 마우스를 대고 오른쪽 마우스를 눌러 스케치 작성을 선택한다.
오른쪽 아래 모서리에 가로 3.0 mm, 세로 3.0 mm 직사각형을 만든다.

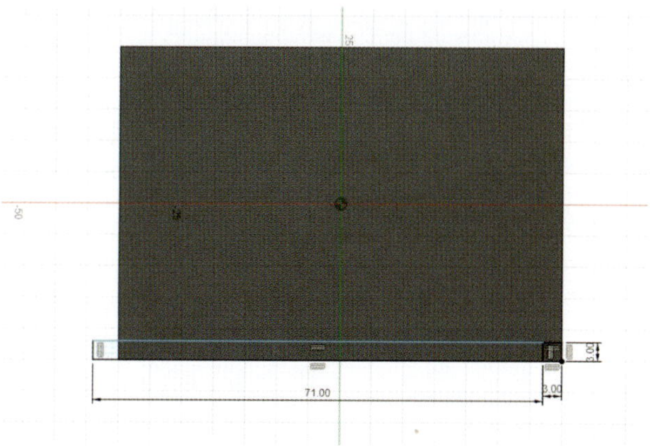

순서 6 작성에서 직사각형을 선택하여, 길이 71.0 mm 직사각형을 만든다.
스케치 마무리를 누른다. 홈(집)을 누른다.

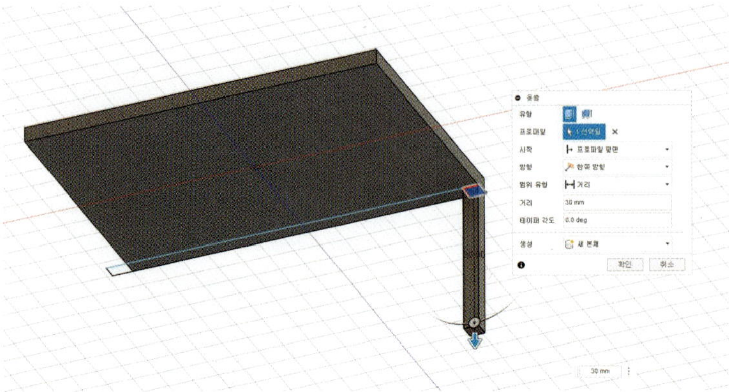

순서 7

작성에서 도출을 선택한다. 돌출 길이가 30.0 mm로 하고 새 본체로 한다. 확인을 누른다.

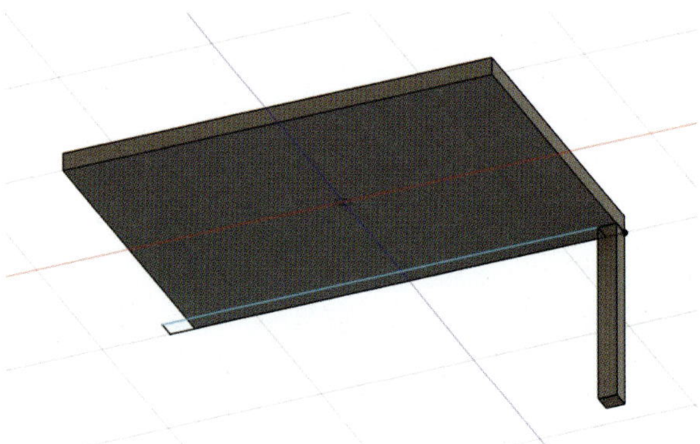

순서 8

검색기에서 스케치를 누른 다음 2번째 스케치를 눌러 활성화 한다.

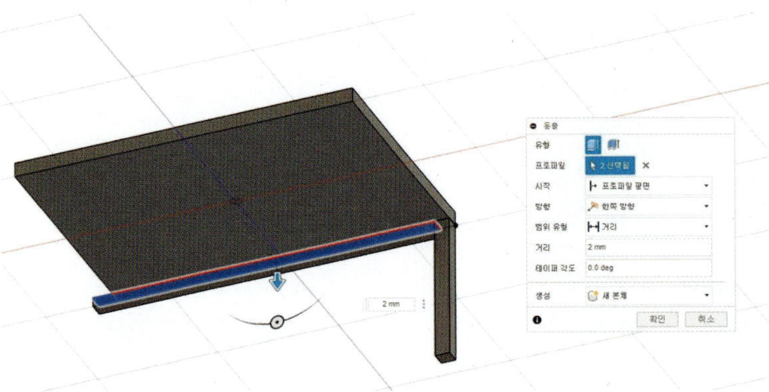

순서 9

작성에서 도출을 선택한다. 프로파일을 선택하고, 거리를 2.0 mm, 생성은 새 본체로 한다. 확인을 누른다.

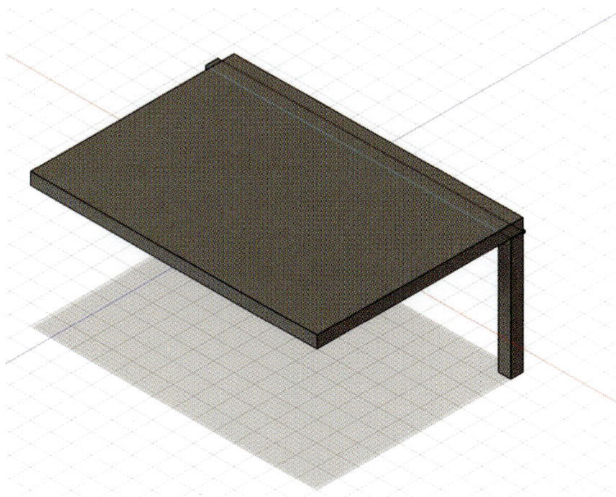

순서 10 홈(집)을 누른다.

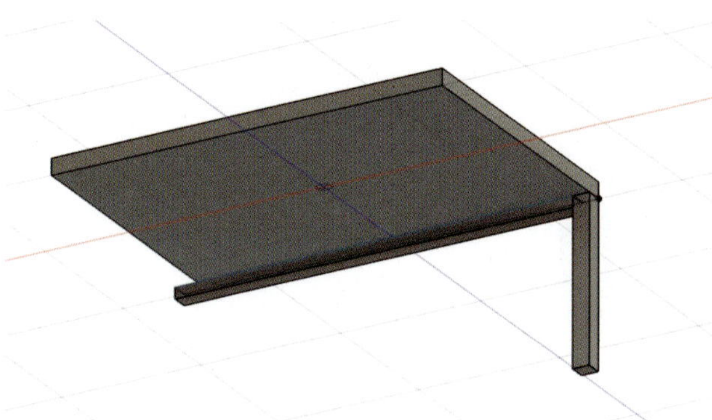

순서 11 Shift와 동시에 마우스 볼을 누른 상태에서 밑면이 보이도록 회전을 한다.

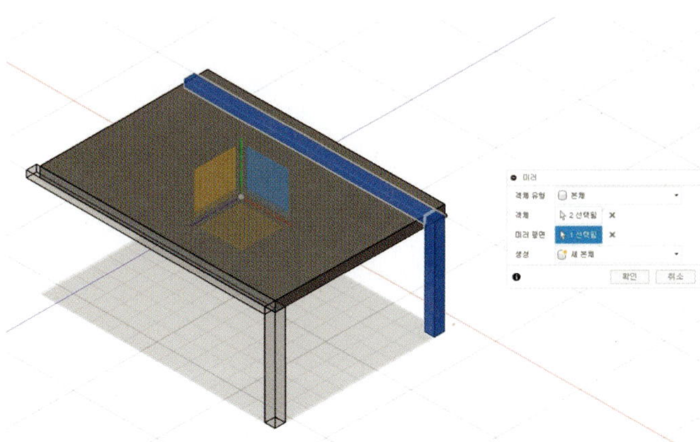

순서 12 작성에서 미러를 선택한다.
객체 2개를 선택하고 미러 평면은 우측 평면(XY)을 선택한다.
확인을 누른다.

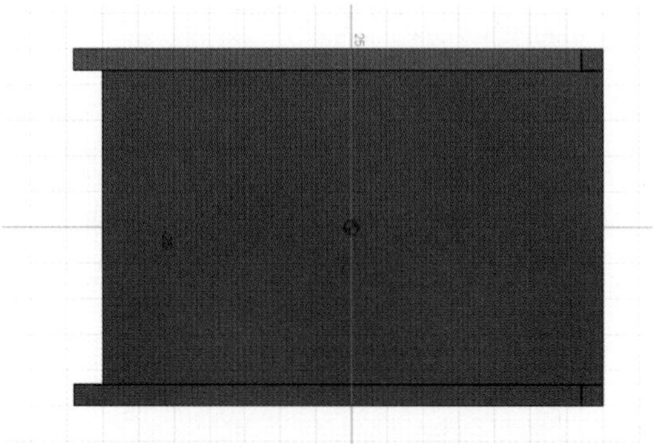

순서 13 Shift와 동시에 마우스 볼을 누른 상태에서 밑면이 보이도록 회전을 한다. 스케치 작성을 누르고 막대의 밑면을 선택한다.

순서 14 오른쪽 끝에서 가로 세로 길이가 3.0 mm인 직사각형을 만든다. 스케치 마무리를 누른다. 홈(집)을 누른다.

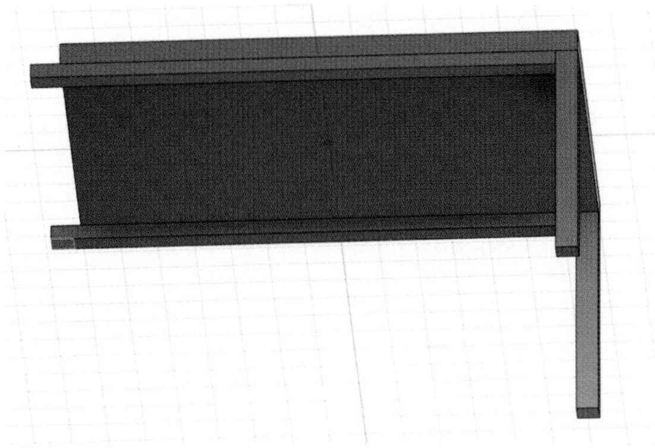

순서 15 Shift와 동시에 마우스 볼을 누른 상태에서 회전시켜 돌출할 면이 보이도록 한다.

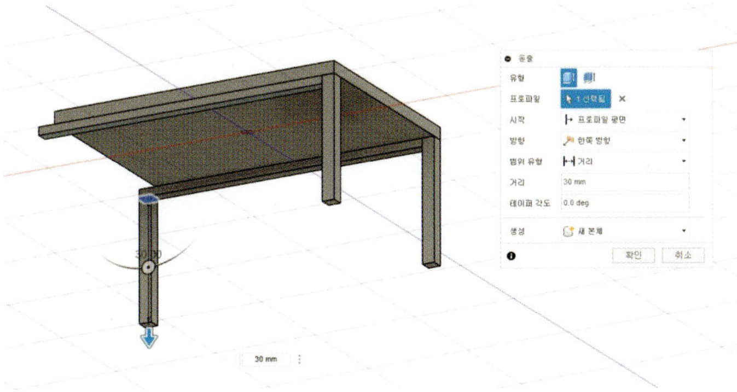

순서 16 작성에서 돌출을 누른다. 프로파일을 선택한다.
거리를 30.0 mm하고, 생성은 새 본체로 한다. 확인을 누른다.

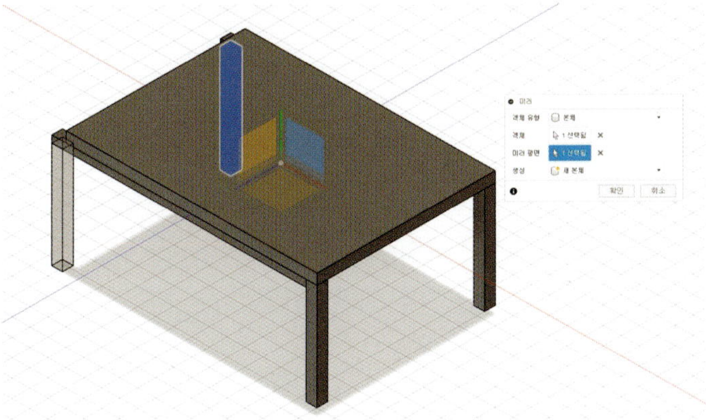

순서 17 작성에서 미러를 선택한다, 객체를 선택하고, 미러 평면 우측면(XY) 면을 선택한다.
확인을 누른다.

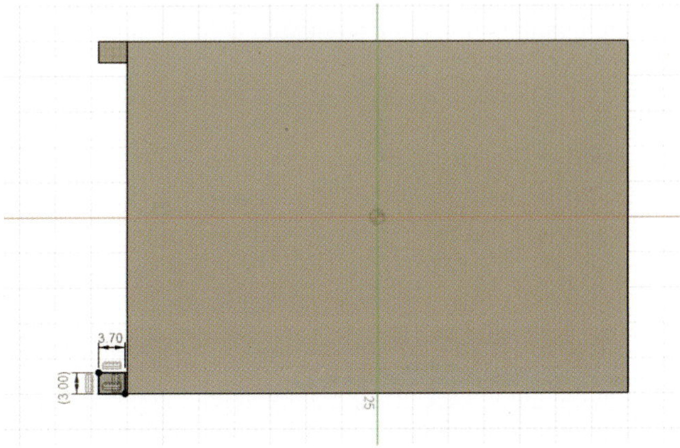

순서 18 의자 뒤쪽 윗 면을 선택한다. 가로 3.7 mm, 세로 3.0 mm로 만든다.
스케치 마무리를 누른다.

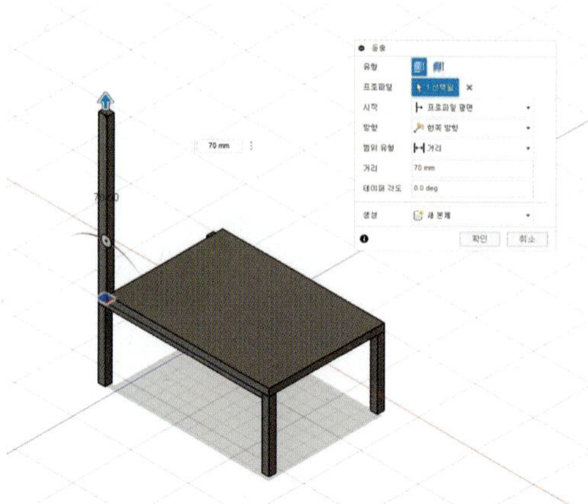

순서 19 작성에서 돌출을 누른다.
프로파일를 선택하고 윗쪽으로 거리를 70.0 mm 입력한다.
생성을 새 본체로 하고 확인을 누른다.

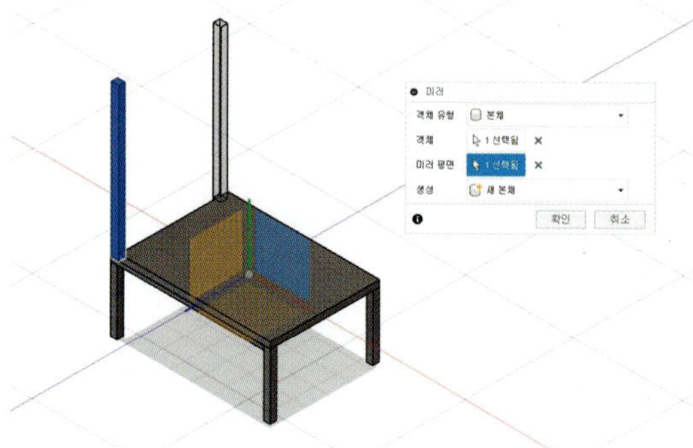

순서 20 작성에서 미러를 선택한다.
객체를 선택하고 미러 평면. 즉 우측 면(XY)을 선택한다.
확인을 누른다.

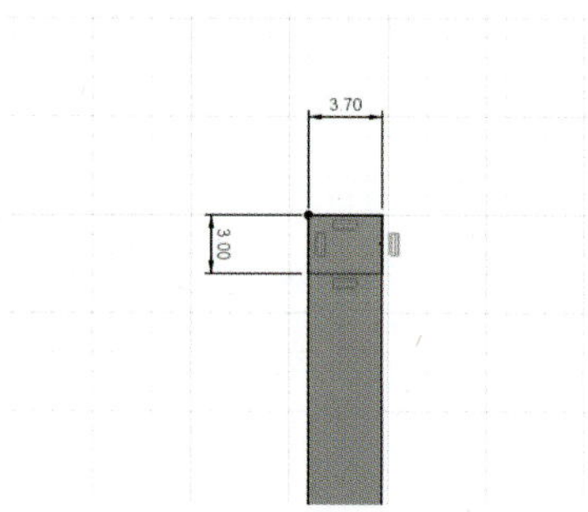

순서 21 스케치 작성을 눌러 위쪽의 안쪽 면을 선택한다.
가로 3.7 mm, 세로 3.0 mm인 사각형을 만든다.
스케치 마무리를 누른다. 홈(집)을 누른다.

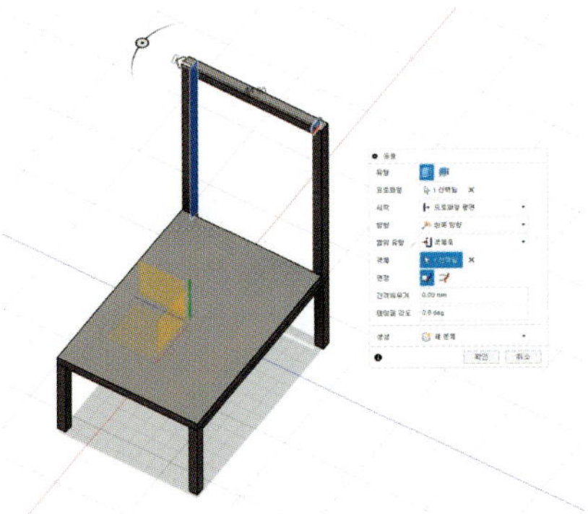

순서 22 작성에서 돌출을 누른 다음, 프로파일을 선택한다.
의자를 회전 시켜 반대편이 보이도록 한다.
범위 유형을 객체로 하고, 반대편 면을 눌러 준다. 생성은 새 본체로 한다.
확인을 누른다.

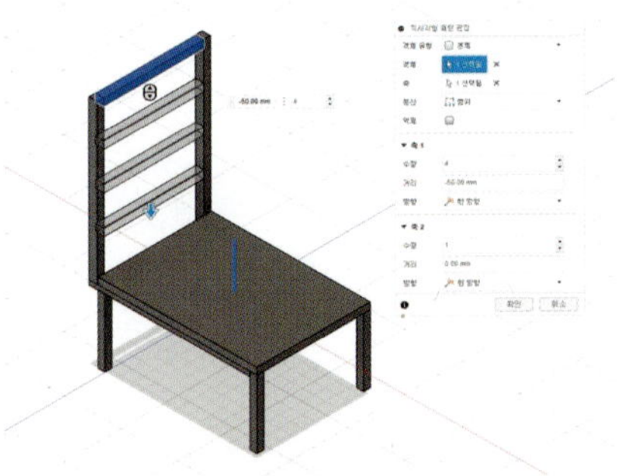

순서 23 작성에서 직사각형 패턴을 누른다. 객체를 선택한다.
축 방향을 선택하고 수량을 4개, 거리를 −50.0 mm로 입력한다.
확인을 누른다.

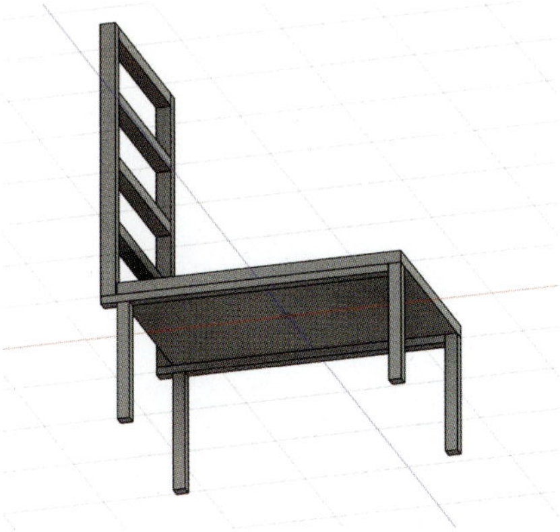

순서 24 의자를 회전시켜 밑면이 보이도록 한다.

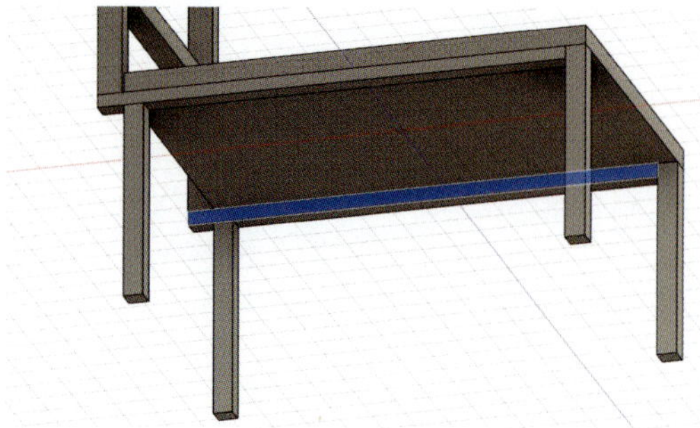

순서 25 스케치 작성을 누르고, 안쪽 면을 선택한다.

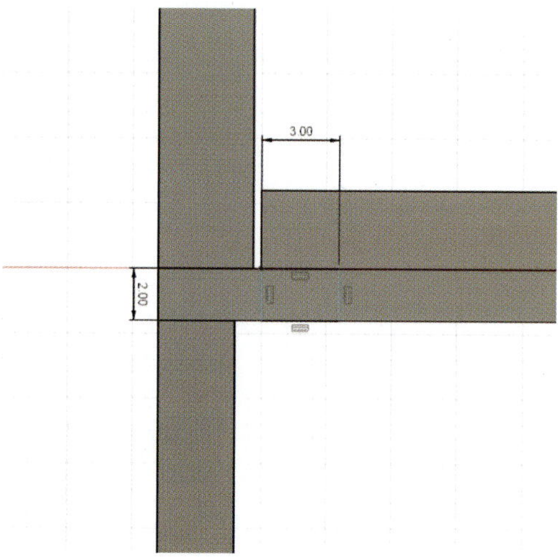

순서 26 가로 3.0 mm, 세로 2.0 mm 인 직사각형을 그린다.
스케치 마무리를 누른다. 홈(집)을 누른다.

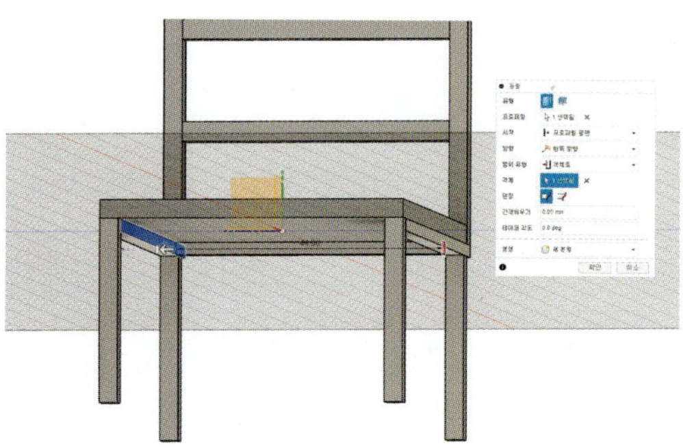

순서 27 밑면이 보이도록 의자를 회전시킨다. 작성에서 도출을 누른다.
프로파일를 선택하고, 범위 유형을 객체로 한다.
맞은 편 면(객체)를 선택한다. 생성은 새 본체로 한다. 확인을 누른다.

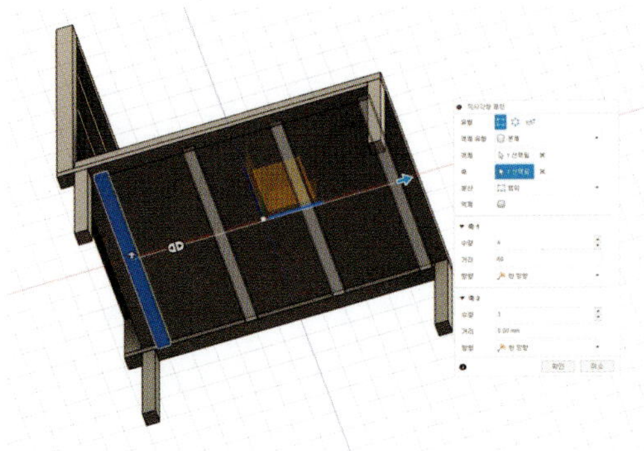

순서 28 작성에서 직사각형 패턴을 누른다.
객체, 축을 선택하고, 축1의 수량을 4개, 거리를 60.0 mm 입력한다.
확인을 누른다. 홈(집)을 누른다.

순서 29 디자인에서 렌더링으로 이동한다.

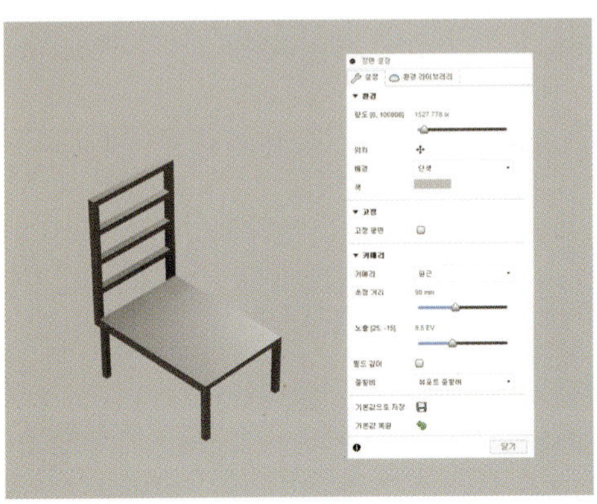

순서 30 설정에서 장면 설정으로 간다.
그림자를 안보이게 하기 위해 고정에서 고정 평면에 체크되어 있는 것을 해제한다.
닫기를 누른다.

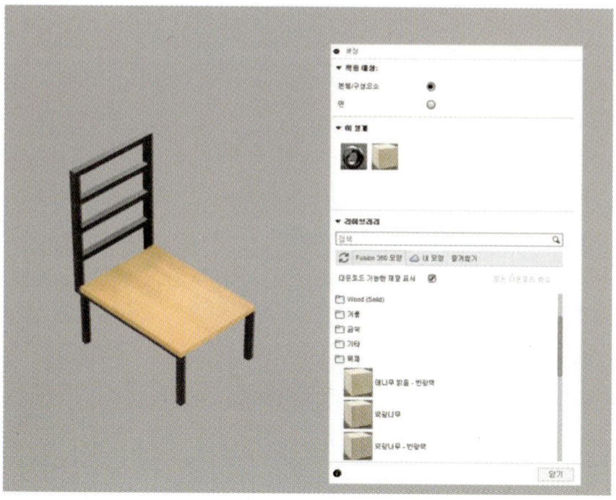

순서 31 색상에서 원하는 색을 선택하고 드래그 해서 색을 칠한다.
닫기를 누른다.

순서 32 색상을 적용할 때 안 보이는 밑부분도 색을 칠하기 위해 의자를 회전시켜 색을 칠한다.
닫기를 누른다.

순서 33 캔버스 내 렌더링을 누른다. 아래 시간이 우수까지 가도록 기다린다.

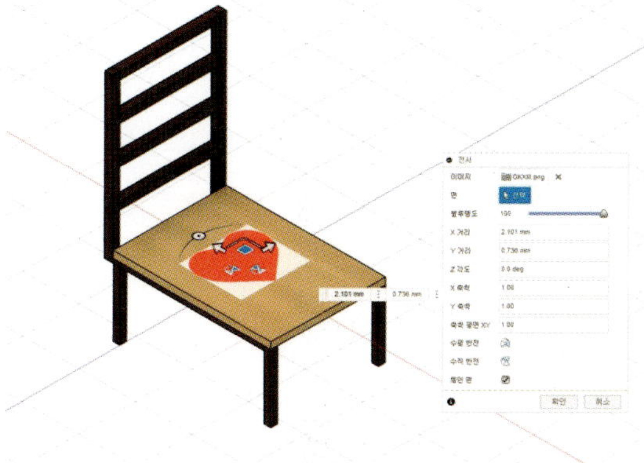

순서 34 바탕화면에 원하는 그림을 다운로드 한다.
렌더링에서 다시 디자인으로 이동한다.
삽입에 전사를 눌러 다운로드 한 그림을 넣기 한다.
면을 선택하고, 거리, 축척을 조절한다.

순서 35 확인을 누른다.

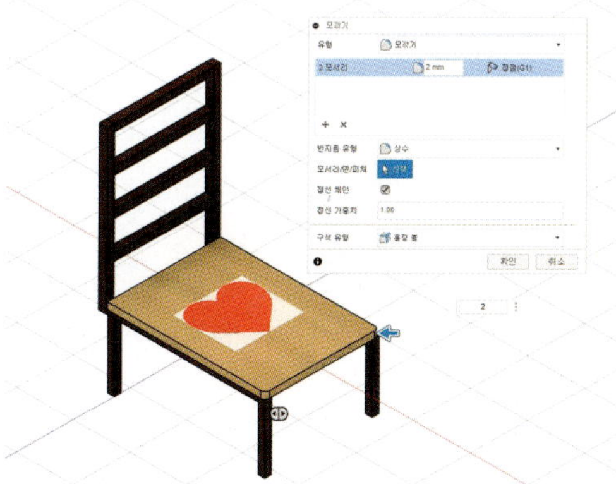

순서 36 작성에서 모깍기를 선택한다. 앉는 부위 모서리를 2.0 mm로 모깍기한다.
확인을 누른다.

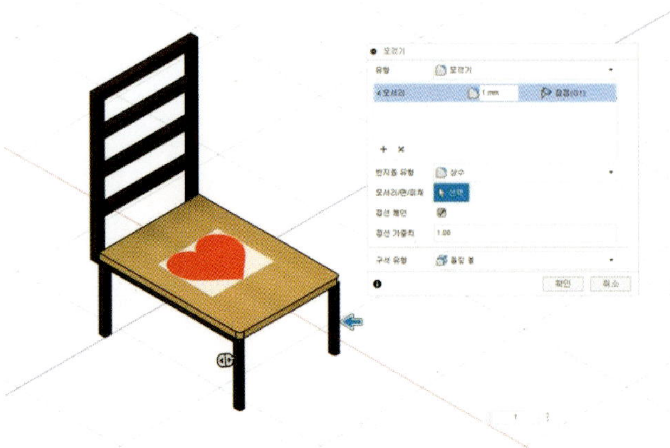

순서 37 의자 앞다리 부분을 1.0 mm로 모깎기 한다.
확인을 누른다.

순서 38 의자 뒷다리 부분도 1.0 mm로 모깎기 한다.
확인을 누른다.

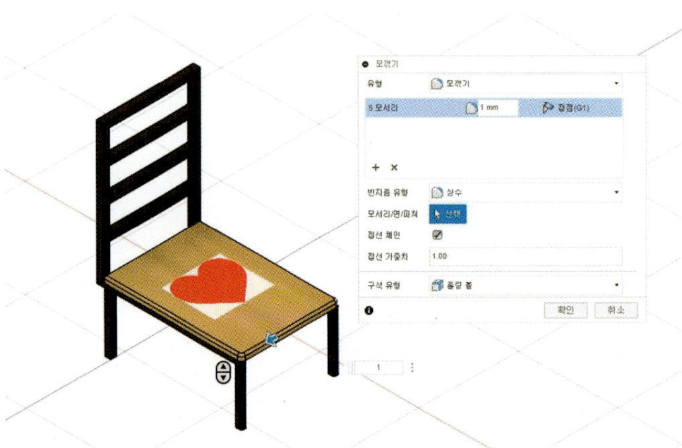

순서 39 의자의 앉는 자리 부분도 1.0 mm로 모깎기한다.
확인을 누른다.

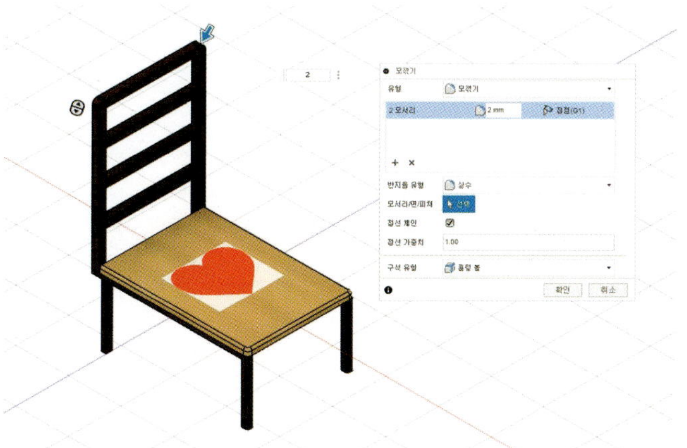

순서 40 의자 손잡이 부분도 2.0 mm로 모깎기 한다.
확인을 누른다.

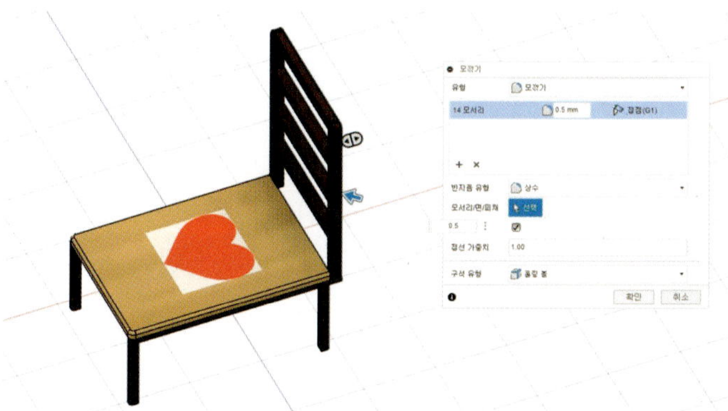

순서 41 손잡이 뒷부분을 0.5 mm로 모깎기 한다.
확인을 누른다.

순서 42 최종 마무리된 식탁 의자이다.

2-11 전기포트 모델링

■ 학습목표

1. 스케치와 돌출 명령어에 대해 이해한다.
2. 파이프, 모깎기, 간격 띄우기 명령어에 대해 이해한다.
3. 형상투영, 쉘 명령어에 대해 이해한다.
4. 이동/복사, 평면간격 띄우기 명령어에 대해 이해한다.

■ 완성된 그림

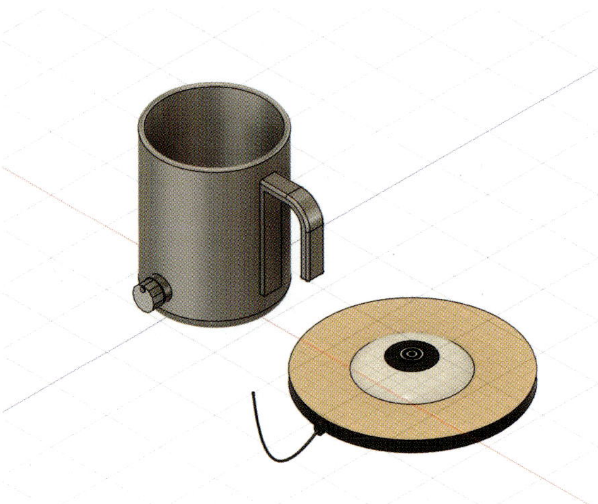

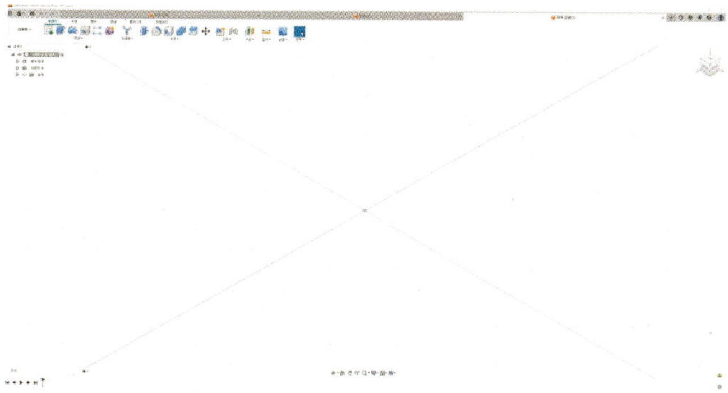

순서 1 Fusion 360을 실행하여 작업 창이 나타나도록 한다.

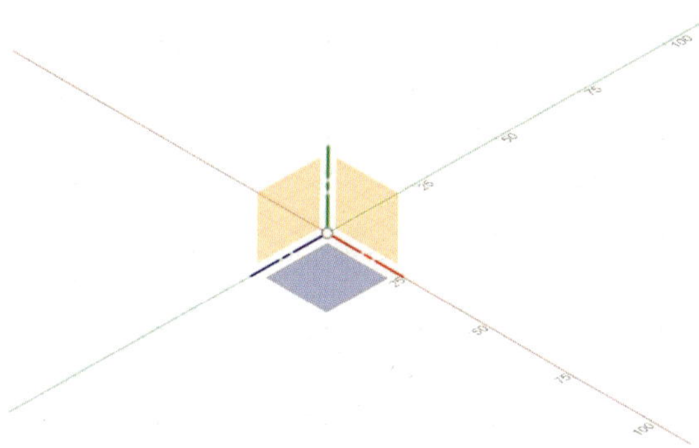

순서 2 스케치 작성을 누르고 밑면(XZ)을 선택한다.

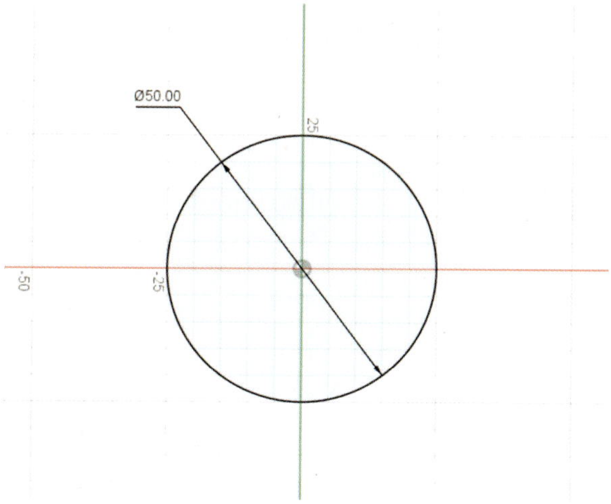

순서 3 작성에서 원을 누르고 원에서 중심 지름 원을 선택한다.
원점(0,0)에서 직경이 50.0 mm 원을 그린다.
스케치 마무리를 누른다.

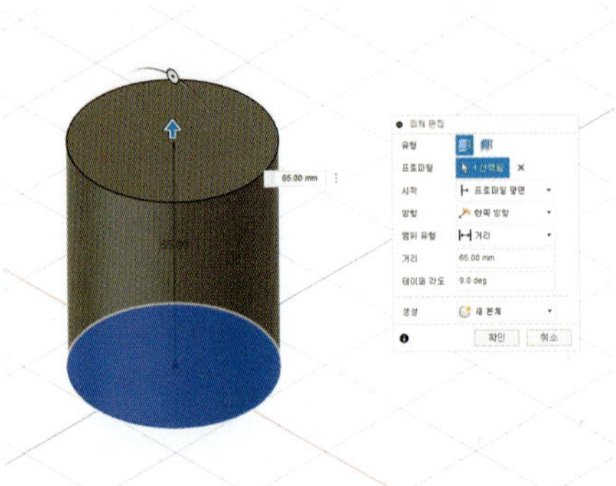

순서 4 작성에서 돌출을 누르고 위쪽방향으로 거리를 65.0 mm 돌출시킨다.
생성은 새 본체로 한다. 확인을 누른다.

순서 5 스케치 작성을 누르고 우측면(XY)을 선택한다.
작성에서 투영/포함을 누르고 형상투영(프로젝트)를 선택한다.
본체를 선택한다. 확인을 누른다.
직사각형을 선택하여 가로 2.0 mm, 세로 45.0 mm인 직사각형을 만든다.

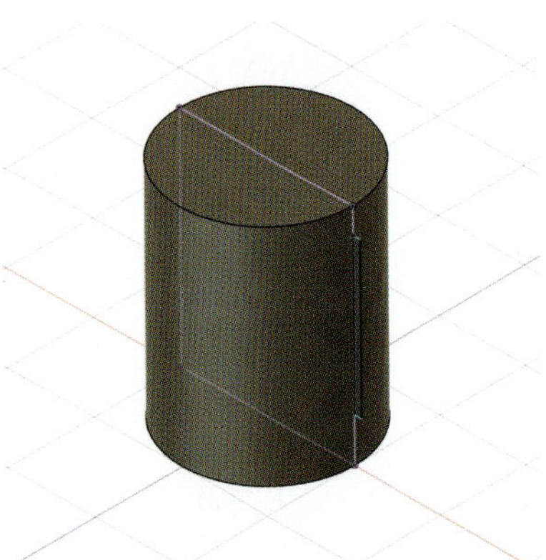

순서 6 스케치 마무리를 누른다. 홈(집)을 누른다.

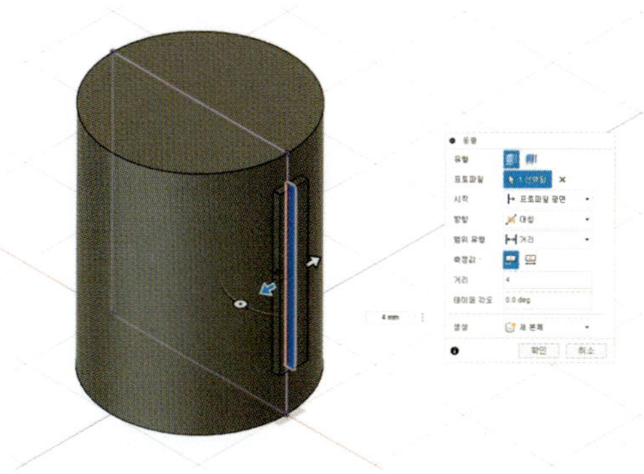

순서 7 작성에서 돌출을 선택한다. 프로파일을 선택하고, 방향을 대칭으로 한다. 거리를 4.0 mm로 한다. 생성을 새 본체로 하고, 확인을 누른다.

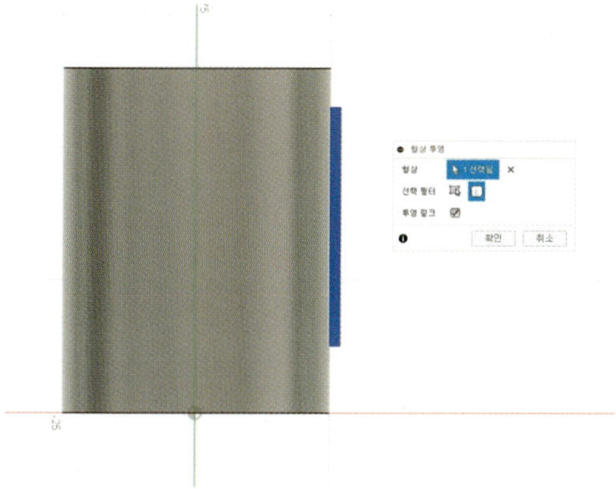

순서 8 스케치 작성을 누른다. 우측 면(XY)을 선택한다. 작성에서 투영/포함을 누르고 형상투영(프로젝트)를 선택한다. 형상을 선택하고, 본체를 선택하고 확인을 누른다.

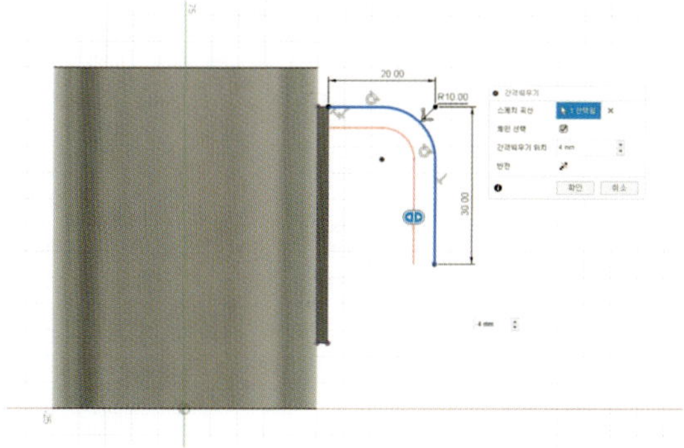

순서 9 작성에서 선을 누르고 가로 20.0 mm, 세로 30.0 mm인 ㄱ자 형을 그린다. 모서리를 10.0 mm로 모깍기 한다. 수정에서 간격 띄우기를 선택하여 4.0 mm 띄운다. 확인을 누른다.

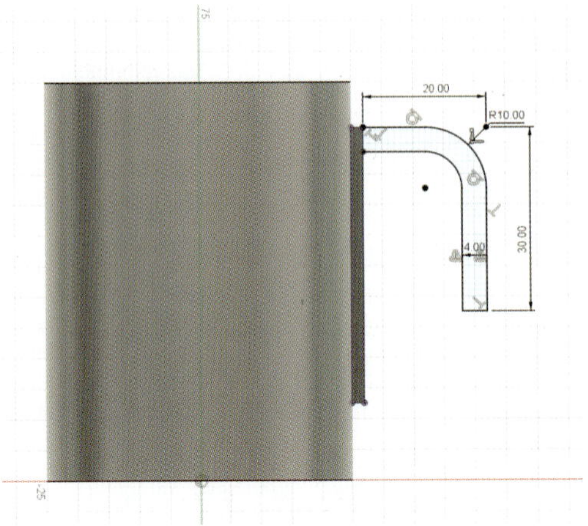

순서 10 작성에서 선을 누르고 열린 직사각형을 연결한다.

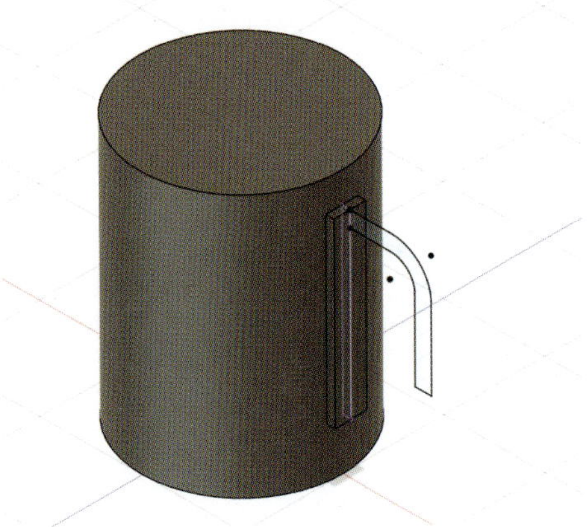

순서 11 스케치 마무리를 누른다. 홈(집)을 누른다.

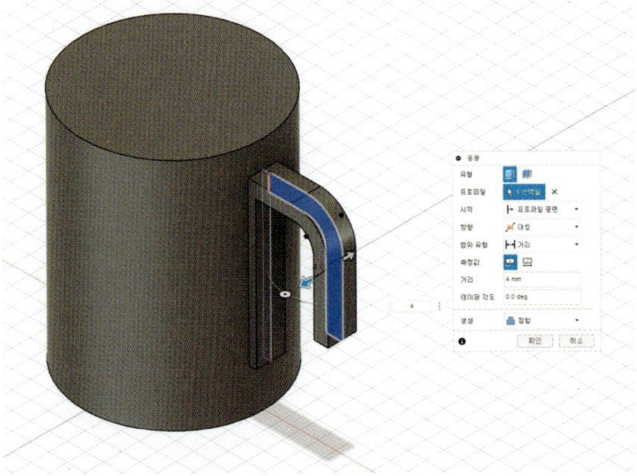

순서 12 작성에서 돌출을 누르고 프로파일을 선택한다.

방향을 대칭으로 하고, 거리를 4.0 mm로 한다. 생성은 접합으로 한다.

확인을 누른다.

순서 13 수정에서 모깎기를 누르고 4모서리를 선택한다.
모깎기를 1.0 mm한다. 확인을 누른다.

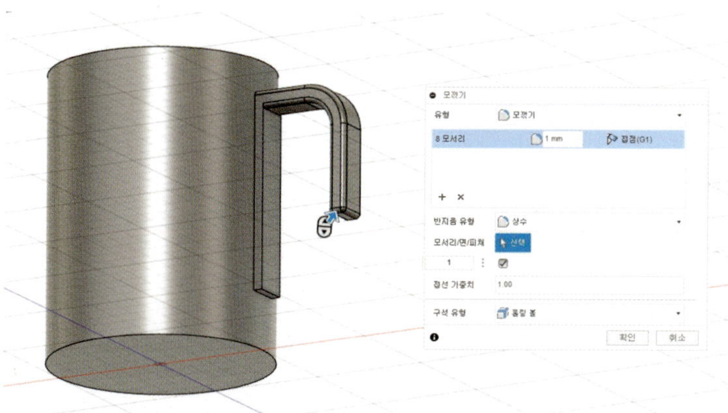

순서 14 손잡이 밑면도 1.0mm로 모깎기 한다. 확인을 누른다.

순서 15 수정에서 쉘을 누른다. 마우스로 윗면을 선택한다.
내부 두께를 2.0 mm로 한다. 확인을 누른다.

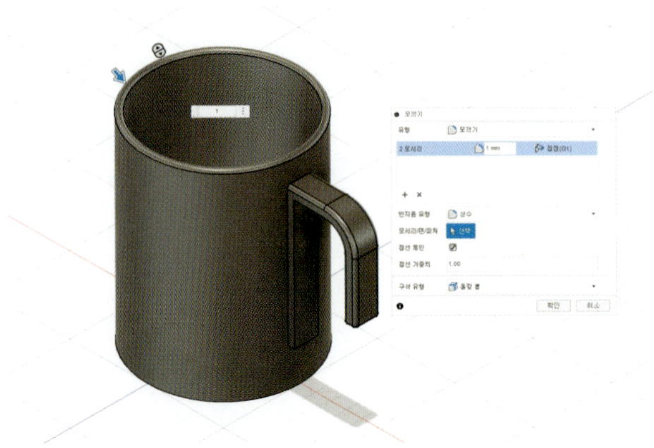

순서 16 수정에서 모깍기를 선택한다. 윗면의 모서리를 1.0 mm 모깍기 한다. 확인을 누른다.

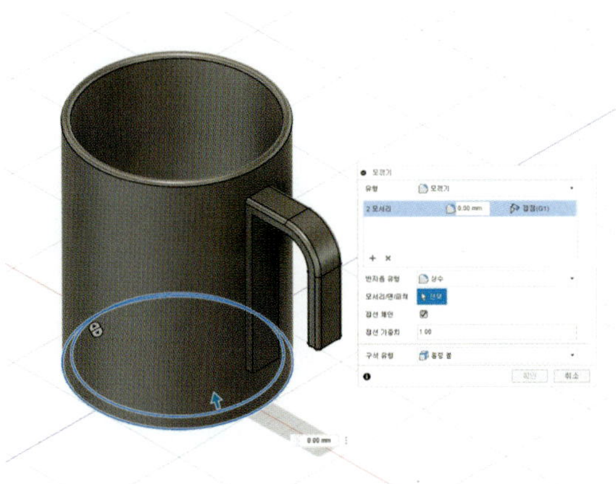

순서 17 아랫면의 모서리를 모깍기 하기 위해 외부 면과 내부 면을 선택한다.

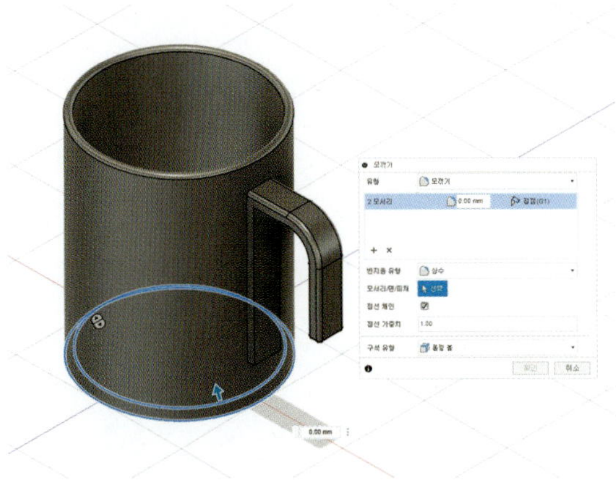

순서 18 5.0 mm로 모깍기 한다.

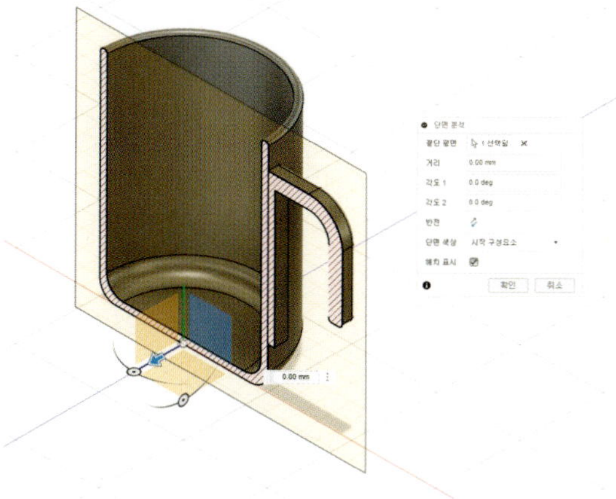

순서 19 검사에서 단면분석을 선택한다.
절단 평면은 우측면(XY)을 선택한다. 이상이 없으면 확인을 누른다.

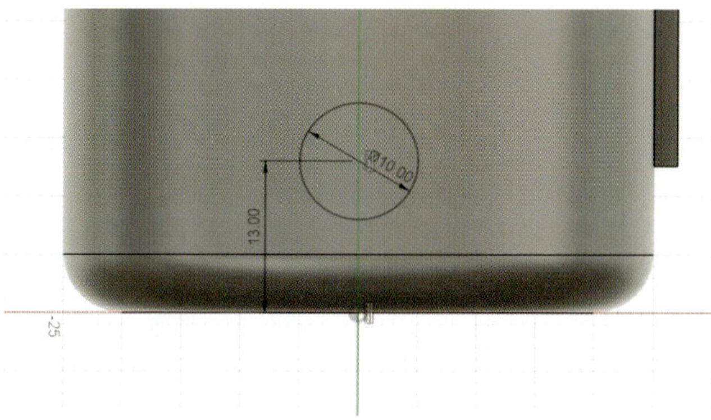

순서 20 스케치 작성에서 우측 면(XY)을 선택한다.
원점(0.0)에서 위쪽으로 13.0 mm 거리에서 직경이 10.0 mm인 원을 그린다.

순서 21 스케치 마무리를 누르고, 홈(집)을 누른다.

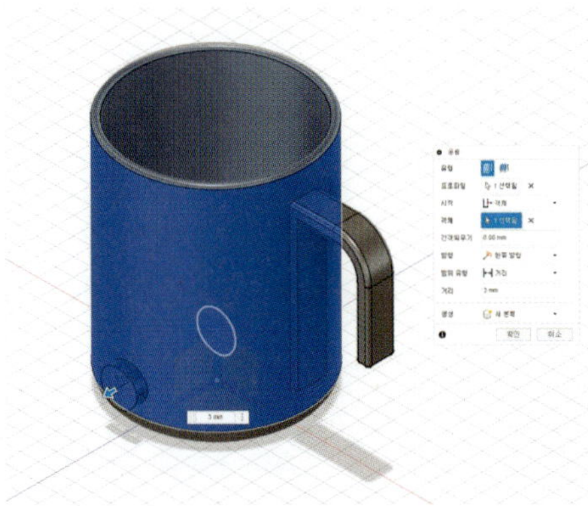

순서 22 작성에서 돌출을 누른다. 프로파일을 선택한다.
시작을 객체로 하고, 객체 선택은 원통의 표면을 선택한다. 범위유형을 거리로 한다.
거리를 3.0 mm로 하고, 생성은 새 본체로 한다. 확인을 누른다.

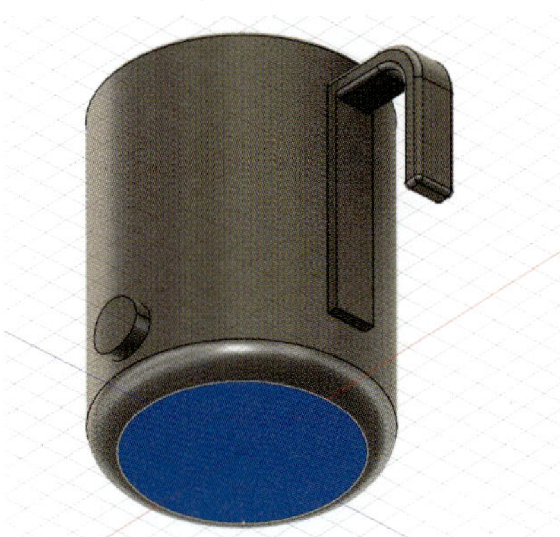

순서 23 Shift+마우스 볼을 누른 상태에서 밑면이 보이도록 회전을 한다.
밑면에 마우스를 올려 놓고, 오른쪽 마우스를 눌러 스케치 작성을 선택한다.

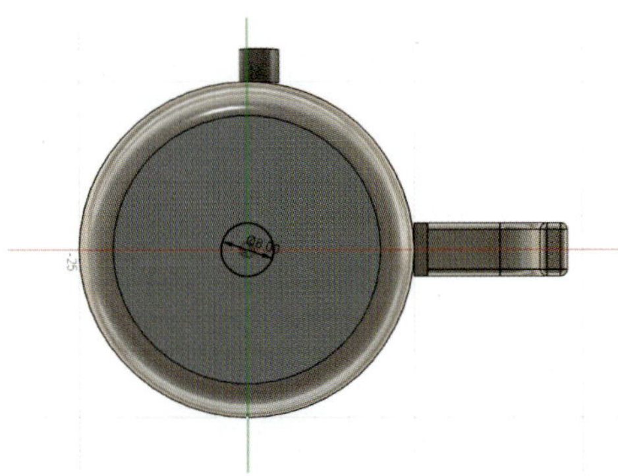

순서 24 스케치 작성을 누르고 원에서 중심 지름 원을 선택한다.
원점(0,0)에서 직경이 8.0 mm 원을 그린다.
스케치 마무리를 누른다.

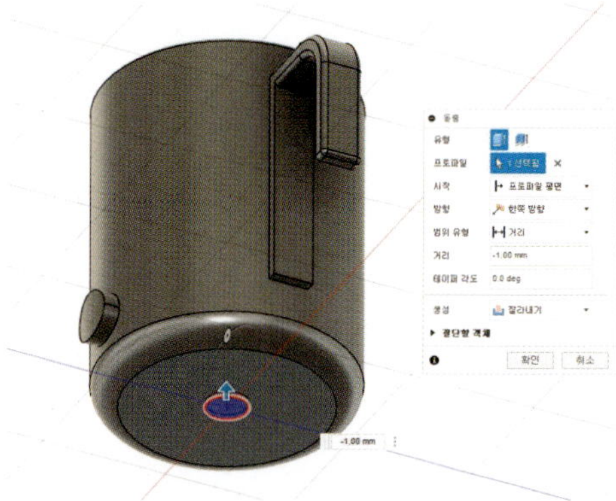

순서 25 작성에서 돌출을 누르고, 프로파일을 선택한다.
거리를 −1.0 mm으로 한다. 생성은 잘라내기를 한다.
확인을 누른다.

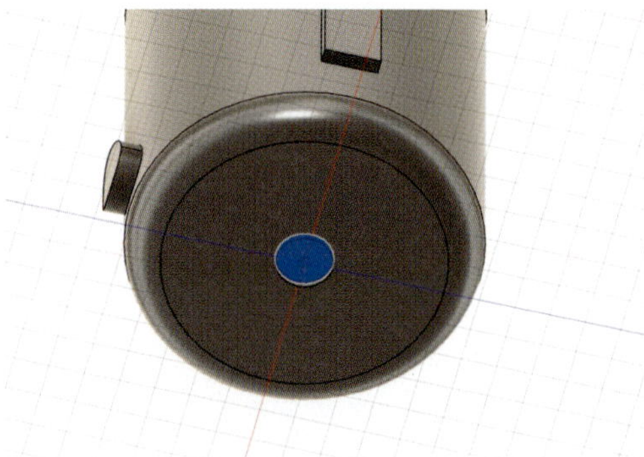

순서 26 Shift+마우스 볼을 누른 상태에서 회전을 하여 밑면이 보이도록 한다.
직경이 8.0 mm인 원을 선택한다. 마우스를 오려 놓고 오른쪽 마우스를 눌러 스케치 작성을 선택한다. 스케치 마무리를 누른다.

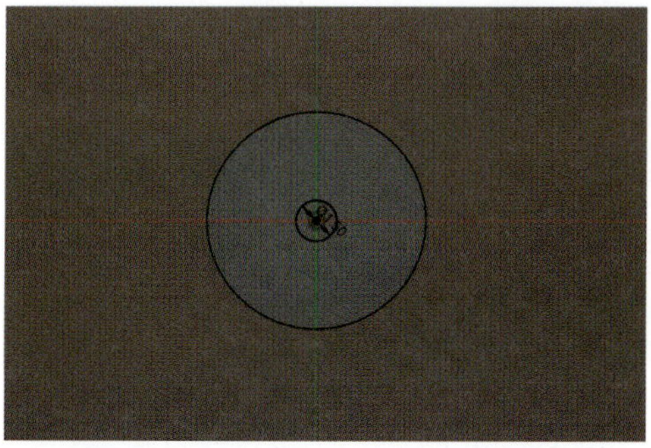

순서 27 스케치 작성을 누르고 원에서 중심 지름 원을 선택한다.
원점(0,0)에서 직경이 1.5 mm 원을 그린다.
스케치 마무리를 누른다. 홈(집)을 누른다.

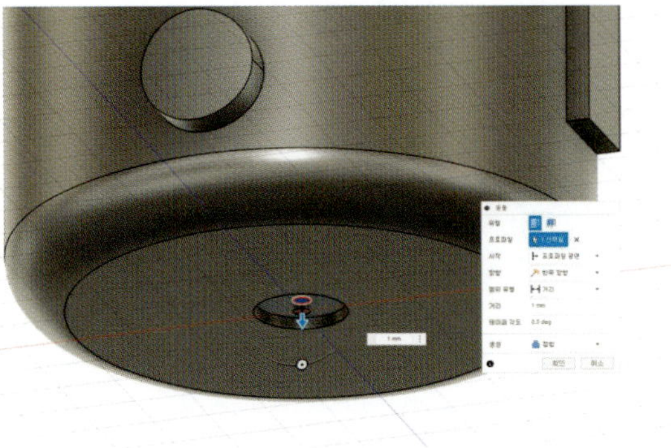

순서 28 회전시켜 밑 면이 보이도록 한다. 스케치 작성에서 돌출을 선택한다.
거리를 1.0 mm으로 한다. 생성은 접합으로 한다. 확인을 누른다. 홈(집)을 누른다.

순서 29 구성에서 접하는 평면을 선택한다. 돌출된 면을 선택한다. 확인을 누른다.
마우스를 올려 놓고 오른쪽 마우스를 눌러 스케치 작성을 선택한다.

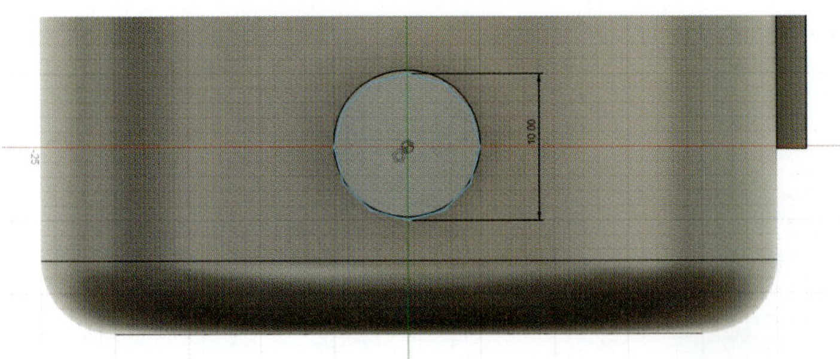

순서 30 작성에서 폴리곤을 누르고, 내접 폴리곤을 선택한다.
직경이 10.0 mm, 12각형의 폴리곤을 만든다.
스케치 마무리를 누른다.

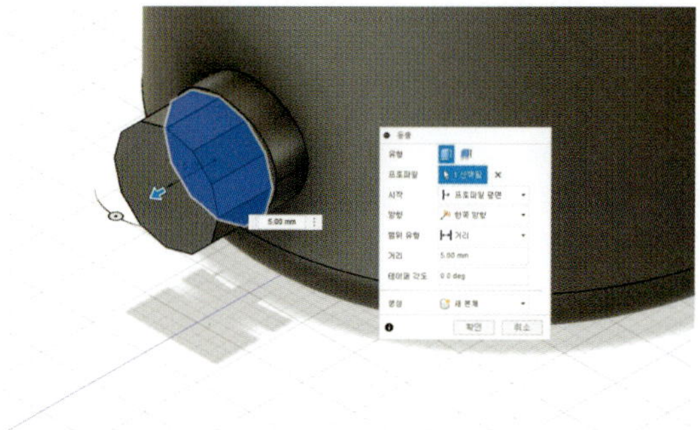

순서 31 작성에서 돌출을 누르고 프로파일를 선택한다.
거리를 5.0 mm로 한다. 생성은 새 본체로 한다.
확인을 누른다.

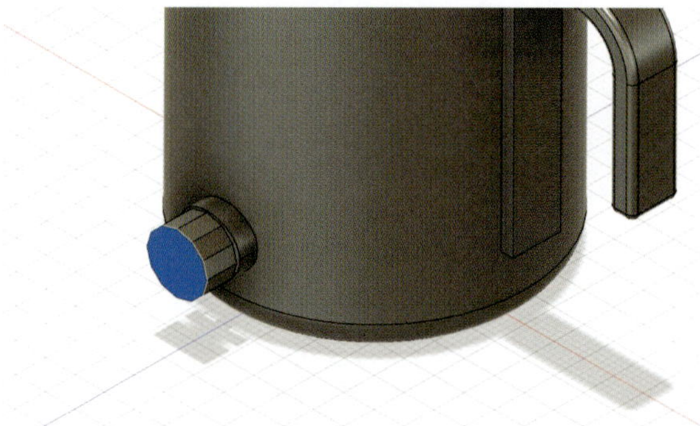

순서 32 돌출된 면 위에 마우스를 올려 놓고, 오른쪽 마우스를 눌러 스케치 작성을 선택한다.

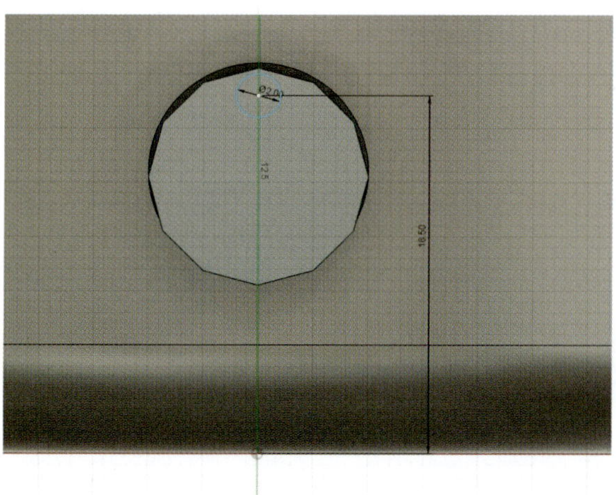

순서 33 작성에서 원을 누르고 중심 지름 원을 선택한다.
원점(0,0)에서 거리가 16.5 mm인 곳에 직경이 2.0 mm 원을 그린다.
스케치 마무리를 누른다.

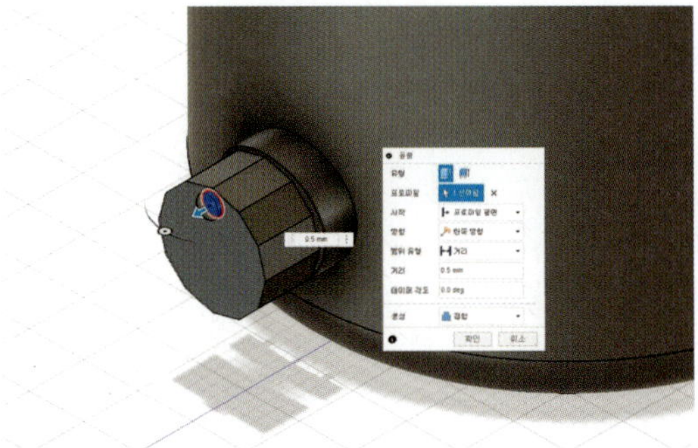

순서 34 작성에서 돌출을 누르고 프로파일을 선택한다.
거리를 0.5 mm로 하고, 생성은 접합을 한다. 확인을 누른다.

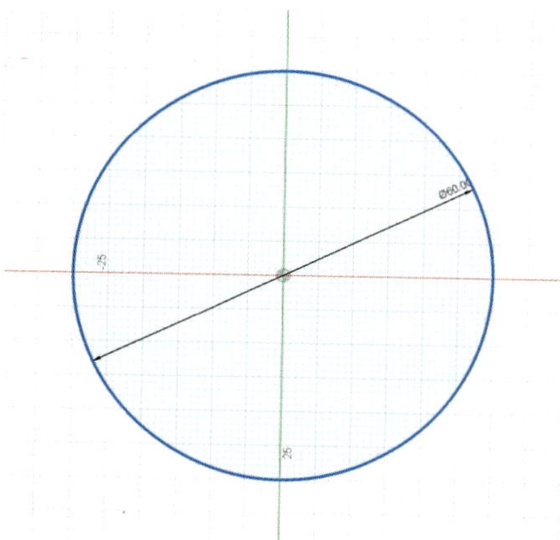

순서 35 스케치 작성을 누르고 밑면(XZ)을 선택한다.
검색기에서 본체로 간다. 본체에서 본체1, 본체2, 본체4, 본체5를 비활성화 한다.
작성에서 원을 선택하여 원점(0.0)에서 직경이 80.0 mm인 원을 그린다.
스케치 마무리를 누른다.

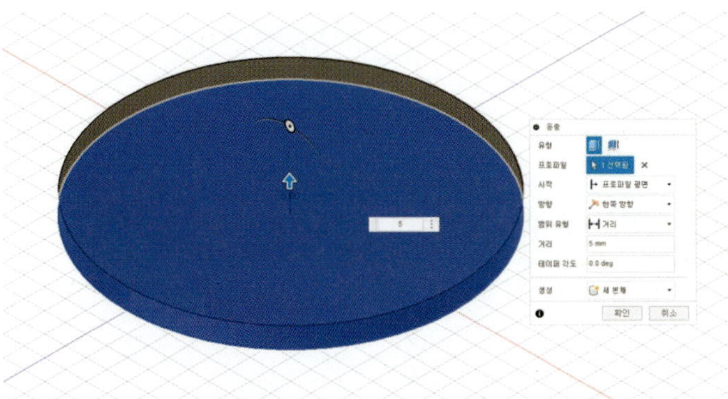

순서 36 작성에서 돌출을 누르고 프로파일을 선택한다.
거리를 5.0 mm로 한다. 확인을 누른다.

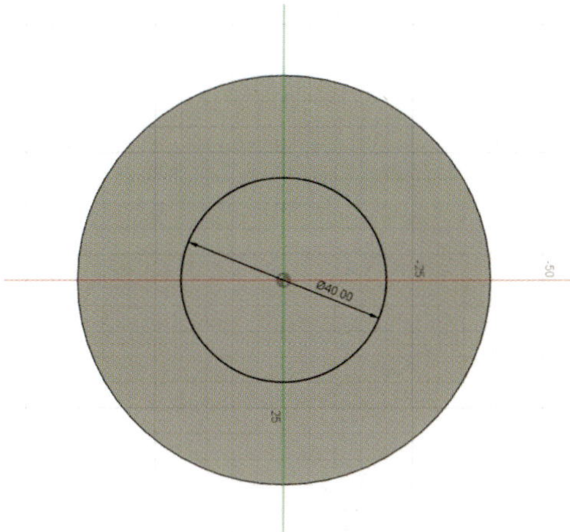

순서 37 윗면에서 스케치 작성을 선택한다. 원점(0,0)에서 직경이 40.0 mm 원을 그린다. 스케치 마무리를 누른다. 홈(집)을 누른다.

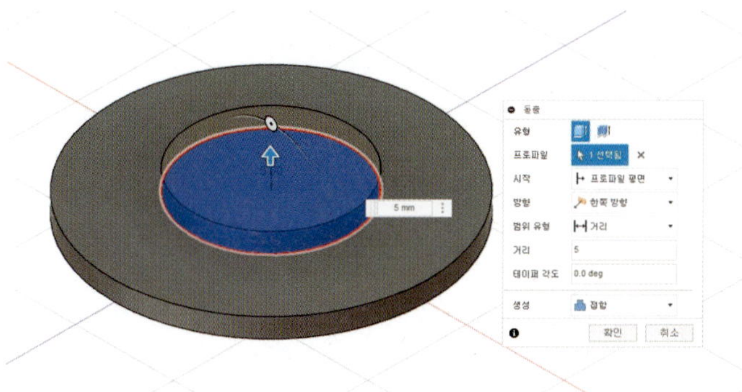

순서 38 작성에서 돌출을 선택한다. 프로파일을 선택하고, 거리를 5.0 mm로 한다. 생성은 접합으로 하고, 확인을 누른다.

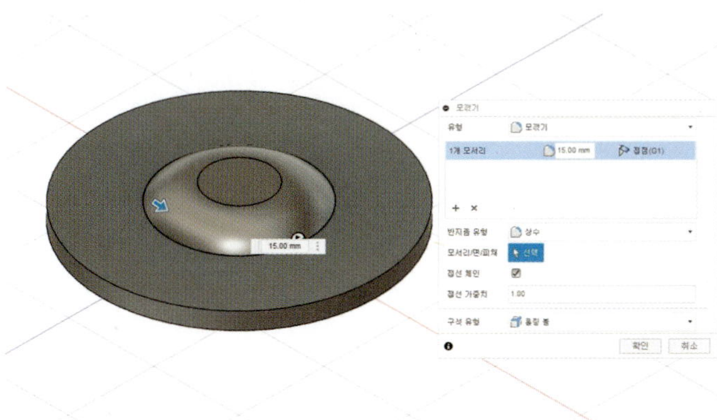

순서 39 수정에서 모깍기를 선택한다. 원의 모서리를 15.0 mm로 모깍기 한다. 확인을 누른다.

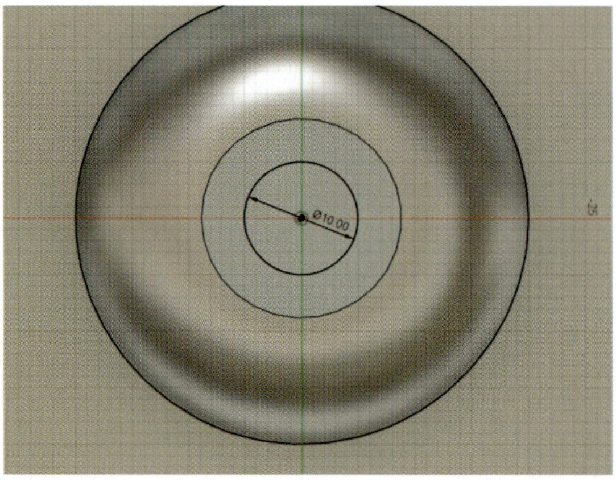

순서 40 작성을 누르고 원에서 중심 지름 원을 선택한다.

원점(0,0)에서 직경이 10.0 mm 원을 그린다. 스케치 마무리를 누른다.

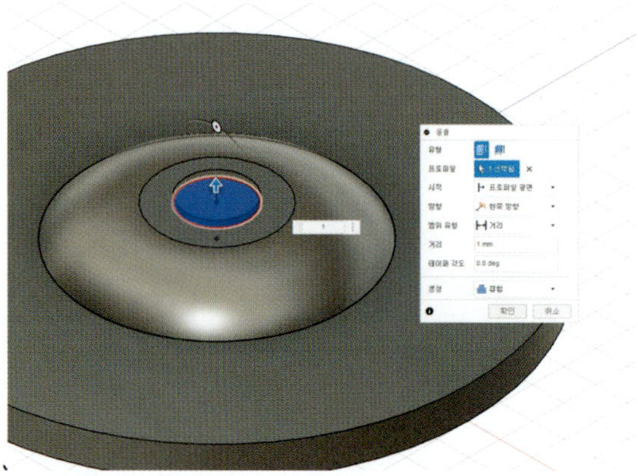

순서 41 작성에서 돌출을 선택하고 거리를 1.0 mm, 생성을 접합으로 하고 확인을 누른다.

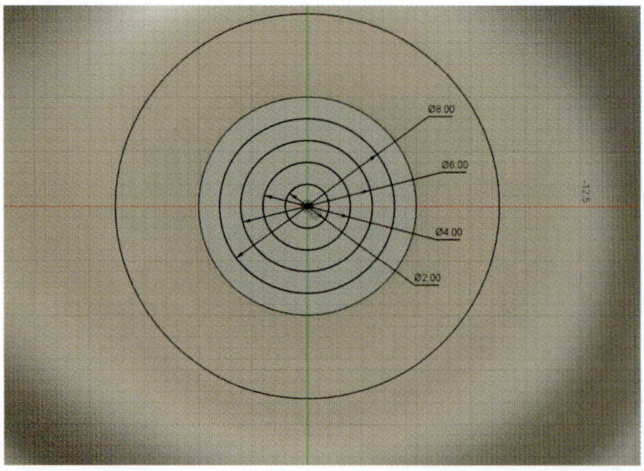

순서 42 작성에서 원으로 간다. 중심 지름 원을 선택한다.

원점(0,0)에서 직경이 8.0, 6.0, 4.0, 2.0 mm인 원을 그린다.

스케치 마무리를 누른다. 홈(집)을 누른다.

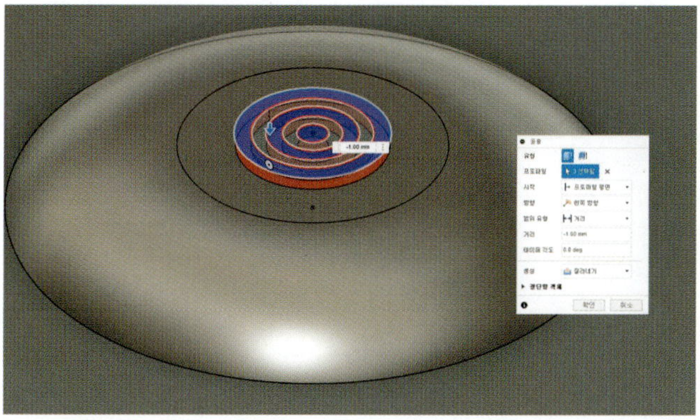

순서 43 작성에서 돌출을 누르고 내부 3개 원을 선택한다.
거리를 −1.0 mm하고, 생성은 잘라내기를 한다. 확인을 누른다.

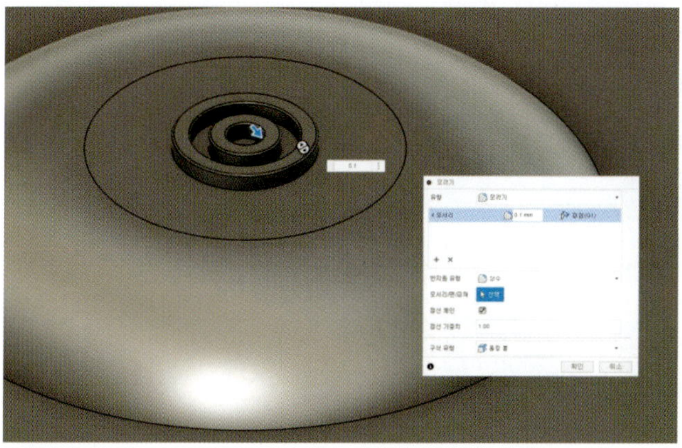

순서 44 수정에서 모깍기를 선택한다. 4개 모서리를 0.1 mm 모깍기 한다.
확인을 누른다. 홈(집)을 누른다.

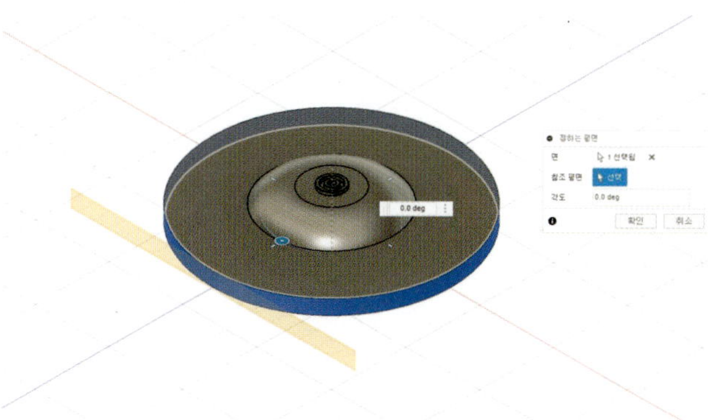

순서 45 구성에서 접하는 평면을 선택한다.
면은 원 표면을 선택하고, 확인을 누른다.

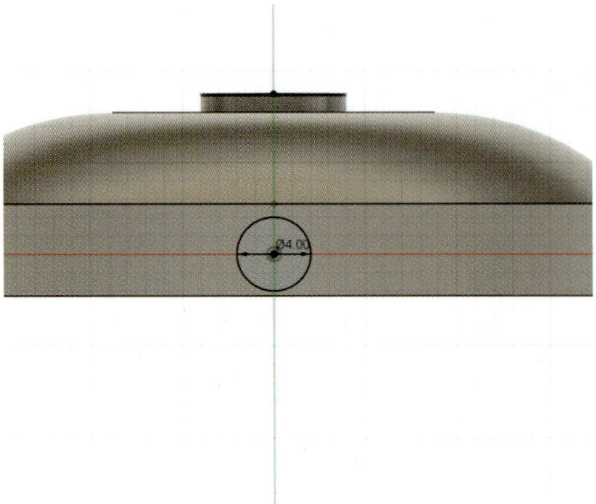

순서 46 돌출된 평면 위에서 스케치 작성을 누르고 원에서 중심 지름 원을 선택한다.
원점(0,0)에서 직경이 4.0 mm 원을 그린다.
스케치 마무리를 누른다.

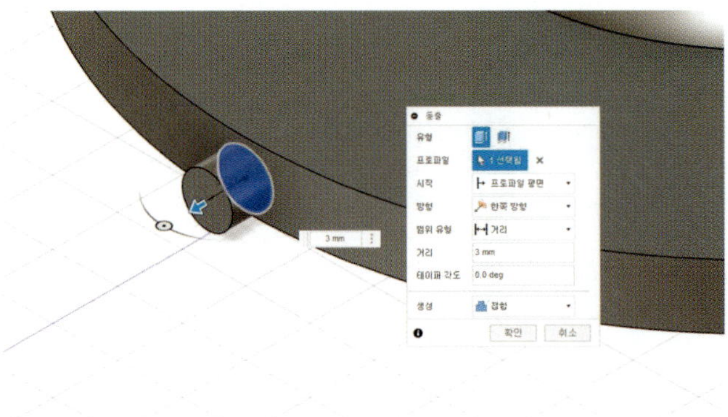

순서 47 작성에서 돌출을 선택한다. 프로파일을 선택하고, 거리를 3.0 mm 도출한다.
생성을 접합으로 한다. 확인을 누른다.

순서 48 스케치 작성에서 좌측 면(YZ)을 선택한다.

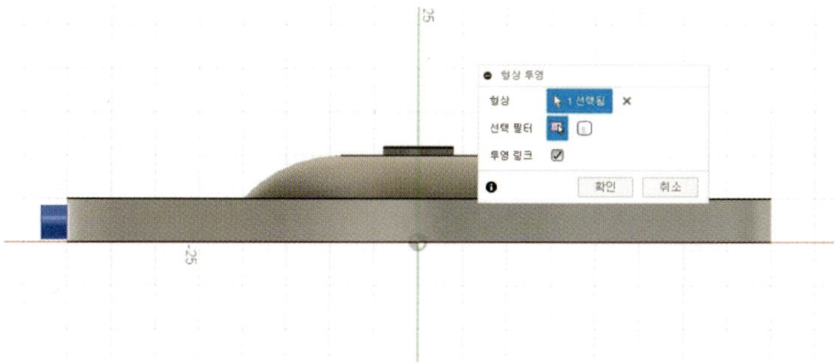

순서 49 작성에서 투영/포함 형상투영을 선택한다.
형상을 선택하고, 선택 필터는 지정된 도면 요소를 선택한다. 확인을 누른다.

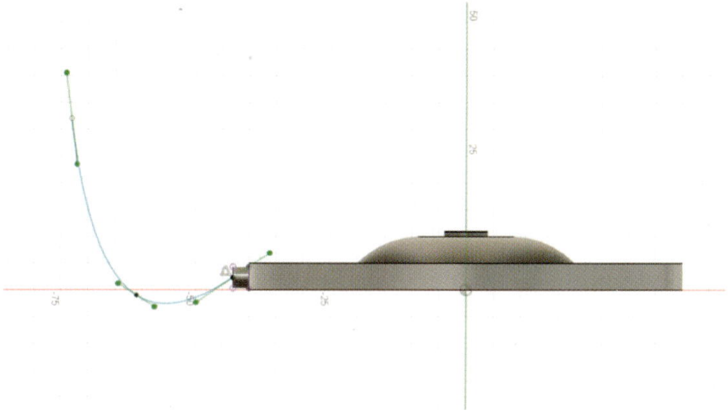

순서 50 작성에서 스플라인을 선택한다. 중심점에서 윗쪽으로 스플라인을 그린다.
스케치 마무리를 누른다.

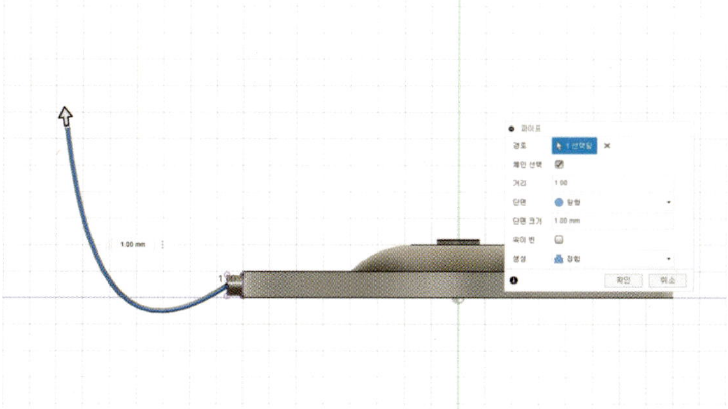

순서 51 작성에서 파이프를 선택한다. 경로를 선택하고, 단면은 원형을 선택한다.
단면 크기를 1.0 mm로 한다. 생성은 접합을 누른다. 확인을 누른다.

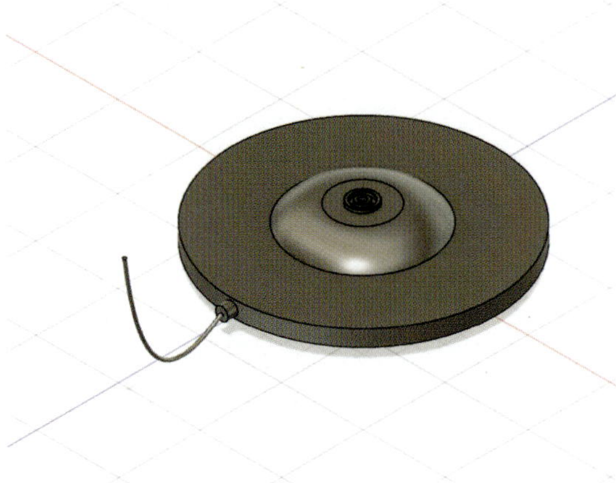

순서 52 홈(집)을 누른다.

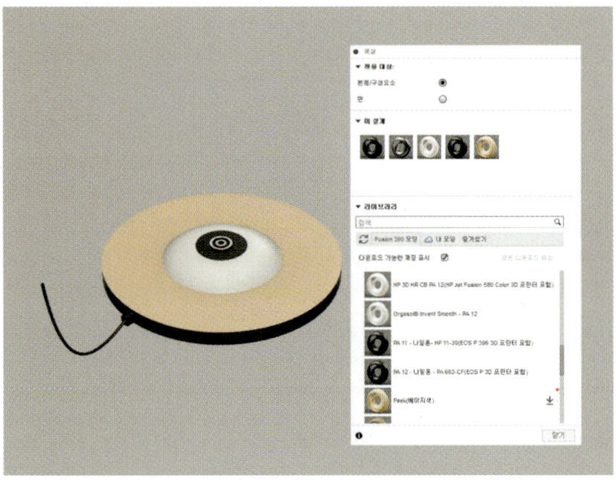

순서 53 디자인에서 렌더링으로 간다. 색상을 선택하여 적용한다.
닫기를 누른다.

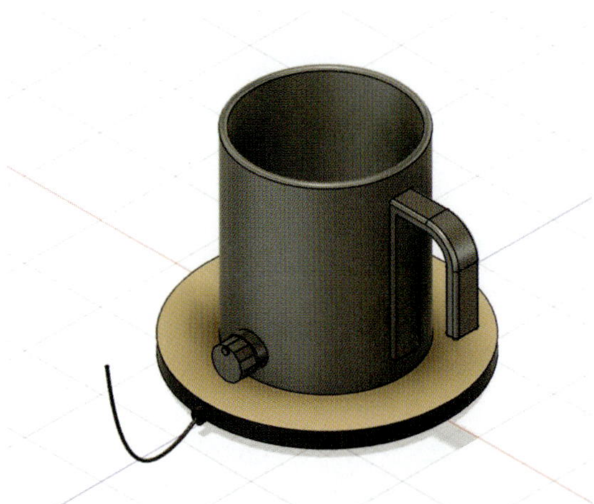

순서 54 렌더링에서 디자인으로 간다. 검색기에서 본체1, 2, 4, 5를 활성화시킨다.

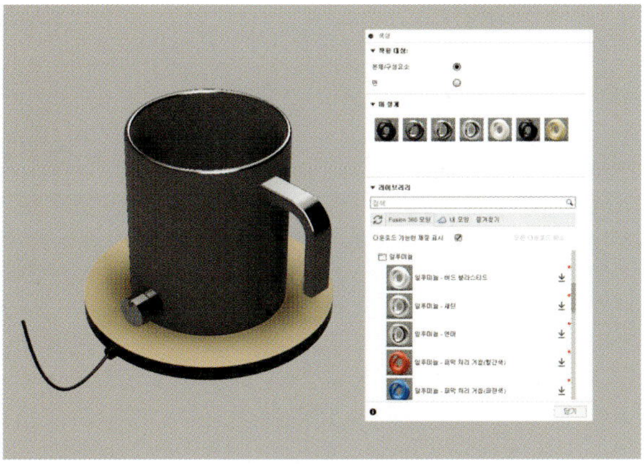

순서 55 디자인에서 렌더링으로 간다. 색상을 선택하여 원하는 색을 칠한다.

순서 56 캔퍼스 내 렌더링을 한다. 시간이 우수가 될 때까지 기다린다.

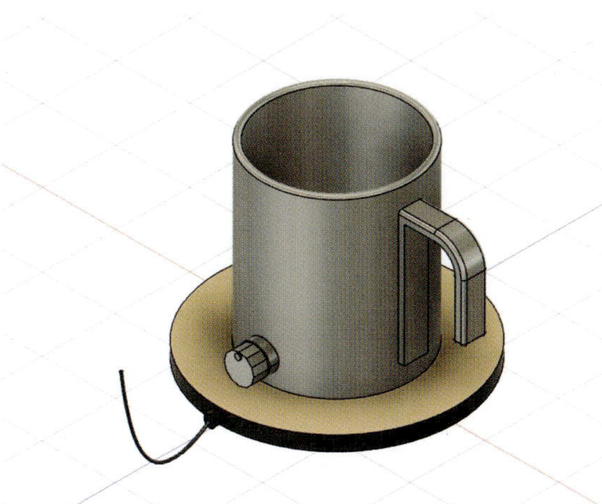

순서 57 최종적으로 전기 포트를 모델링 한 것

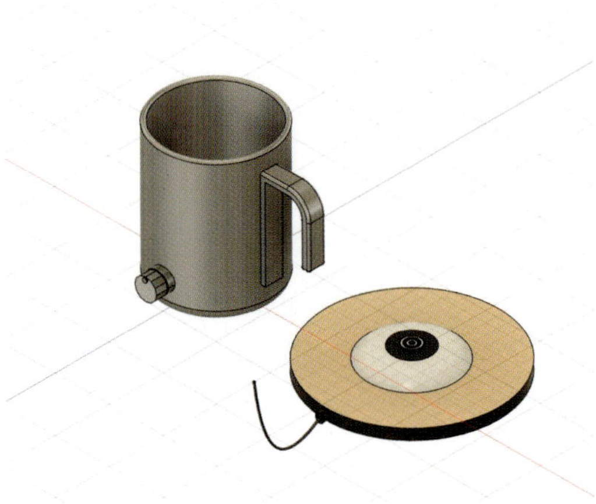

순서 58 전기 포트를 몸체와 받침대로 분리한 상태

2-12 알콜램프와 사발이 모델링

학습 목표

1. 스케치와 돌출, 파이프 명령어에 대하여 이해한다.
2. 미러, 모깍기, 평면간격 띄우기 명령어에 대하여 이해한다.
3. 쉘, 직사각형 패턴, 원형패턴 패턴 명령어에 대하여 이해한다.
4. 렌더링 명령어에 대하여 이해한다.

완성된 그림

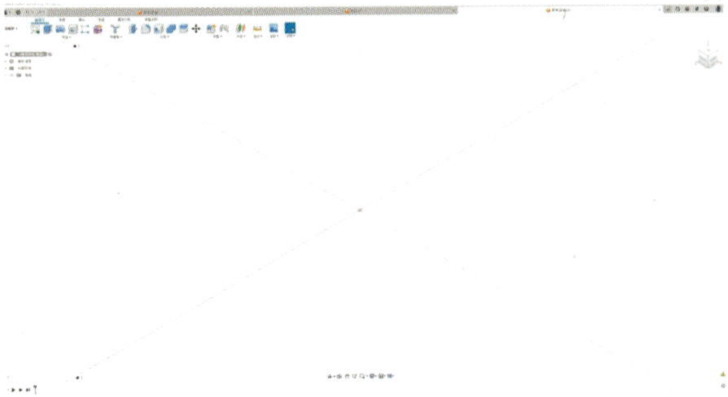

순서 1 Fusion 360을 실행하여 작업 창이 나타나도록 한다.

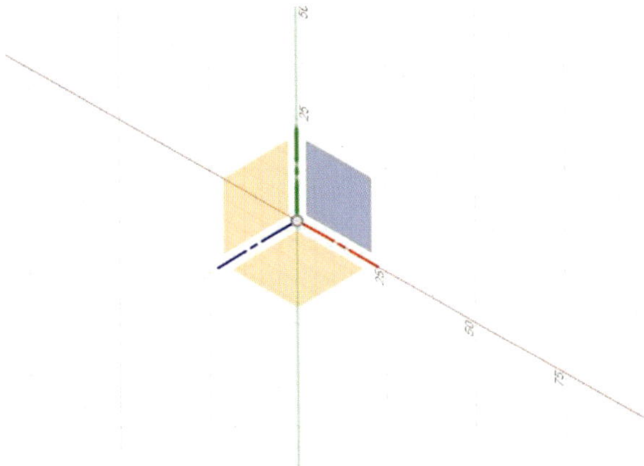

순서 2 스케치 작성을 누르고 우측 면(XY)을 선택한다.

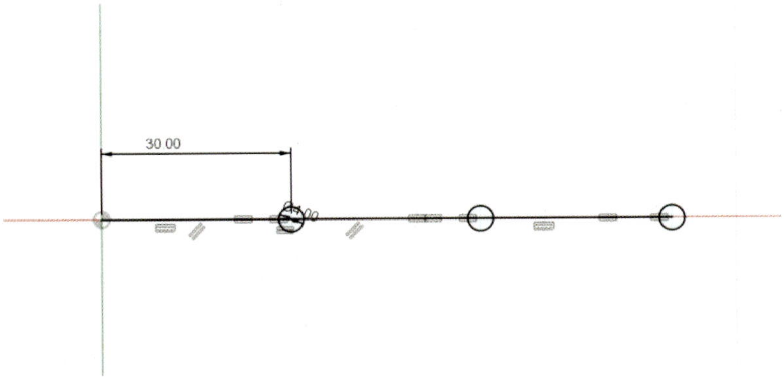

순서 3 스케치 작성에서 선을 선택한다.

원점(0.0)의 중심에서 가로 30.0 mm 선(1)을 긋는다. 선의 끝에서 직경이 4.0 mm인 원(1)을 그린다.
원의 중심에서 일정한 크기의 선(2)을 긋는다. 선의 끝에서 일정한 크기의 원(2)을 그린다.
원의 중심에서 일정한 크기의 선(3)을 긋는다. 선의 끝에서 일정한 크기의 원(3)을 그린다.
구속조건에서 일치를 누른 다음, 선(1)을 누르고, 선(2)누르고, 선(1)을 누르고, 선(3)을 누른다.
계속해서 원(1)을 누르고, 원(2) 누른다. 원(1)을 누르고, 원(3)을 누른다. 스케치 마무리를 누른다.

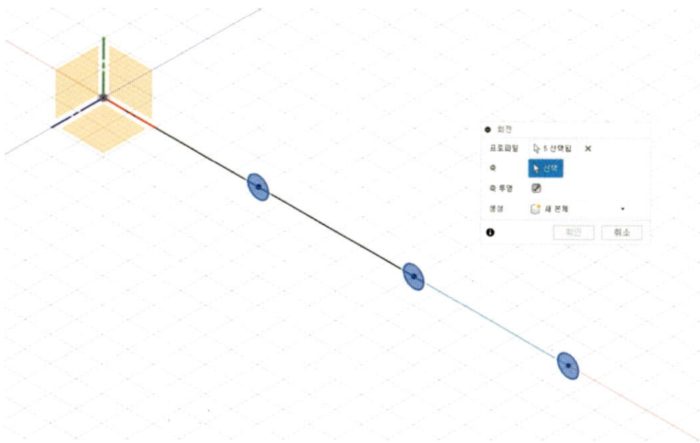

순서 4 홈(집)을 누른다. 작성에서 회전을 누른다.
프로 파일을 선택한 다음 축을 세로 방향(Y)으로 선택한다.

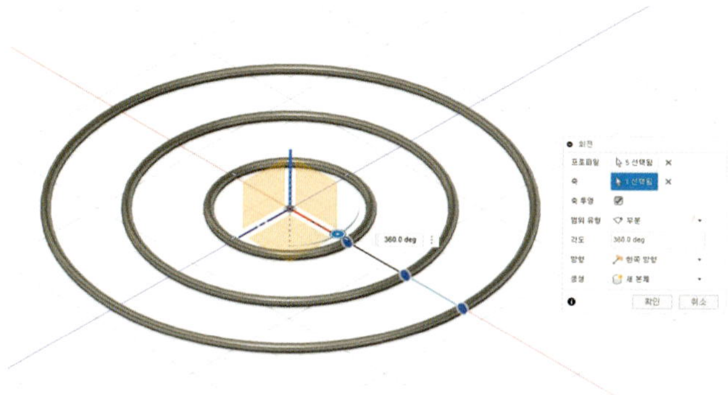

순서 5 각도를 360도 회전하고, 생성을 새 본체로 한다. 확인을 누른다.

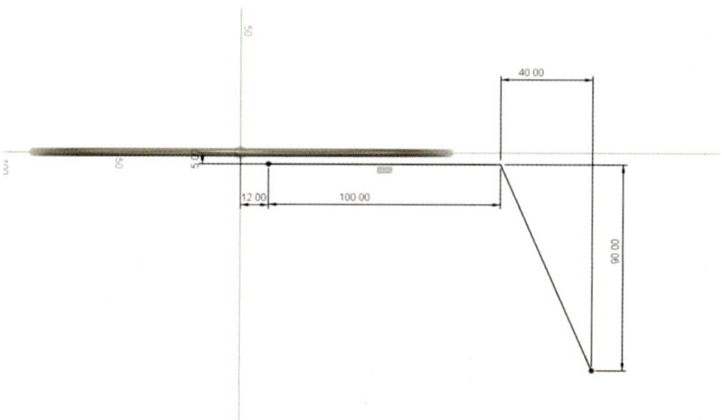

순서 6 스케치 작성에서 우측(XY)면을 선택한다.
작성에서 선을 선택한다. 그림과 같이 원점에서 12.0 mm 간격을 띄운다.
ㄱ자 모양으로 그림을 그린다. 가로 100.0 mm, 높이 90.0 mm, ㄱ자 모양의 가로길이 40.0 mm이다. ㄱ자 선과 원점(0.0)과의 거리는 5.0 mm이다.

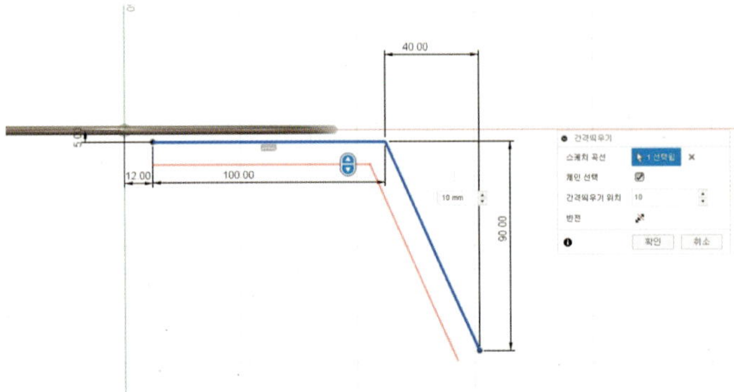

순서 7 수정에서 간격 띄우기를 선택한다.
간격 띄우기 위치를 10.0 mm을 한다. 확인을 누른다.

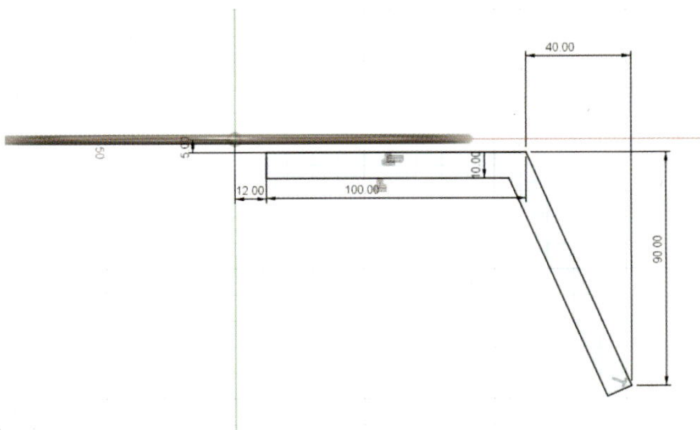

순서 8 작성에서 선을 선택한다.
양끝에 떨어져 있는 부분 2곳을 연결한다. 스케치 마무리를 누른다.
집(홈)을 누른다.

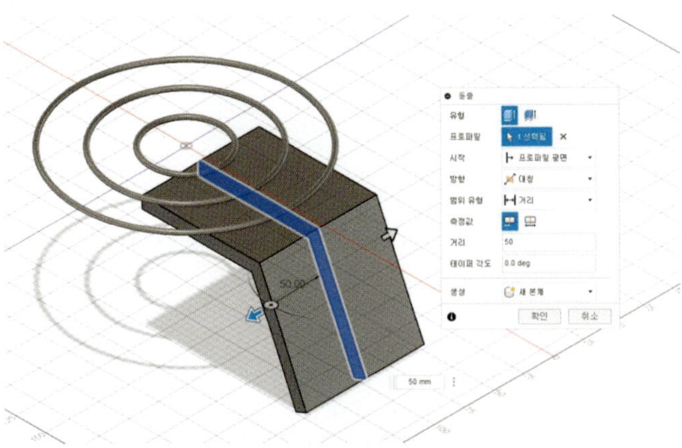

순서 9 작성에서 돌출을 누르고, 방향은 대칭을 선택한다.
거리를 50.0 mm 기입한다. 생성은 새 본체를 선택한다. 확인을 누른다.

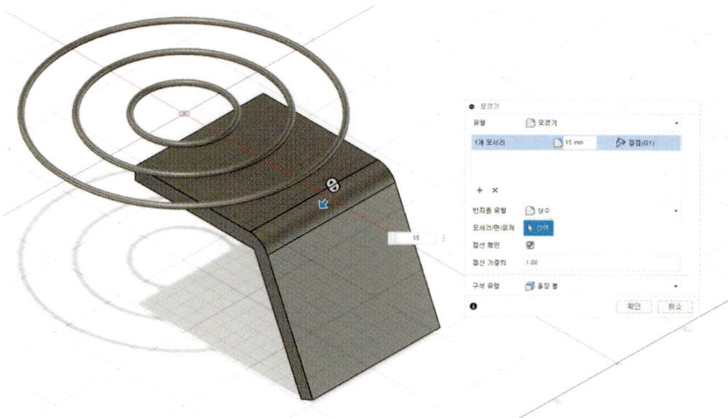

순서 10 수정에서 모깍기를 누른다. 모서리 부분을 선택한다.
모서리를 15.0 mm로 모깍기 한다. 확인을 누른다.

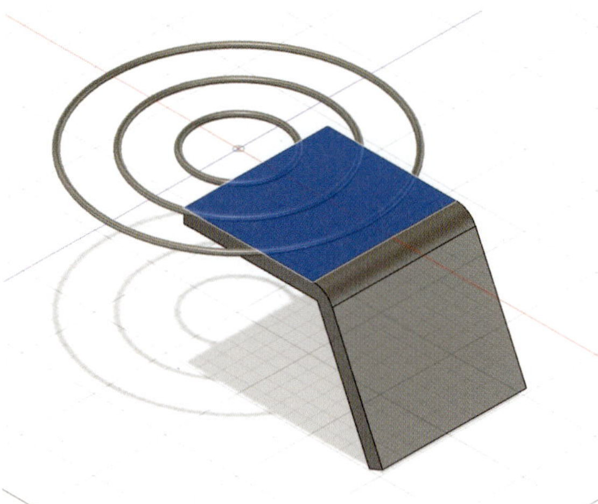

순서 11 마우스를 평면 위에 놓고 오른쪽 마우스를 눌러 스케치 작성을 선택한다.

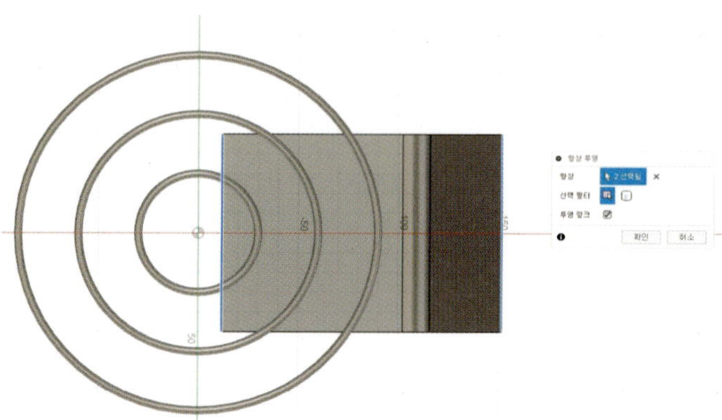

순서 12 작성에서 투영/포함을 누르고, 형상투영을 선택한다.
형상을 2곳(앞과 뒤 세로 선)을 선택하고, 필터 선택은 지정된 도면 요소를 선택한다.
확인을 누른다.

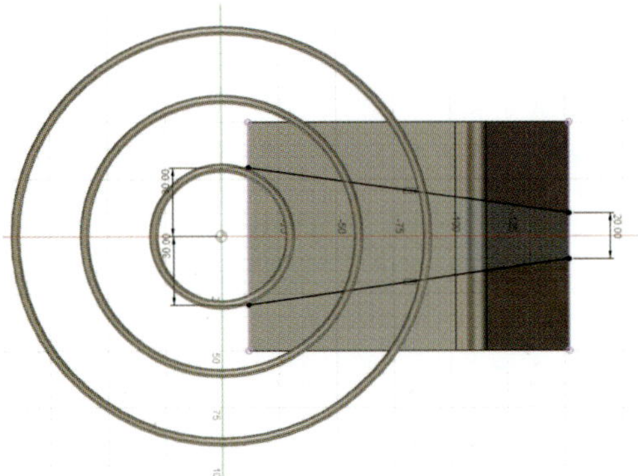

순서 13 작성에서 선을 선택한다. 양쪽 선을 그린다. 구속조건에서 동일을 선택한다. 양쪽 선을 차례로 선택한다.
우측 선의 길이는 20.0 mm, 좌측 선의 길이는 각각 60.0 mm이다.
스케치 마무리를 누른다.

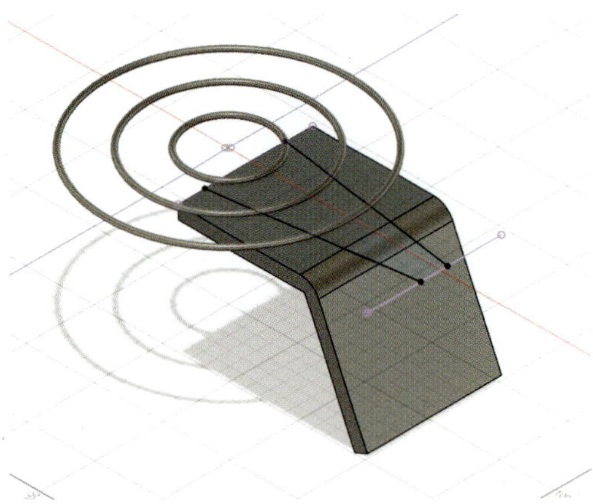

순서 14 집(홈)을 누른다.

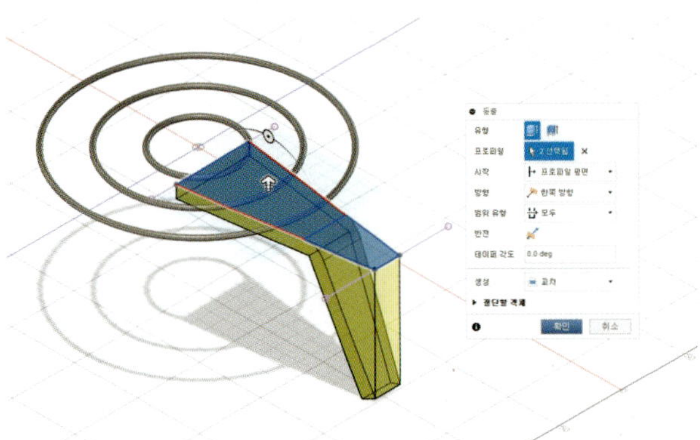

순서 15 작성에서 돌출을 선택하고, 2곳을 선택한다. 범위 유형을 모두를 선택한다. 생성을 교차를 선택한다. 확인을 누른다.

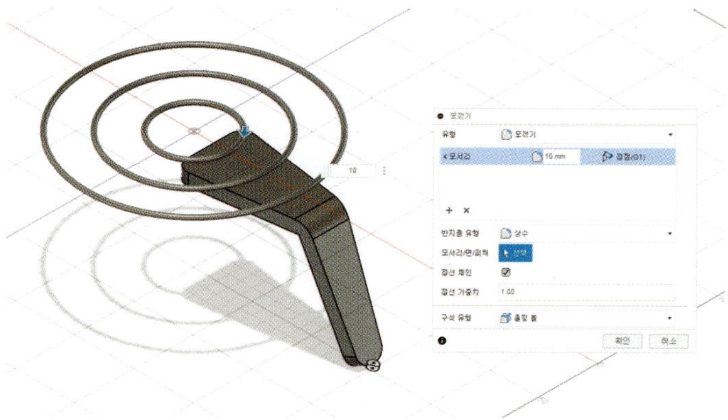

순서 16 수정에서 모깎기를 선택한다. 받침대 4곳을 선택한다.
4곳 모서리를 10.0 mm로 모깎기 한다. 확인을 누른다.

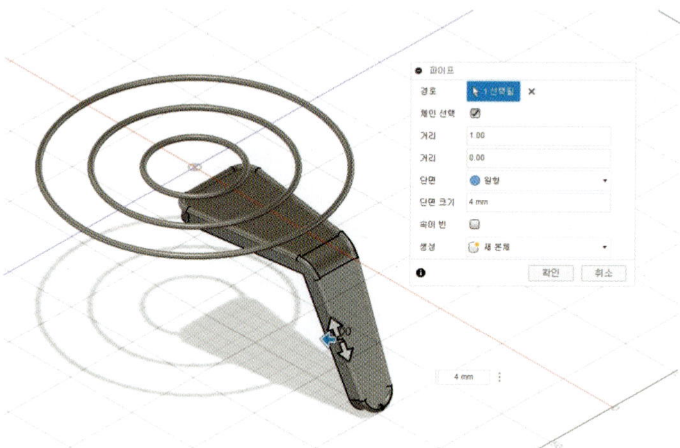

순서 17 작성에서 파이프를 선택한다. 경로를 선택하고 단면 크기를 4.0 mm로 한다.
생성을 새 본체로 한다. 확인을 누른다.

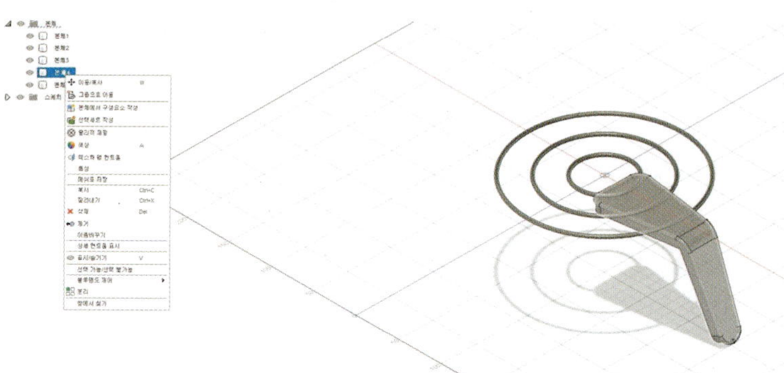

순서 18 검색기에서 본체를 선택한다. 본체 4에서 오른쪽 마우스를 누른다.
제거를 선택한다.

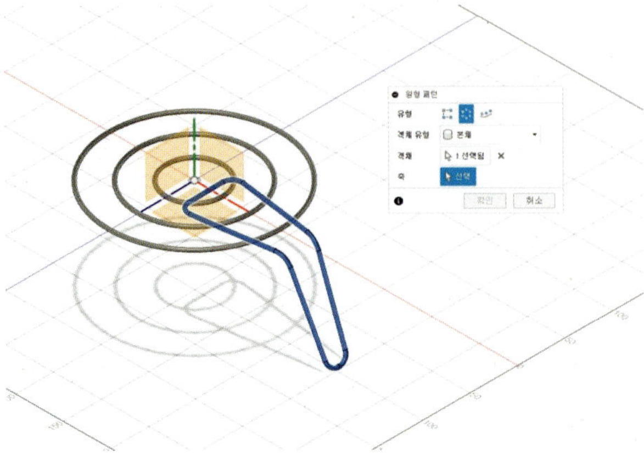

순서 19 작성에서 패턴으로 간다. 원형패턴을 선택한다.
객체를 선택하고, 축(Y)을 선택한다.

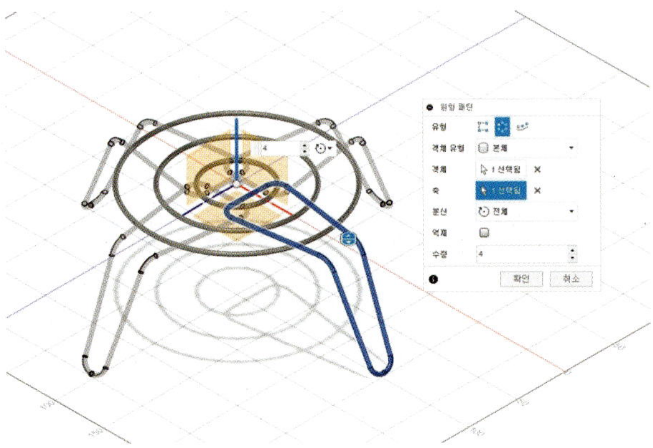

순서 20 수량을 4개를 선택한다. 확인을 누른다.

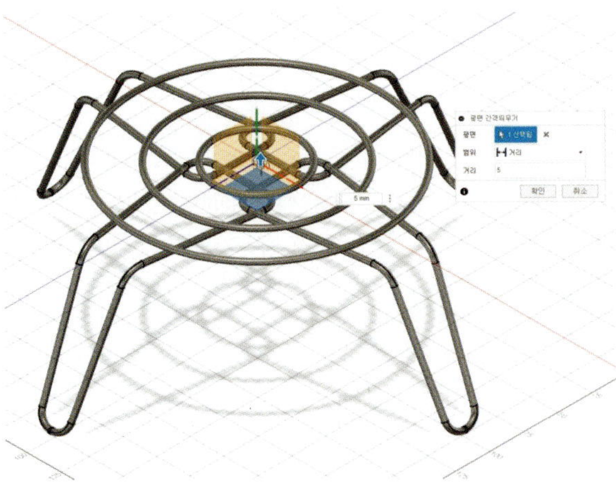

순서 21 구성에서 평면 간격 띄우기를 선택한다. 위쪽 방향으로 5.0 mm 띄운다.
확인을 누른다.

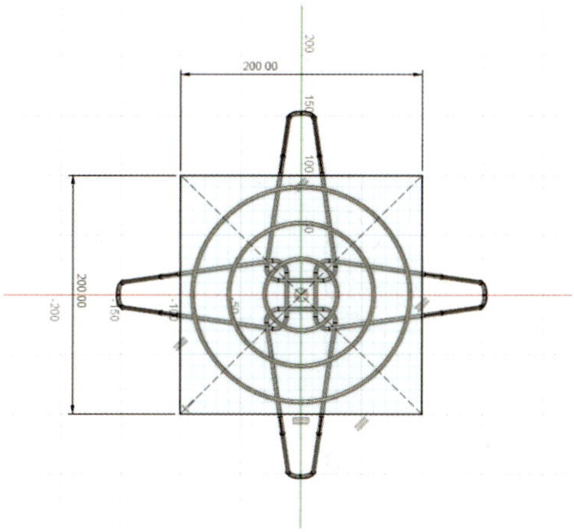

순서 22 스케치 작성에서 직사각형으로 간다. 중심점 직사각형을 선택한다.
원점(0.0)에서 가로, 세로 길이를 200.0 mm로 한다. 스케치 마무리를 누른다.

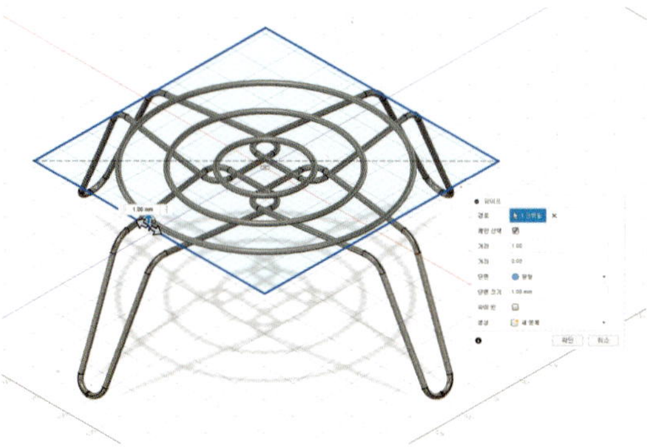

순서 23 작성에서 파이프를 선택한다.
단면의 크기를 1.0 mm, 생성을 새 본체로 한다.
확인을 누른다.

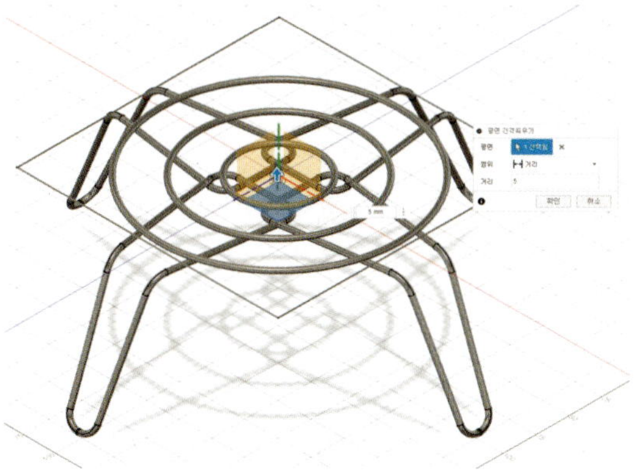

순서 24 구성에서 평면 간격 띄우기를 한다. 거리를 5.0 mm으로 띄운다.
확인을 누른다.

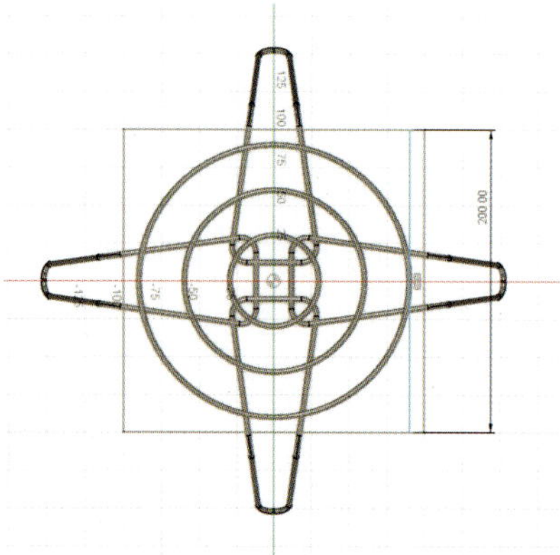

순서 25 띄운 평면에서 오른쪽 마우스 오른쪽을 눌러 스케치 작성을 한다.
작성에서 선을 선택하여 세로길이 200.0 mm인 선을 그린다.
스케치 마무리를 누른다. 홈(집)을 누른다.

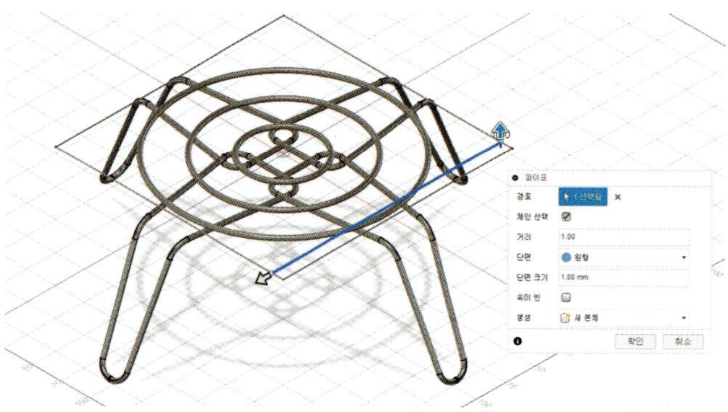

순서 26 작성에서 파이프를 선택한다. 단면 크기를 1.0 mm으로 한다.
생성을 새 본체로 한다. 확인을 누른다.

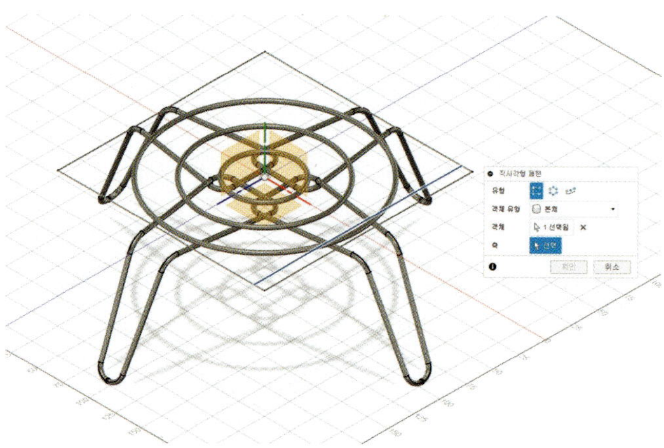

순서 27 작성에서 직사각형 패턴을 선택한다. 객체를 선택하고, 축(X)을 선택한다.

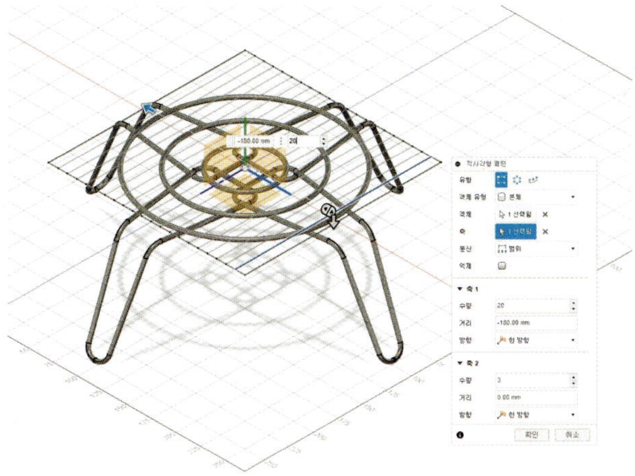

순서 28 수량을 20개로 한다. 거리는 −180.0 mm로 한다.
확인을 누른다.

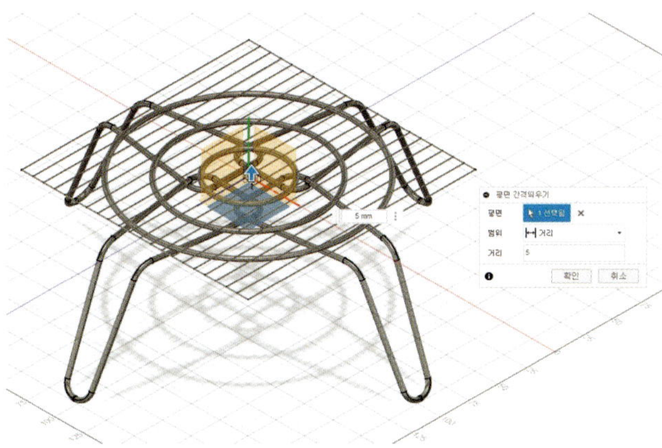

순서 29 구성에서 평면 간격 띄우기를 한다. 거리를 5.0 mm으로 띄운다.
확인을 누른다.

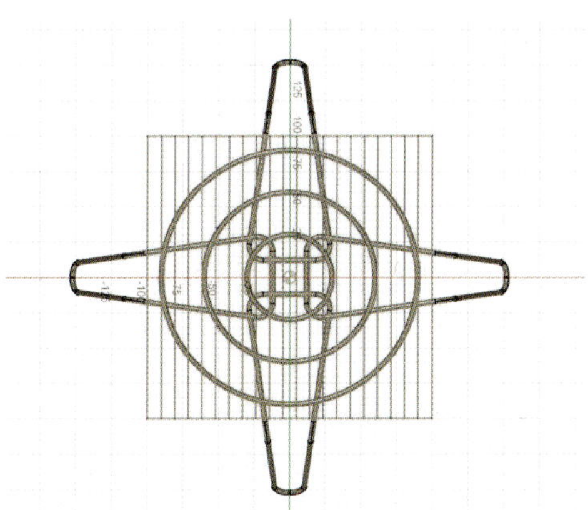

순서 30 띄운 평면에서 오른쪽 마우스 오른쪽을 눌러 스케치 작성을 한다.

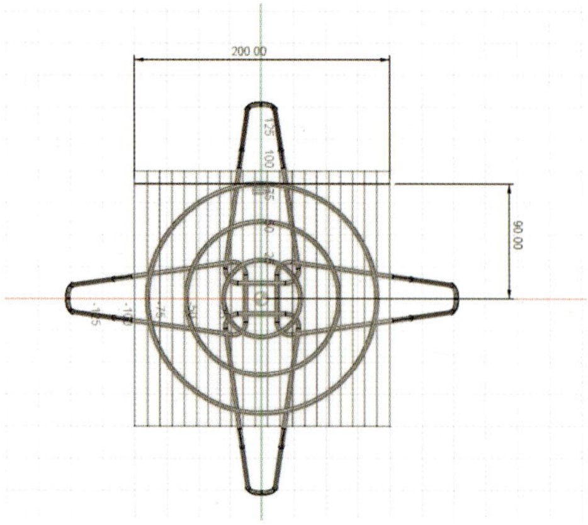

순서 31 작성에서 선을 선택하여 가로길이 200.0 mm인 선을 그린다. 중심(0.0)에서 90.0 mm 간격을 띄운다. 스케치 마무리를 누른다. 홈(집)을 누른다.

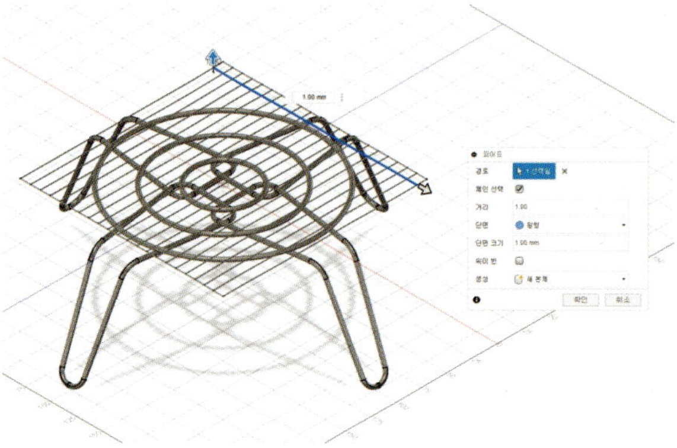

순서 32 작성에서 파이프를 선택한다. 단면 크기를 1.0 mm으로 한다. 생성을 새 본체로 한다. 확인을 누른다.

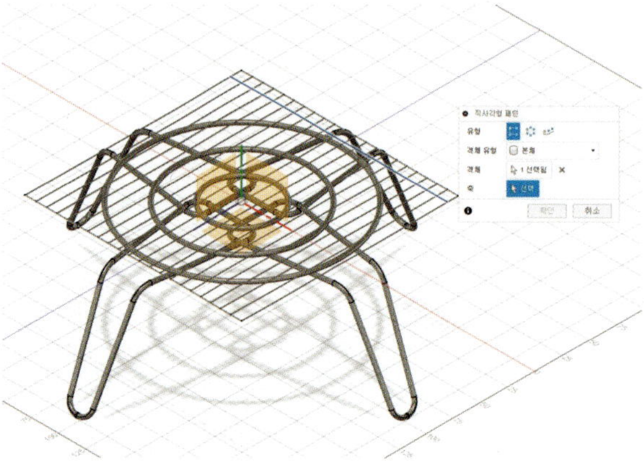

순서 33 작성에서 직사각형 패턴을 선택한다. 객체를 선택하고, 축(Z)을 선택한다.

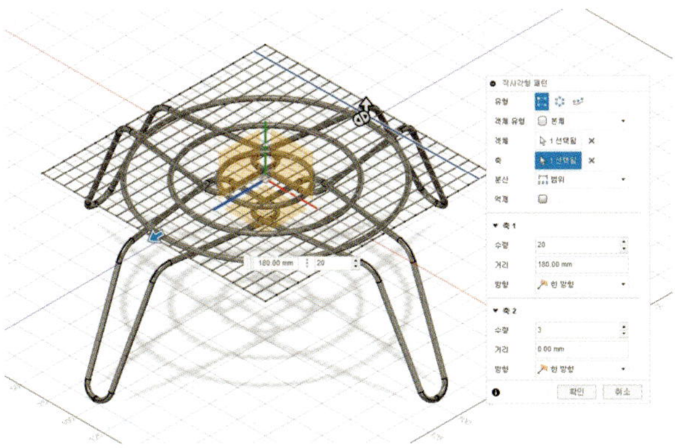

순서 34 수량을 20개로 한다. 거리는 180.0 mm로 한다.
확인을 누른다.

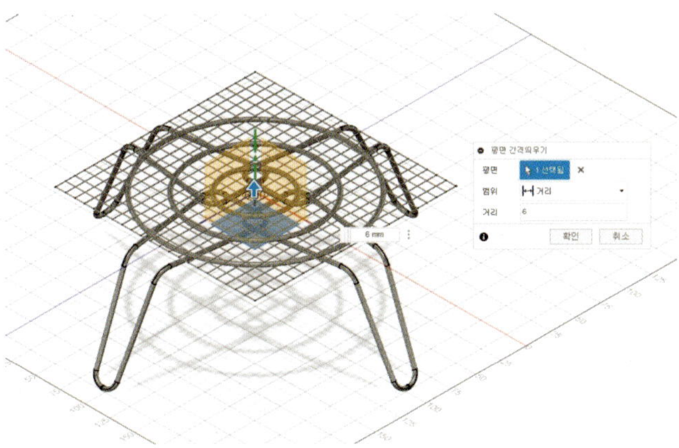

순서 35 구성에서 평면 간격 띄우기를 한다. 거리를 6.0 mm으로 띄운다.
확인을 누른다.

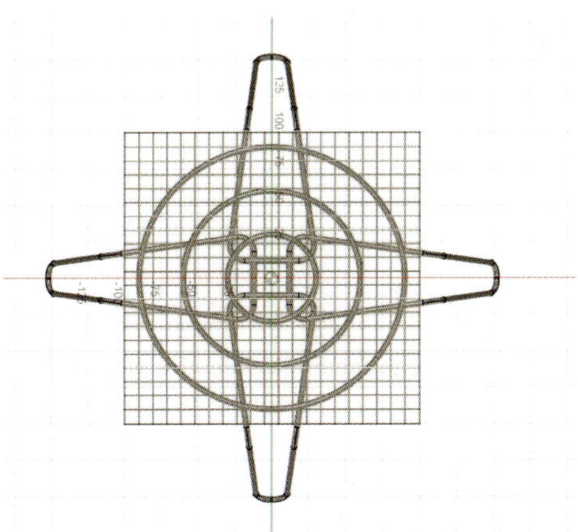

순서 36 띄운 평면에서 오른쪽 마우스 오른쪽을 눌러 스케치 작성을 한다.

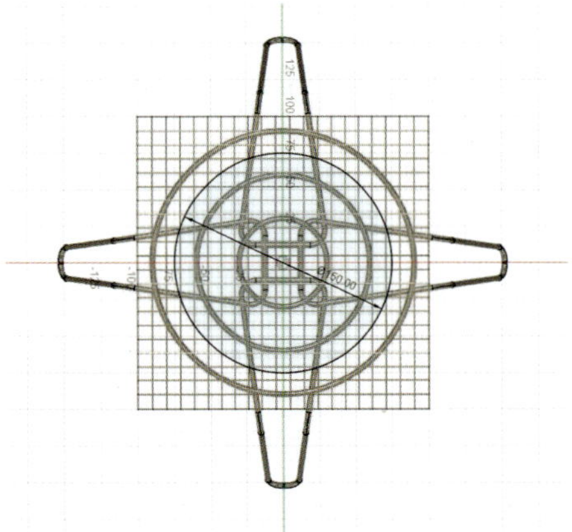

순서 37 작성에서 중심 지름원을 누른다. 원점(0.0)에서 직경이 150.0 mm원을 그린다. 스케치 마무리를 누른다. 집(홈)을 누른다.

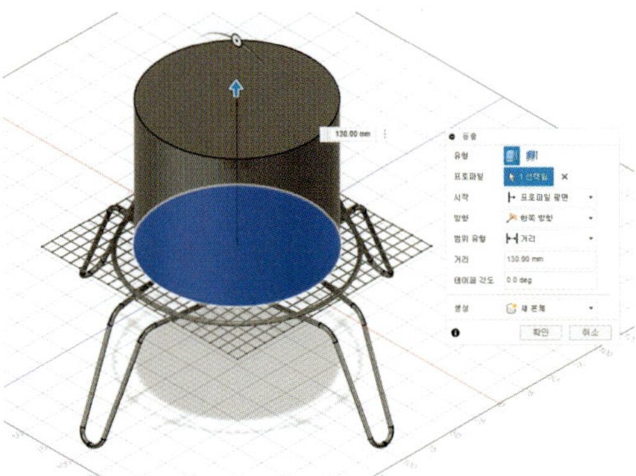

순서 38 작성에서 돌출을 누른다. 거리를 130.0 mm로 한다. 생성은 새 본체로 한다. 확인을 누른다.

순서 39 수정에서 쉘을 누른다. 내부 두께를 5.0 mm로 한다. 확인을 누른다.

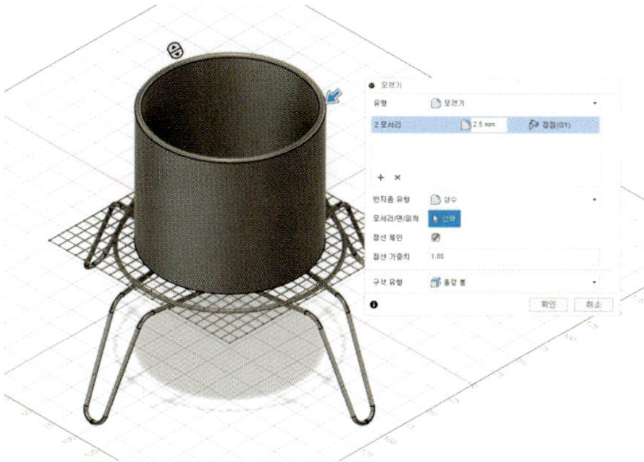

순서 40 수정에서 모깍기를 누른다. 모서리를 2.5 mm로 모깍기로 한다.
확인을 누른다.

순서 41 스케치 작성에서 우측면(XY)을 선택 한다.

순서 42 작성에서 투영/포함을 누르고, 형상투영을 선택한다.
본체를 선택하고, 확인을 누른다.

순서 43 작성에서 중심 지름원을 선택한다. 직경이 90.0 mm인 원을 그린다. 확인을 누른다.

순서 44 수정에서 자르기를 선택한다. 안쪽 원을 자른다. 스케치 마무리를 누른다. 집(홈)을 누른다.

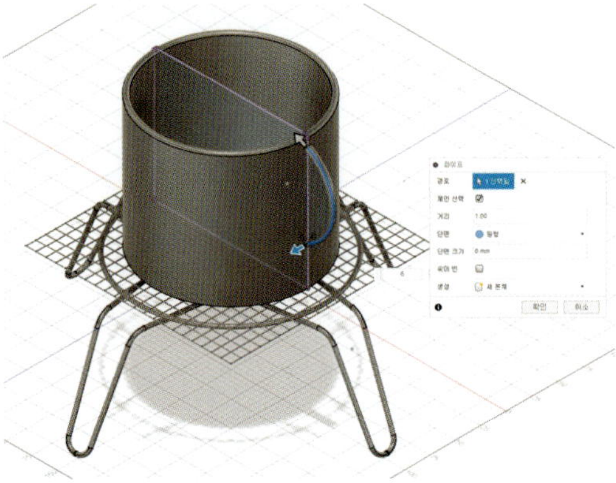

순서 45 작성에서 파이프를 선택한다. 단면 크기를 6.0 mm로 한다. 생성은 새 본체로 한다. 확인을 누른다.

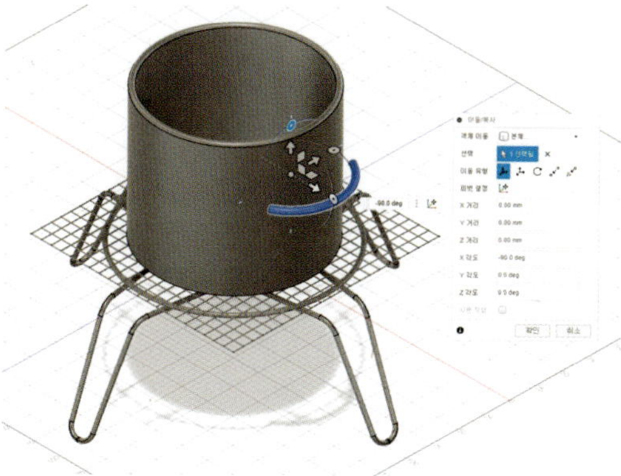

순서 46 수정에서 이동/복사를 누른다. X 각도로 -90.0 deg를 입력한다.
확인을 누른다.

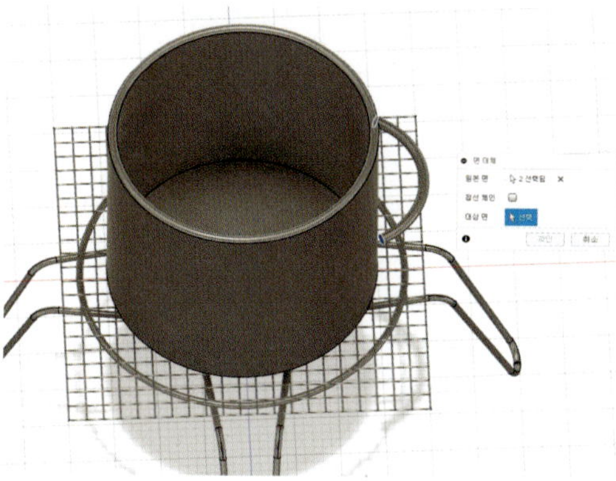

순서 47 수정에서 면 대체를 선택한다. 원통 면 2곳를 선택한다.
대상 면은 본체를 선택한다. 확인을 누른다. 집(홈)을 누른다.

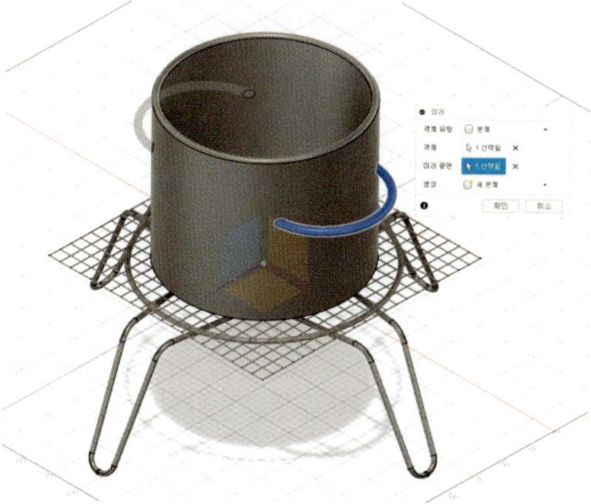

순서 48 작성에서 미러를 선택한다. 객체를 선택하고, 미러 평면은 좌측(YZ)면을 선택한다.
생성은 새 본체로 한다. 확인을 누른다.

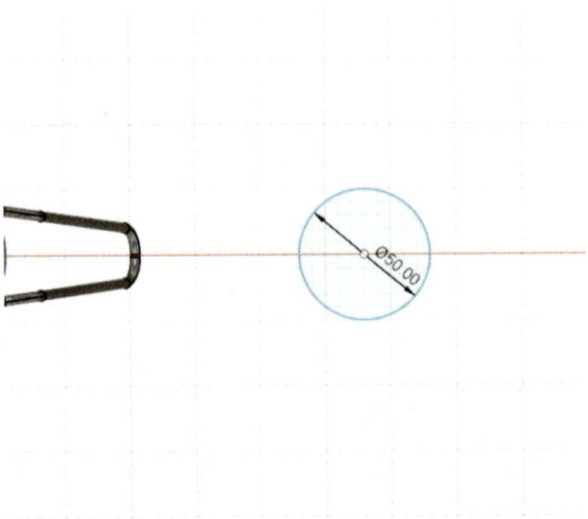

순서 49 스케치 작성에서 밑면(XZ)면을 선택한다. 작성에서 원을 선택한다. 중심 지름원을 선택 하여 직경이 50.0 mm인 원을 그린다. 스케치 마무리를 누른다.

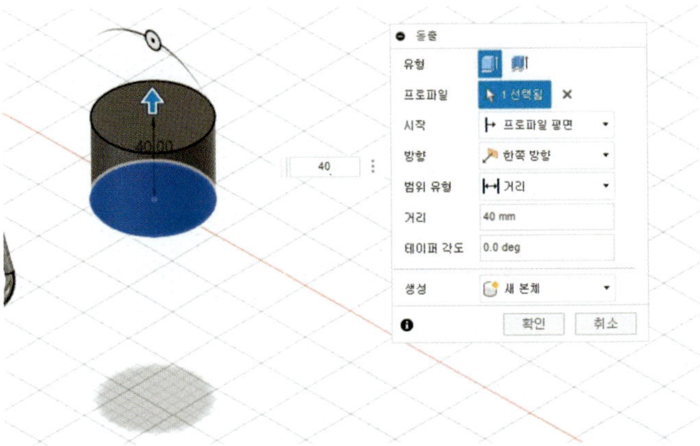

순서 50 작성에서 돌출을 선택하여 거리를 40.0 mm로 한다. 확인을 누른다.

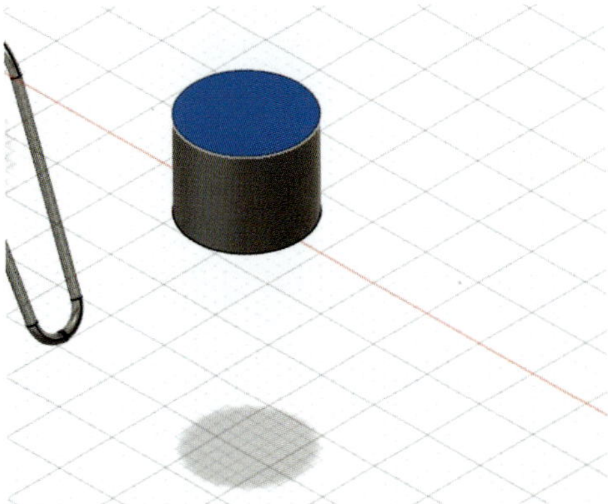

순서 51 돌출된 면 위에서 마우스를 올려놓고 오른쪽 마우스를 눌러 스케치 작성을 선택한다.

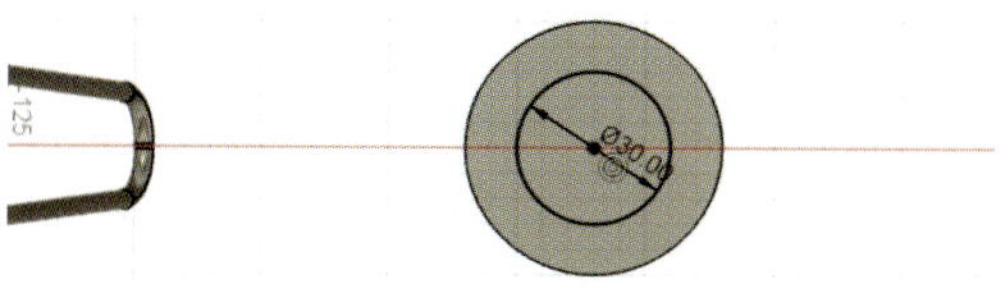

순서 52 작성에서 원을 선택하여 직경이 30.0 mm인 원을 그린다.
스케치 마무리를 누른다.

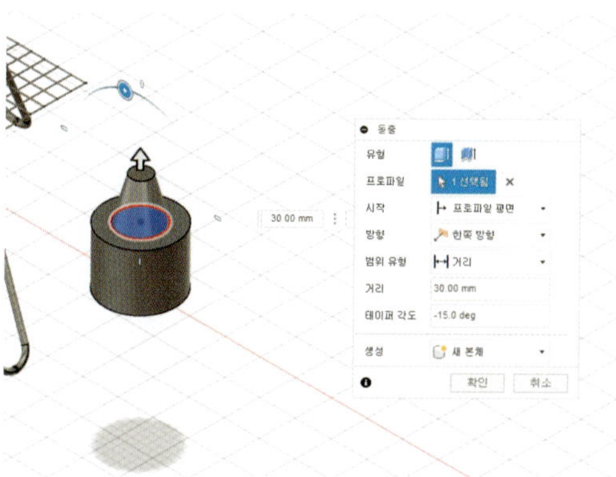

순서 53 작성에서 돌출을 선택한다. 거리를 30.0 mm로 한다.
테이퍼 각도를 −15 deg로 한다. 확인을 누른다.

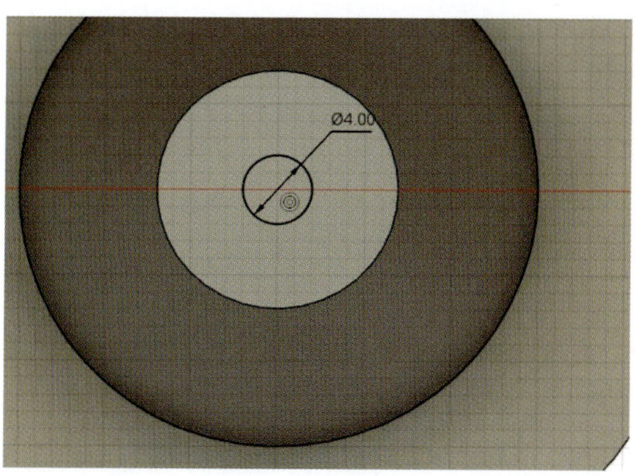

순서 54 돌출된 면 위에서 마우스를 올려놓고, 오른쪽 마우스를 눌러 스케치 작성을 선택한다.
작성에서 원을 선택하여 직경이 4.0 mm인 원을 그린다.
스케치 마무리를 누른다. 집(홈)을 누른다.

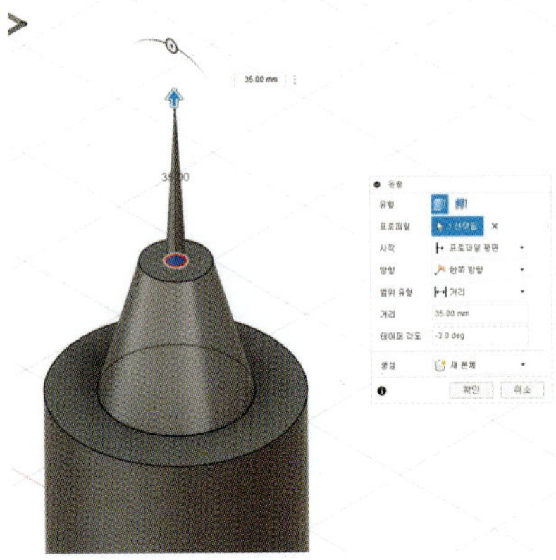

순서 55 작성에서 돌출을 선택한다. 돌출된 면을 위쪽으로 35.0 mm로 한다. 테이퍼 각도는 -3.0 deg로 한다. 확인을 누른다.

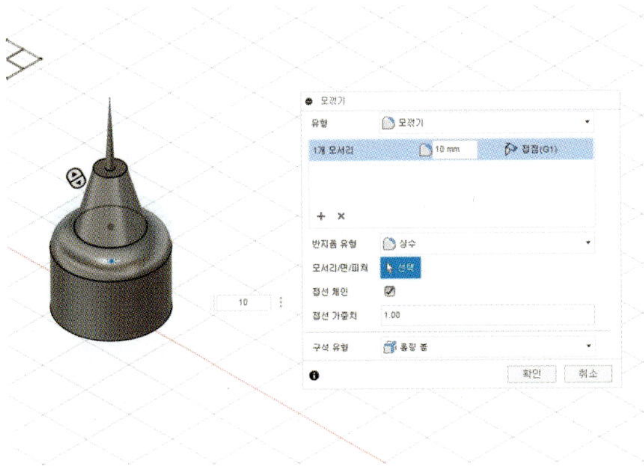

순서 56 작성에서 모깍기를 선택한다. 모서리를 10.0 mm로 모깍기 한다 확인을 누른다.

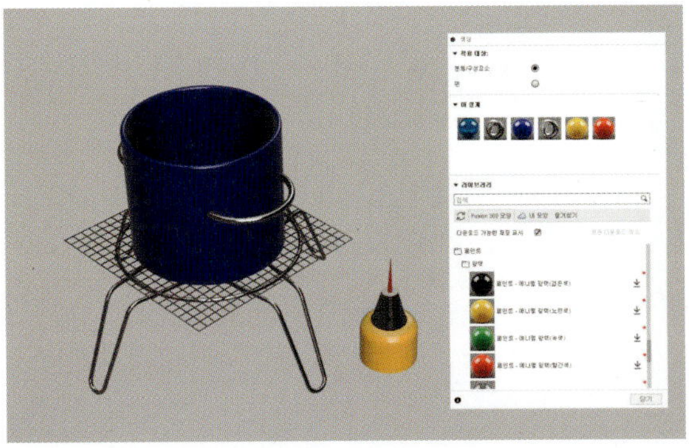

순서 57 디자인에서 렌더링으로 이동한다. 금속 부분은 스테인레스로 선택한다. 알코올 병은 페인트 광택에서 선택한다. 닫기를 누른다.

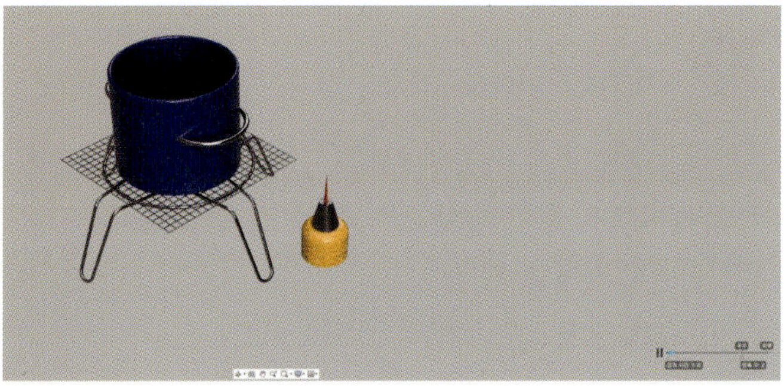

순서 58 캔버스 내 렌더링을 선택한다. 시간이 우수가 될 때까지 기다린다.

순서 59 렌더링에서 디자인으로 이동한다.
최종 알코올 램프와 사발이가 완성된다.

2-13 행사용 의자 모델링

학습목표

1. 스케치와 돌출 명령어에 대하여 이해를 한다.
2. 모깎기, 원형 패턴 명령어에 대하여 이해를 한다.
3. 이동/복사 명령어에 대하여 이해를 한다.
4. 렌더링 명령어에 대하여 이해를 한다.

완성된 그림

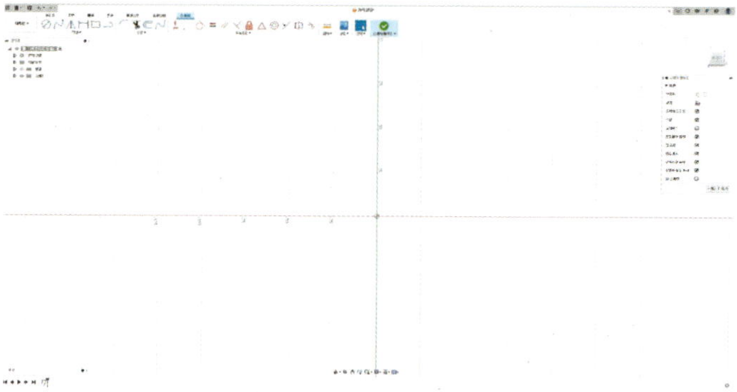

순서 1 Fusion 360을 실행하여 작업 창이 나타나도록 한다.

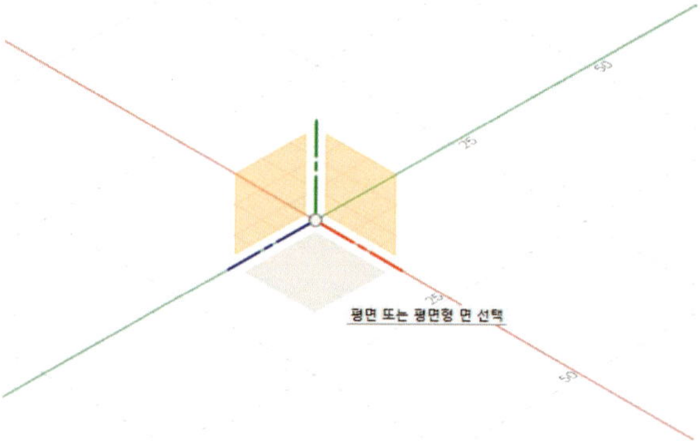

순서 2 스케치 작성을 누르고 밑면(XZ)을 선택한다.

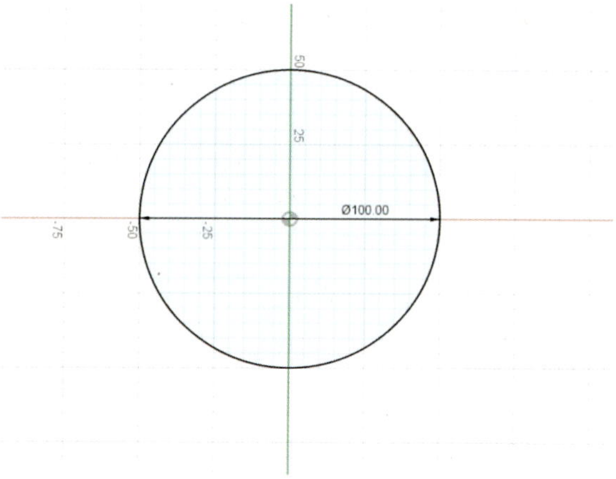

순서 3 작성에서 원을 선택하고, 중심 지름 원을 선택한 다음, 원점(0.0)을 잡는다.
직경이 100.0 mm인 원을 그린다.
스케치 마무리를 누른다. 홈(집)을 누른다.

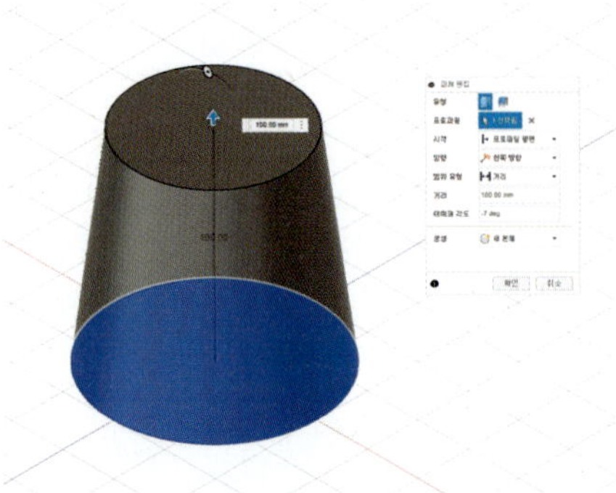

순서 4 작성에서 돌출을 누른다. 위쪽 방향으로 거리를 100.0 mm 기입한다.
테이퍼 각도를 -7 deg로 한다.
확인을 누른다.

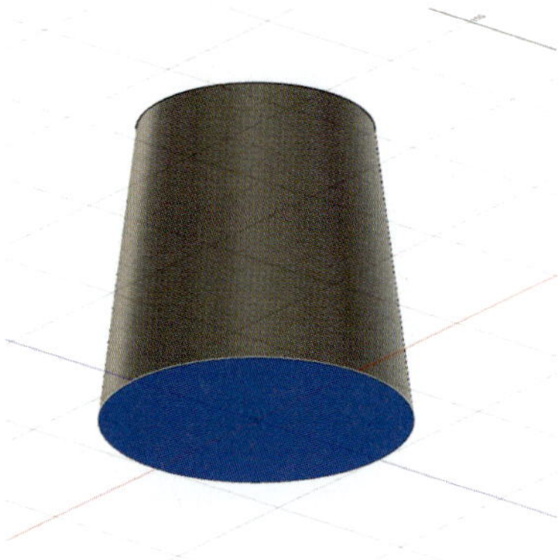

순서 5 Shift와 동시에 마우스 볼을 누르고 회전을 시켜 밑면이 보이도록 한다.
밑면에 마우스를 대고 오른쪽 마우스를 눌러 스케치 작성을 선택한다.

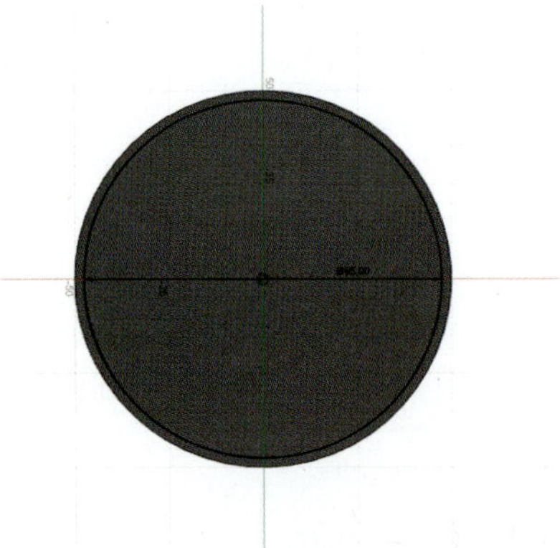

순서 6 작성에서 원을 선택하고, 중심 지름 원을 선택한 다음, 원점(0.0)을 잡는다.
직경이 950.0 mm인 원을 그린다.
스케치 마무리를 누른다. 홈(집)을 누른다.

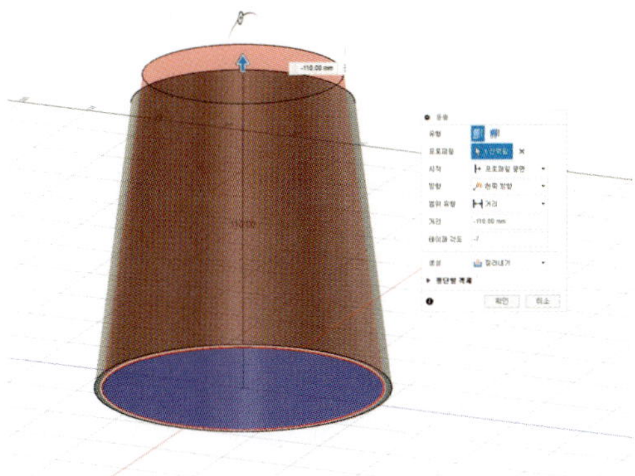

순서 7

작성에서 돌출을 선택하여 반대 방향으로 거리를 -110.0 mm으로 한다.
테이퍼 각도를 -7 deg로 한다. 생성은 잘라내기를 한다.
확인을 누른다.

순서 8

홈(집)을 누른다.

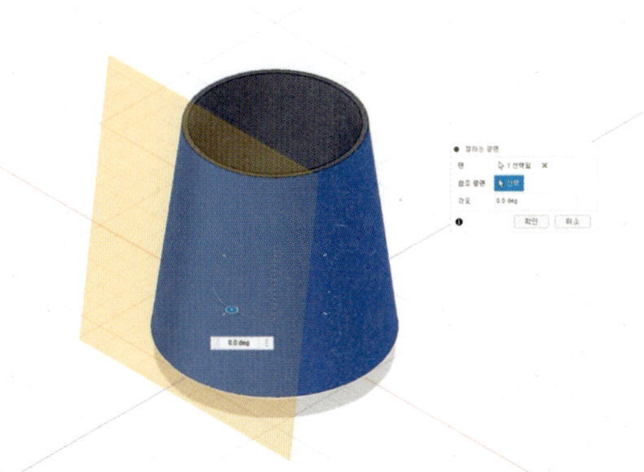

순서 9

구성에서 접하는 평면을 선택한다. 면을 선택한다.
확인을 누른다.

순서 10 접하는 평면 위에 마우스를 올려 놓고, 오른쪽 마우스를 눌러 스케치 작성을 선택한다. 작성에서 선을 선택한다. 임의의 위치에서 60.0 mm의 직선을 그린다.

순서 11 구속조건에서 일치를 선택한다. 직선을 누르고 원점(0.0)을 누른다.

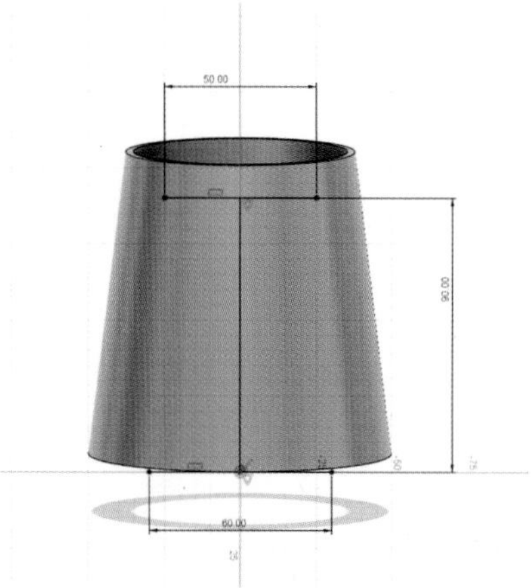

순서 12 원점에서 위쪽으로 90.0 mm인 직선을 그린다.
끝점에서 가로방향으로 50.0 mm인 직선을 그린다.
구속조건에서 중간점을 누르고 직선과 끝점의 중심을 누른다.

순서 13 작성에서 선을 선택하여 위쪽 직선과 아래쪽의 직선을 연결한다.

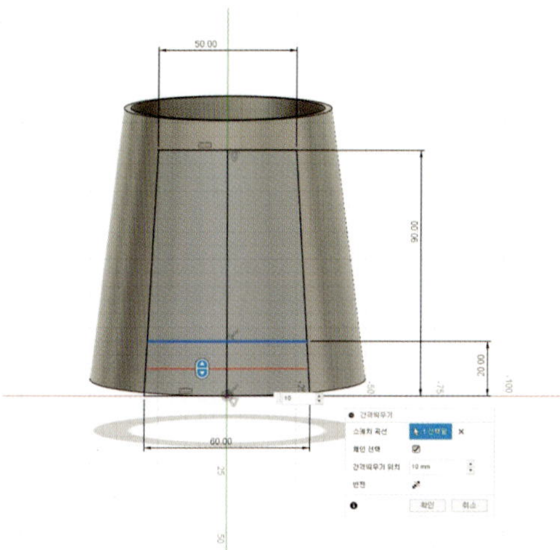

순서 14 원점에서 위쪽으로 20.0 mm인 높이에서 가로 방향으로 직선을 그린다.
수정에서 간격 띄우기를 선택한다. 간격 띄우기 위치는 10.0 mm로 한다.
확인을 누른다.

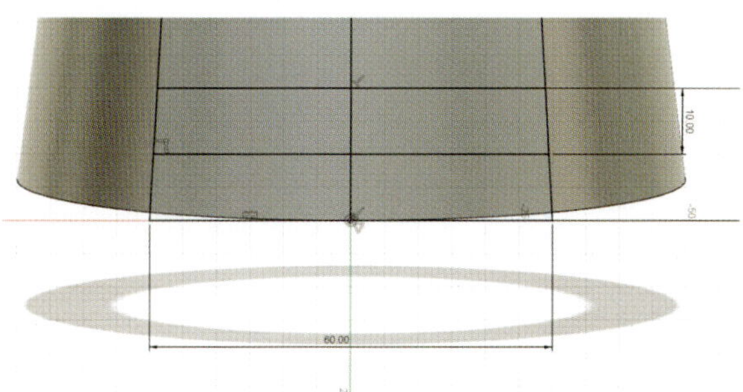

순서 15 수정에서 연장하기를 선택하여 직선이 양끝 쪽에 마주치도록 누른다.

순서 16 수정에서 자르기를 선택하여 양쪽을 자른다.

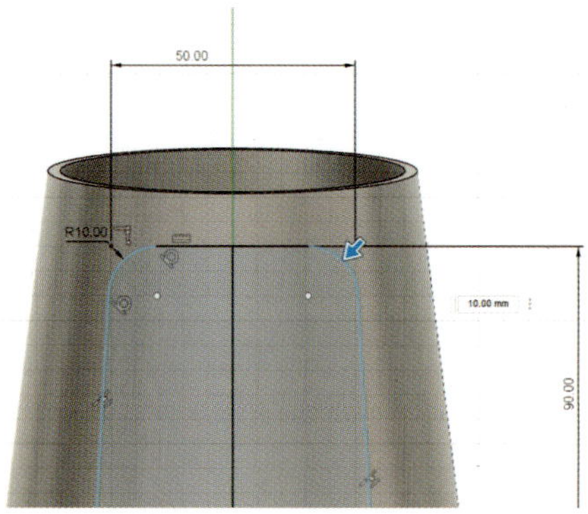

순서 17 수정에서 모깍기를 선택한다. 양쪽을 10.0 mm 모깍기 한다.

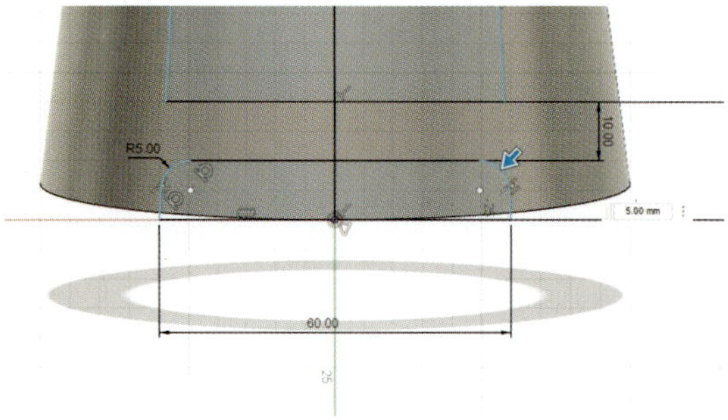

순서 18 수정에서 모깍기를 선택한다. 아랫 부분은 5.0 mm 모깍기 한다.

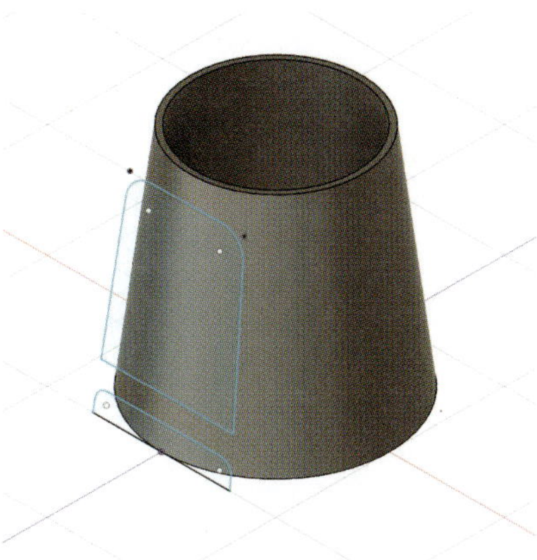

순서 19 **스케치 마무리**를 누른다. **홈(집)**을 누른다.
세로 중심선을 삭제한다.

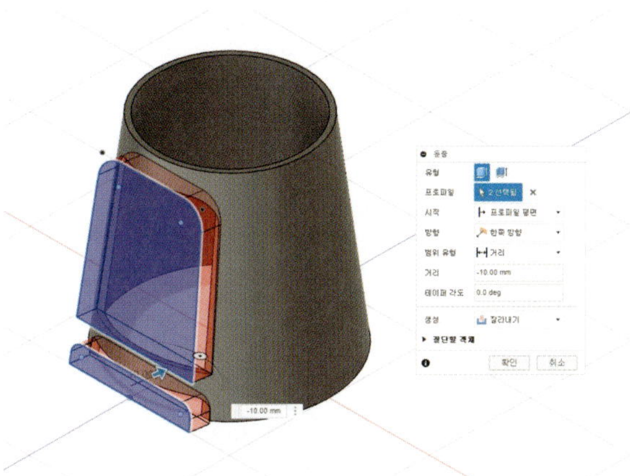

순서 20 **작성**에서 **돌출**을 누르고 거리를 **-10.0** mm로 하고, 생성은 **잘라내기**를 선택한다.
확인을 누른다.

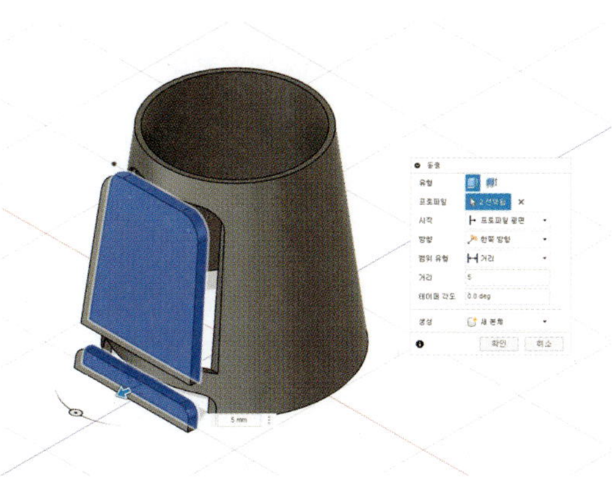

순서 21 **작성**에서 **도출**을 선택한다. 프로파일을 선택하고, 거리를 **5.0** mm, 생성은 **새 본체**로 한다.
확인을 누른다.

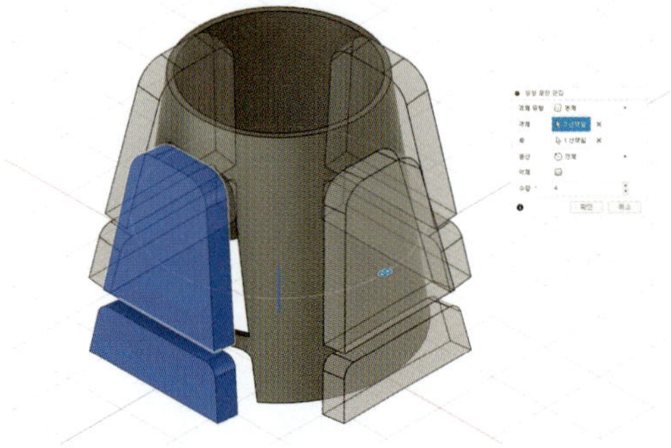

순서 22 검색기에서 스케치3을 활성화 시킨다.
작성에서 패턴으로 가고, 원형패턴을 선택한다. 객체를 선택한 다음 축(Y)을 선택한다.
수량을 4개를 선택한다. 확인을 누른다.

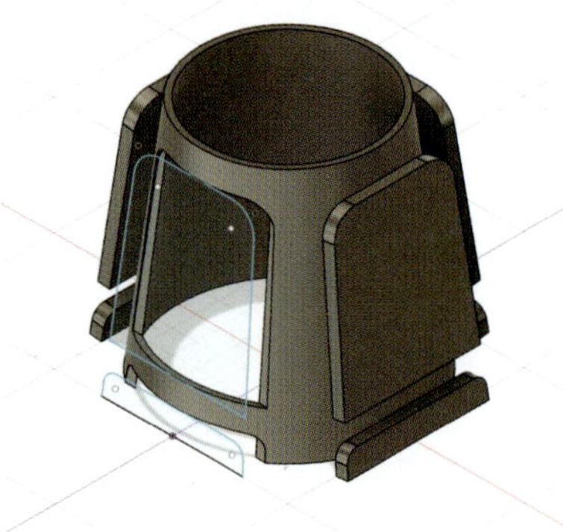

순서 23 검색기에서 본체로 간다. 본체 2,3에 마우스를 놓고 오른 쪽 마우스를 눌러 제거를 선택한다.
나머지 본체도 동일한 방법으로 진행한다.

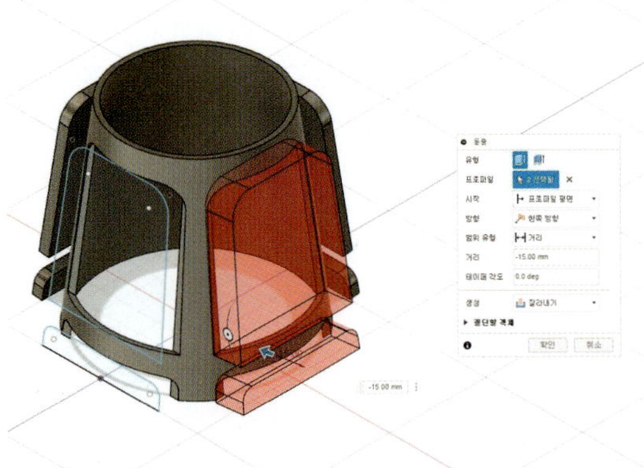

순서 24 작성에서 돌출을 선택한다. 거리를 -15.0 mm로 한다.
생성은 잘라내기를 한다. 확인을 누른다.

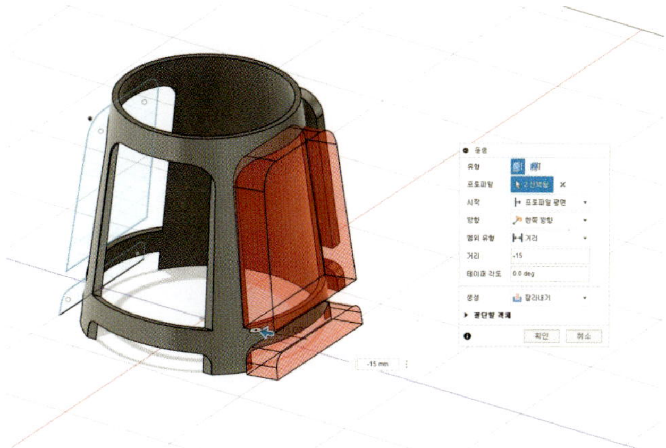

순서 25 작성에서 돌출을 선택한다. 거리를 −15.0 mm로 한다. 생성은 잘라내기를 한다. 확인을 누른다.

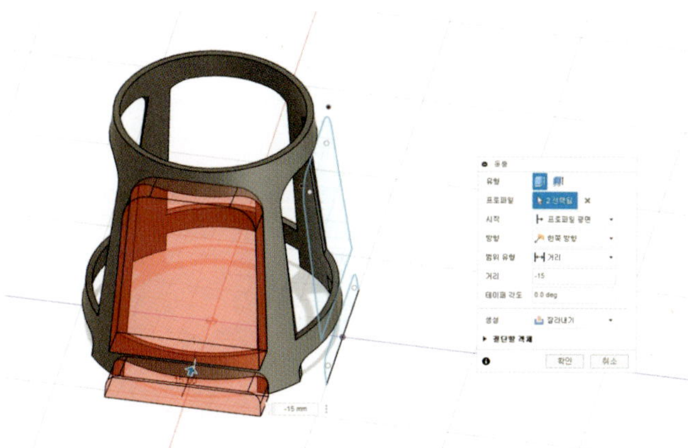

순서 26 작성에서 돌출을 선택한다. 거리를 −15.0 mm로 한다. 생성은 잘라내기를 한다. 확인을 누른다.

순서 27 홈(집)을 누른다.

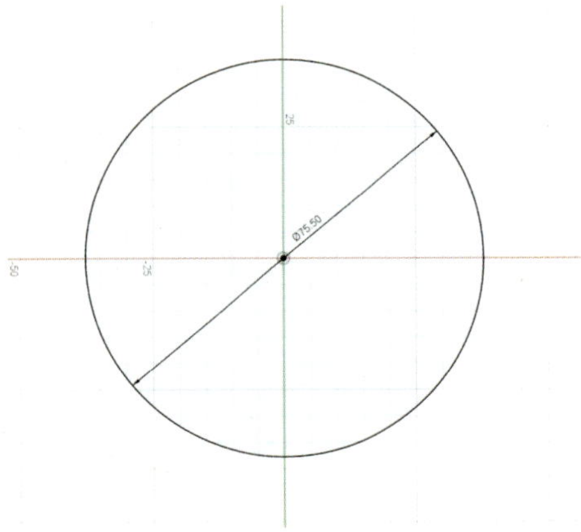

순서 28 검색기에서 본체 전체를 비활성화를 한다. 스케치 작성에서 밑면을 선택한다. 작성에서 중심 지름 원을 선택하고, 원점(0.0)에서 직경이 75.5 mm인 원을 그린다. 확인을 누른다.

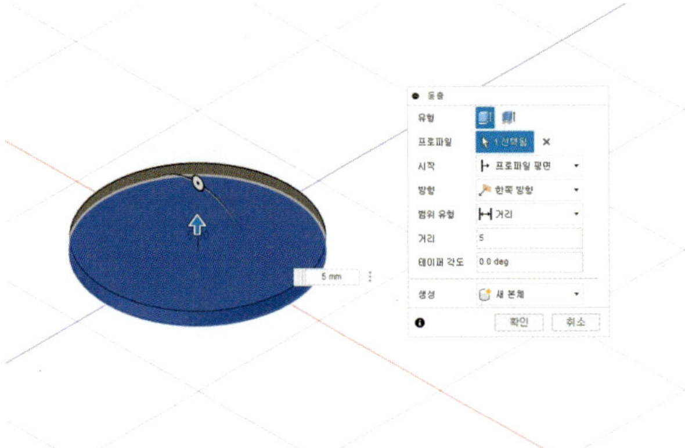

순서 29 작성에서 돌출을 누른다. 거리를 5.0 mm로 하고, 생성은 새 본체로 한다. 확인을 누른다.

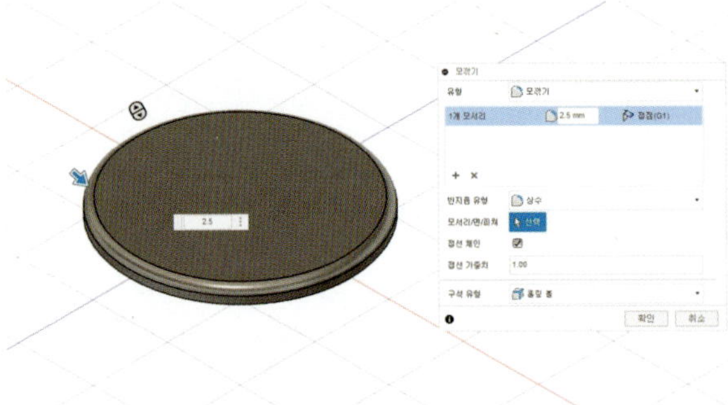

순서 30 수정에서 모깎기를 누른다. 프로파일을 선택한다. 1개 모서리를 2.5 mm로 하고, 확인을 누른다.

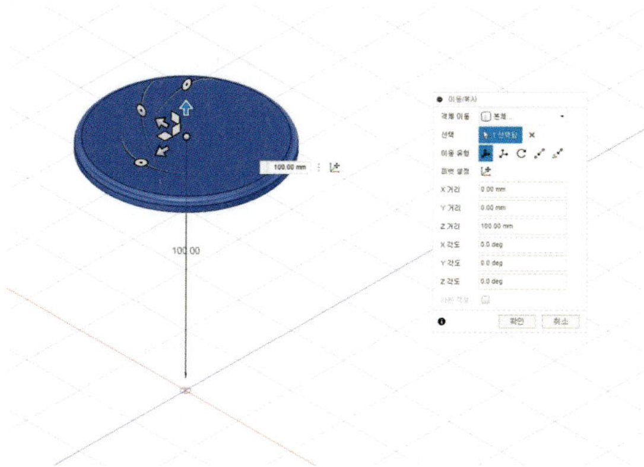

순서 31 수정에서 이동 복사를 선택한다, 객체를 선택하고, 위쪽으로 Z거리로 100.0 mm 이동시킨다. 확인을 누른다.

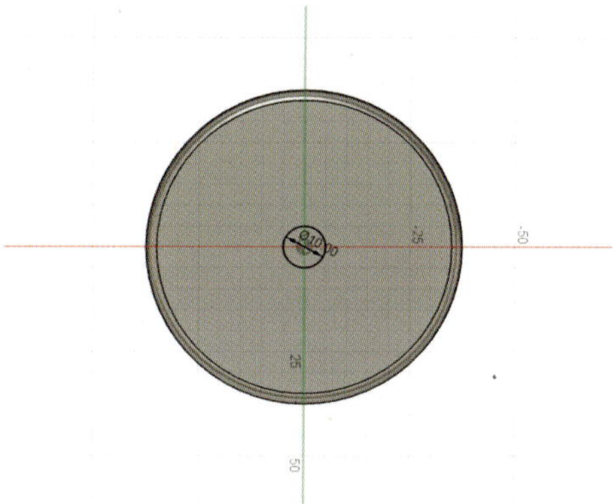

순서 32 의자 윗면에 마우스를 올려놓고, 오른쪽 마우스를 눌러 스케치 작성을 선택한다. 작성에서 중심 지름 원을 선택하고, 원점에서 직경이 10.0 mm인 원을 그린다. 스케치 마무리를 누른다.

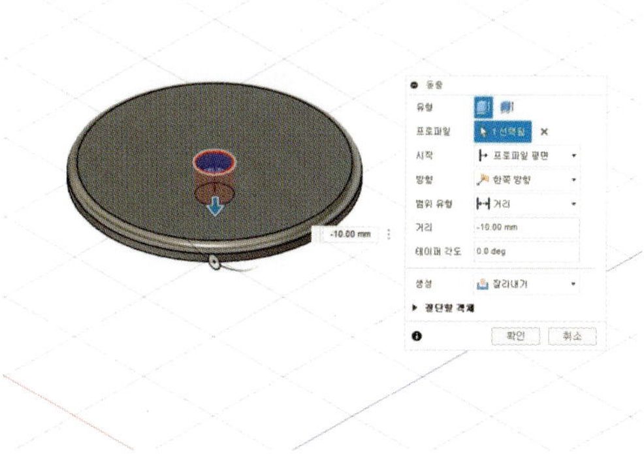

순서 33 작성에서 돌출을 누른다.
프로파일를 선택하고 아래쪽으로 거리를 −10.0 mm 입력한다.
생성을 잘라내기를 하고 확인을 누른다.

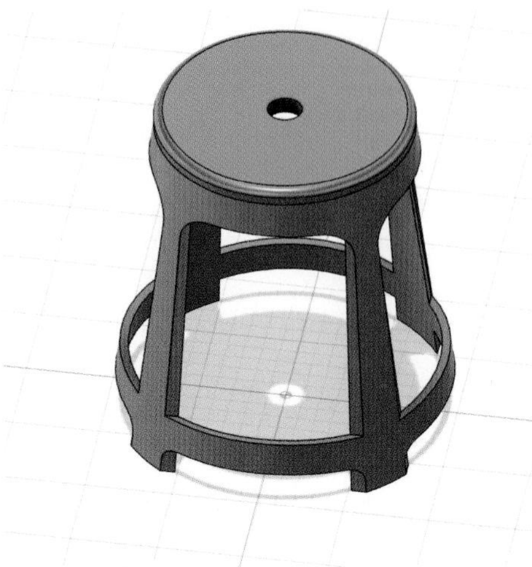

순서 34 검색기로 가서 본체를 전부 활성화 시킨다.

순서 35 디자인에서 랜더링으로 간다.

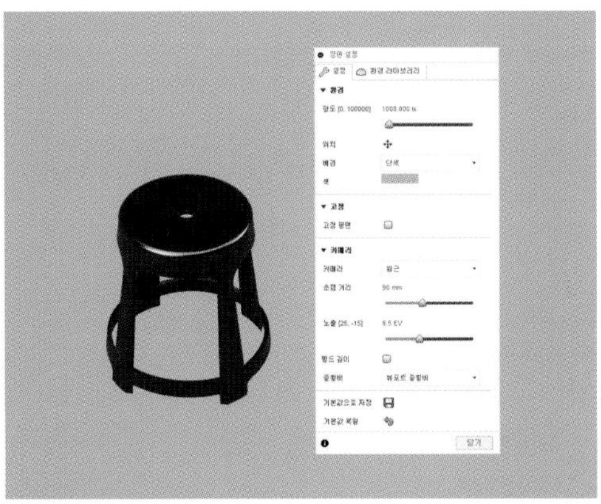

순서 36 그림자를 제거하기 위해 설정에서 장면설정을 선택한다.
고정에서 고정평면에 체크를 해제한다. 닫기를 누른다.

순서 37 색상을 누른다. 페인트에서 광택을 선택한다.
검정색 드래그하여 윗면에 놓고, 노란색을 드래그하여 몸체에 놓는다.
닫기를 누른다.

순서 38 캔버스 내 랜더링을 선택하여 시간이 우수가 될 때까지 기다린다.

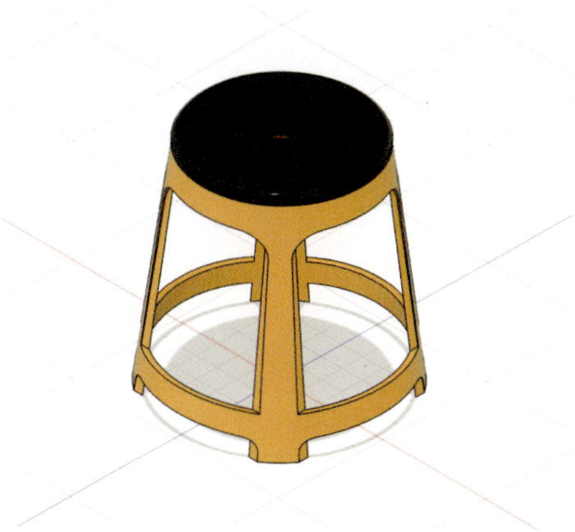

순서 39 랜더링에서 디자인으로 돌아온다. 홈(집)을 누른다.

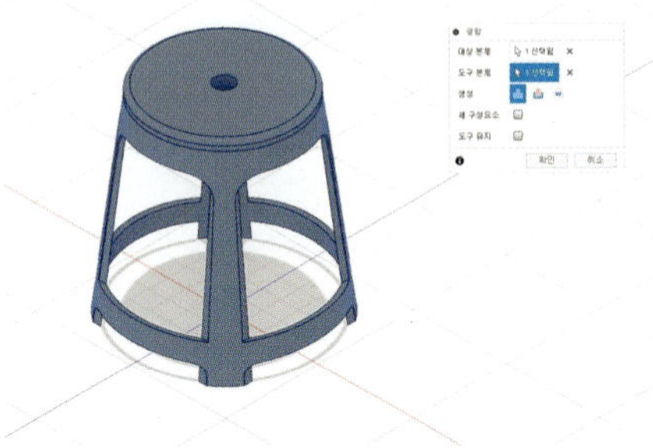

순서 40 수정에서 결합을 선택한다. 대상과 도구를 선택한다.
확인을 누른다.

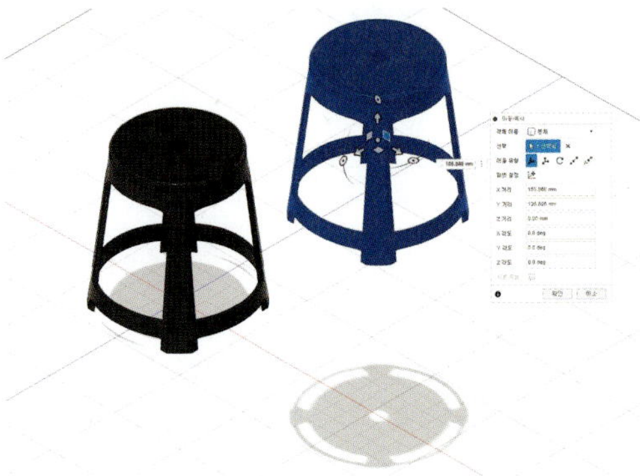

순서 41 검색기에서 본체로 간다.
본체 13에 마우스를 놓고 오른쪽 마우스를 눌러 복사, 붙여넣기를 한다.
이동복사를 사용하여 이동시킨다. 확인을 누른다.

순서 42 검색기에서 본체로 간다.
본체 13과 15를 누른다. 본체 15에서 마우스를 놓고 오른쪽 마우스를 눌러 복사, 붙여넣기를 한다.
이동복사를 사용하여 이동시킨다. 확인을 누른다.

순서 43 디자인에서 랜더링으로 간다. 색상에서 적용 대상을 면을 선택한다. 노란색과 검정색을 드래그해서 색상을 칠한다. 닫기 누른다.

순서 44 최종적으로 행사용 의자가 만들어 진다.

2-14 전기플러그 모델링

학습목표

1. 스케치와 돌출 명령어에 대해 이해한다.
2. 파이프, 모깍기, 간격띄우기 명령어에 대해 이해한다.
3. 형상투영 명령어에 대해 이해한다.
4. 스웹 명령어에 대해 이해한다.

완성된 그림

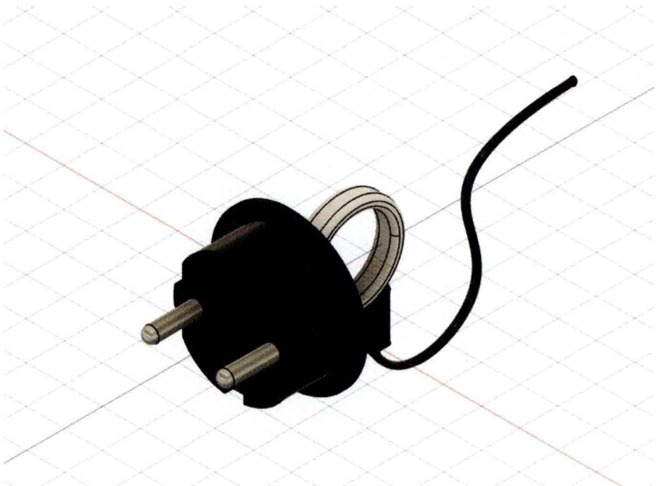

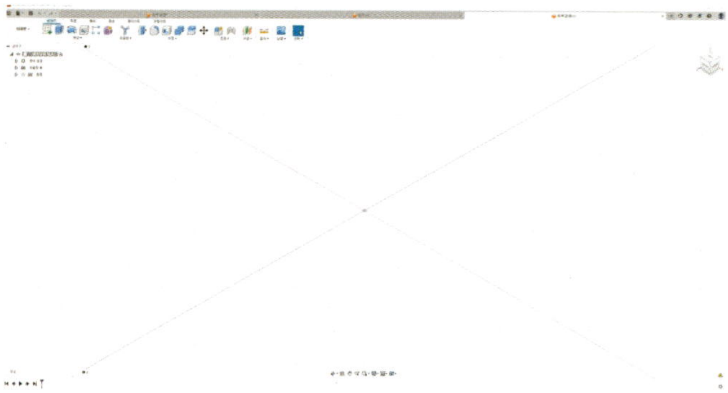

순서 1 Fusion 360을 실행하여 작업 창이 나타나도록 한다.

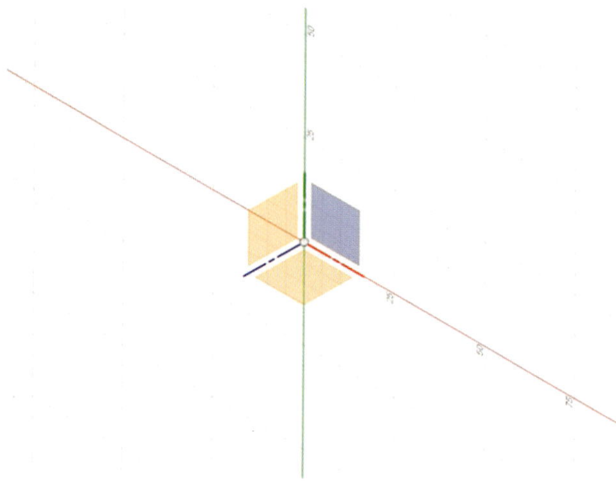

순서 2 스케치 작성을 누르고 우측 면(XY)을 선택한다.

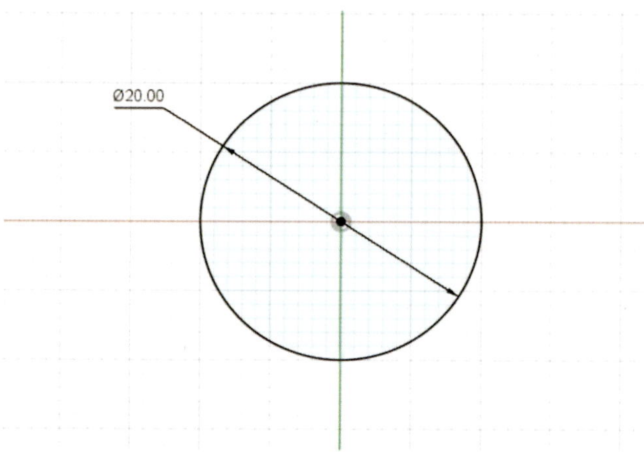

순서 3 스케치 작성을 누르고 원에서 중심 지름 원을 선택한다.
원점(0,0)에서 직경이 20.0 mm 원을 그린다. 스케치 마무리를 누른다.

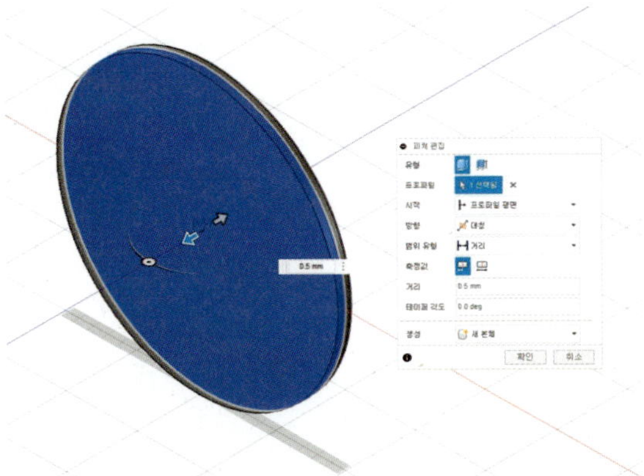

순서 4 작성에서 돌출을 누른다. 프로파일을 선택하고, 방향을 대칭을 선택한다.
거리는 0.5 mm 넣는다. 확인을 누른다.

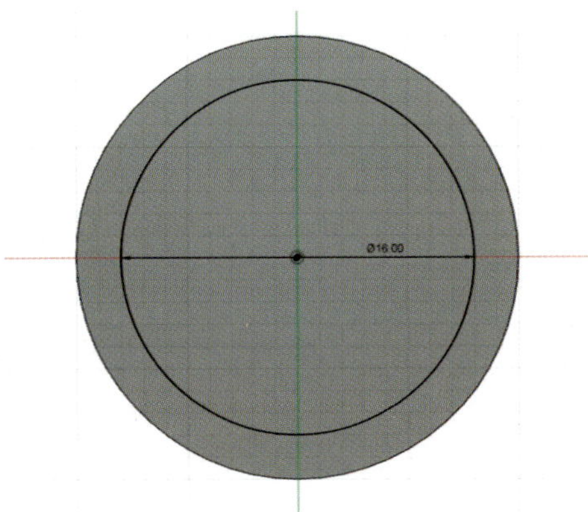

순서 5 스케치 작성을 누르고 원에서 중심 지름 원을 선택한다.
원점(0,0)에서 직경이 16.0 mm 원을 그린다. 스케치 마무리를 누른다.

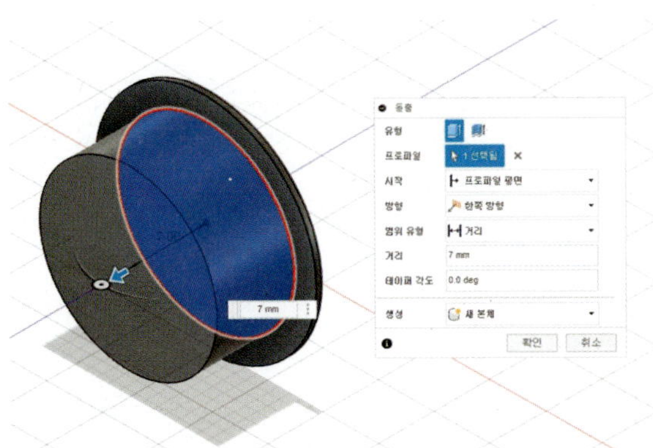

순서 6 작성에서 돌출을 선택한다. 프로파일을 선택하고 거리를 7.0 mm로 한다.
생성은 새 본체로 하고, 확인을 누른다.

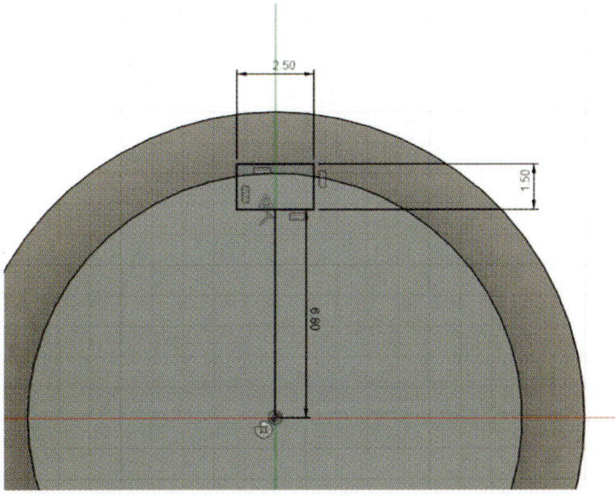

순서 7 스케치 작성을 누르고 원통 앞면을 선택한다.
작성에서 선을 선택한다. 윗 쪽으로 임의 크기의 직사각형을 그린다.
스케치 치수를 눌러 가로 2.5 mm, 세로 1.5 mm인 직사각형을 원점(0.0)에서 6.8 mm에 그린다.
선을 원점(0,0)에서 직사각형의 중심을 연결한다. 구속조건에서 수평/수직을 선택한다.
원점에서 연결한 선을 누른다. 직사각형이 중심으로 이동한다. 스케치 마무리를 누른다.

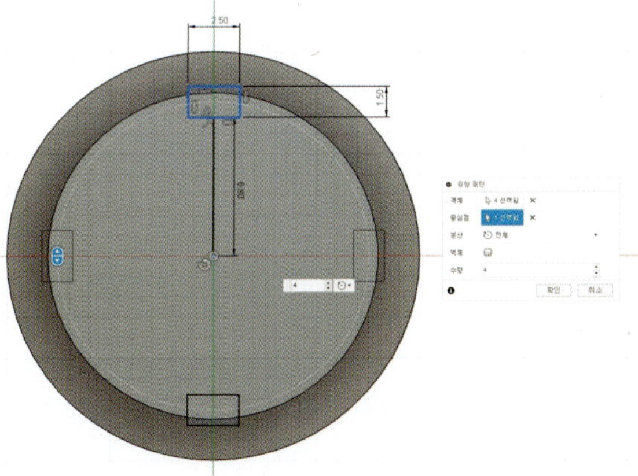

순서 8 작성에서 원형패턴을 누르고, 객체 4개를 선택한다. 중심점(0.0)을 선택한다.
수량은 4개를 선택한다. 확인을 누른다.

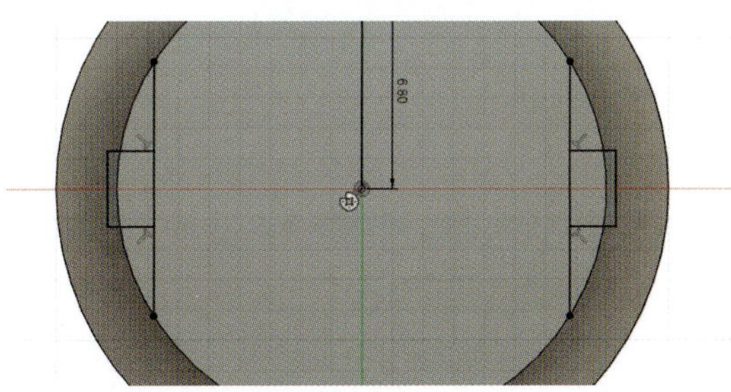

순서 9 작성에서 선을 누르고 그림과 같이 선을 연결한다.
스케치 마무리를 누른다.

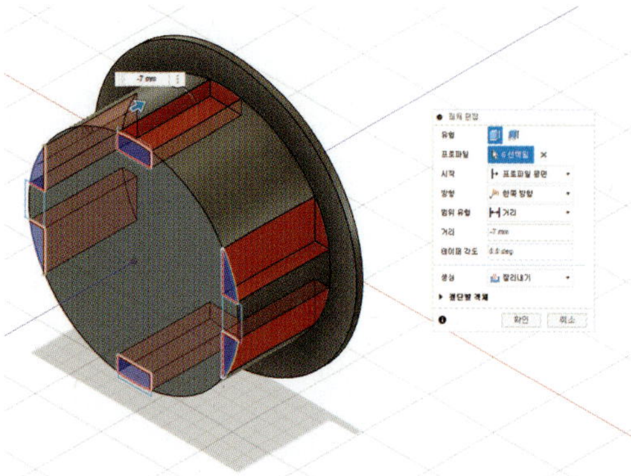

순서 10 수정에서 돌출을 선택한다. 프로파일 6개를 선택한다. 거리를 -7.0 mm로 하고, 생성은 잘라내기를 누른다. 확인을 누른다.

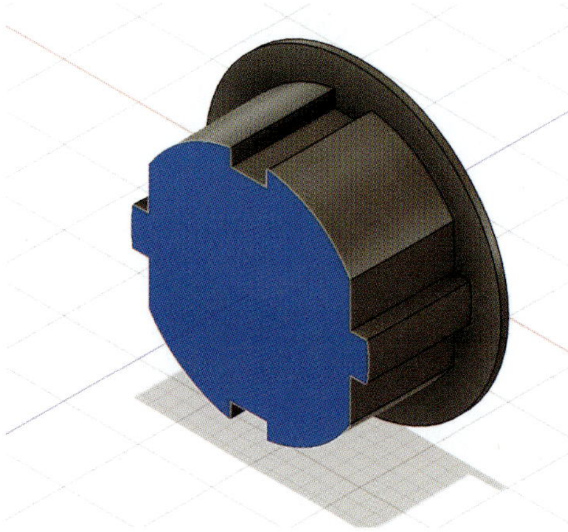

순서 11 마우스를 돌출된 면 위에 올려 놓고 오른쪽 마우스를 눌러 스케치 작성을 선택한다.

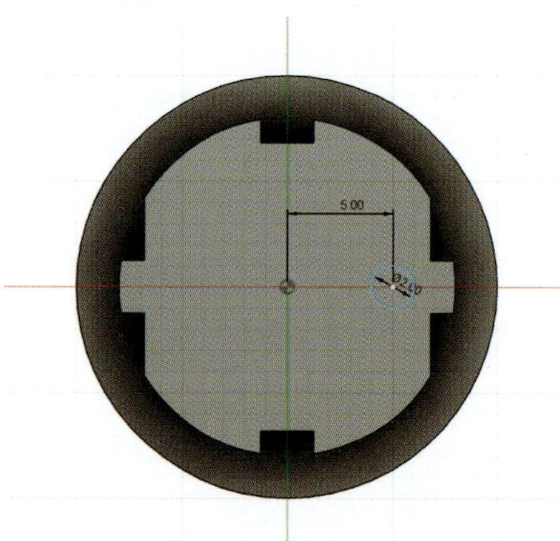

순서 12 원점(0.0)에서 우측으로 5.0 mm 위치에서 직경이 2.0 mm인 원을 그린다.

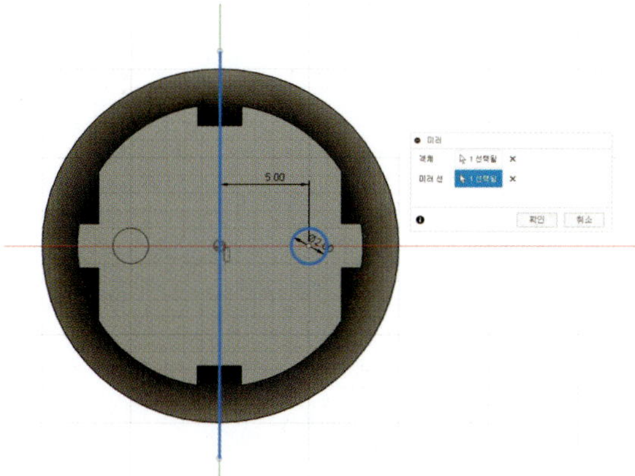

순서 13 작성에서 선을 선택한다. 원점을 지나는 세로선을 그린다.
작성에서 미러를 선택한다. 객체를 선택하고, 미러 선은 세로선을 선택한다.
확인을 누른다. 스케치 마무리를 누른다.

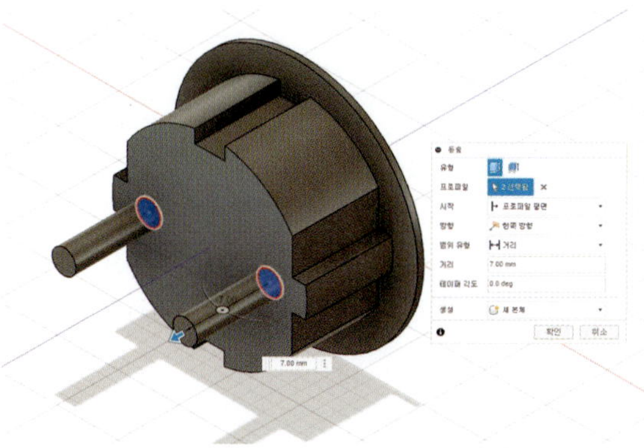

순서 14 작성에서 돌출을 선택한다. 프로파일 2개를 선택한다.
거리를 7.0 mm로 하고, 생성은 새 본체로 한다. 확인을 누른다.

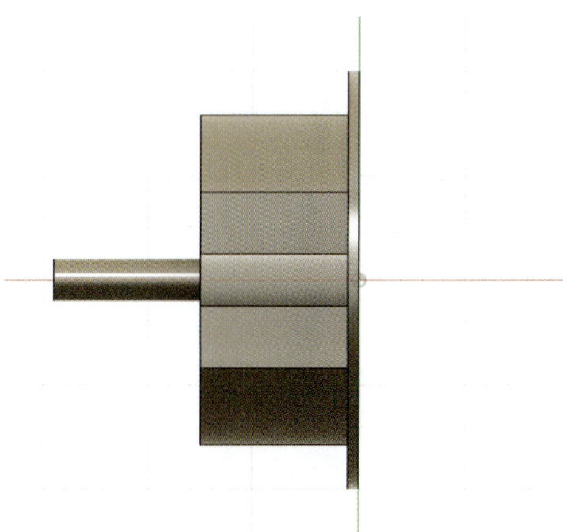

순서 15 스케치 작성에서 좌측 면(YZ)을 선택한다.

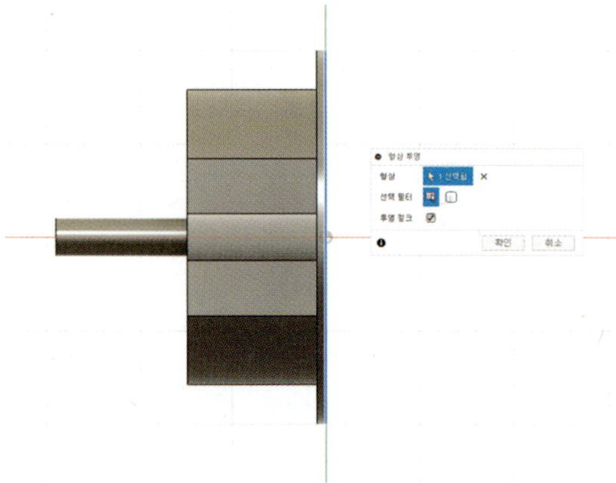

순서 16 작성에서 투영/포함 형상투영에서 형상을 선택한다. 형상을 1개 선택한다. 선택 필터는 지정된 도면요소를 선택한다. 확인을 누른다.

순서 17 작성에서 선을 선택한다. 가로 0.5 mm, 세로 17.0 mm인 직사각형을 그린다. 원점(0.0)에서 높이가 8.5 mm 이다. 스케치 마무리를 누른다.

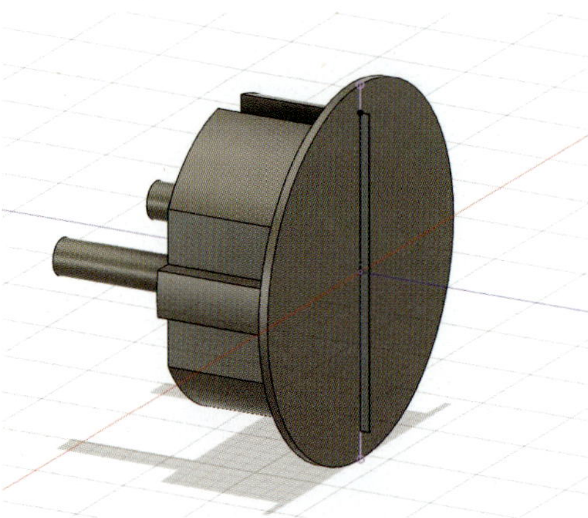

순서 18 몸체를 회전시킨다.

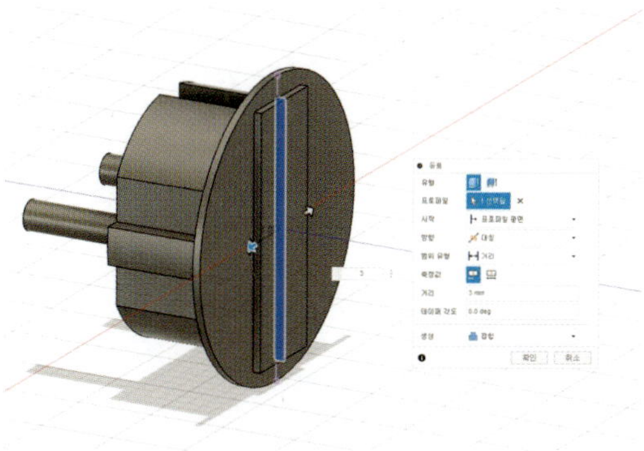

순서 19 작성에서 돌출을 선택한다. 방향을 대칭으로 한다. 거리를 3.0 mm로 한다. 생성은 접합으로 하고, 확인을 누른다. 홈(집)을 누른다.

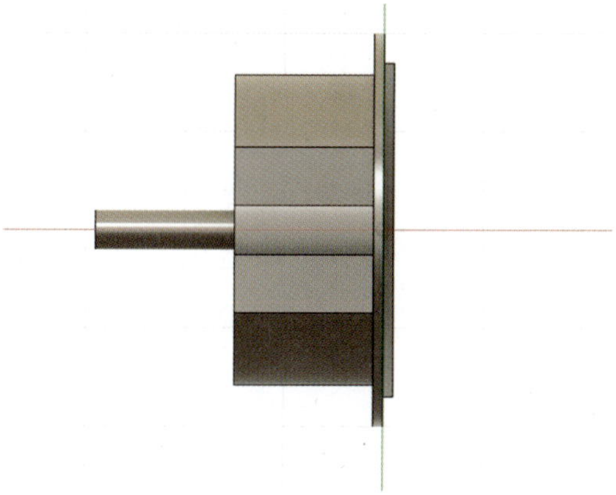

순서 20 스케치 작성에서 좌측 면(YZ)을 선택한다.

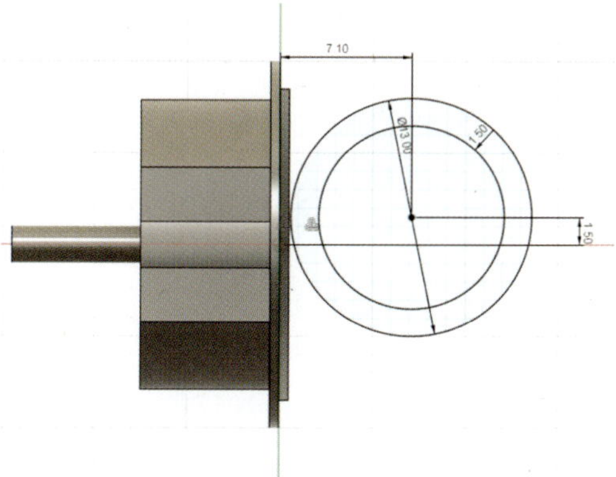

순서 21 작성에서 중심 지름 원을 선택한다.
원점(0.0)에서 가로 7.1 mm, 세로 1.5 mm에서 직경이 13.0 mm인 원을 그린다.
수정에서 간격 띄우기를 선택하고 간격을 −1.5 mm 띄운 원을 그린다.
스케치 마무리를 누른다.

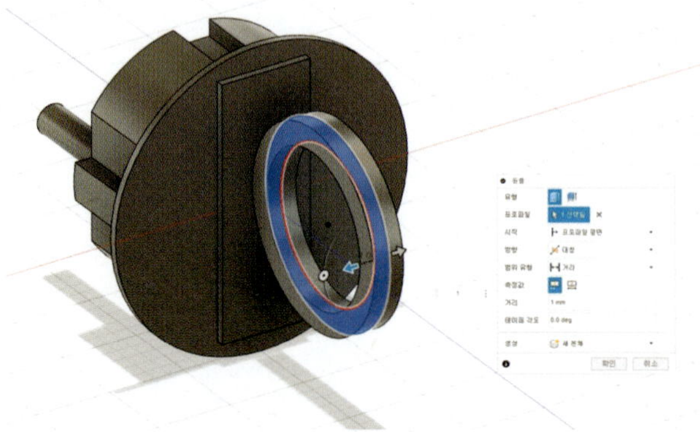

순서 22 작성에서 돌출을 선택한다. 방향을 대칭으로 하고, 거리를 1.0 mm로 한다. 생성을 새 본체로 한다. 확인을 누른다.

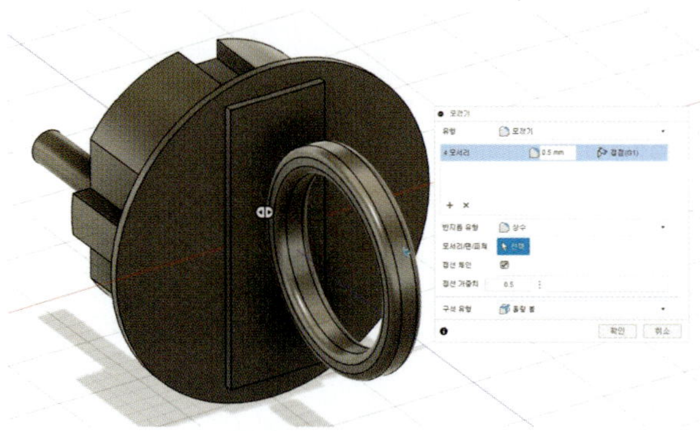

순서 23 본체를 회전시킨다. 수정에서 모깎기를 선택한다. 손잡이 4곳을 선택하고, 0.5 mm로 모깎기를 한다. 확인을 누른다.

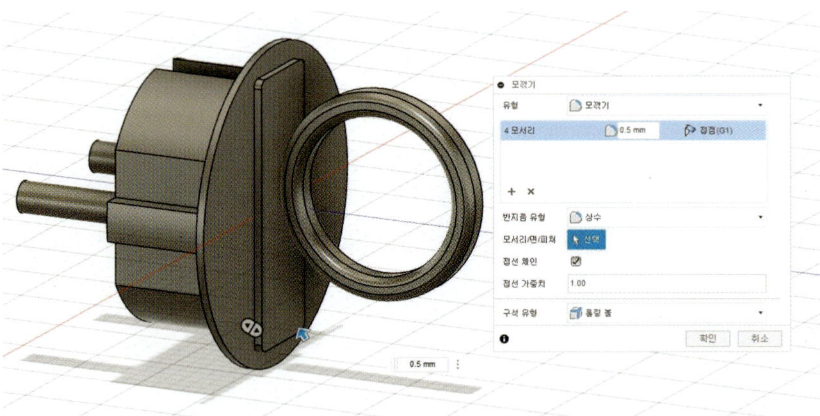

순서 24 수정에서 모깎기를 선택한다. 몸체 직사각형의 모서리 4곳을 선택한다. 0.5 mm 모깎기를 한다. 확인을 누른다.

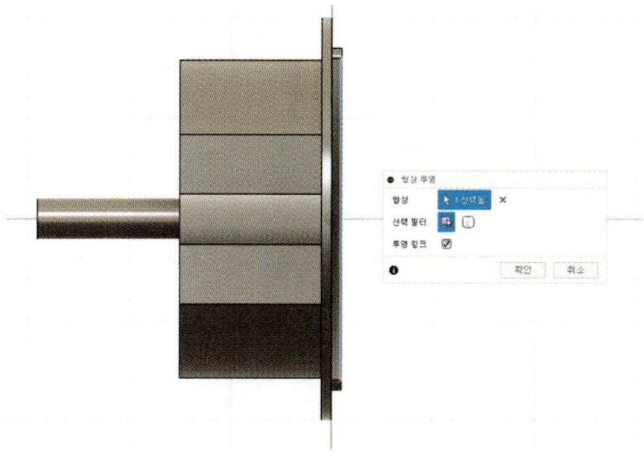

순서 25 작성에서 투영/포함 형상투영을 선택한다. 형상을 선택한다.
선택 필터는 지정된 도면요소를 선택한다. 확인을 누른다.

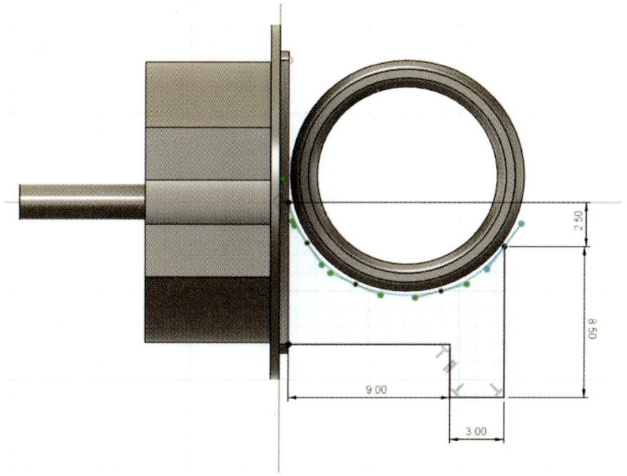

순서 26 작성에서 선을 선택한다. 그림과 같이 스케치 도면을 그린다.
스케치 치수를 눌러 그림과 같이 치수를 조정한다.
스케치 마무리를 누른다.

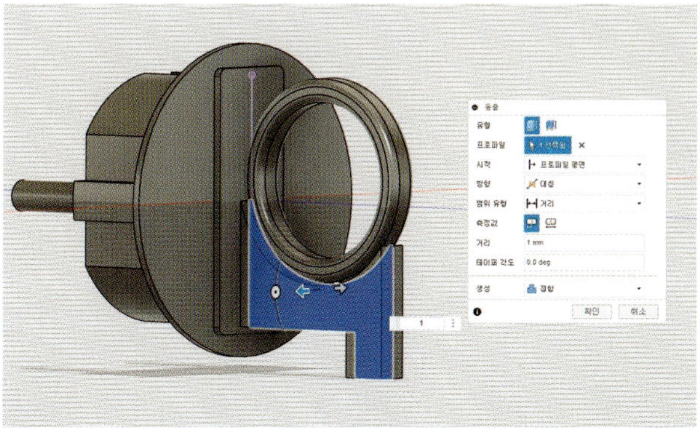

순서 27 작성에서 돌출을 선택한다. 프로파일을 선택한다. 방향을 대칭으로 한다.
거리를 1.0 mm, 생성을 접합으로 한다. 확인을 누른다.

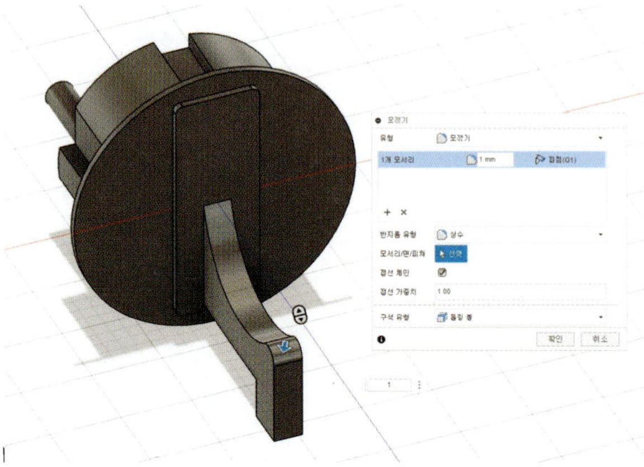

순서 28 검색기에서 본체 4를 비활성화한다.
수정에서 모깎기를 선택한다. 1개 모서리를 1.0 mm로 모깎기 한다.
확인을 누른다.

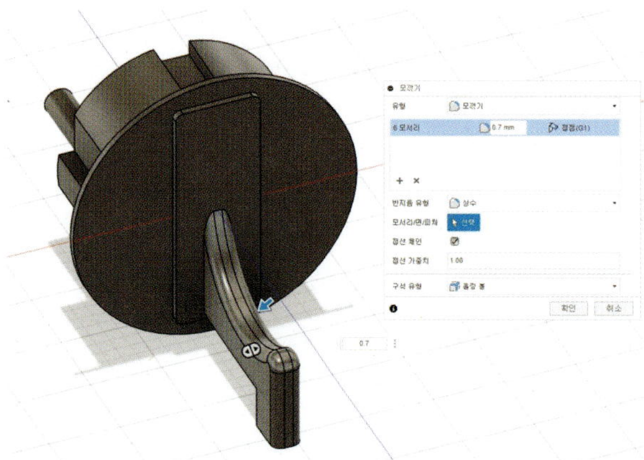

순서 29 손잡이 옆면의 앞, 뒤를 선택한다. 0.7 mm로 모깎기 한다.
확인을 누른다.

순서 30 안쪽 부분을 1.0 mm로 모깎기 한다. 확인을 누른다.

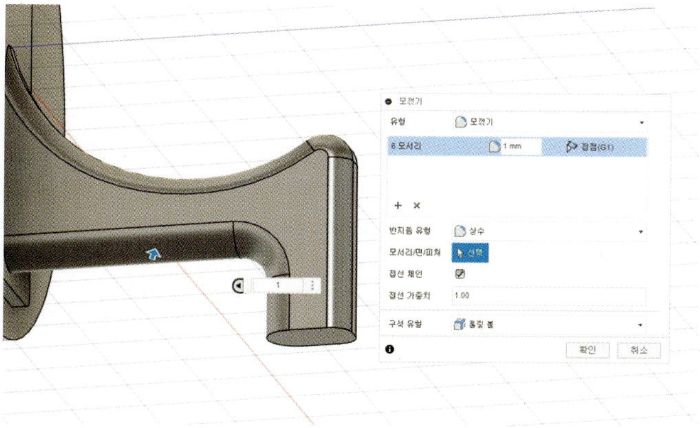

순서 31 옆면을 1.0 mm로 모깍기 한다. 확인을 누른다.

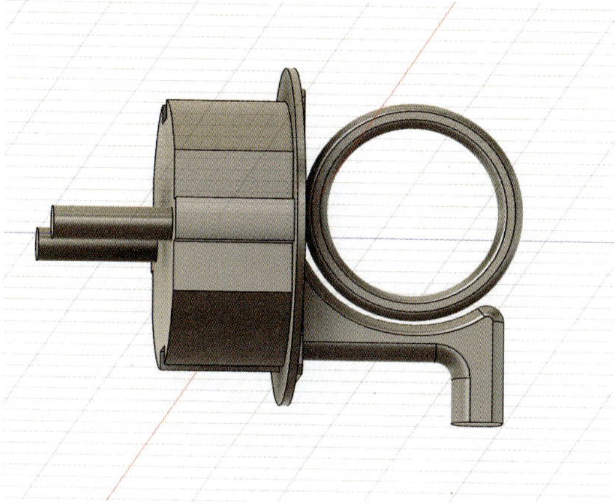

순서 32 검색기에서 본체 4를 활성화한다.

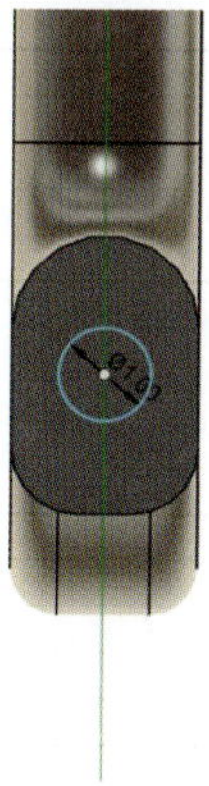

순서 33 회전시켜 밑면이 보이도록 한다. 마우스를 올려 놓고 오른쪽 마우스를 누른다.
작성에서 원을 선택한다. 중심 지름 원을 선택하여 직경이 1.0 mm인 0.5 mm 2개의 원을 그린다.
스케치 마무리를 누른다.

순서 34

작성에서 돌출을 선택한다. 프로파일을 선택하고 거리를 1.0 mm로 한다.
확인을 누른다.

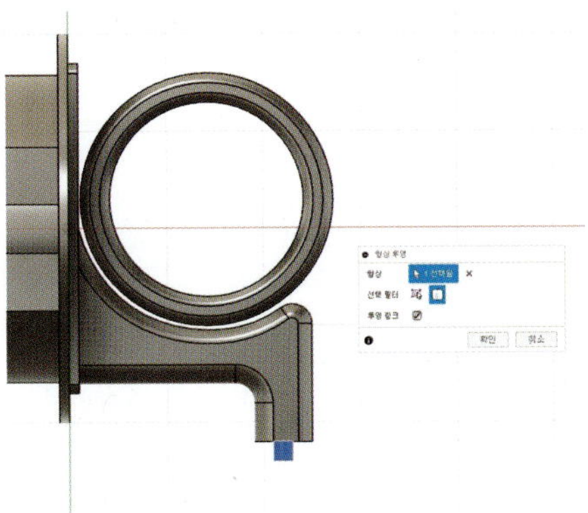

순서 35

스케치 작성에서 좌측 면(YZ)을 선택한다.
작성에서 투영/포함을 누르고, 형상투영을 선택한다. 선택 필터는 본체를 선택한다.
확인을 누른다.

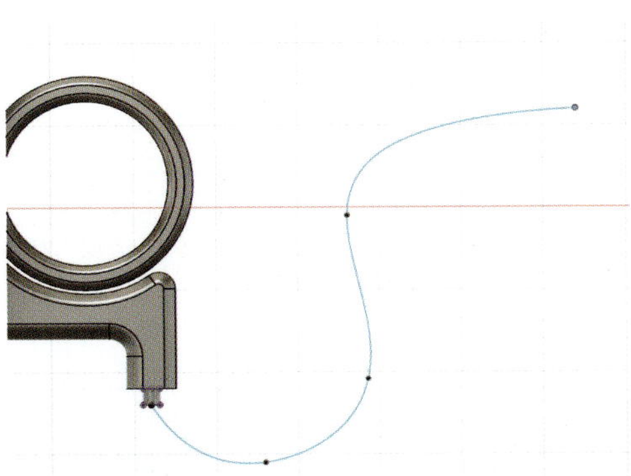

※ 스플라인(spline)

곡선을 작성한다.

순서 36

작성에서 스플라인을 선택한다. 중심에서 스플라인을 그린다.
스케치 마무리를 누른다.

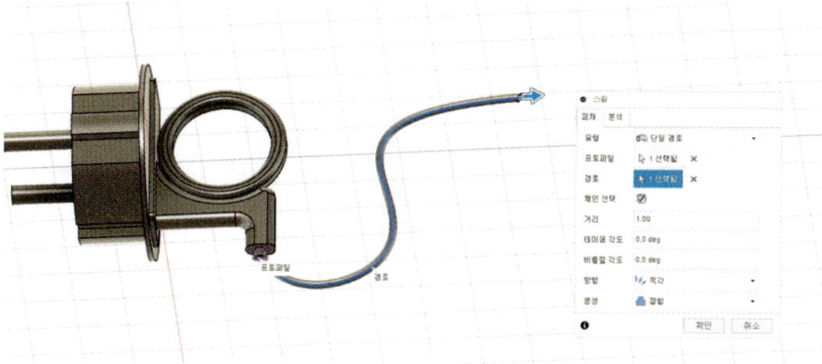

※ 스웹(sweep)

파일이 경로를 따라 형상이 만들어진다.

순서 37 몸체를 회전시켜 밑면이 보이도록 한다. 작성에서 스웹으로 간다.
0.5 mm 원 프로파일을 선택한다. 경로를 선택한다. 생성은 접합으로 한다.
확인을 누른다.

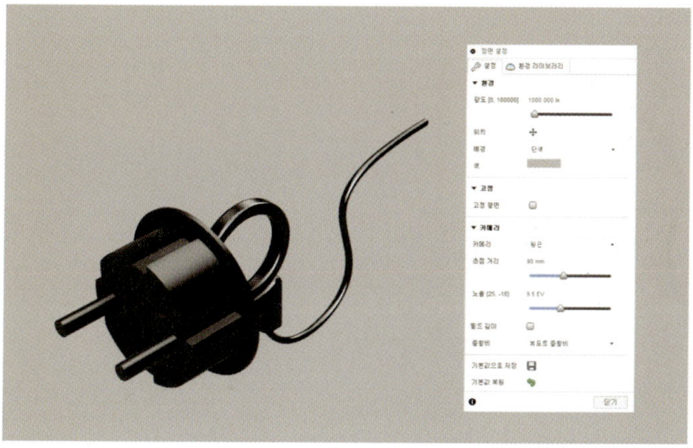

순서 38 디자인에서 렌더링으로 간다. 장면설정에서 고정평면에 체크되어 있는 것을 해제한다.
닫기를 누른다.

순서 39 색상에서 원하는 색을 칠한다. 닫기를 누른다.

순서 40 캔버스 내 렌더링을 실행한다. 시간이 우수가 될 때까지 기다린다.

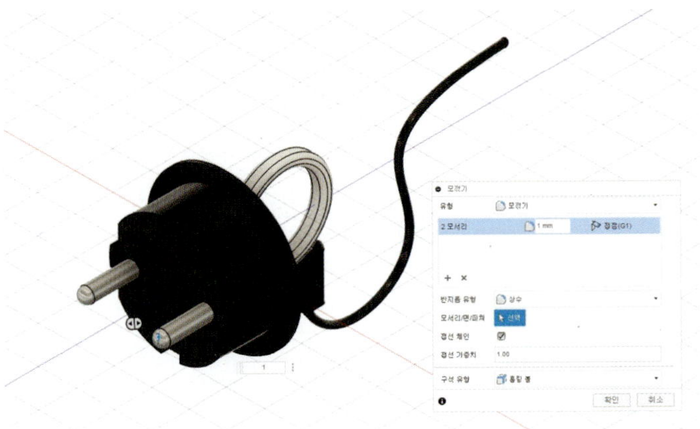

순서 41 꼭지 모서리를 1.0 mm로 모깎기 한다.

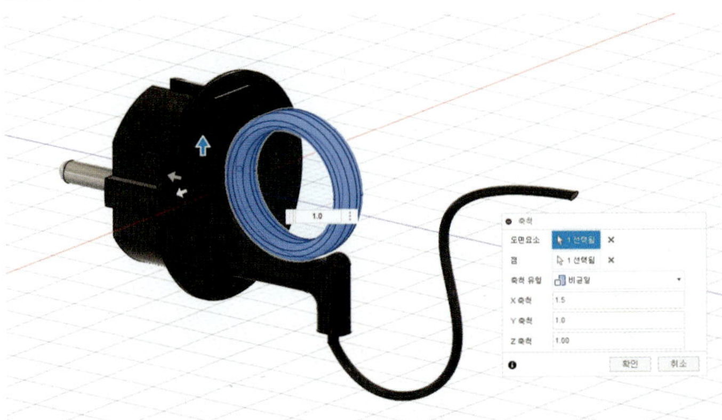

순서 42 손잡이 부분을 수정하기 위해 수정에서 축척을 선택한다.
도면 요소를 선택하고, 점을 선택한다. 축척 유형을 비균일로 한다.
X축척을 1.5 mm로 하고 나머지는 1.0 mm로 한다. 확인을 누른다.

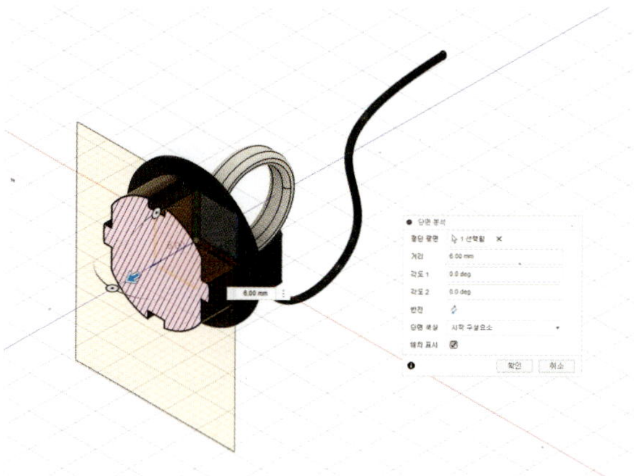

순서 43 검사에서 단면 분석을 선택한다. 절단 평면은 우측 면(XY)을 누른다.
이상이 없으면 확인을 누른다.

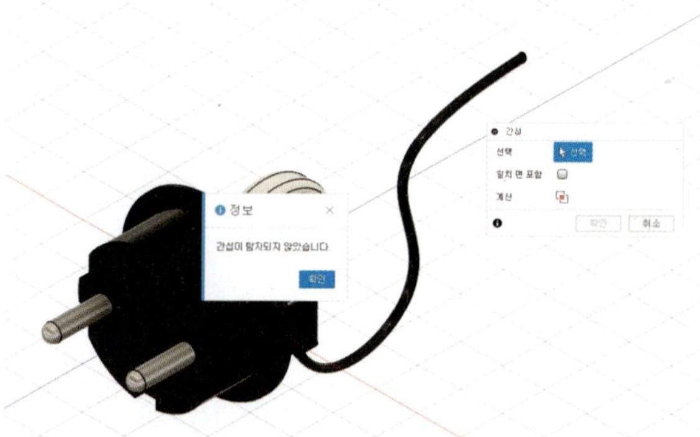

순서 44 간섭 검사를 확인 하기 위해 검사에서 간섭을 선택한다.
계산을 누른다. 간섭이 확인되지 않습니다. 확인을 누른다.

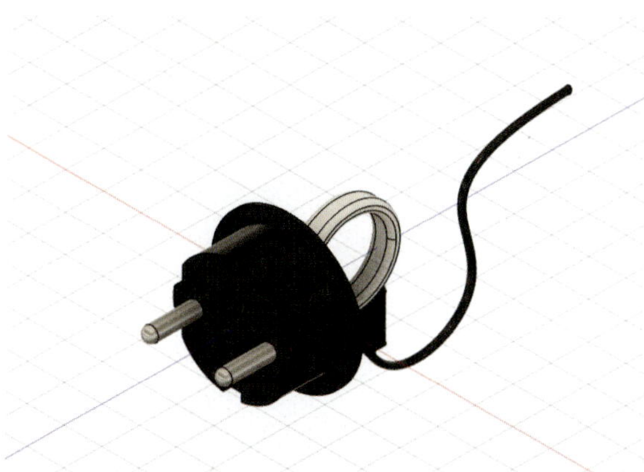

순서 45 최종적으로 전기 플러그가 만들어 진다.

2-15 무선주전자 모델링

학습목표

1. 스케치와 돌출 명령어에 대하여 이해한다.
2. 회전, 모깍기, 미러 명령어에 대하여 이해한다.
3. 쉘, 형상투영 명령어에 대하여 이해한다.
4. 스웹, 슬롯, 단면 분석 명령어에 대하여 이해한다.

완성된 그림

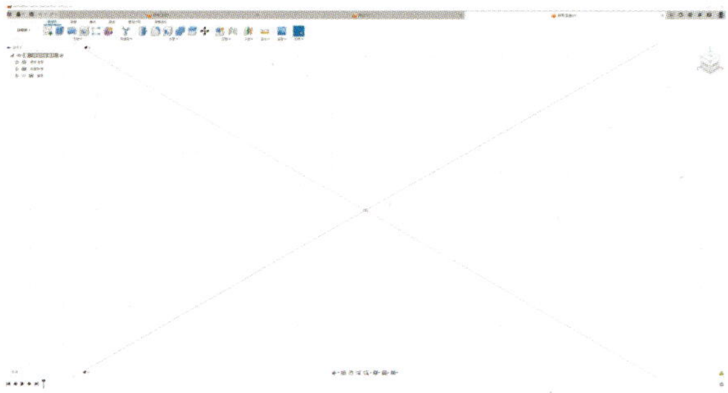

순서 1 Fusion 360을 실행하여 작업 창이 나타나도록 한다.

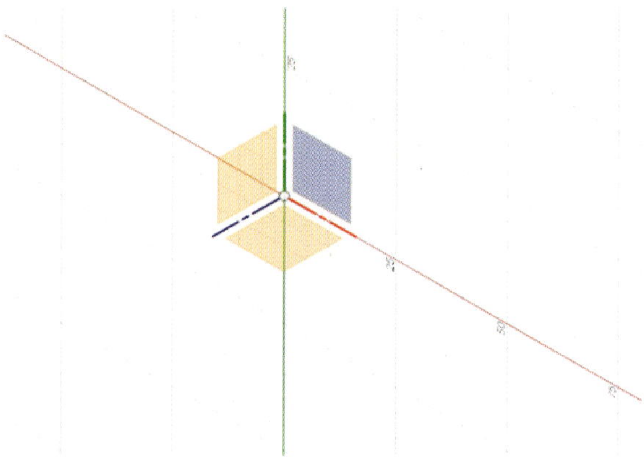

순서 2 스케치 작성을 누르고 우측 면(XY)을 선택한다.

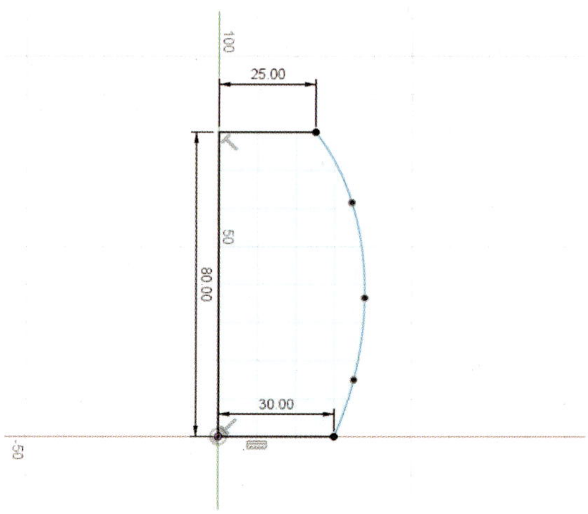

순서 3 작성에서 선을 누르고 원점(0.0)에서 가로 30.0 mm, 세로 80.0 mm 선을 그린다.
상부 끝에서 가로방향으로 25.0 mm 선을 긋는다.
작성에서 스플라인으로 간다. 맞춤점 스플라인을 선택하여 3점을 연결한다.
스케치 마무리를 누른다.

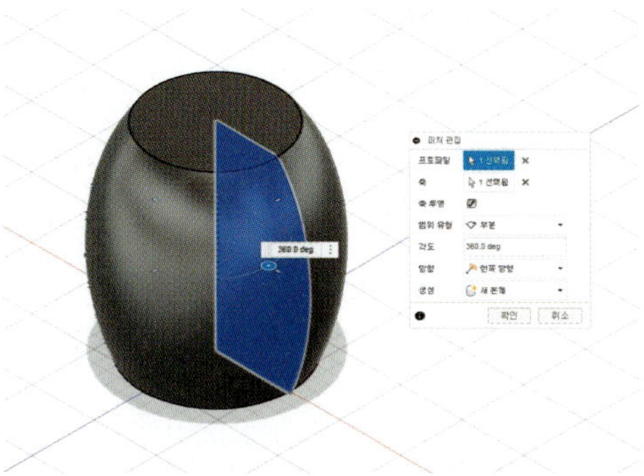

순서 4 홈(집)을 누른다. 작성에서 회전을 선택한다.
프로파일을 선택하고, 축을 Y축을 선택한다. 생성은 새 본체로 한다.
확인을 누른다.

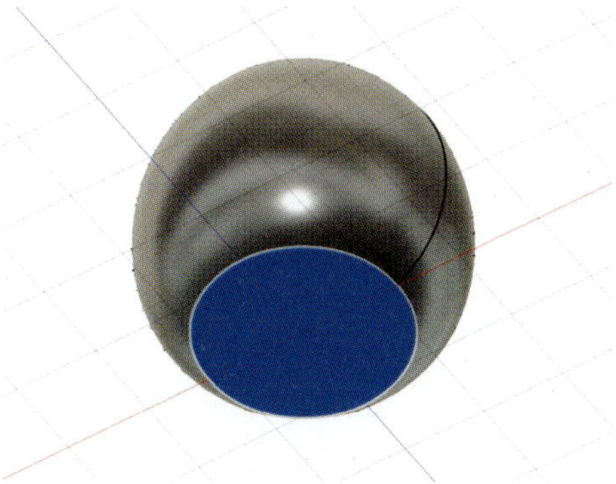

순서 5 Shift+마우스 볼을 누른 상태에서 회전을 하여 밑면이 보이도록 한다.
밑면에 마우스를 놓고 오른쪽 마우스를 눌러 스케치 작성을 선택한다.

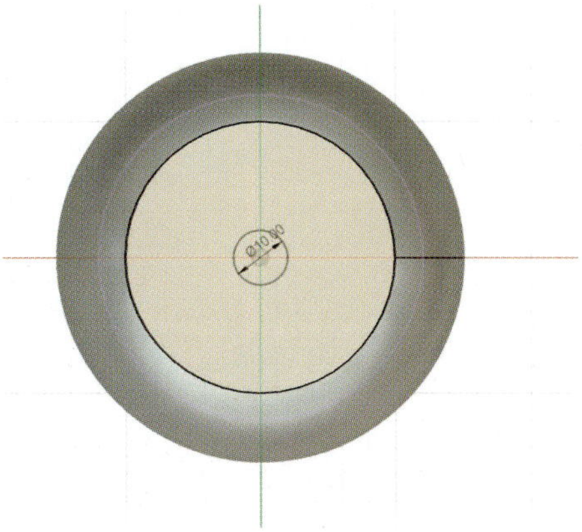

순서 6 작성에서 원으로 간다. 중심 지름 원을 선택한다.
원점(0.0)에서 직경이 10.0 mm인 원을 그린다. 스케치 마무리를 누른다.

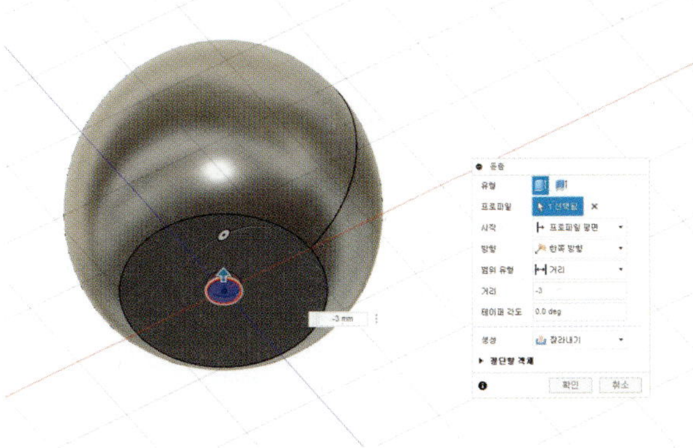

순서 7 작성에서 돌출을 누르고 프로파일을 선택한다.
거리를 −3.0 mm하고, 생성을 잘라내기를 한다. 확인을 누른다.

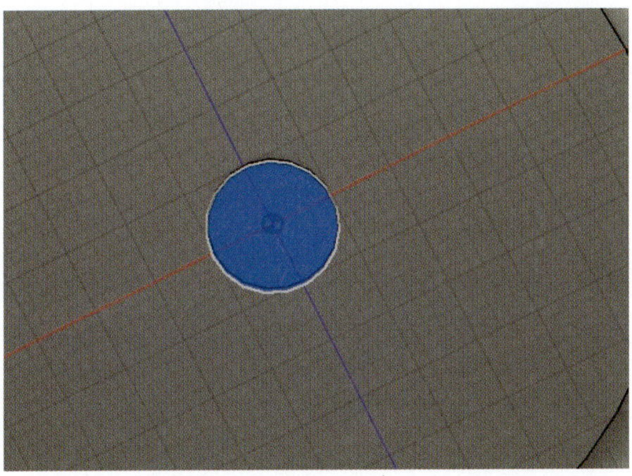

순서 8 밑면에서 직경이 10.0 mm인 원에 마우스 올려 놓는다.
오른쪽 마우스를 눌러 스케치 작성을 선택한다.

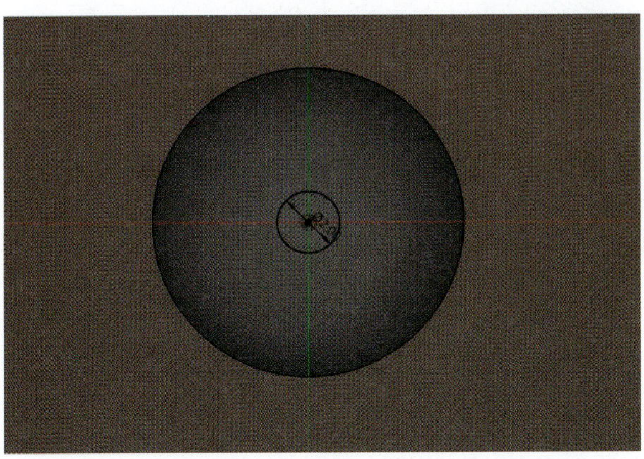

순서 9 중심 지름 원을 선택하여 직경이 2.0 mm인 원을 그린다.
스케치 마무리를 누른다.

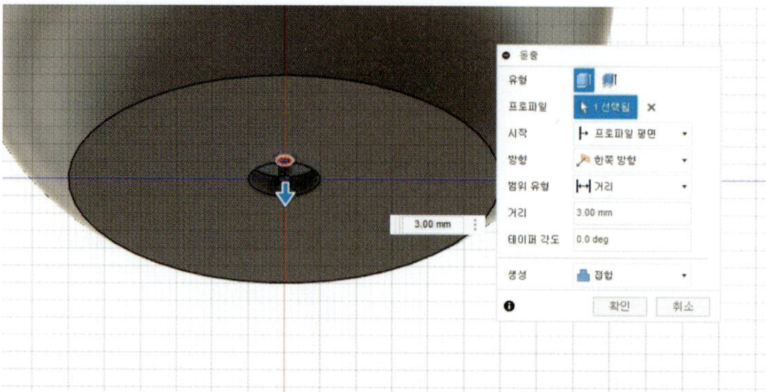

순서 10 작성에서 돌출을 누른다. 프로파일을 선택한다.
거리를 3.0 mm로 하고, 생성은 접합으로 한다. 확인을 누른다.

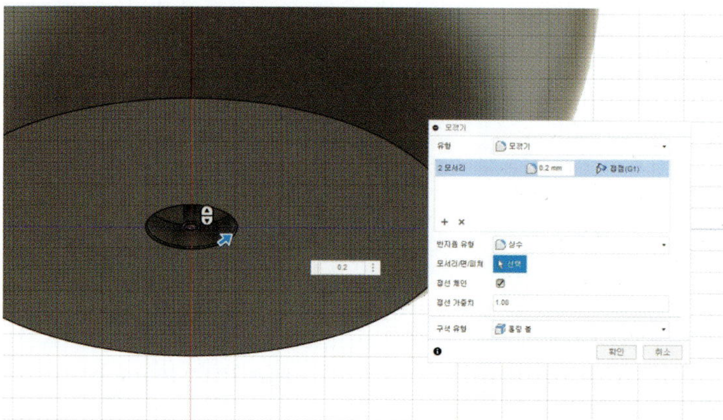

순서 11 수정에서 모깍기를 누르고, 중심에 있는 작은 원과 밖의 원 2곳을 선택한다.
모서리를 0.2mm 모깍기를 한다. 확인을 누른다.

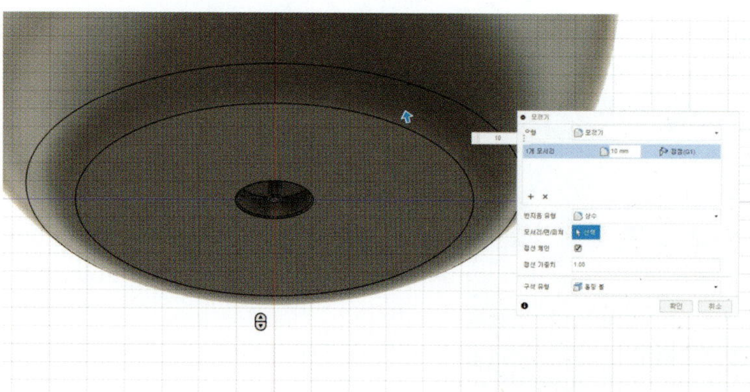

순서 12 작성에서 모깍기를 누른다. 주전자 밑면 모서리를 선택한다.
모서리를 10.0 mm로 모깍기 한다. 확인을 누른다.

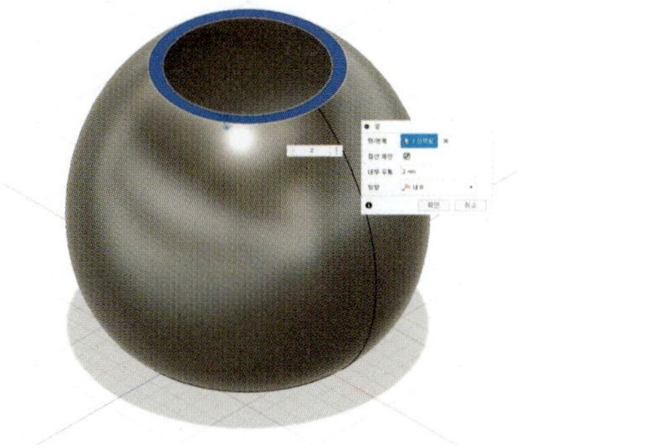

순서 13 홈(집)을 누른다. 수정에서 쉘을 선택한다. 내부 두께를 2.0 mm로 한다.
확인을 누른다.

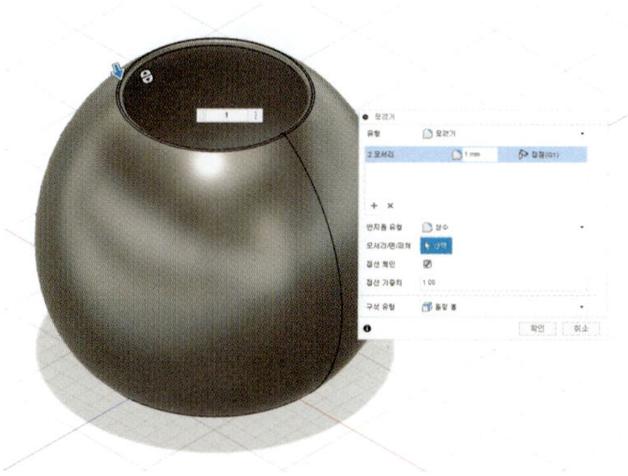

순서 14 수정에서 모깍기를 선택한다. 윗쪽의 내부 모서리와 외부 모서리를 선택한다.
모서리를 1.0 mm로 모깍기 한다. 확인을 누른다.

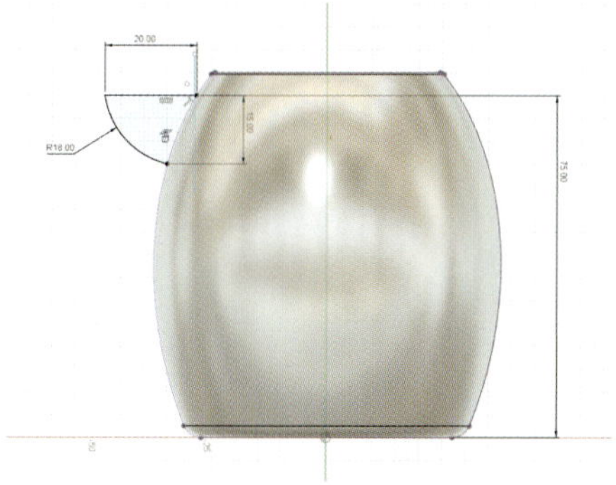

순서 15 스케치 작성을 누르고 우측 면(XY)을 선택한다.
작성에서 투영/포함을 선택한다. 형상투영을 누른다. 본체를 선택한다.
원점(0.0)에서 75.0 mm 거리에 가로 길이가 20.0mm 선을 그린다.
세로 15.0 mm인 점에서 3점 호를 선택하여 연결한다. 호의 반지름은 15.0 mm이다.
일정한 크기의 위에서 아래로 회전 축을 그린다. 스케치 마무리를 누른다.

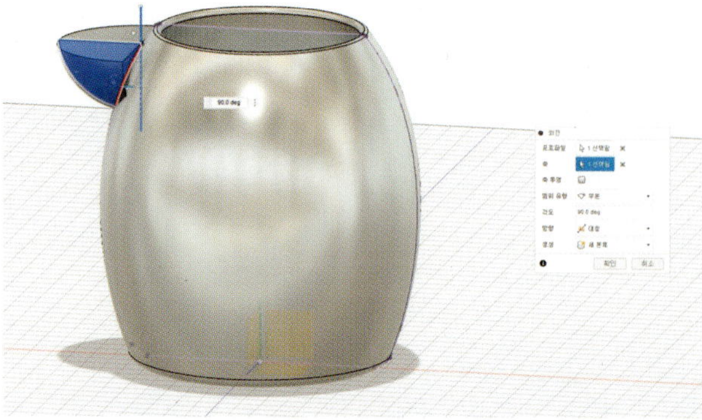

순서 16 홈(집)을 누른다. 작성에서 회전을 선택한다. 프로파일을 선택하고 회전축을 선택한다.
각도를 90.0 deg, 방향은 대칭을 한다. 생성은 새 본체로 한다.
확인을 누른다.

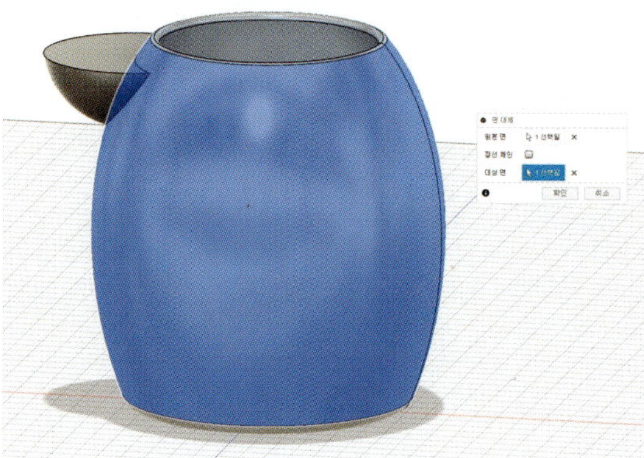

순서 17 수정에서 면 대체를 선택한다. 원본 면(붙는 면)을 선택하고, 대상 면(본체)을 선택한다.
확인을 누른다.

순서 18 수정에서 쉘을 선택한다. 윗면을 선택하고, 내부 두께를 0.5 mm로 한다.
확인을 누른다.

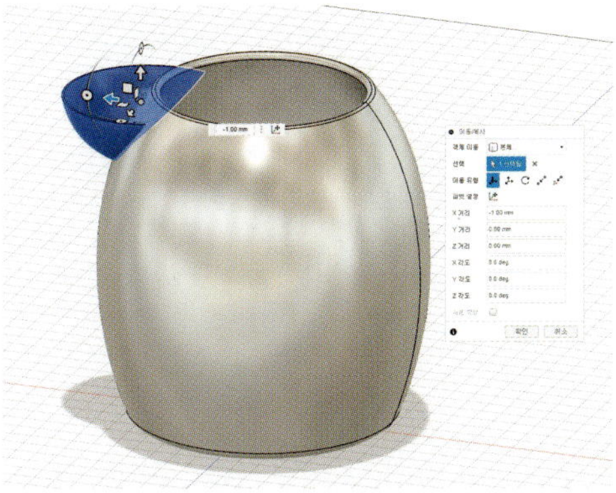

순서 19 수정에서 이동/복사를 선택한다.
X 거리로 −1.0 mm 이동시킨다. 확인을 누른다.

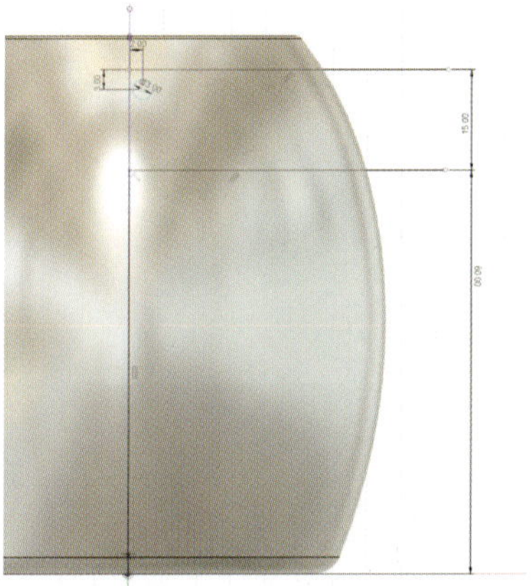

순서 20 스케치 작성에서 좌측(YZ)면을 선택한다.
원점(0.0)에서 75.0 m 위치에 가로 선을 그린다.
그 점에서 가로 2.0 mm, 세로 3.0 mm 점에 3.0 mm 원을 그린다.

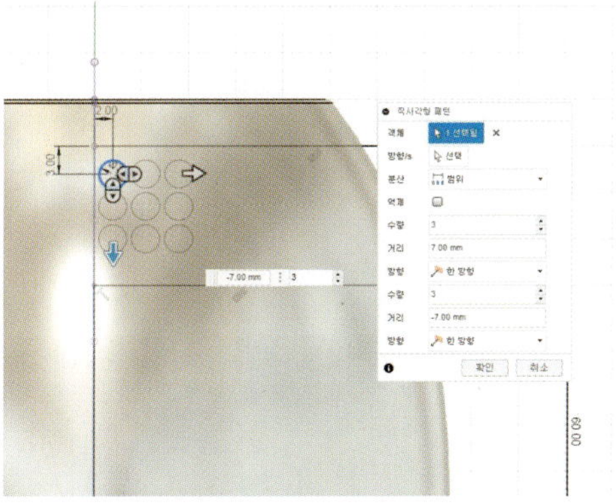

순서 21 작성에서 직사각형 패턴을 선택한다. 객체를 선택하고 가로로 3개, 세로 3개를 선택한다.
거리는 7.0 mm, −7.0 mm로 한다. 확인을 누른다.

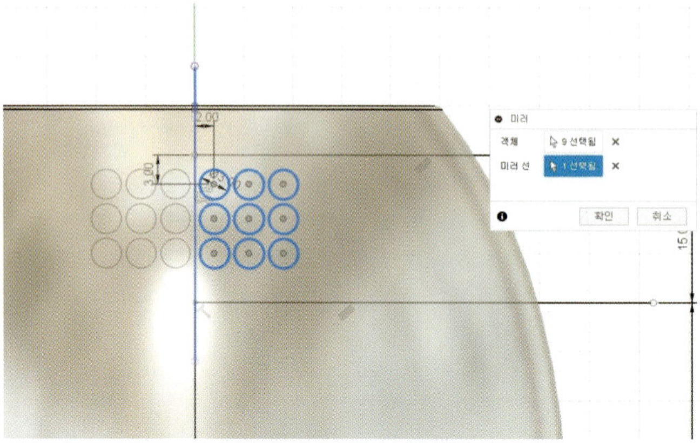

순서 22 작성에서 미러를 선택한다. 객체 9개를 선택한다.
미러선은 중심선을 선택한다. 확인을 누른다.

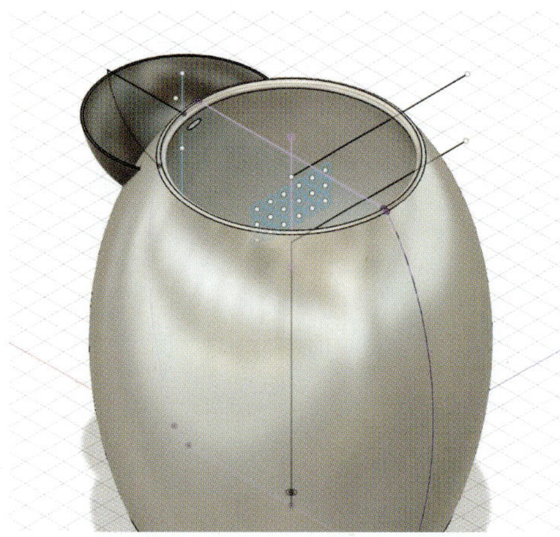

순서 23 스케치 마무리를 누른다. 홈(집)을 누른다.

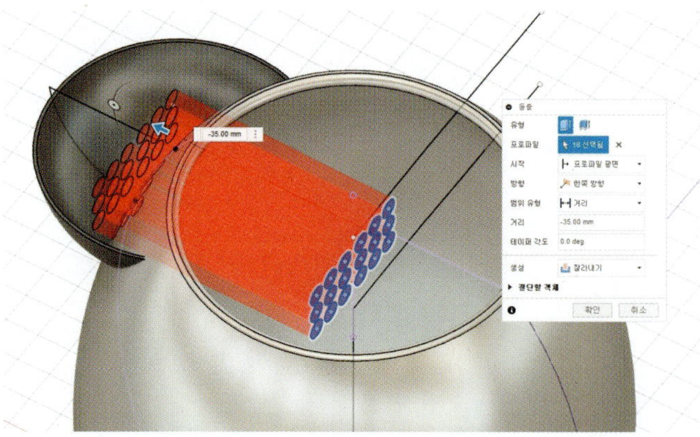

순서 24 작성에서 돌출을 누르고 프로파일 18개를 선택한다.
거리를 −35.0 mm하고, 생성은 잘라내기를 한다. 확인을 누른다.

순서 25 홈(집)을 누른다.

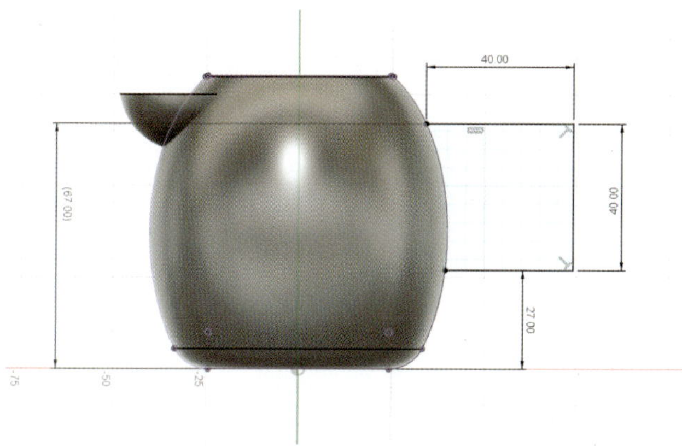

순서 26 스케치 작성에서 우측(XY)면을 선택한다.
작성에서 투영/포함을 누르고, 형상투영을 선택한다.
본체를 선택한다. 확인을 누른다. 작성에서 선을 선택한다.
원점(0.0)에서 높이 67.0 mm에서 가로 40.0 mm, 세로 40.0 mm ㄱ형을 그린다.

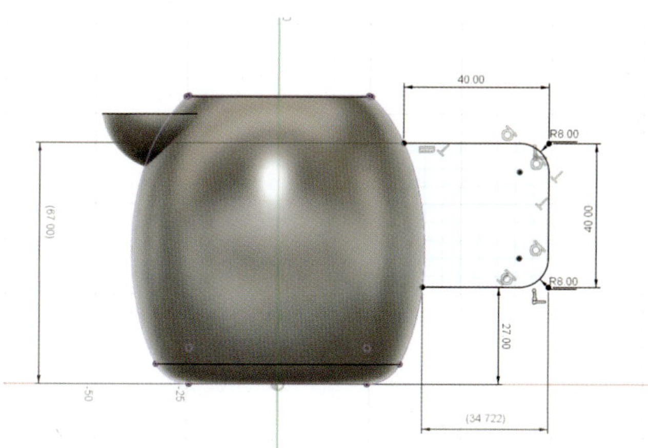

순서 27 작성에서 모깍기를 선택한다. 양쪽 모서리를 8.0 mm로 모깍기 한다.

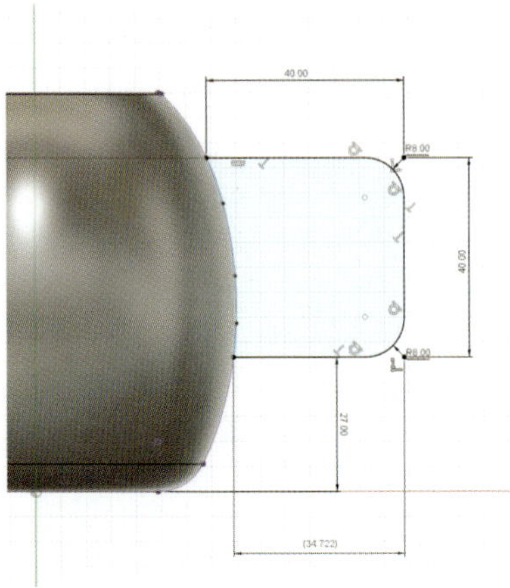

순서 28 작성에서 스플라인을 선택한다. 몸체 위에서 아래로 내려오면서 스플라인 선을 연결한다.

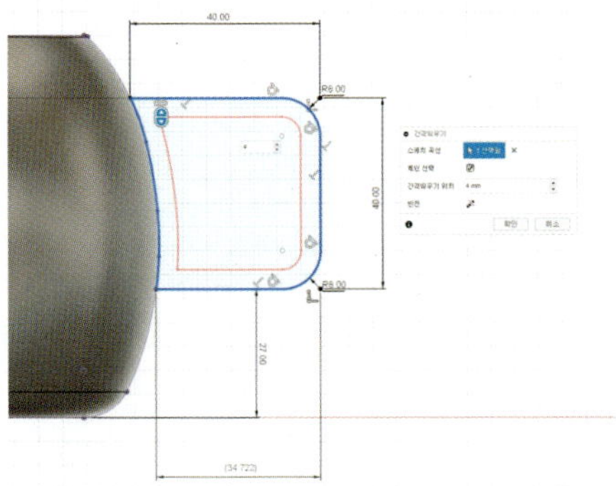

순서 29 수정에서 자르기를 선택한다. 초과된 선을 잘라내기를 한다.
수정에서 간격 띄우기를 선택한다.
스케치 곡선을 선택하고, 간격 띄우기 위치를 4.0 mm로 한다. 확인을 누른다.
스케치 마무리를 누른다.

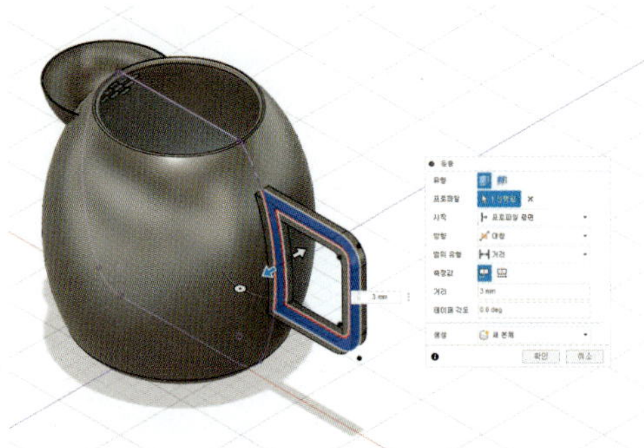

순서 30 작성에서 돌출을 선택한다. 프로파일을 선택한다. 방향은 대칭으로 한다.
거리를 3.0 mm로 하고, 생성은 새 본체를 한다. 확인을 누른다.

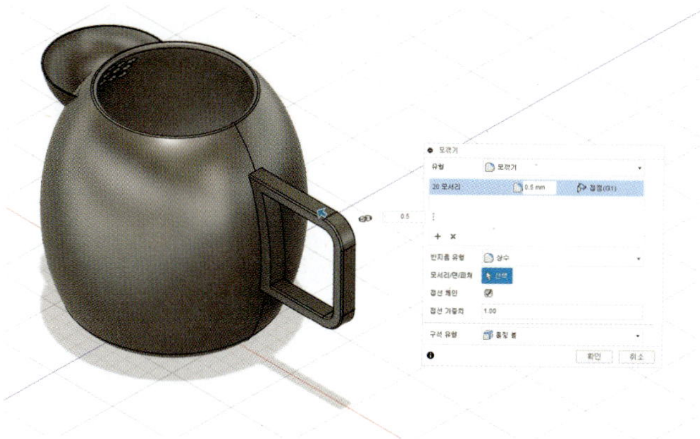

순서 31 수정에서 모깎기를 선택한다. 손잡이 4곳을 선택한다.
모서리를 0.5 mm로 모깎기 한다. 확인을 누른다.

순서 32 몸체와 접촉하는 부위의 모서리에 대하여 모깎기를 한다.
0.5 mm로 모깎기 한다. 확인을 누른다.

순서 33 손잡이 윗면을 마우스로 대고 오른쪽 마우스를 눌러 스케치 작성을 선택한다.

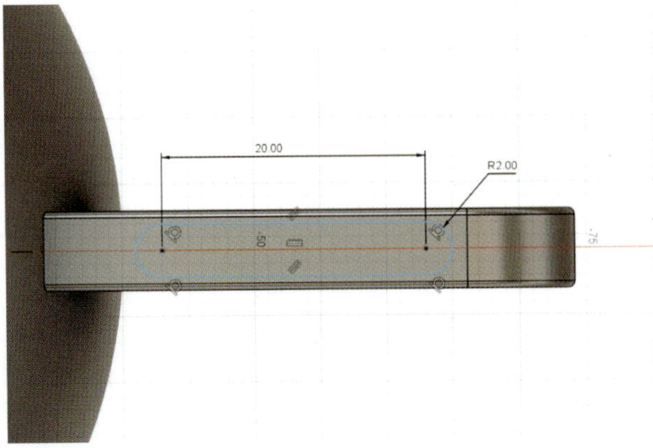

※ 슬롯(slot)

장구 모양의 형태를 만드는 것

순서 34 작성에서 슬롯을 선택한다. 중심 대 중심 슬롯을 선택한다.
가로 20.0 mm, 반지름 2.0 mm인 슬롯을 만든다. 스케치 마무리를 누른다.
홈(집)을 누른다.

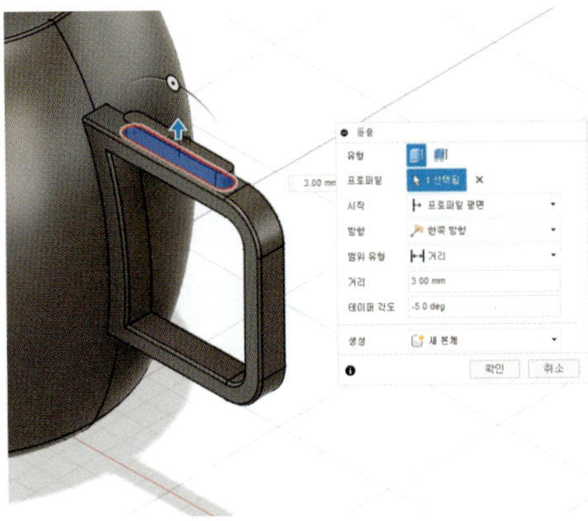

순서 35 수정에서 돌출을 선택한다. 프로파일을 선택하고 거리를 3.0 mm로 돌출한다.
테이퍼 각도는 −5.0 deg, 생성은 새 본체로 한다. 확인을 누른다.

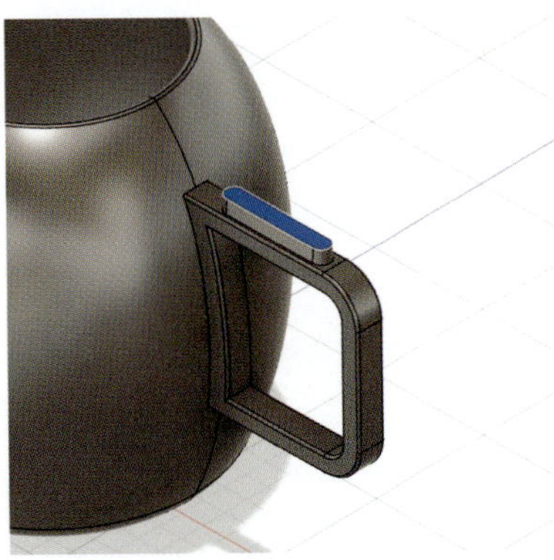

순서 36 돌출된 면 위에서 마우스를 대고 오른쪽마우스를 누른다.
스케치 작성을 선택한다.

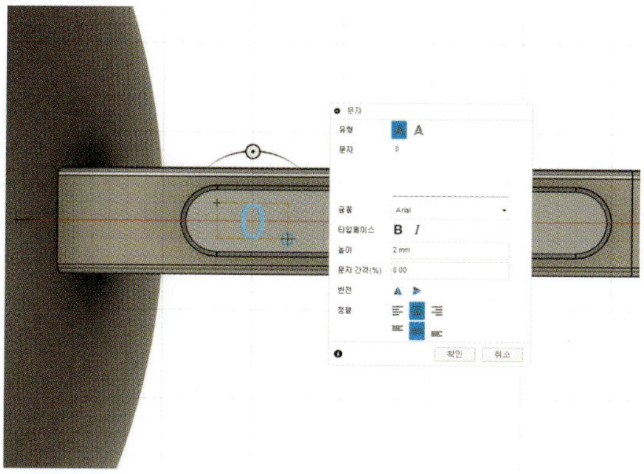

순서 37 돌출된 면 위에서 마우스를 대고 오른쪽마우스를 누른다.
스케치 작성을 선택한다. 작성에서 문자를 선택한다. 문자 0를 작성한다.
문자 높이를 2.0 mm로 한다. 확인을 누른다.

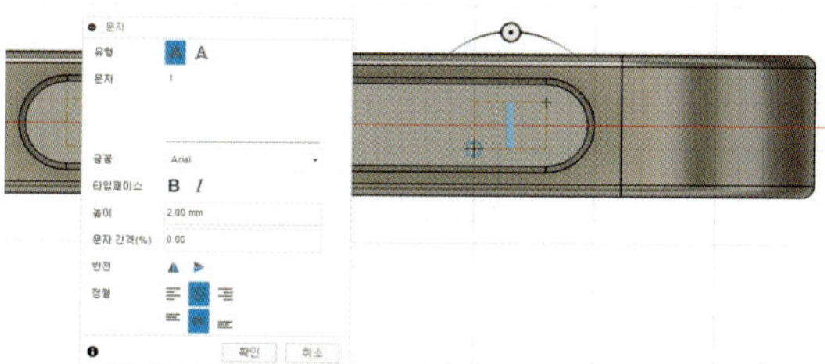

순서 38 작성에서 문자를 선택한다. 문자 I를 작성한다. 문자 높이를 2.0 mm로 한다.
확인을 누른다. 스케치 마무리를 누른다. 홈(집)을 누른다.

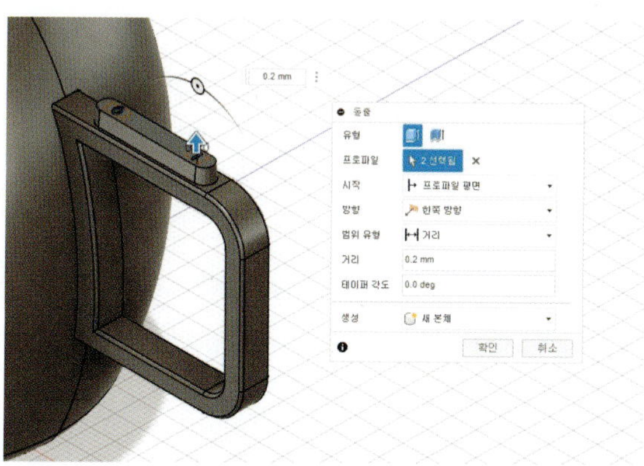

순서 39 수정에서 돌출을 선택한다. 프로파일 2개를 선택한다.
거리를 0.2 mm로 한다. 생성은 새 본체로 한다. 확인을 누른다.

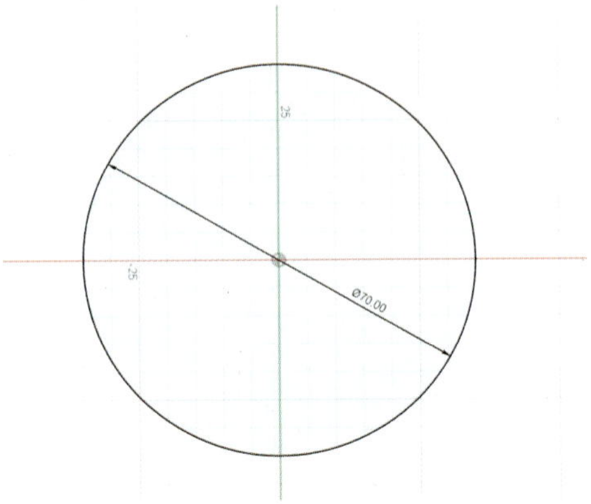

순서 40 검색기에서 본체로 간다. 본체 전체를 비활성화 한다.
스케치 작성을 누르고 밑면(XZ)을 선택한다.
작성에서 원을 선택한다. 직경이 70.0 mm인 원을 그린다.
스케치 마무리를 누른다. 홈(집)을 누른다.

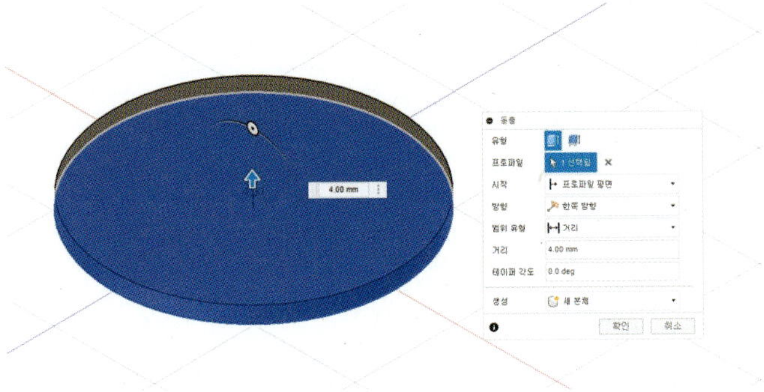

순서 41 수정에서 돌출을 누르고, 프로파일을 선택한다. 거리를 4.0 mm로 선택한다.
생성은 새 본체로 한다. 확인을 누른다.

순서 42 돌출된 면 위에서 마우스를 대고 오른쪽마우스를 누른다.
스케치 작성을 선택한다.

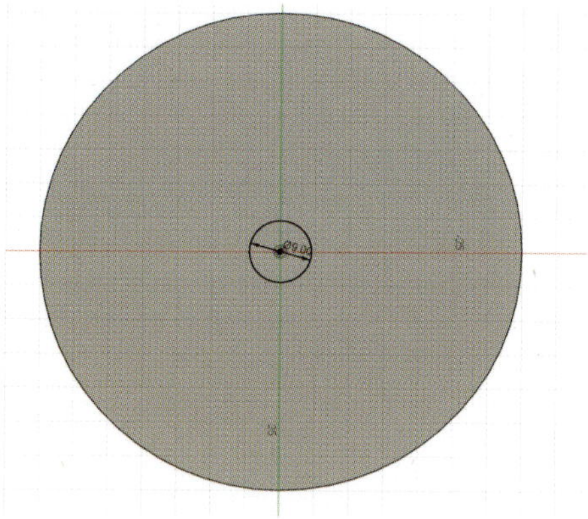

순서 43 작성에서 원으로 가서 중심 지름 원을 선택한다.
원점(0.0)에서 직경이 9.0 mm인 원을 그린다.
스케치 마무리를 누른다. 홈(집)을 누른다.

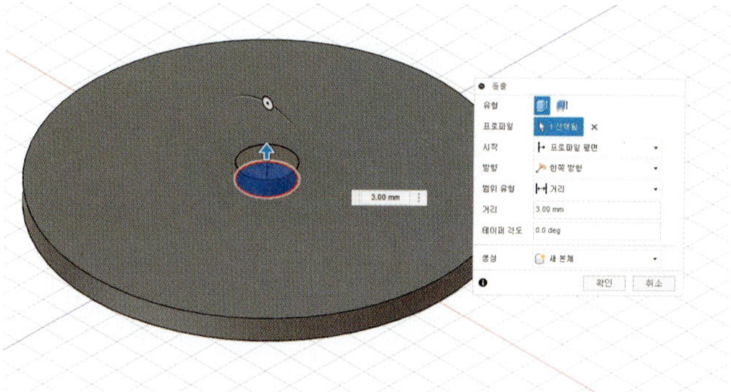

순서 44 작성에서 돌출을 누른다. 프로파일을 선택하고 거리를 3.0 mm로 한다.
생성은 새 본체로 한다. 확인을 누른다.

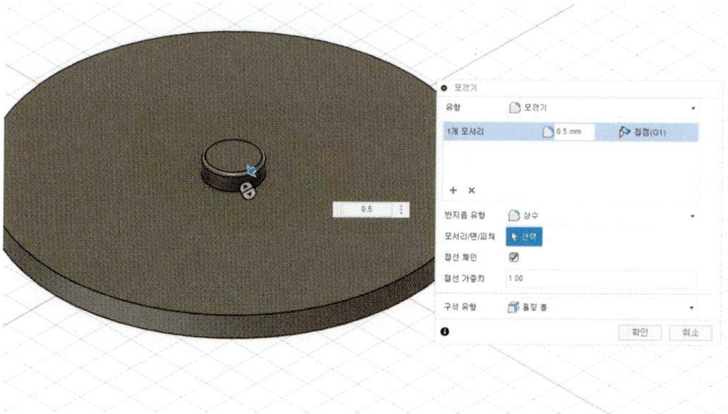

순서 45 수정에서 모깎기를 누른다. 작은 원의 모서리를 선택하고 0.5 mm로 모깎기 한다.
확인을 누른다.

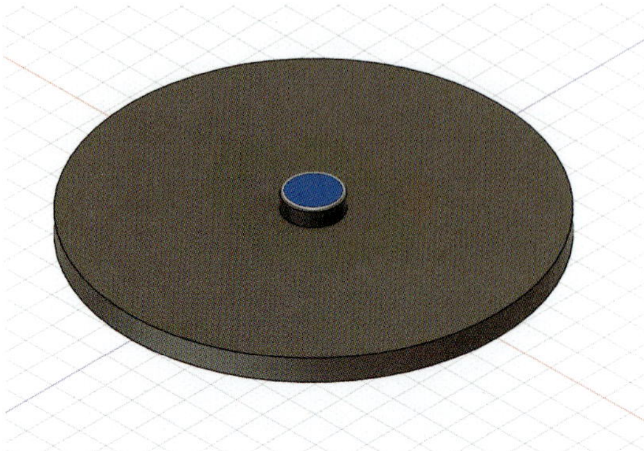

순서 46 작은 원 위에서 마우스를 대고 오른쪽 마우스를 누른다.
스케치 작성을 선택한다.

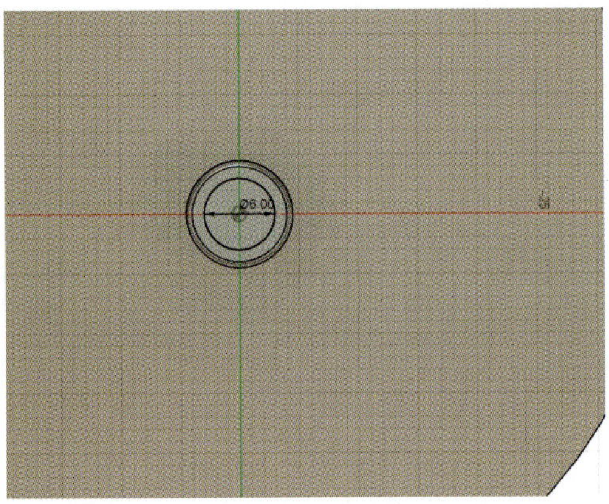

순서 47 작성에서 원을 선택한다. 중심 지름 원을 선택한다.
원점(0.0)에서 직경이 6.0 mm인 원을 그린다.
스케치 마무리를 누른다. 홈(집)을 누른다.

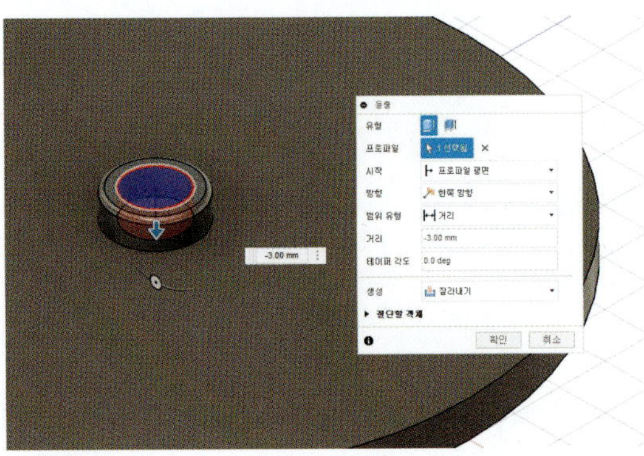

순서 48 수정에서 돌출을 누르고, 프로파일을 선택한다. 거리를 −3.0 mm로 한다.
생성은 잘라내기를 한다. 확인을 누른다.

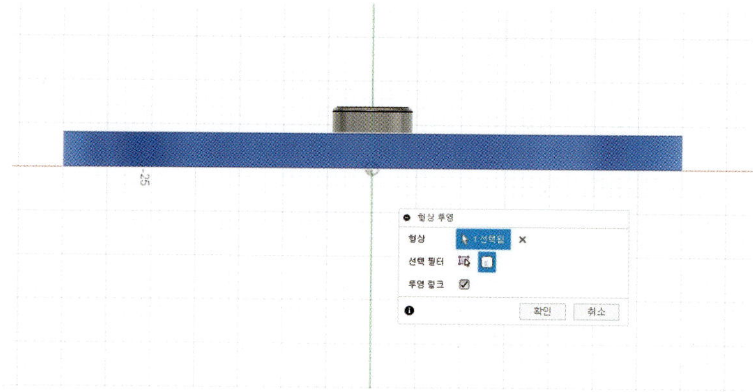

순서 49 스케치 작성에서 우측 면(XY)을 선택한다. 작성에서 투영/포함, 형상투영을 선택한다. 본체를 선택한다.

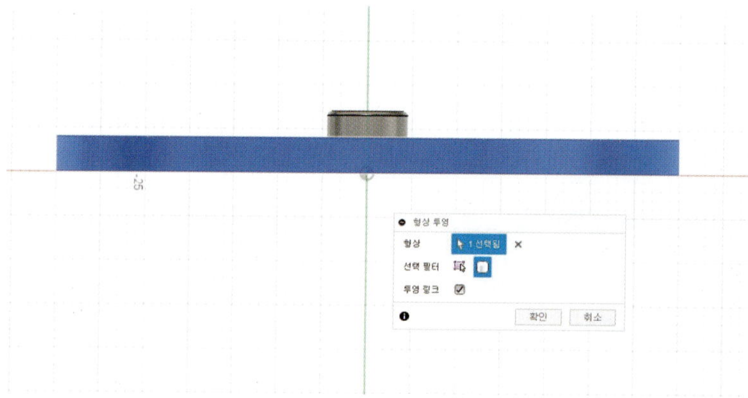

순서 50 작성에서 원을 선택한다. 직경이 3.0 mm인 원을 그린다.

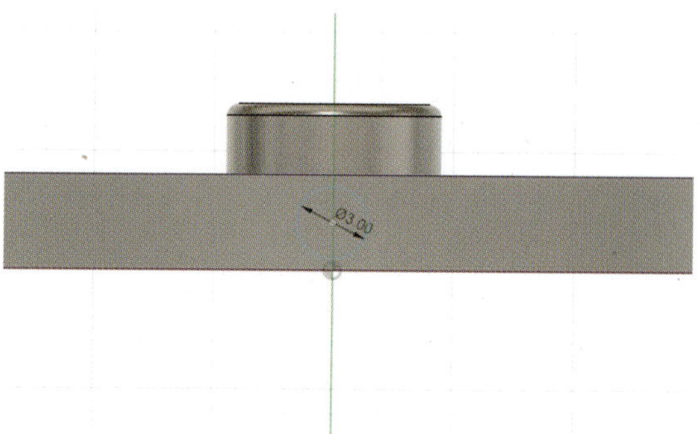

순서 51 작성에서 원을 선택하고, 중심 지름 원을 선택한다.
중심에서 원의 중심까지 거리가 1.7 mm인 원을 그린다. 스케치 마무리를 누른다.

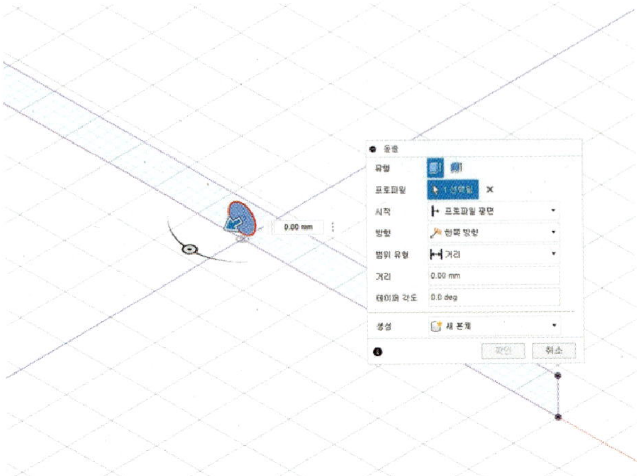

순서 52 검색기에서 본체를 전부 비활성화한다. 작성에서 돌출을 누른다.
프로파일을 선택한다.

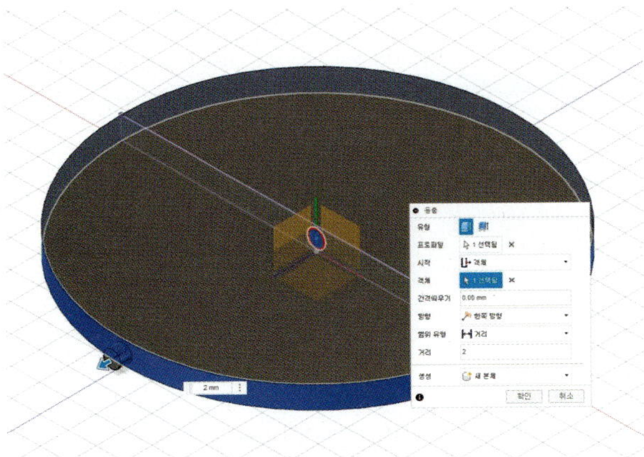

순서 53 시작을 객체로 한다. 검색기에서 본체5를 활성화 한다.
시작을 객체로 하고 객체(몸체 표면)를 선택한다.
거리를 2.0 mm 하고, 생성은 새 본체를 한다. 확인을 누른다.

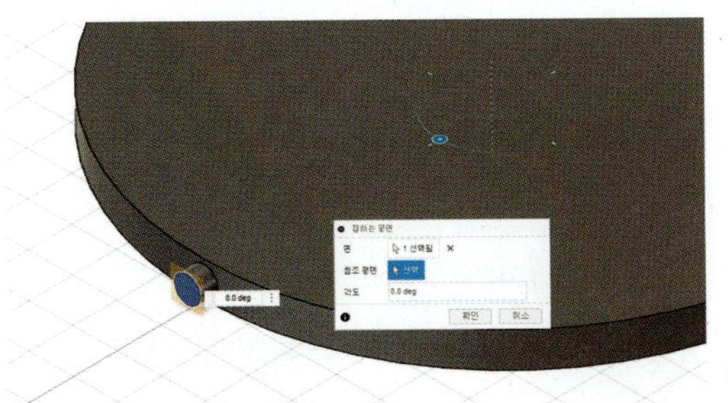

순서 54 구성에서 접하는 평면을 선택한다. 면(돌출된 면)을 선택한다.
확인을 누른다.

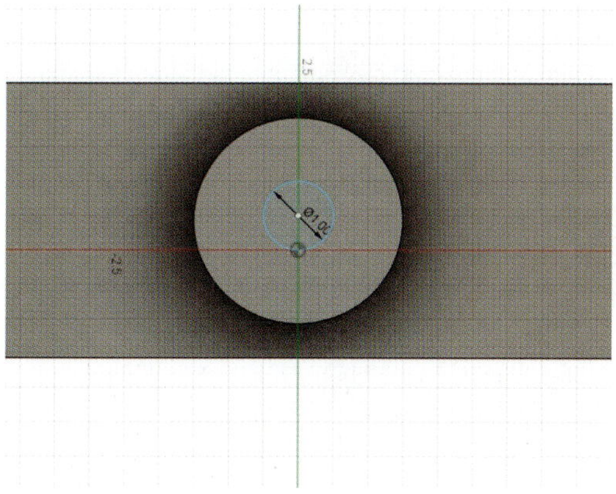

순서 55 면 위에서 마우스를 대고 우측 마우스를 눌러 스케치 작성을 선택한다.
작성에서 원을 선택하고, 중심 지름 원을 선택하여 직경이 1.0 mm인 원을 그린다.
스케치 마무리를 누르고, 홈(집)을 누른다.

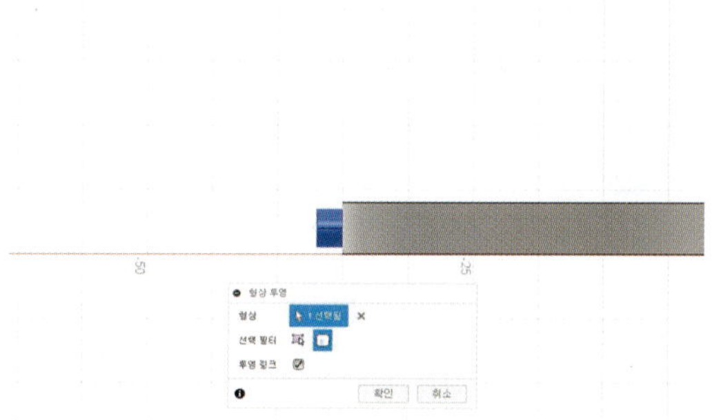

순서 56 스케치 작성에서 좌측(YZ)면을 선택한다. 작성에서 투영/포함 형상투영을 누른다.
몸체를 선택하고 확인을 누른다.

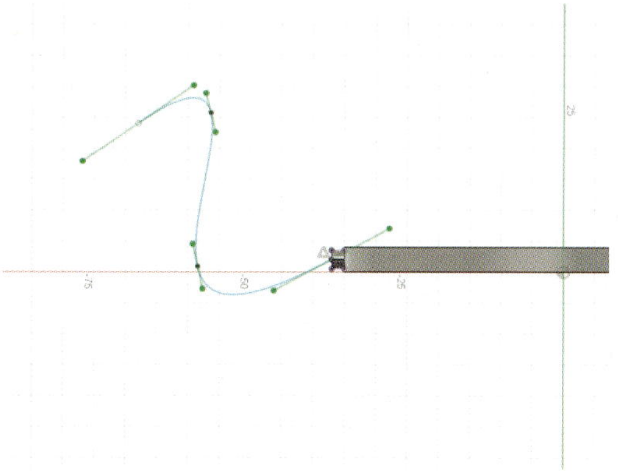

순서 57 작성에서 스플라인을 선택한다. 중심점에서 스플라인을 그린다.

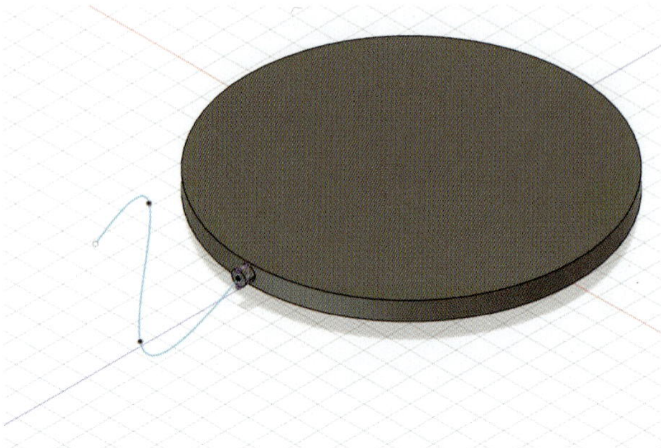

순서 58 스케치 마무리를 누른다. 홈(집)을 누른다.

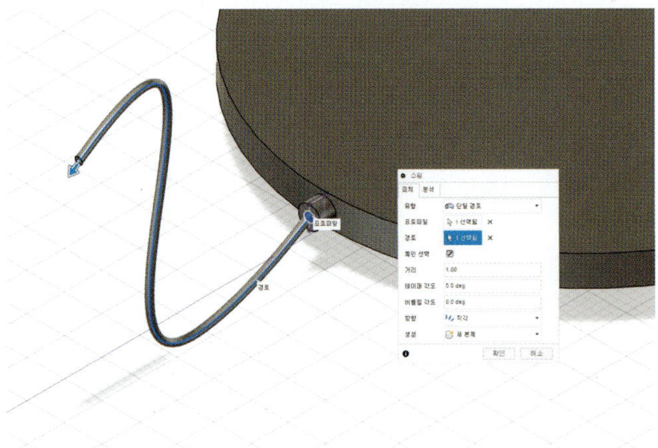

※ 스웹(sweep)

경로를 따라 형상을 만든다.

순서 59 작성에서 스웹을 선택한다. 프로파일을 선택하고 경로를 선택한다. 확인을 누른다.

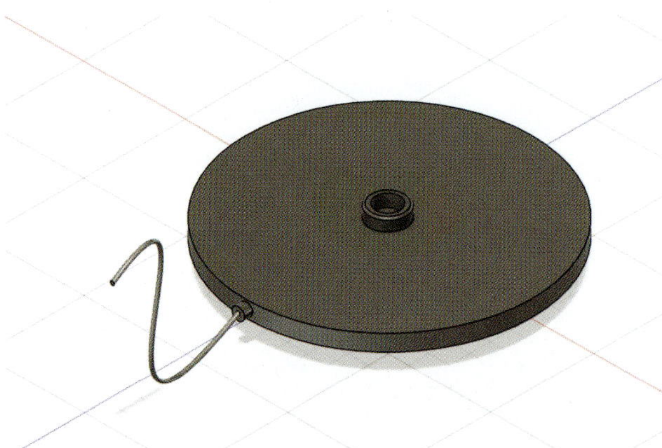

순서 60 검색기에서 본체 10,11,12,13을 활성화 시킨다.

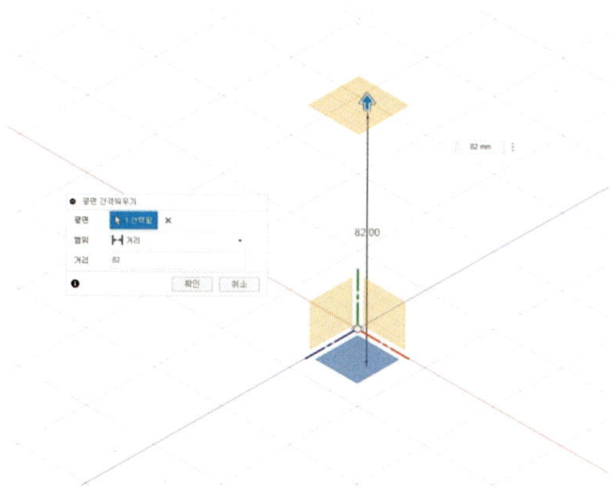

순서 61 검색기에서 본체 1~13까지를 비활성화 한다.
구성에서 평면간격 띄우기를 선택하고 밑면을 선택한다. 위쪽으로 거리를 82.0 mm로 한다.
확인을 누른다.

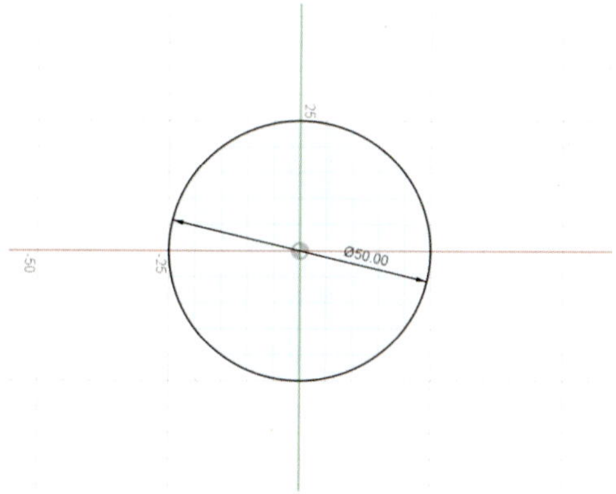

순서 62 띄운 면 위에 오른쪽 마우스를 눌러 스케치 작성을 선택한다.
작성에서 중심 지름 원을 선택하여 직경이 50.0 mm인 원을 그린다.
스케치 마무리를 누른다.

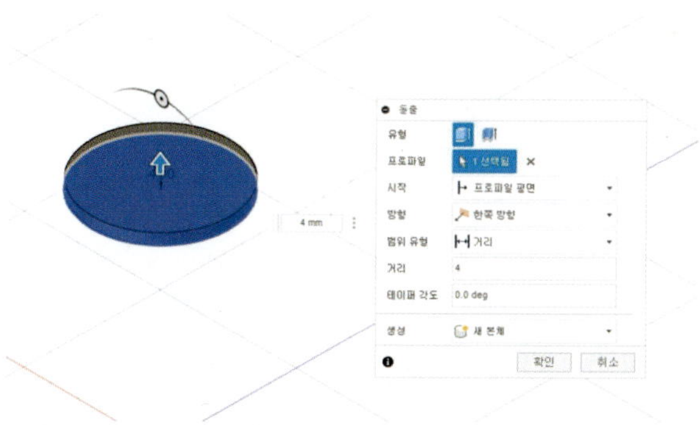

순서 63 작성에서 돌출을 눌러 거리를 4.0 mm로 한다.
확인을 누른다.

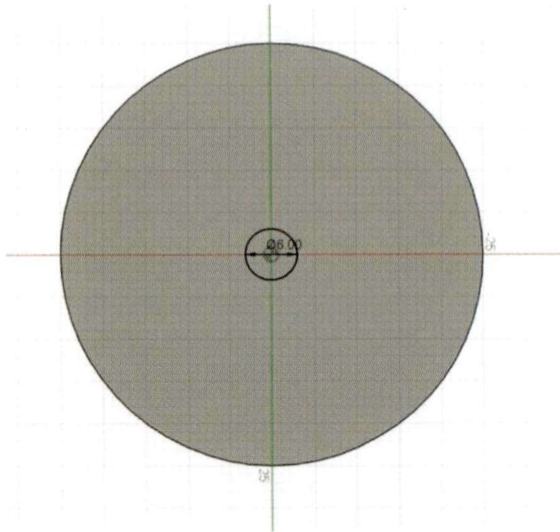

순서 64 돌출된 면 위에 마우스를 대고 오른쪽 마우스를 눌러 스케치 작성을 선택 한다. 작성에서 중심 지름 원을 선택하고 직경이 6.0 mm인 원을 그린다. 스케치 마무리를 누른다. 홈(집)을 누른다.

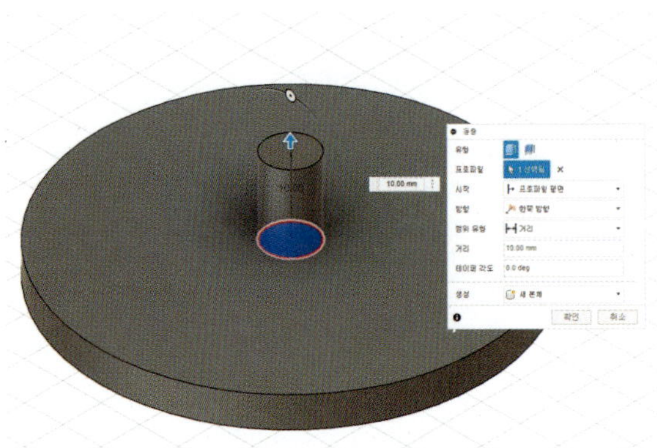

순서 65 작성에서 돌출을 선택한다. 프로파일을 선택하고, 거리를 10.0 mm로 한다. 생성을 새 본체로 한다. 확인을 누른다.

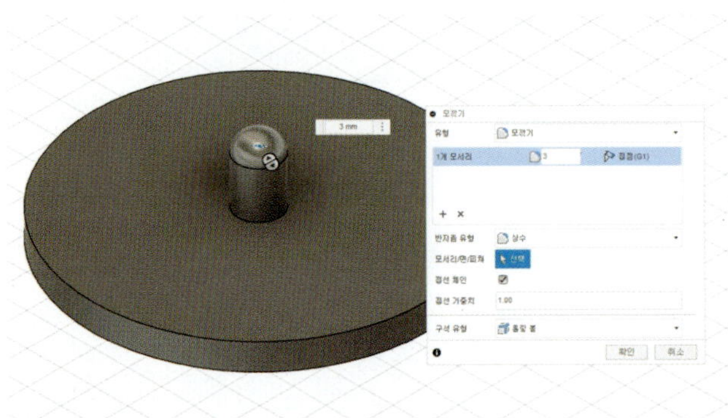

순서 66 수정에서 모깎기를 선택한다. 모서리를 3.0 mm 모깎기 한다. 확인을 누른다.

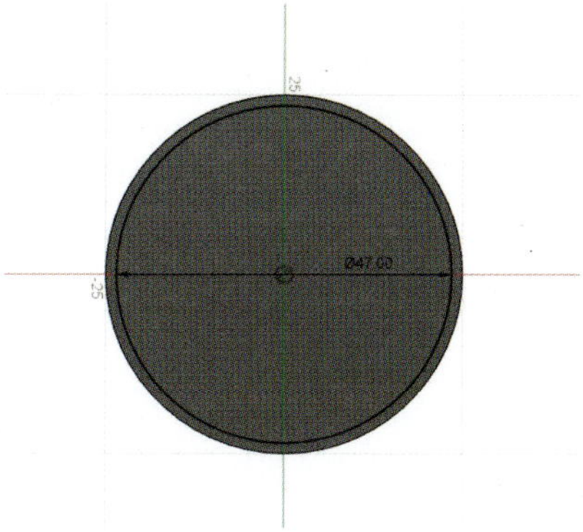

순서 67 뚜껑 밑면이 보이도록 회전을 한다.

밑면에 마우스를 대고 오른쪽 마우스를 눌러 스케치 작성을 선택한다.

작성에서 원을 선택하고, 중심 지름 원을 선택하여 직경이 47.0 mm인 원을 그린다.

스케치 마무리를 누른다.

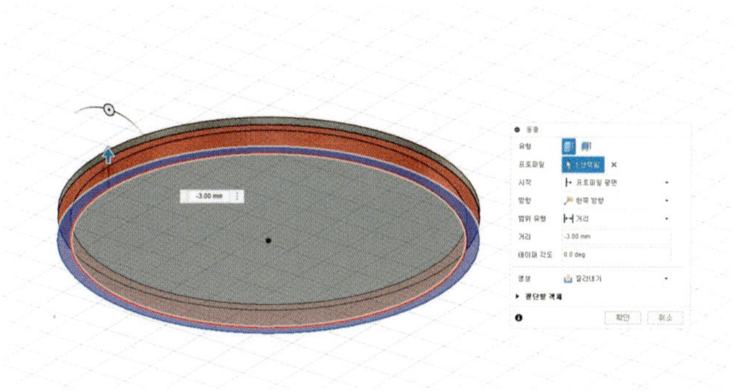

순서 68 수정에서 돌출을 선택한다.

바깥 원을 선택한다. 거리를 −3.0 mm로 한다. 생성은 잘라내기를 한다.

확인을 누른다.

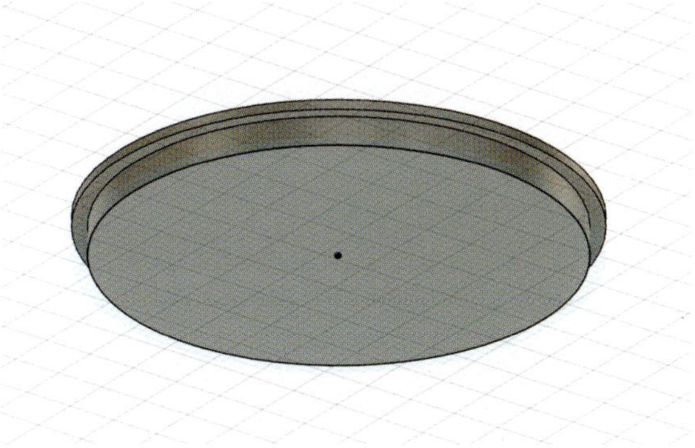

순서 69 홈(집)을 누른 다음 회전시켜 밑면이 보이도록 한다.

순서 70 수정에서 결합을 선택한다. 대상과 본체를 선택하고 확인을 누른다.

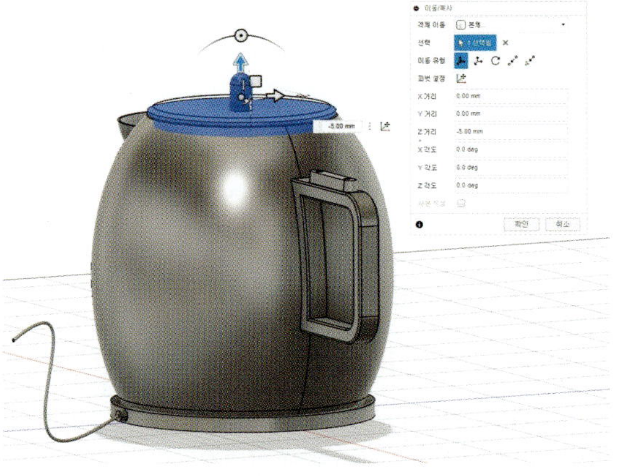

순서 71 검색기에서 본체 전체를 활성화시킨다.
수정에서 이동/복사를 선택한다. Z 거리로 −5.0 mm 이동한다.
확인을 누른다.

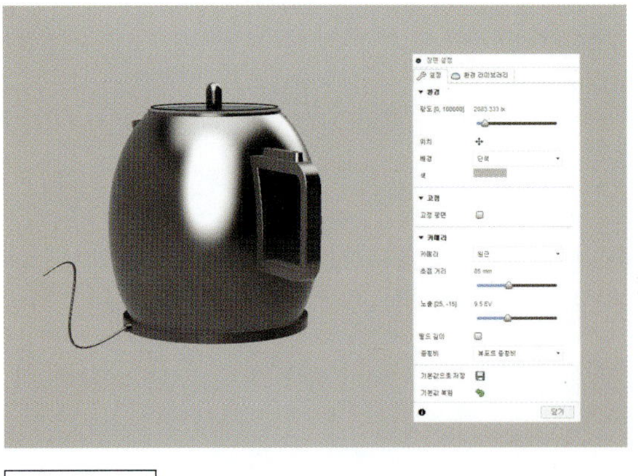

순서 72 디자인에서 렌더링으로 간다.
그림자를 제거하기 위해 장면 설정에서 고정 평면에 체크를 해제한다.
확인을 누른다.

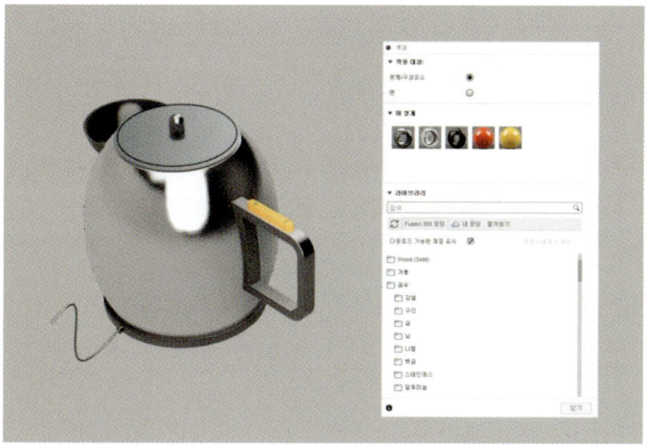

순서 73 색상에서 원하는 색을 선택한다. 닫기를 누른다.

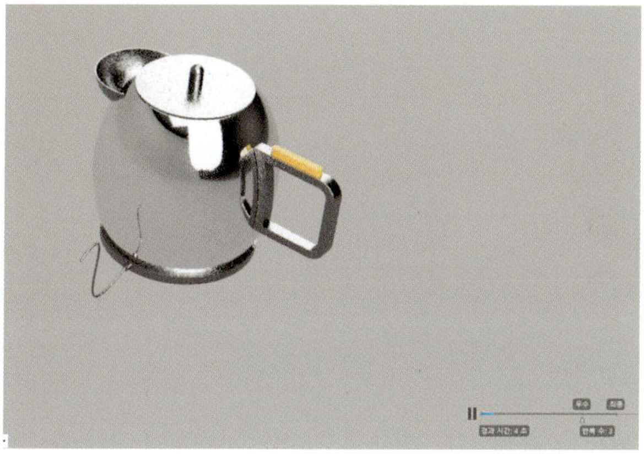

순서 74 캔버스 내 랜더링을 한다. 시간이 우수가 될 때까지 기다린다. 확인을 누른다.

순서 75 최종적으로 무선 주전자가 만들어진다.

2-16 현관문 모델링

학습목표

1. 원, 직사각형 명령어에 대하여 이해한다.
2. 대칭, 이동/복사 명령어에 대하여 이해한다.
3. 모깍기, 모따기 명령어에 대하여 이해한다.
4. 렌더링 명령어에 대하여 이해한다.

완성된 그림

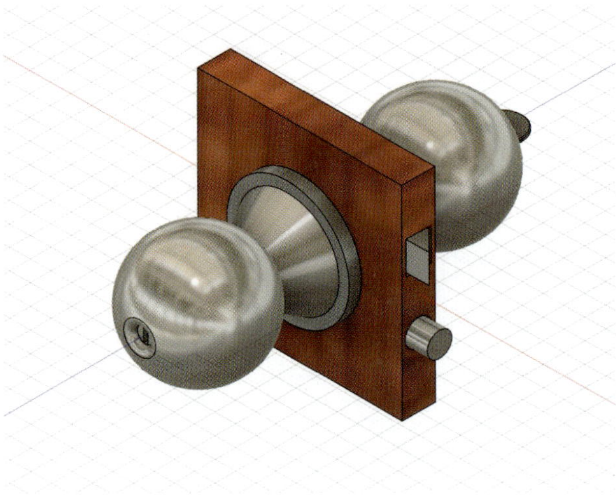

순서 1 Fusion 360을 실행하여 작업 창이 나타나도록 한다.

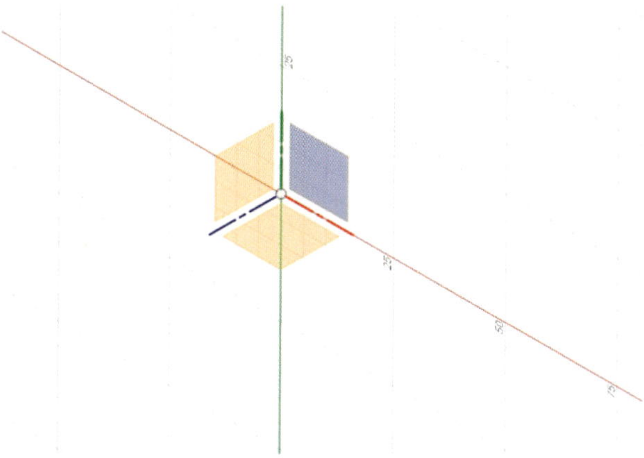

순서 2 스케치 작성을 누르고 우측 면(XY)을 선택한다.

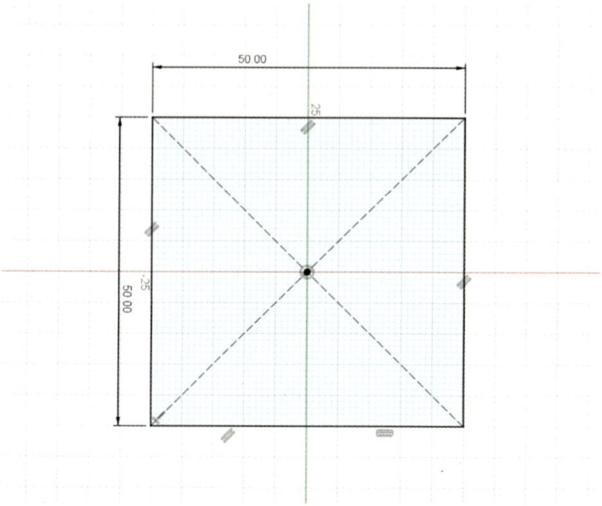

순서 3 작성에서 직사각형을 선택하고, 중심 직사각형을 선택한다.

원점(0.0)에서 가로, 세로 길이가 50.0 mm인 정사각형을 그린다.

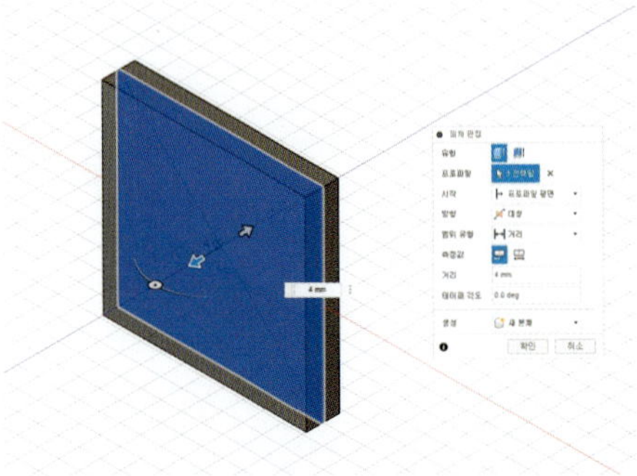

순서 4 작성에서 돌출을 선택한다. 프로파일을 선택하고, 방향은 대칭으로 한다. 거리를 4.0 mm 한다. 확인을 누른다.

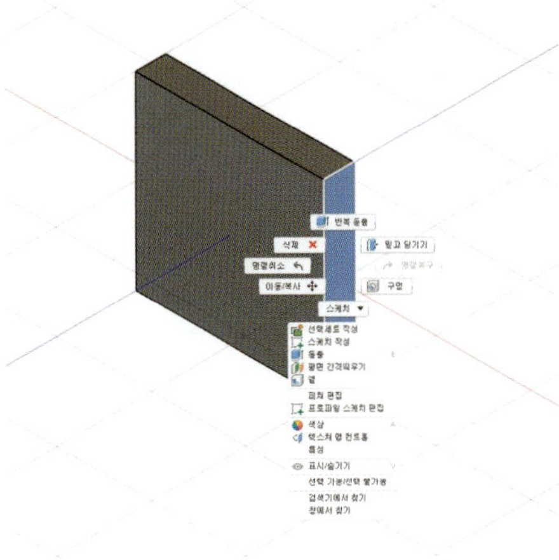

순서 5 마우스 대문의 오른쪽 면 위에 마우스를 올려놓는다. 오른쪽 마우스를 눌러 스케치 작성을 선택 한다.

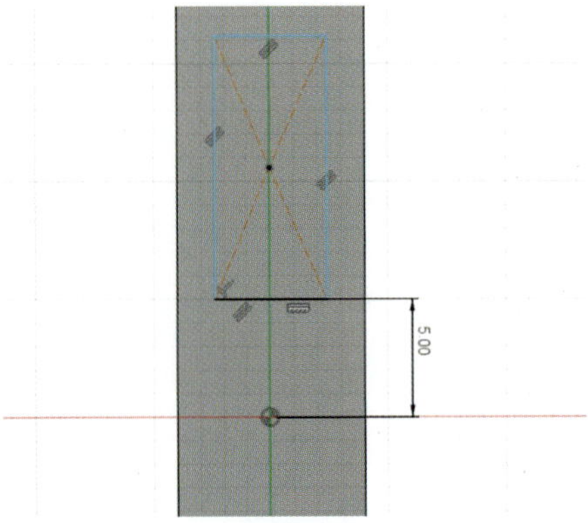

순서 6 작성에서 직사각형으로 간다. 중심 직사각형을 선택한다. 중심에서 임의의 길이로 직사각형을 만든다. 원점(0.0)에서 직사각형까지의 거리를 5.0 mm로 한다.

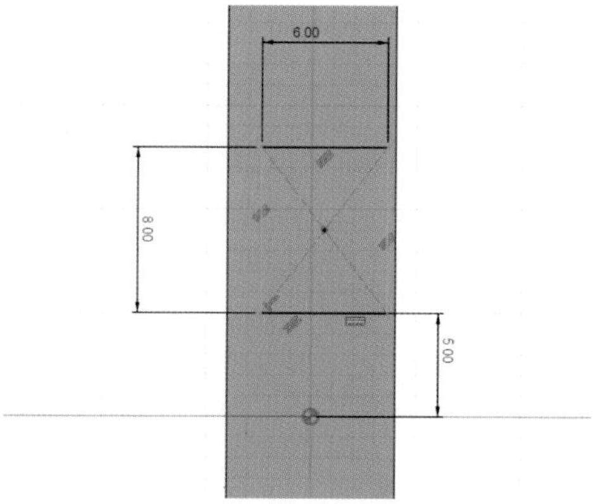

순서 7 가로 6.0 mm, 세로 8.0 mm 직사각형을 만든다.

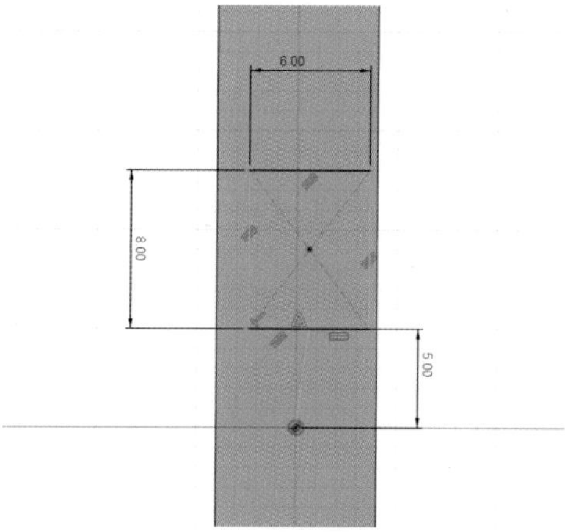

순서 8 직사각형이 중심선에 위치하도록 하기 위해 원점에서 직사각형의 중심을 연결한다.

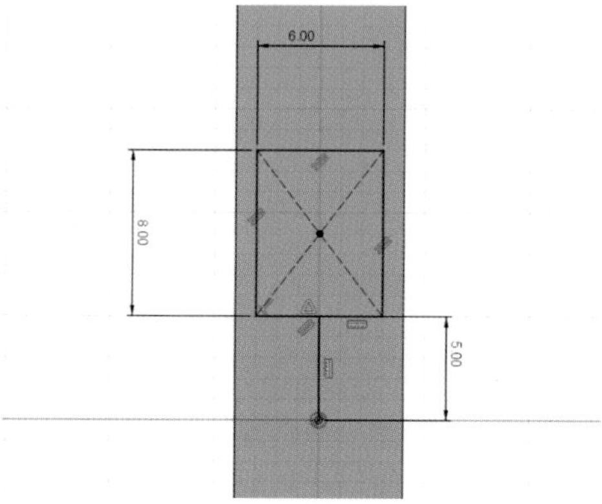

순서 9 구속조건에서 수평/수직을 누르고, 연결한 선을 클릭한다.

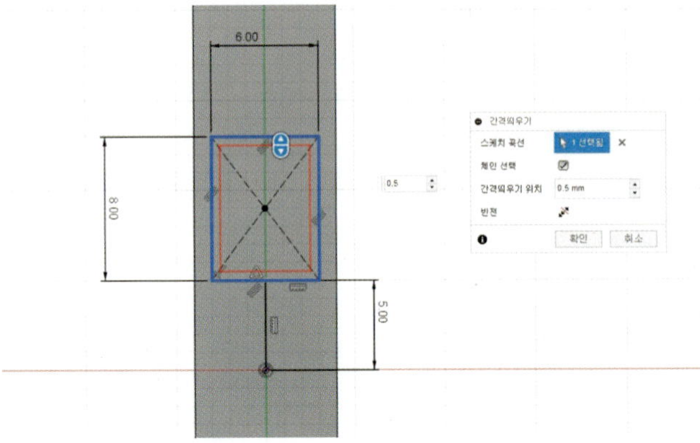

※ 간격 띄우기(offset)

스케치를 일정한 거리만큼 띄운다.

순서 10 수정에서 간격 띄우기를 선택한다.
직사각형을 선택하고 직사각형 안쪽으로 0.5 m 간격 띄우기를 한다.
확인을 누른다.

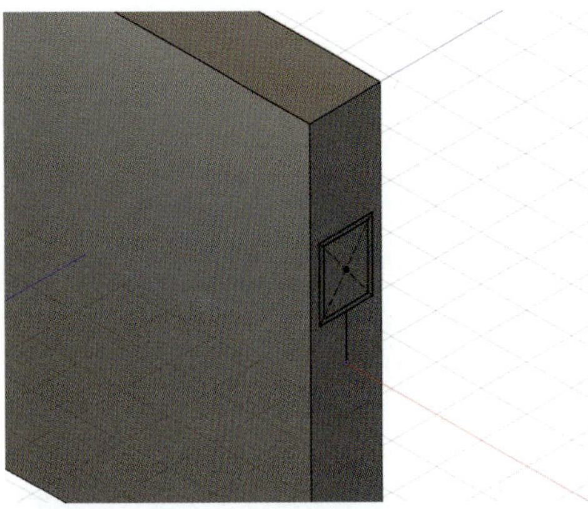

순서 11 스케치 마무리를 누른다. 홈(집)을 누른다.

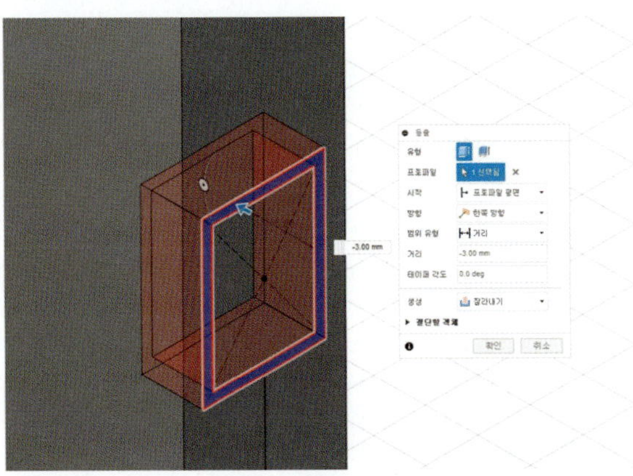

순서 12 작성에서 돌출을 선택한다. 그림과 같이 직사각형을 선택한다.
거리를 −3.0 mm하고, 생성을 잘라내기를 한다. 확인을 누른다.

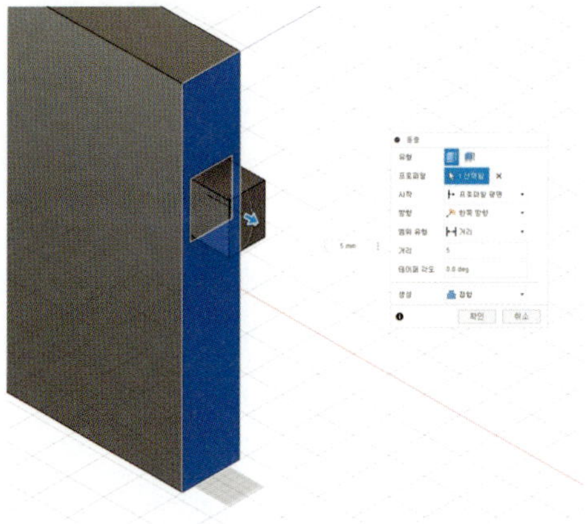

순서 13 작성에서 돌출을 선택한다. 그림과 같이 직사각형을 선택한다.
거리를 5.0 mm으로 하고, 생성을 접합으로 한다. 확인을 누른다.

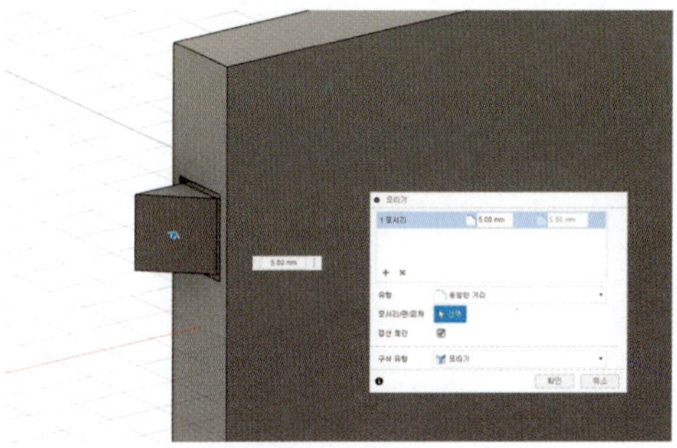

순서 14 Shift+마우스 볼을 눌러 회전한다.
수정에서 모따기(Chamfer)를 선택하고 5.0 mm로 모따기 한다.
확인을 누른다.

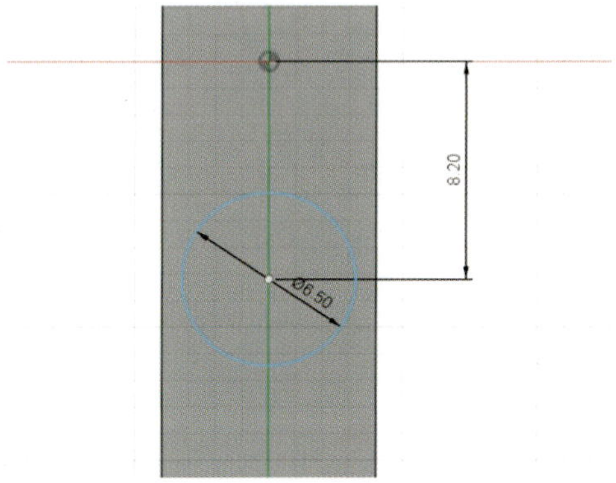

순서 15 마우스를 도어 문 옆에 올려놓고 오른쪽 마우스를 눌러 스케치 작성을 선택한다.
작성에서 원을 선택한다. 중심 지름원을 선택하여 직경이 6.5 mm로 아래쪽에 그린다
원점(0.0)과 직경이 6.5 mm인 원의 중심까지의 거리를 8.2 mm로 한다.

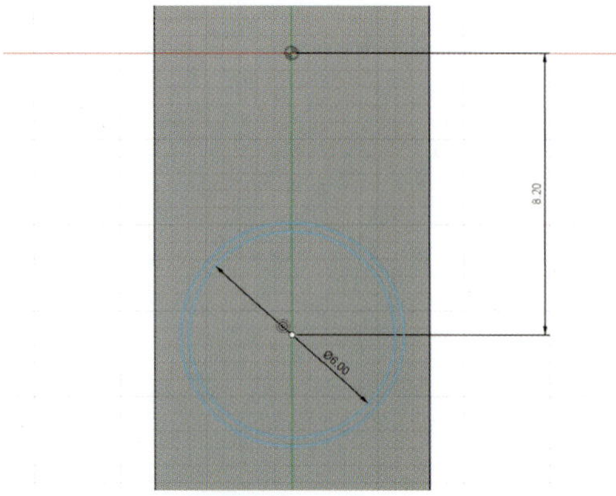

순서 16 직경이 6.0 mm인 원을 그린다. 스케치 마무리를 누른다.

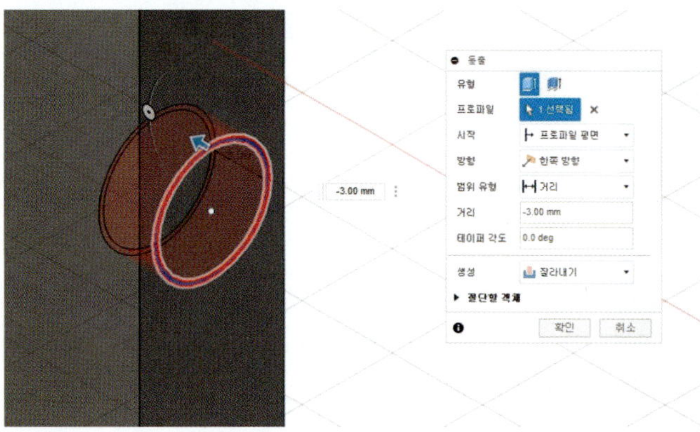

순서 17 작성에서 돌출을 선택한다. 그림과 같이 프로파일을 선택한다. 거리를 -3.0 mm, 생성을 잘라내기를 한다. 확인을 누른다.

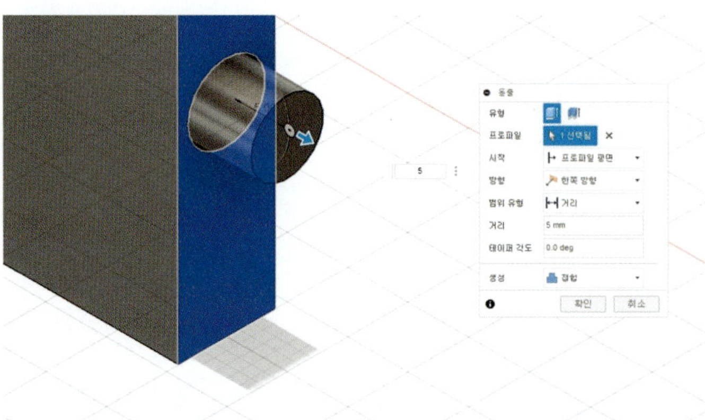

순서 18 작성에서 돌출을 선택한다. 그림과 같이 프로파일을 선택한다. 거리를 5.0 mm, 생성을 접합으로 한다. 확인을 누른다.

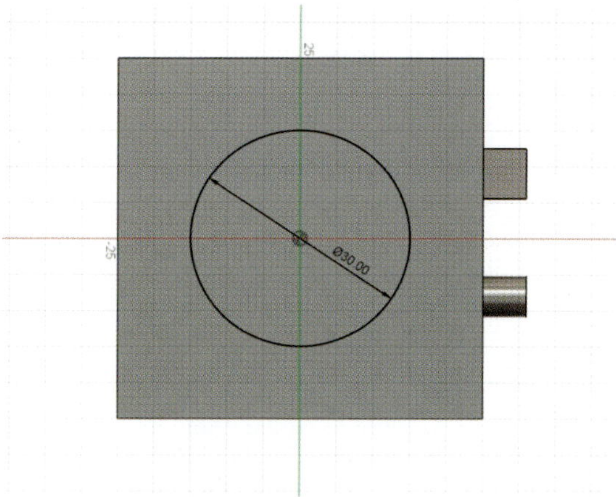

순서 19 작성에서 스케치 작성을 누르고 대문의 우측 면을 선택한다.
작성에서 중심 지름원을 선택하여 직경이 30.0 mm인 원을 그린다.
스케치 마무리를 누른다.

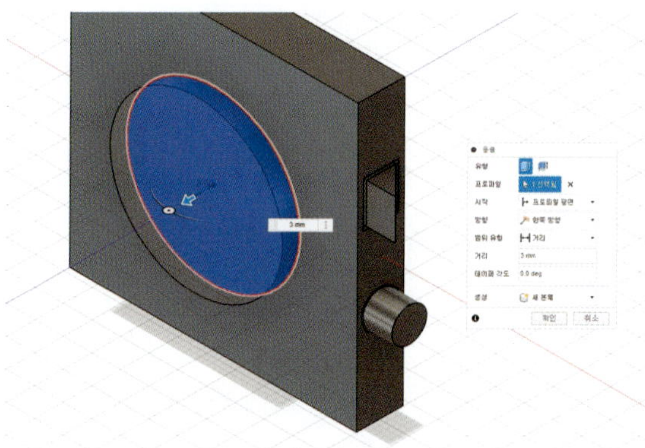

순서 20 작성에서 돌출을 선택한다. 프로파일을 선택한 다음, 거리를 3.0 mm로 돌출시킨다.

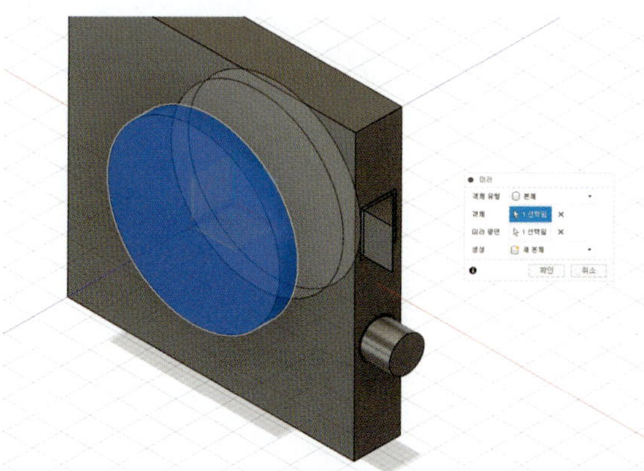

※ 미러 (mirror)

피처/솔리드를 기준 평면에 대칭이 되도록 복사한다.

순서 21 작성에서 미러를 실행한다. 객체를 선택하고 미러 평면, 즉 우측 면(XY)을 선택한다.
생성은 새 본체로 하고, 확인을 누른다.

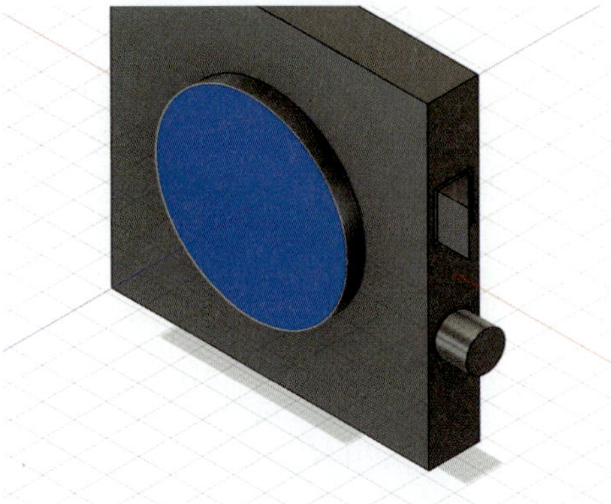

순서 22 마우스를 원 표에 대고 오른쪽 마우스를 눌러 스케치 작성을 선택한다.

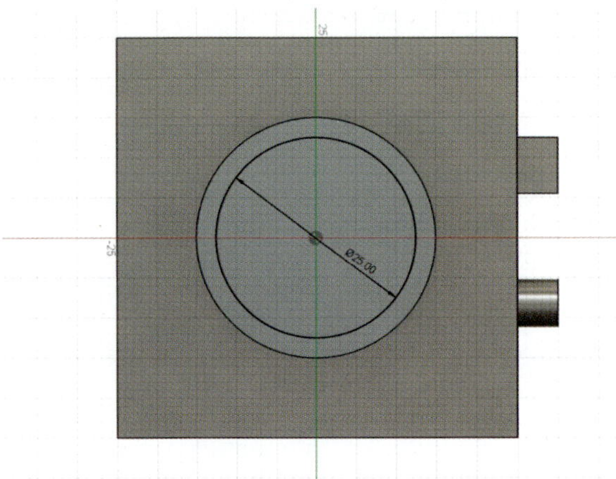

순서 23 작성에서 중심 지름 원을 선택하고 직경이 25.0 mm인 원을 그린다.
스케치 마무리를 누른다. 홈(집)을 누른다.

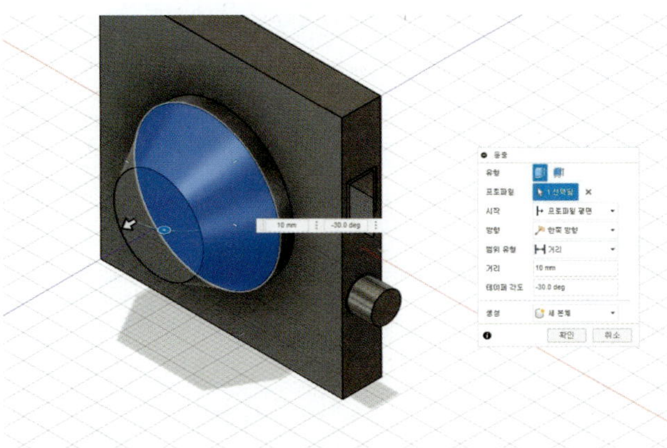

순서 24 작성에서 돌출을 선택한다. 프로파일을 선택하고, 거리를 10.0 mm 하고,
테이퍼 각도를 −30.0 deg으로 한다. 생성은 새 본체를 한다. 확인을 누른다.

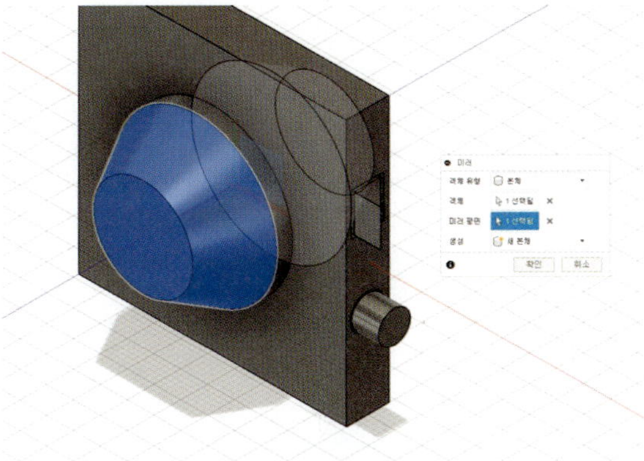

순서 25 | 작성에서 미러(mirror)를 선택한다.
객체를 선택하고 미러 평면(XY)을 선택한다. 생성은 새 본체를 한다.
확인을 누른다.

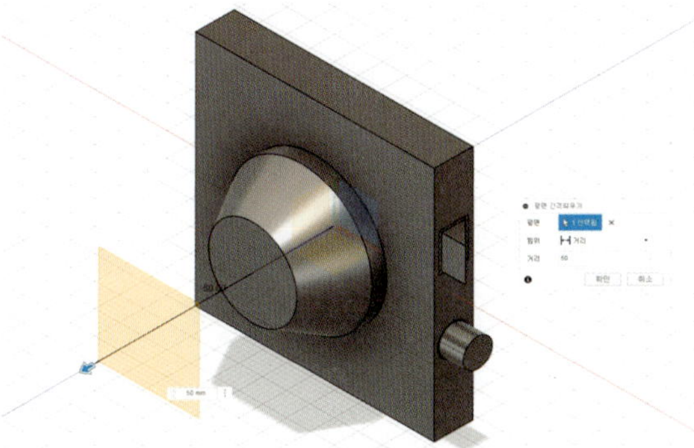

순서 26 | 구성에서 평면 간격 띄우기를 선택한다.
우측면(XY)을 선택하고 앞쪽으로 드래그해서 거리를 50.0으로 한다.
확인을 누른다.

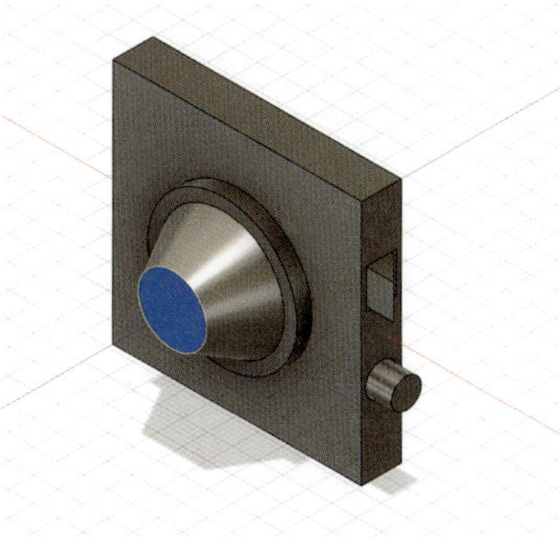

순서 27 | 마우스를 원에 대고 오른쪽 마우스를 눌러 평면간격 띄우기를 선택한다.

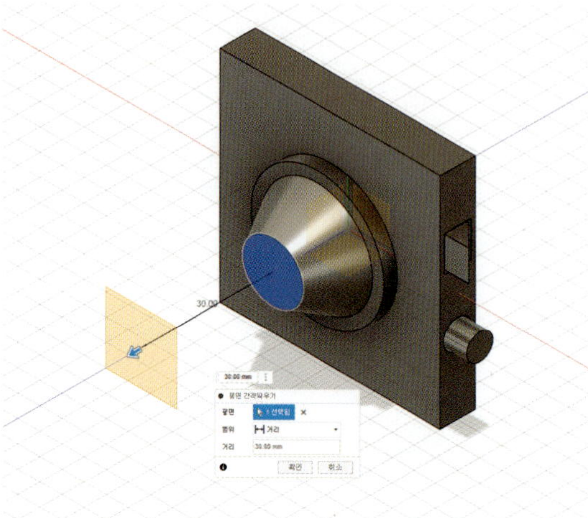

순서 28 평면 간격띄우기 거리를 30.0 mm로 한다. 확인을 누른다.

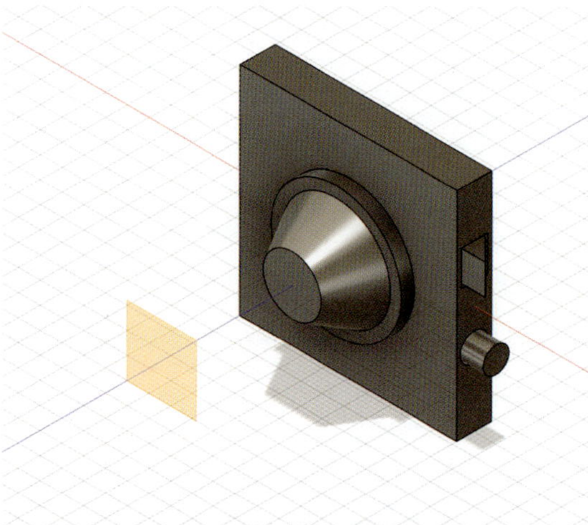

순서 29 작성에서 구를 선택하고 평면의 중심을 연속으로 2번 누른다.

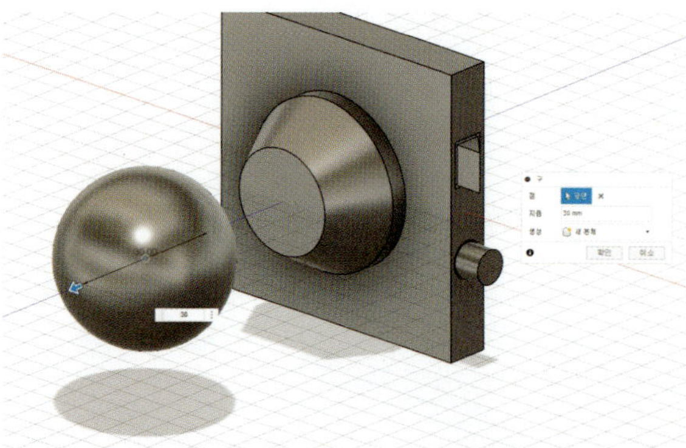

순서 30 솔리드로 가서 작성을 누른다. 구를 선택하고, 지름이 30.0 mm 구를 만든다. 생성은 새 본체로 한다. 확인을 누른다.

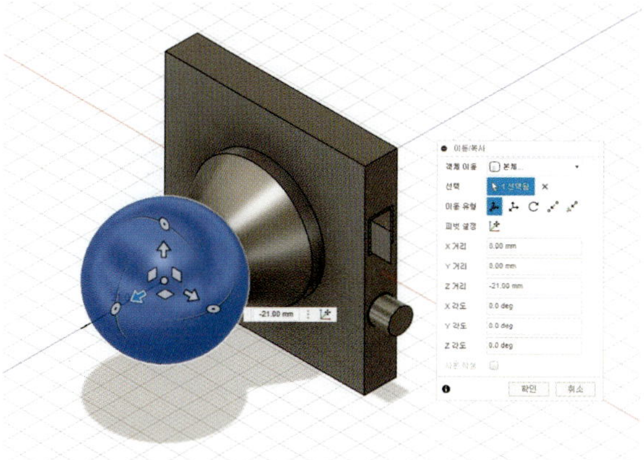

순서 31 수정에서 이동/복사를 누른다. 구의 중심을 선택한다.
Z 거리를 −17.0 mm로 한다. 확인을 누른다.

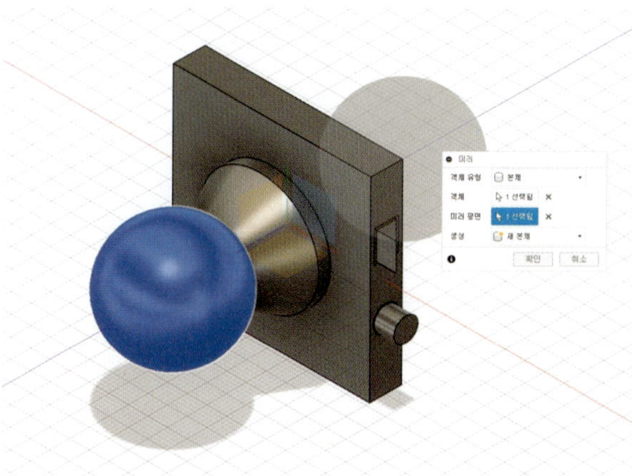

순서 32 작성에서 미러를 선택한다. 객체 구를 선택하고, 미러 평면(XY)을 선택한다.
생성은 새 본체를 하고, 확인을 누른다.

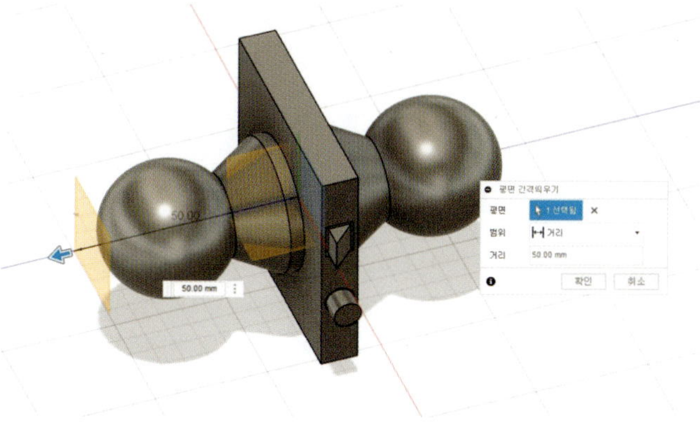

순서 33 구성에서 평면 간격 띄우기를 선택한다. XY 면을 선택하고 드래그하여 앞쪽으로 이동한다.
거리를 50.0 mm로 한다. 확인을 누른다.

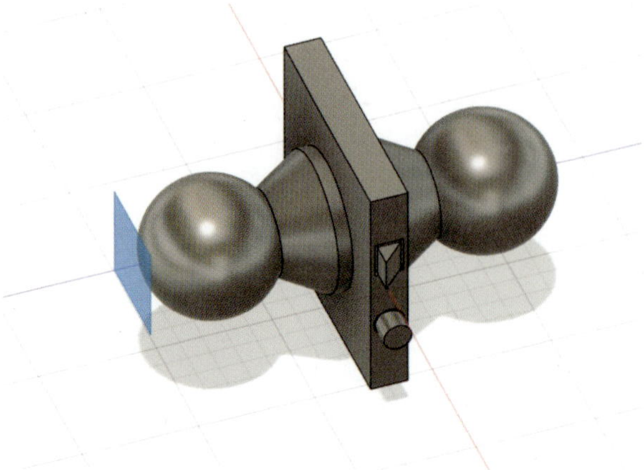

순서 34 드래그한 면을 선택한다. 마우스 오른쪽을 눌러 스케치 작성을 선택한다.

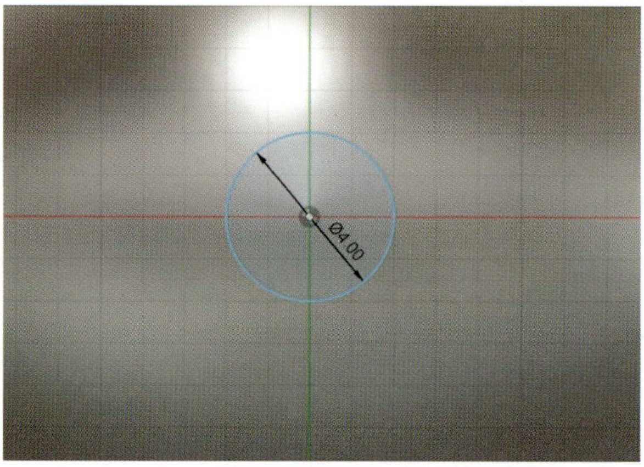

순서 35 작성에서 중심점 원을 선택한다. 직경이 4.0 mm인 원을 그린다.

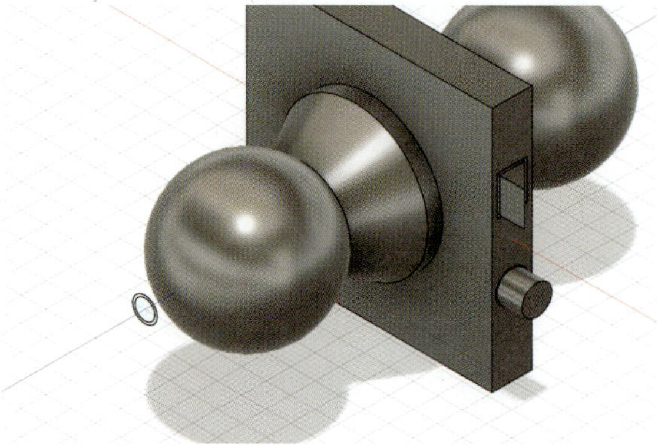

순서 36 스케치 마무리를 누른다. 집(홈)을 누른다.

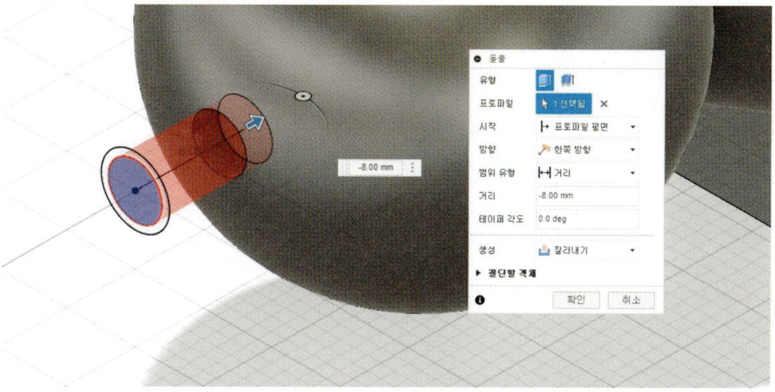

순서 37 작성에서 돌출을 누른다. 프로파일을 4.0 mm인 원을 선택한다. 거리를 −8.0 mm, 생성은 잘라내기를 선택한다. 확인을 누른다.

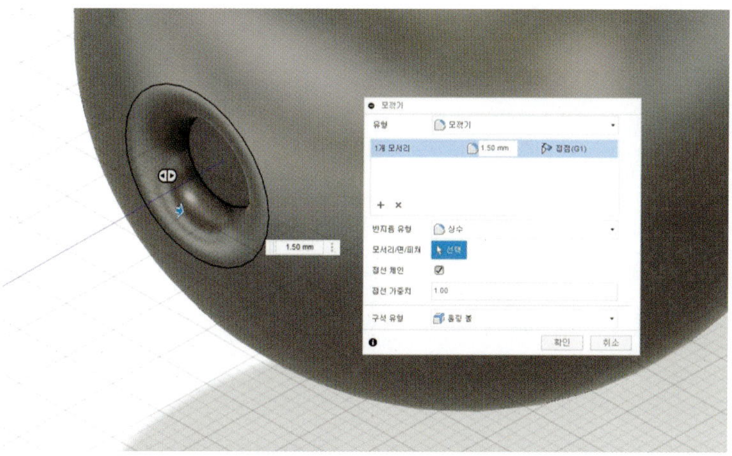

순서 38 수정에서 모깎기를 선택한다. 모서리를 1.5 mm로 한다. 확인을 누른다.

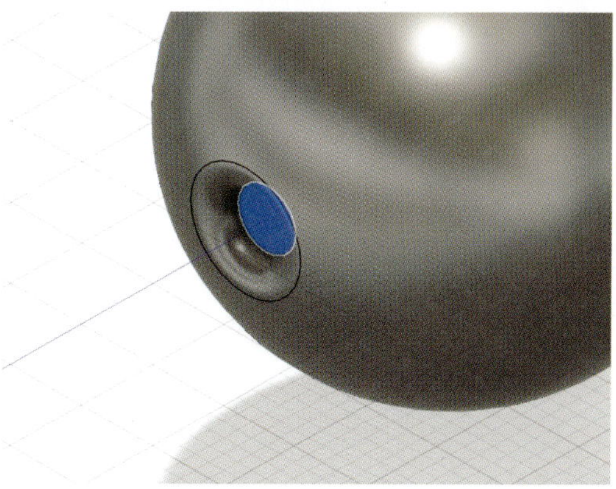

순서 39 4.0 mm 내부 원을 선택하고 오른쪽 마우스를 눌러 스케치 작성을 선택한다.

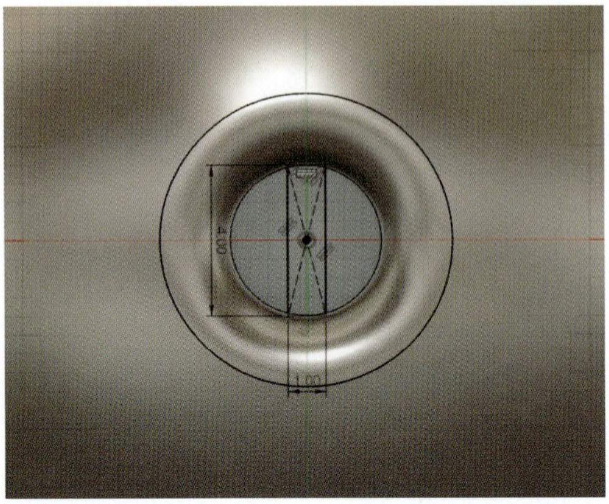

순서 40 작성에서 직사각형을 선택한다.

중심 직사각형을 선택하여 가로 1.0 mm, 세로 4.0 mm인 직사각형을 그린다.

스케치 마무리를 누른다. 집(홈)을 누른다.

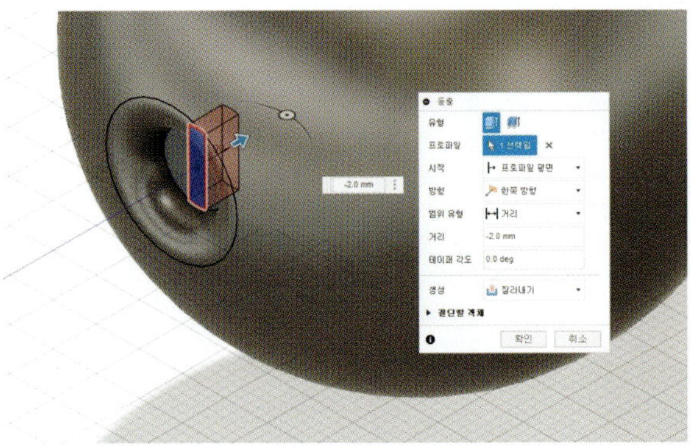

순서 41 작성에서 돌출을 선택한다.

프로파일을 선택하고, 거리를 −2.0 mm, 생성은 잘라내기를 한다.

확인을 누른다.

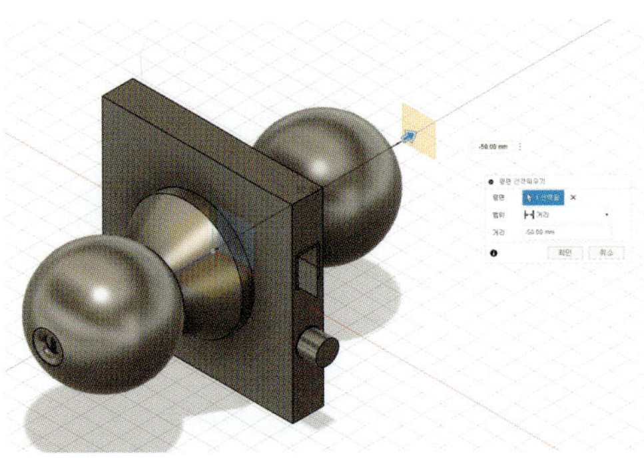

순서 42 구성에서 실행하여 평면 간격 띄우기를 선택한다. XY면을 선택한다.

XY면을 뒤쪽으로 드래그하여 거리를 −50.0 mm으로 한다. 확인을 누른다.

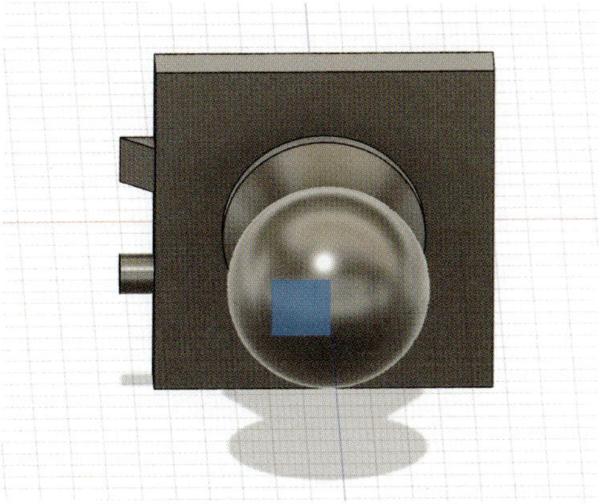

순서 43 Shift+마우스 볼을 누른 상태에서 회전을 한다.
마우스를 평면 위에 놓고 오른쪽 마우스를 눌러 스케치 작성을 선택한다.

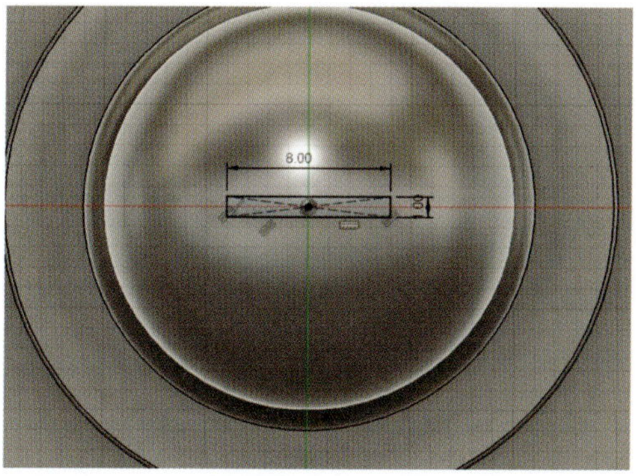

순서 44 작성에서 직사각형을 선택한다. 중심 직사각형을 선택한 다음,
가로 10.0 mm, 세로 1.0 mm인 직사각형을 만든다.
스케치 마무리를 누른다.

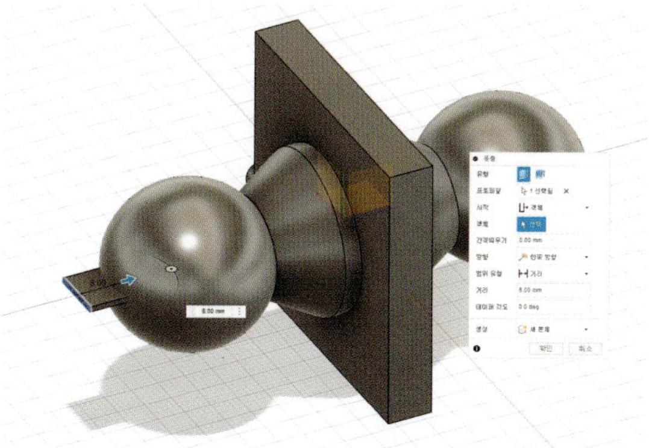

순서 45 작성에서 돌출을 선택한다. 프로파일을 선택하고 시작을 객체로 한다.
객체를 선택(구)하고, 거리를 8.0 mm로 한다. 생성은 새 본체로 한다.
확인을 누른다.

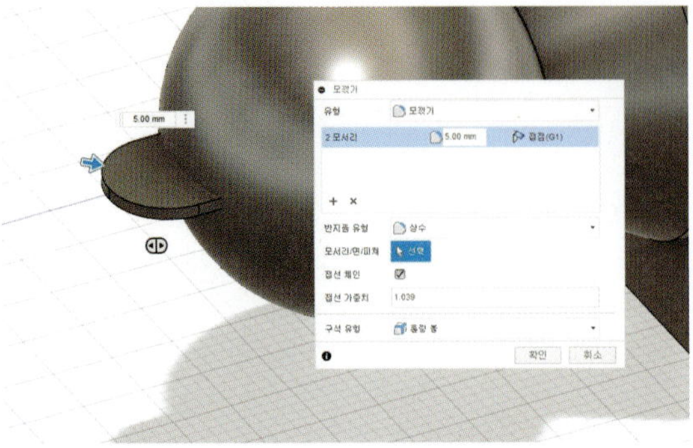

순서 46 수정에서 모깎기를 선택한다. 양쪽 모서리를 5.0 mm로 모깎기 한다. 확인을 누른다.

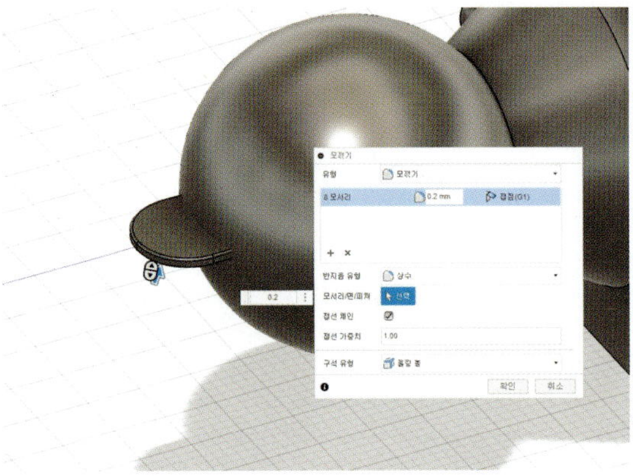

순서 47 수정에서 모깎기를 선택한다. 위, 아래 부분을 0.2 mm로 모깎기 한다. 확인을 누른다.

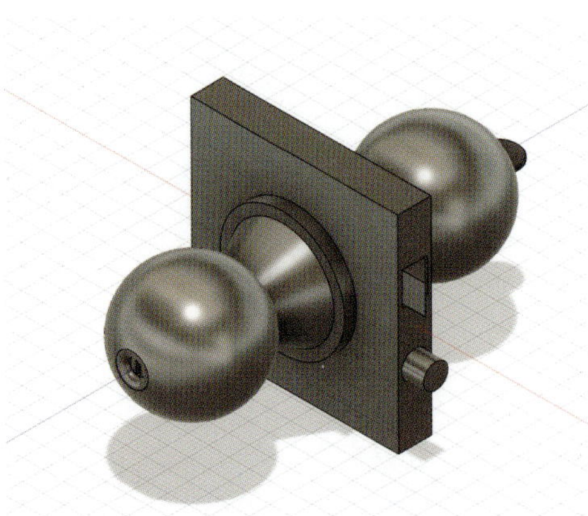

순서 48 홈(집)을 누른다.

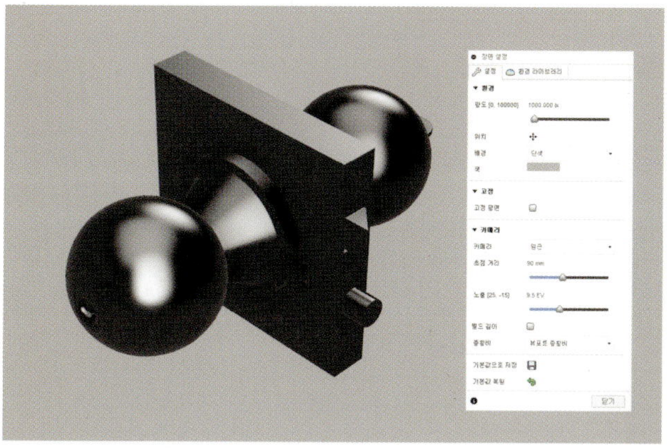

순서 49 디자인에서 렌더링으로 이동한다.
설정에서 장면 설정을 선택한다. 고정 평면에 체크되어 있는 것을 해제한다.

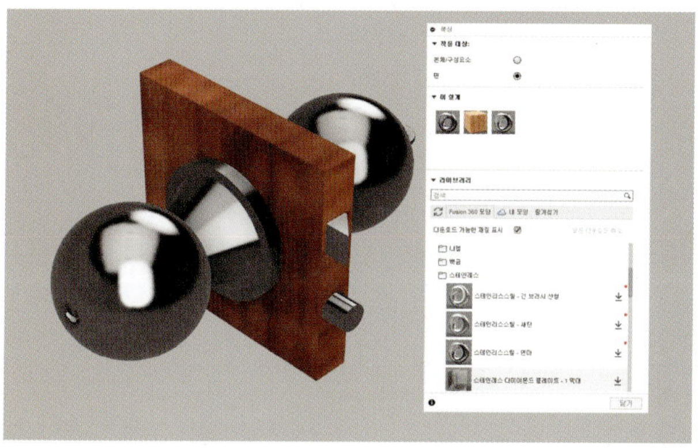

순서 50 색상에서 본체를 선택 한다. 나무는 목재를 선택하고 체리 색으로 칠한다.
금속에서 스테인레스스틸 연마를 선택하고 드래그하여 본체를 칠한다.
원통과 삼각형 부분은 면을 선택하여 칠한다. 닫기를 누른다.

순서 51 캔버스 내 랜더링을 선택한다. 경과 시간이 우수가 될 때까지 기다린다.

순서 52 현관문 밖에서 보이는 모습이다.

순서 53 현관문 안쪽에서 보이는 모습이다.

순서 54 최종적으로 현관문이 만들어 진다.

Chapter 3

곡면 명령어

3-1 세숫대야 모델링

3-2 칫솔꽂이 모델링

3-1 세숫대야 모델링

학습목표

1. 스케치, 로프트 명령어에 대하여 이해한다.
2. 호, 스웹 명령어에 대하여 이해한다.
3. 패치, 법선 반전 명령어에 대하여 이해한다.
4. 단면분석, 렌더링 명령어에 대하여 이해한다.

완성된 그림

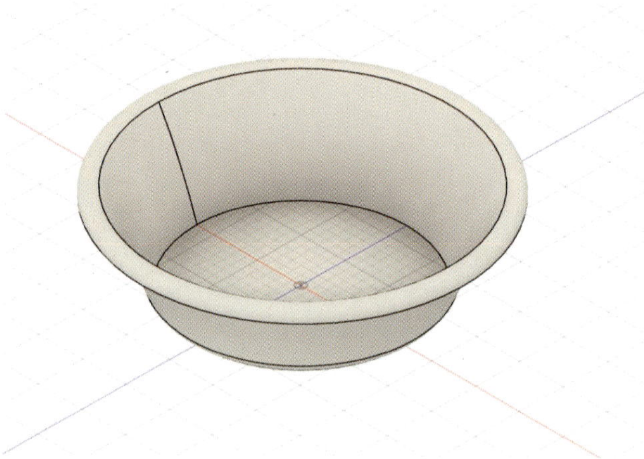

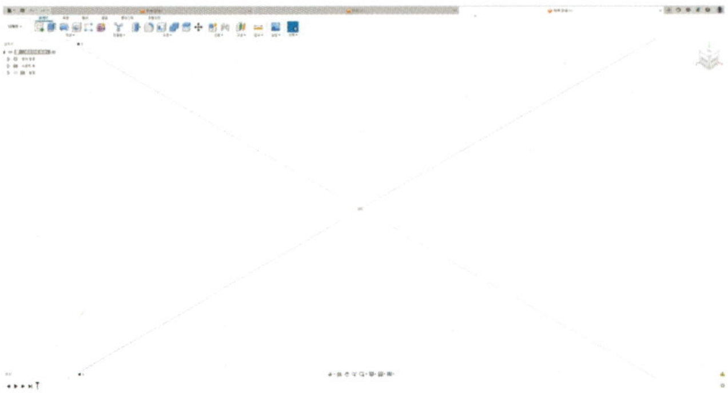

순서 1 Fusion 360을 실행하여 작업 창이 나타나도록 한다.

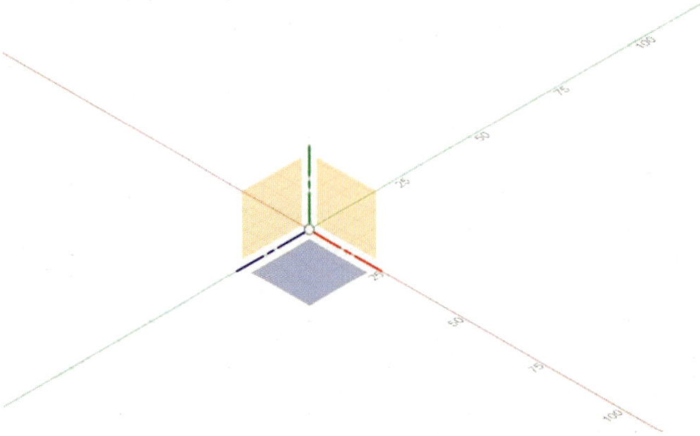

순서 2 스케치 생성을 누르고 밑면(XZ)을 선택한다.

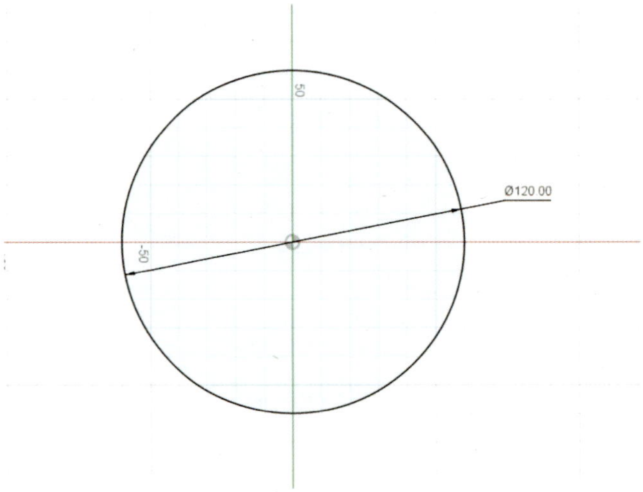

순서 3 원으로 가서 중심 지름원을 선택하고 중심에 직경 120.0 mm 원을 그린다. 스케치 마무리를 누른다. 홈(집)을 누른다.

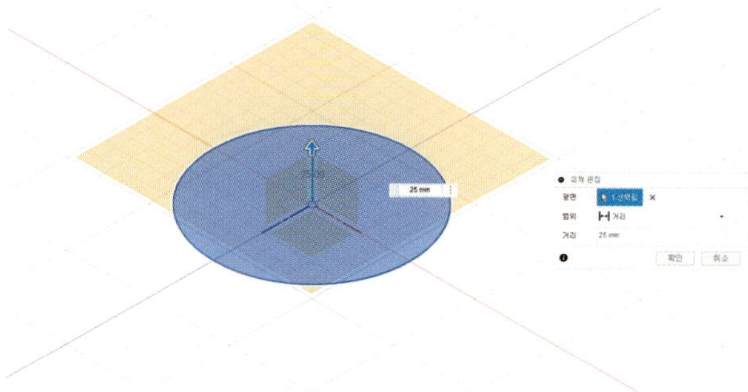

순서 4 구성에서 평면 간격 띄우기를 선택한다. 원을 선택한다.
거리에서 25.0 mm을 기입한다. 확인을 누른다.

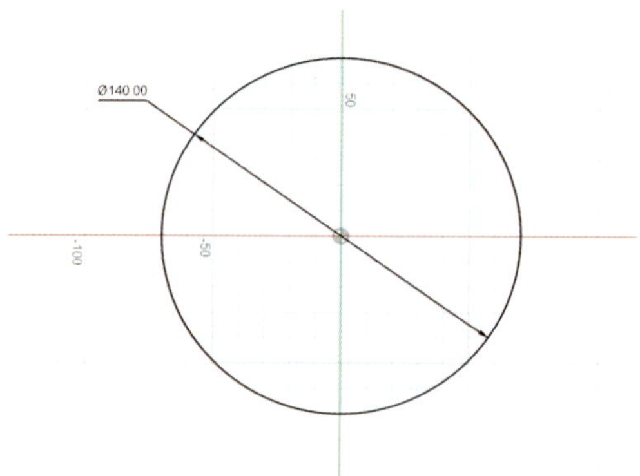

순서 5 평면 간격을 띄운 면 위에 마우스를 놓고 오른쪽 마우스를 눌러 스케치 작성을 선택한다.
원으로 가서 중심 지름원을 선택하고 중심에 직경 140.0 mm 원을 그린다.
스케치 마무리를 누른다. 홈(집)을 누른다.

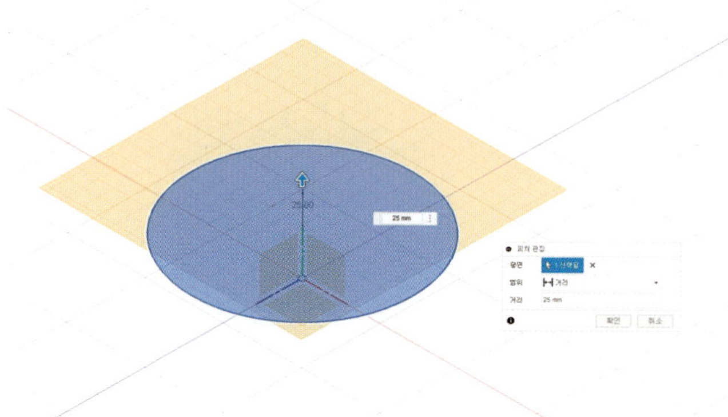

순서 6 구성에서 평면 간격 띄우기를 선택한다. 조금 전에 그렸던 원을 선택한다.
거리에서 25.0 mm을 기입한다. 확인을 누른다.

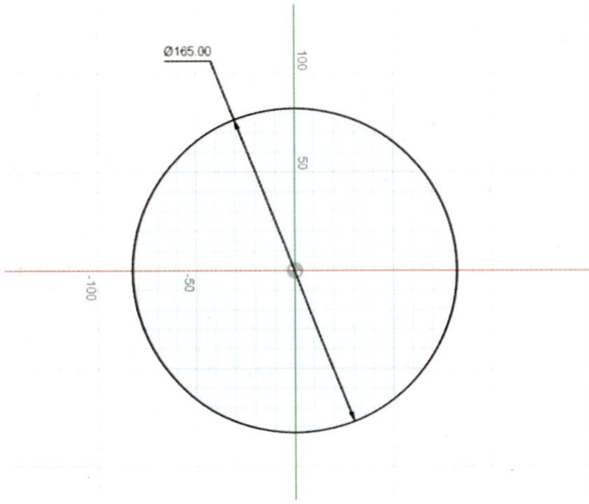

순서 7 원으로 가서 중심 지름원을 선택하고 중심에 직경 165.0 mm 원을 그린다. 스케치 마무리를 누른다.

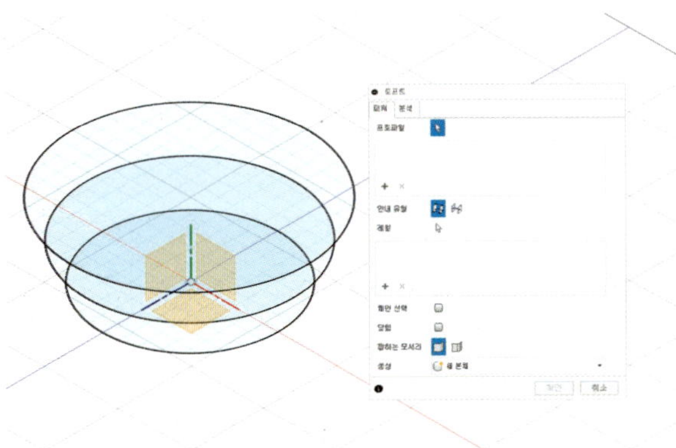

※ 로프트(Loft)

두 개 이상의 프로파일을 연결한다.

순서 8 홈(집)을 누른다. 작성에서 로프트를 선택한다.

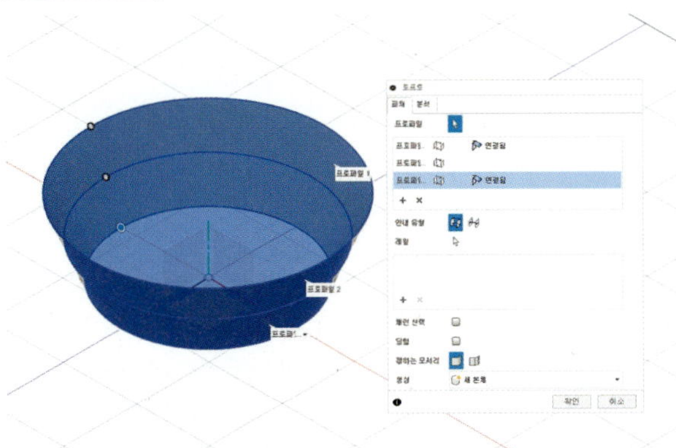

순서 9 선을 선택하는 것이 아니라 프로파일 면을 선택한다. 순차적으로 면을 선택한다. 확인을 누른다.

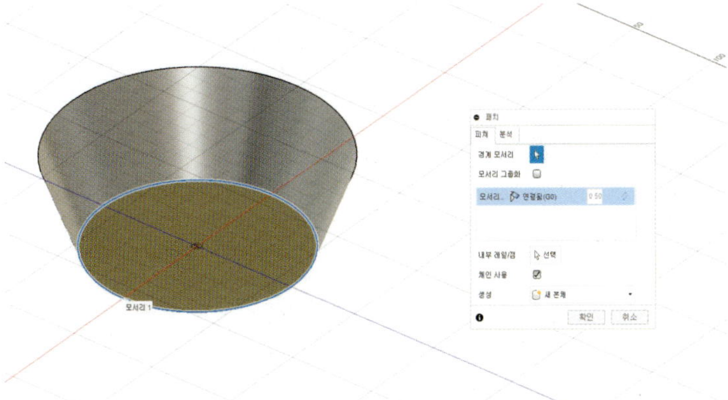

※ 패치(patch)

열려 있는 곡면을 닫게 한다.

순서 10 Shift와 마우스 볼을 동시에 누른 상태에서 밑면이 보이도록 회전을 시킨다.
작성에서 패치를 눌러 밑면의 모서리를 선택한다. 확인을 누른다.

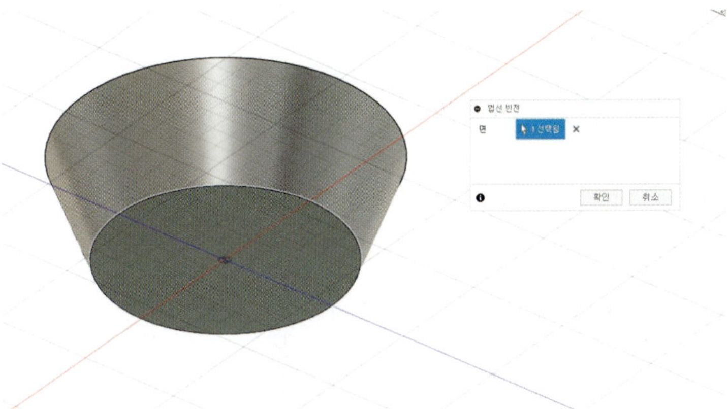

※ 법선 반전(reverse normal)

곡면을 방향을 뒤집는다.

순서 11 수정에서 법선 반전을 선택하고 밑면을 선택한다. 밑면이 뒤집어진다.
확인을 누른다.

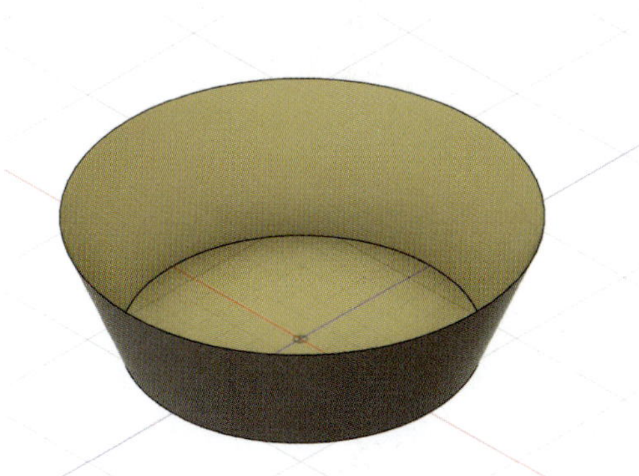

순서 12 홈(집)을 누른다.

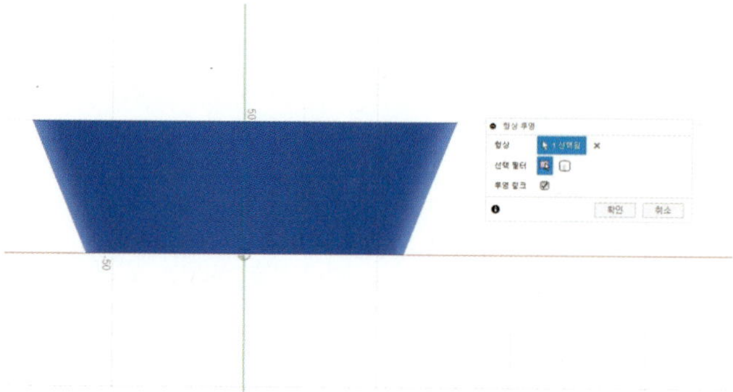

순서 13 스케치 작성에서 우측 면(XY)을 누른다. 투영/포함 형상투영을 선택한다. 형상은 본체를 선택하고, 확인을 누른다.

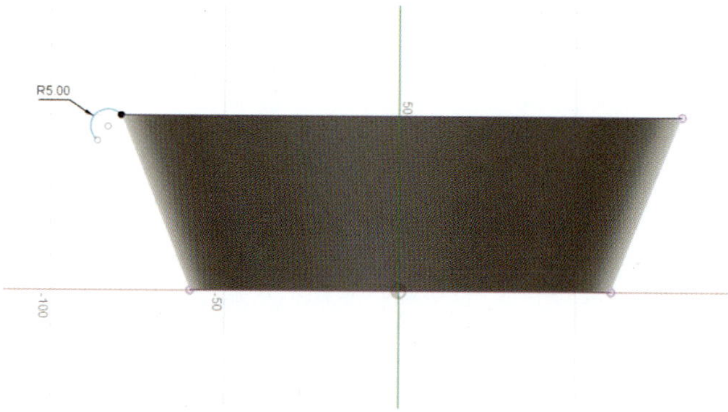

순서 14 작성에서 호를 눌러 3점 호를 선택한다. 반지름이 5.0 mm인 호를 그린다. 스케치 마무리를 누른다.

순서 15 홈(집)을 누른다.

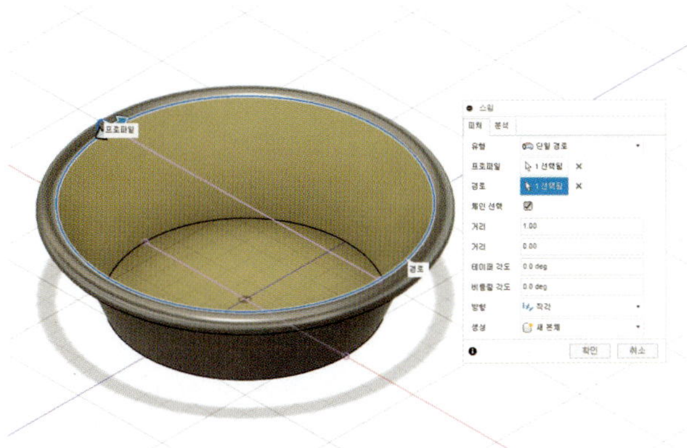

※ 스웹(sweep)

프로파일이 경로를 따라 형상이 만들어진다.

순서 16 작성에서 스웹을 선택한다. 단일 경로를 하고, 프로파일을 선택한다.
경로를 선택한다. 생성은 새 본체를 선택하고, 확인을 누른다.

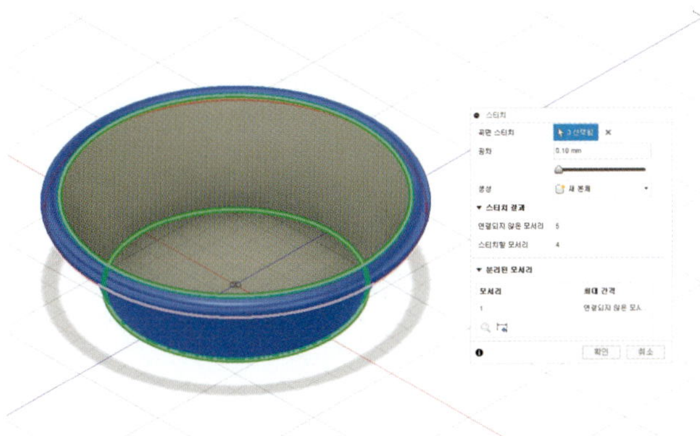

※ 스티치(stitch)

여러 개의 곡면을 하나로 합친다.

순서 17 수정에서 스티치를 눌러 곡면 스티치를 3개를 선택한다.
확인을 누른다.

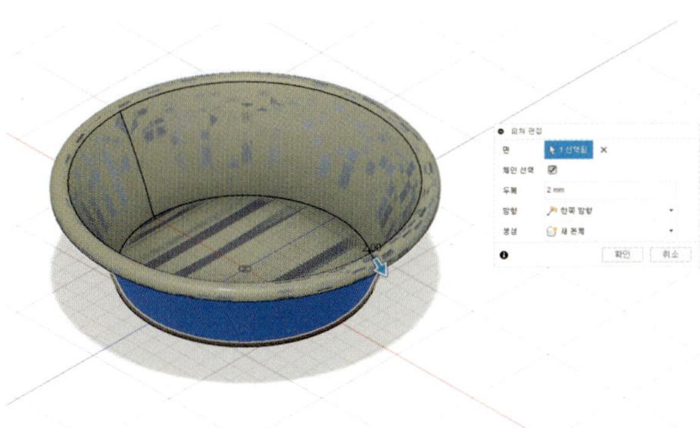

※ 두껍게 하기(thicken)

곡면에 두께를 만들어 준다.

순서 18 작성에서 두껍게 하기를 선택을 선택한다.
검색기에서 본체를 활성화하고 본체4(3)을 눌러준다. 두께를 2.0 mm을 기입한다.
확인을 누른다.

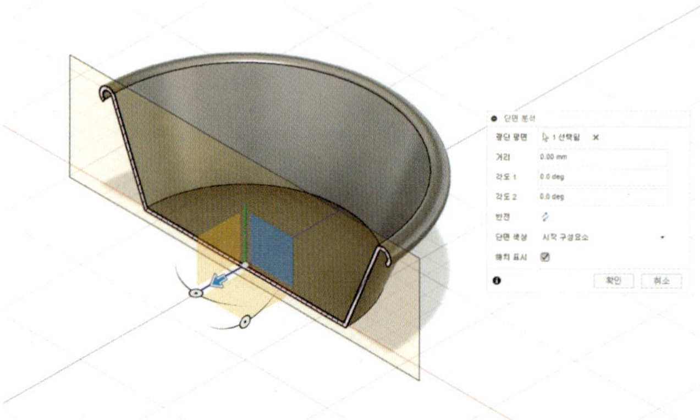

순서 19 검사에서 단면분석을 누른다. 두께가 일정하게 되어 있는 것을 확인한다. 확인을 누른다.

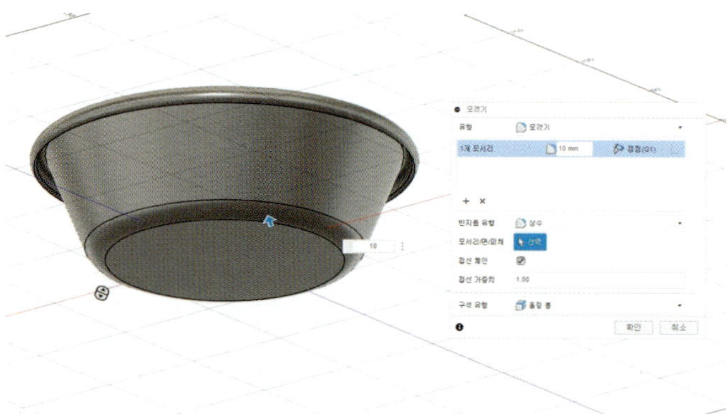

순서 20 Shift와 마우스 볼을 동시에 누른 상태에서 밑면이 보이도록 회전을 시킨다. 수정에서 모깍기를 선택한다. 모서리를 10.0 mm로 모깍기 한다. 확인을 누른다.

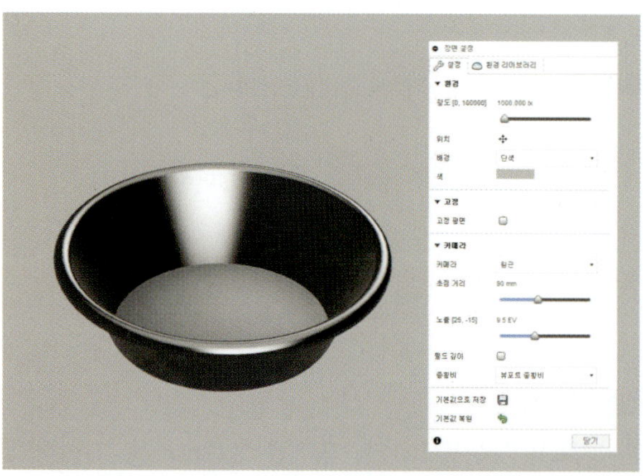

순서 21 디자인에서 렌더링으로 간다. 그림자를 제거하기 위해 장면설정 선택한다. 고정에서 고정 평면의 체크를 해제한다. 닫기를 누른다.

순서 22 색상에서 플라스틱을 선택하고 반투명(흰색)을 선택한다.
닫기를 누른다.

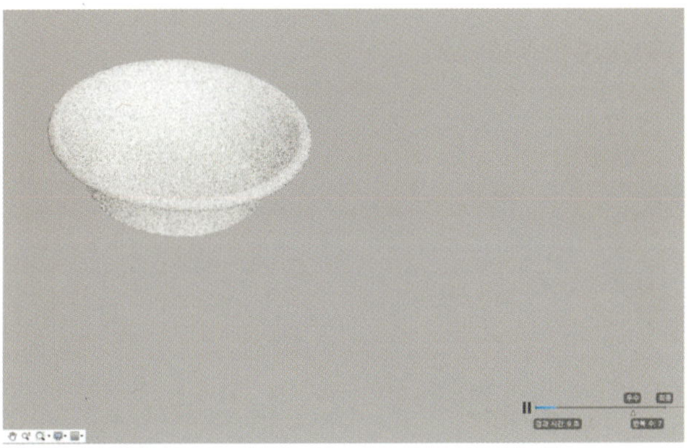

순서 23 캔버스 내 랜더링을 선택하고 시간이 우수가 될 때까지 기다린다.

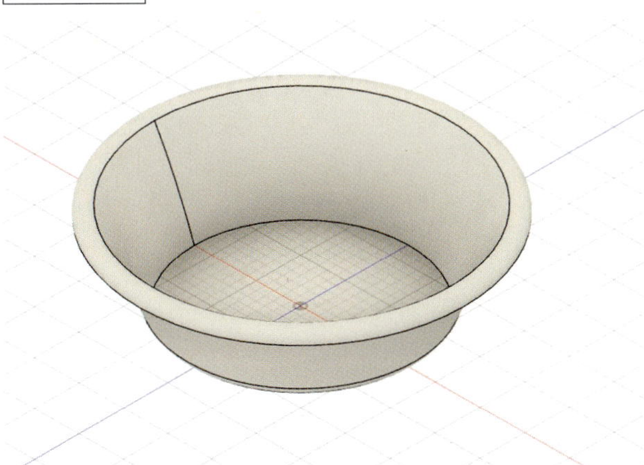

순서 24 렌더링에서 디자인으로 이동한다. 최종적으로 세숫대야가 만들어진다.

3-2 칫솔꽂이 모델링

학습목표

1. 스케치와 패치 명령어에 대하여 이해한다.
2. 슬롯, 평면간격 띄우기 명령어 대하여 이해한다.
3. 로프트, 파이프 명령어에 대하여 이해한다.
4. 두껍게 하기 명령어 대하여 이해한다.

완성된 그림

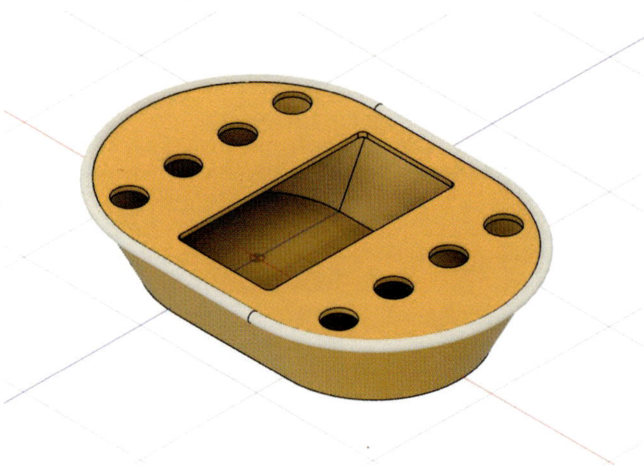

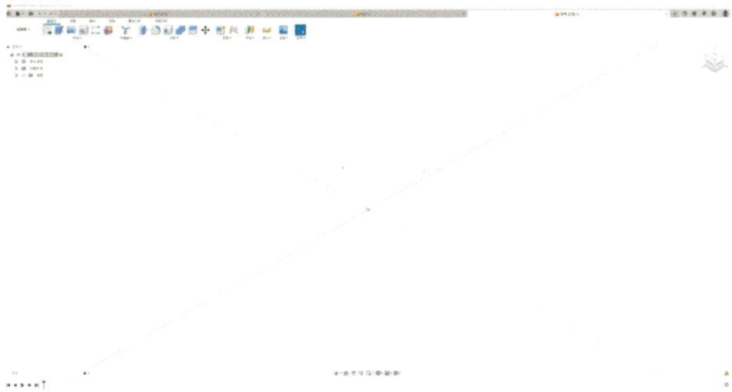

순서 1 Fusion 360을 실행하여 작업 창이 나타나도록 한다.

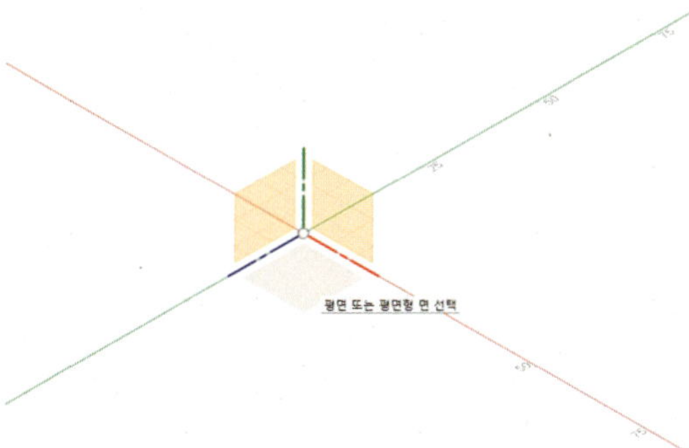

순서 2 스케치 작성을 누르고 밑면(XZ)을 선택한다.

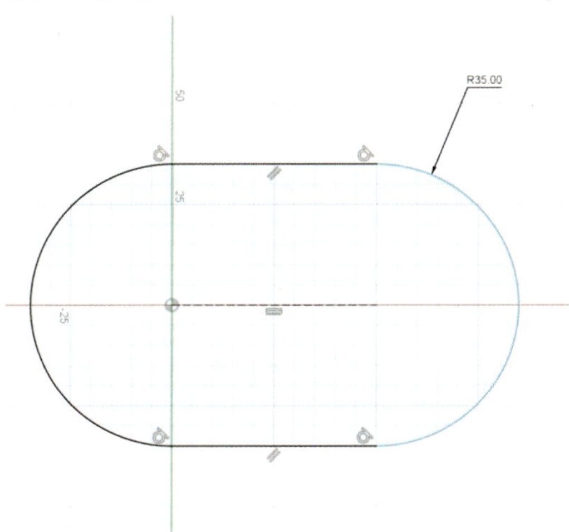

순서 3 작성에서 슬롯을 누르고 중심 대 중심 슬롯을 선택한다.
원점(0.0)에서 우측 방향으로 50.0 mm, 위쪽 방향으로 직경이 70.0 mm로 한다.

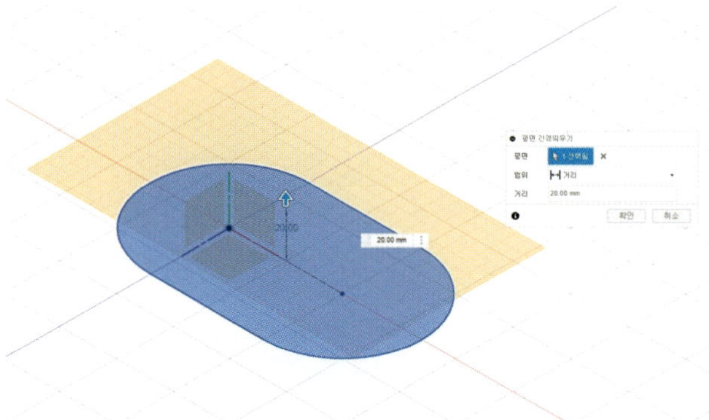

순서 4 구성에서 평면간격 띄우기를 선택한다. 거리를 20.0 mm으로 하고 확인을 누른다.

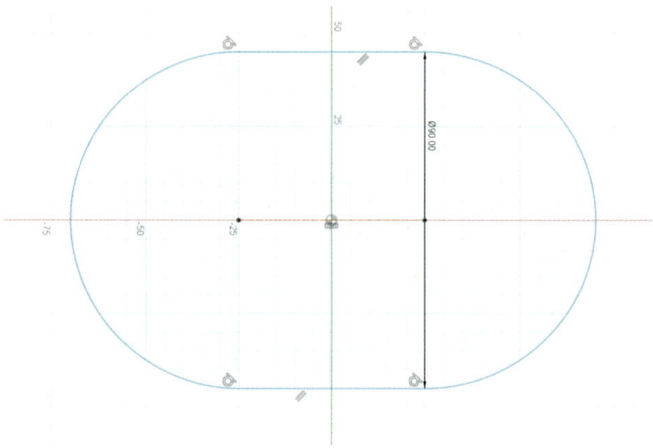

순서 5 작성에서 슬롯을 누르고 중심 대 중심 슬롯을 선택한다.
원점(0.0)에서 우측 방향으로 50.0 mm, 위쪽 방향으로 직경이 90.0 mm로 한다.

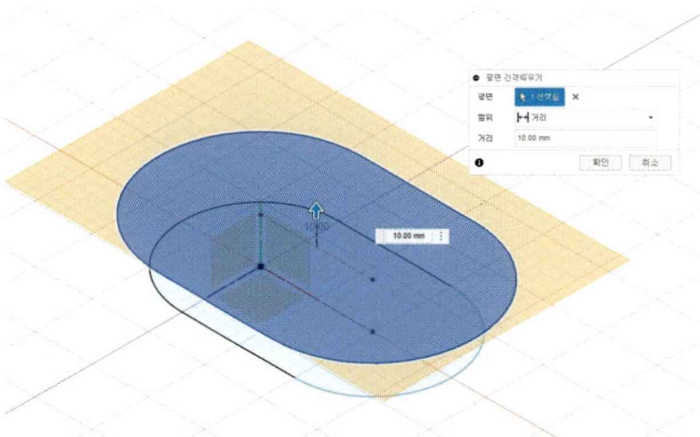

순서 6 구성에서 평면간격 띄우기를 선택한다. 거리를 10.0 mm으로 하고 확인을 누른다.

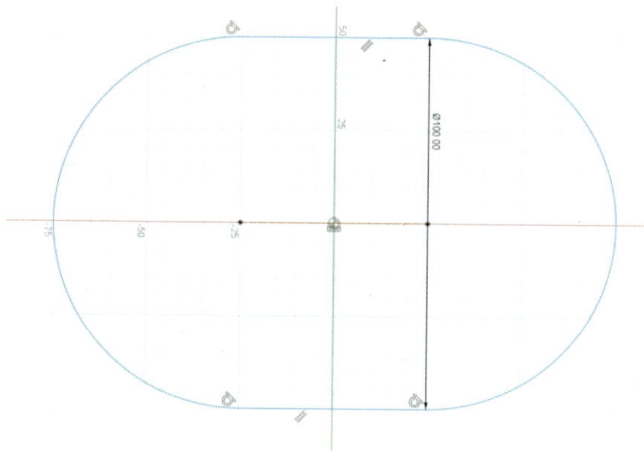

순서 7 작성에서 슬롯을 누르고 중심 대 중심 슬롯을 선택한다.
원점(0.0)에서 우측 방향으로 50.0 mm, 위쪽 방향으로 직경이 100.0 mm로 한다.
스케치 마무리를 누른다.

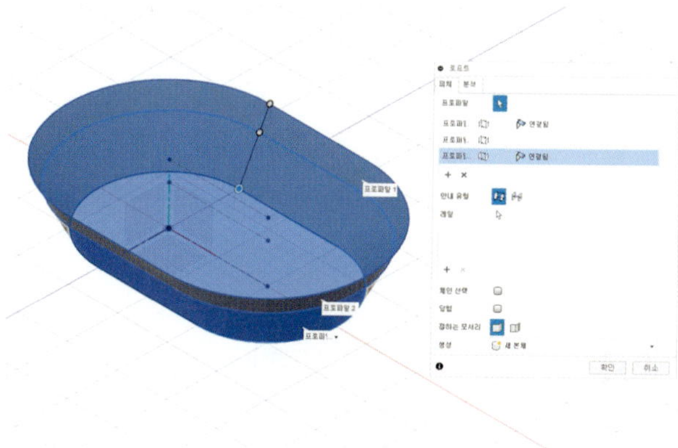

순서 8 작성에서 로프트를 선택한다. 프로파일 1, 2, 3면을 선택한다.
생성을 새 본체로 선택한다. 확인을 누른다.

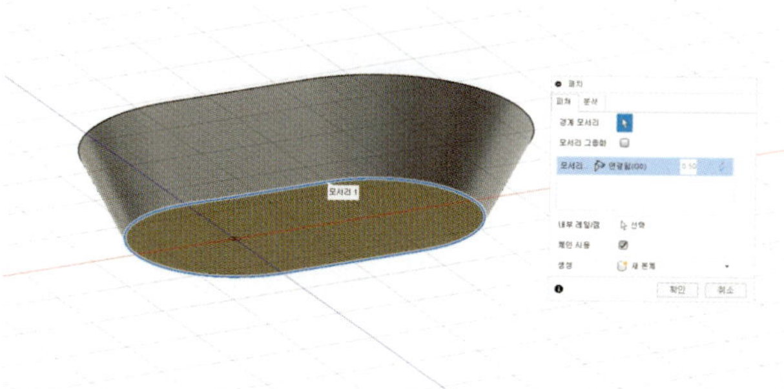

순서 9 Shift와 마우스 볼을 동시에 누른 상태에서 밑면이 보이도록 회전을 한다.
작성에서 패치를 선택한다. 경계 모서리를 누른다.
확인을 누른다.

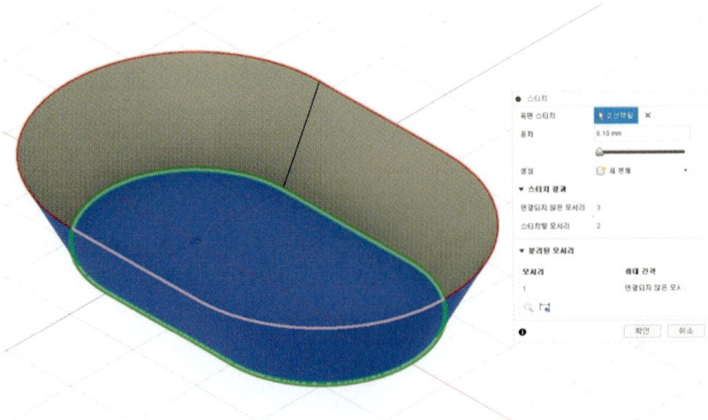

순서 10 수정에서 스티치를 선택한다. 곡면 스티치를 2개를 선택한다.
확인을 누른다. 검색기에서 본체를 누르면 본체3(2)이 나온다.

순서 11 작성에서 두껍게 하기를 선택한다. 검색기에서 본체3을 선택한다. 두께를 -2.0 mm로 한다.
확인을 누른다.

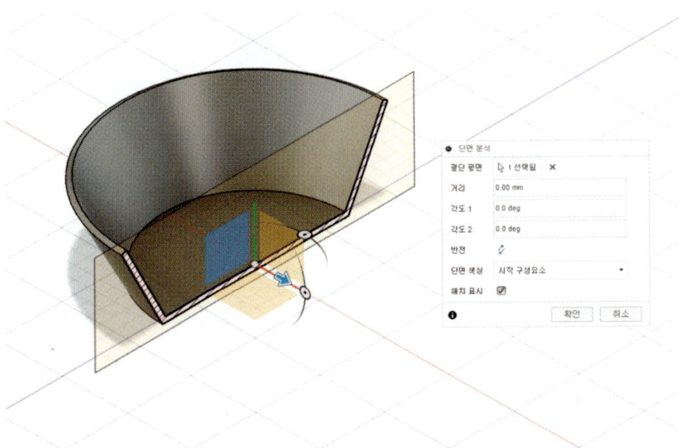

순서 12 검사에서 단면 분석을 선택한다. 좌측 면(YZ)을 선택한다.
확인을 누른다.

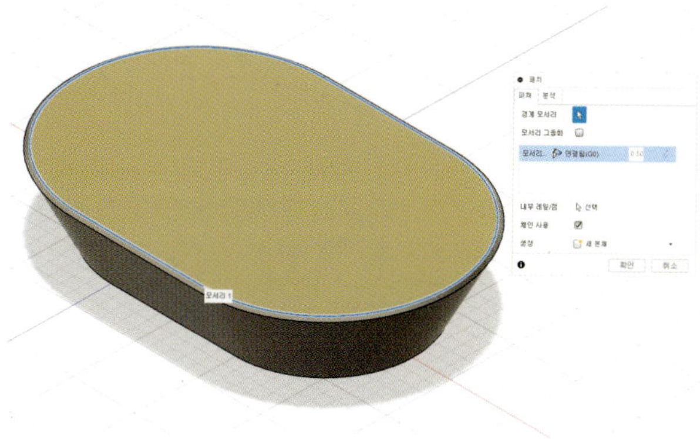

순서 13 작성에서 패치를 선택한다. 위쪽 모서리에서 외부 쪽 모서리를 선택한다.
확인을 누른다.

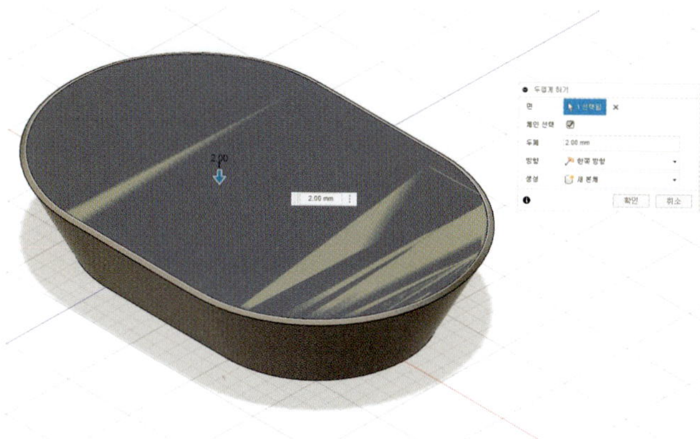

순서 14 작성에서 두껍게 하기를 선택한다. 위 면을 선택하고 두께를 2.0 mm를 기입한다.
확인을 누른다.

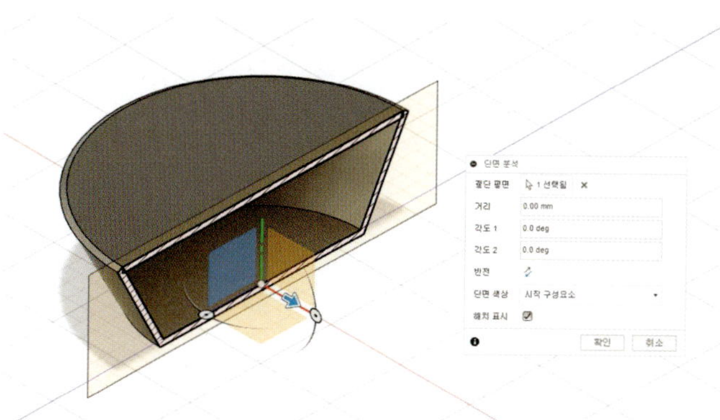

순서 15 검사에서 단면 분석을 선택한다. 좌측 면(YZ)을 선택한다.
확인을 누른다.

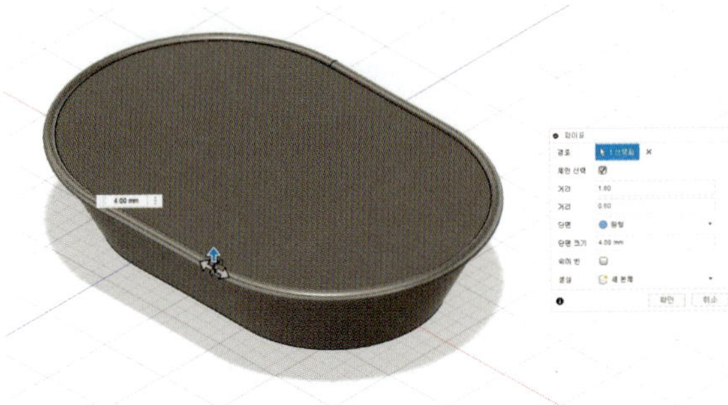

순서 16 솔리드로 간다. 작성에서 파이프를 선택한다. 프로파일을 바깥 경로를 선택한다. 단면 크기를 4.0 mm로 한다. 생성은 새 본체를 선택한다. 확인을 누른다.

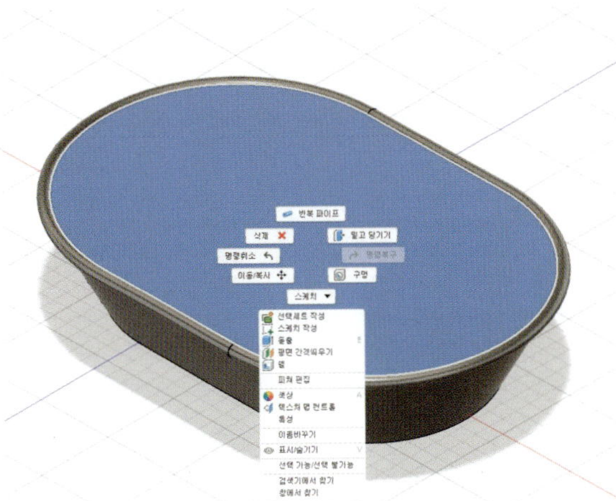

순서 17 마우스를 평면 위에 놓고, 오른쪽 마우스를 눌러 스케치 작성을 선택한다.

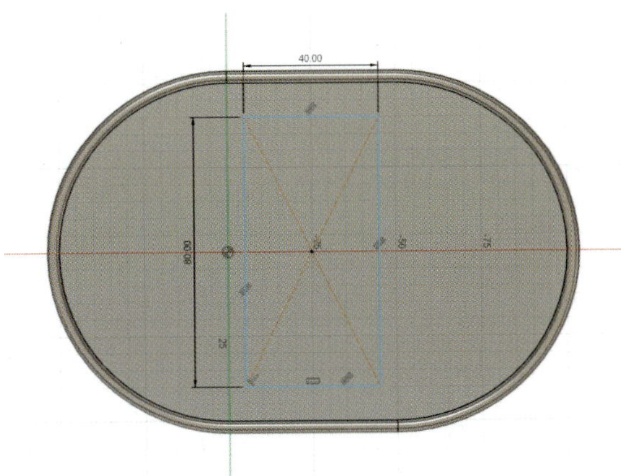

순서 18 원점과 직각 사각형의 중심을 누른다.
그림의 중심 부분에서 가로 40.0 mm, 세로 80.0 mm인 직각 사각형을 만든다.
스케치 마무리를 누른다.

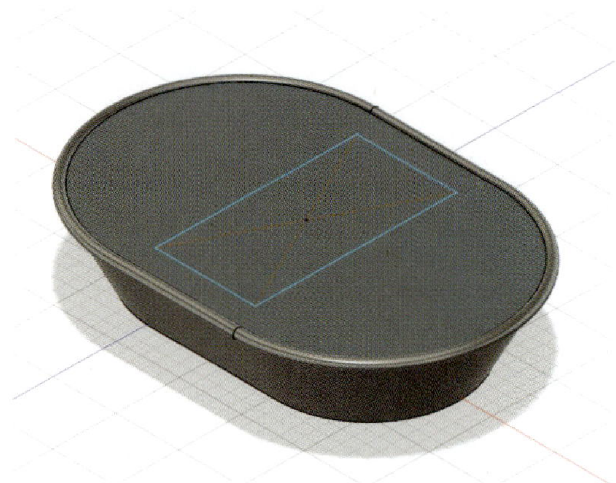

순서 19 | 홈(집)을 누른다.

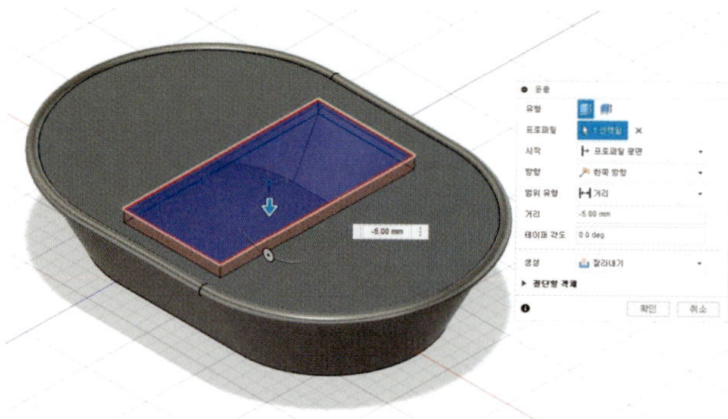

순서 20 | 작성에서 돌출을 선택한다. 프로파일을 선택한다.
거리를 −5.0 mm하고, 생성은 잘라내기를 한다. 확인을 누른다.

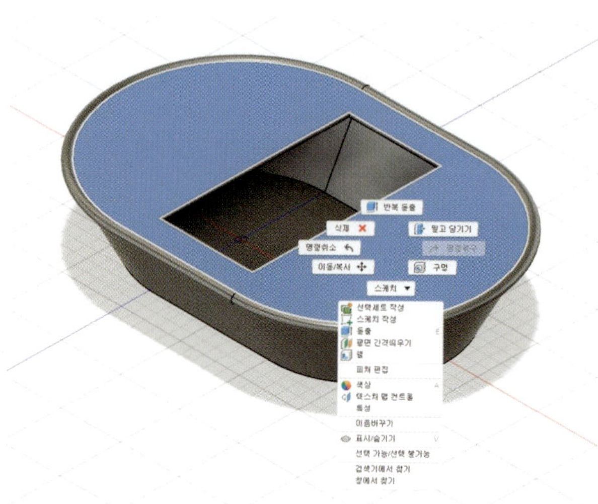

순서 21 | 마우스를 평면 위에 놓고, 오른쪽 마우스를 눌러 스케치 작성을 선택한다.

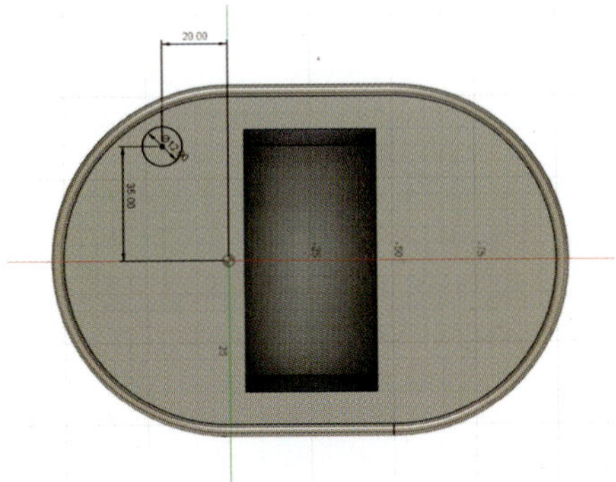

순서 22 작성에서 원을 누른다. 중심 지름 원을 선택한다.
원점(0.0)에서 가로 20.0 mm, 세로 35.0 mm 위치에서 직경이 12.0 mm인 원을 그린다.
확인을 누른다.

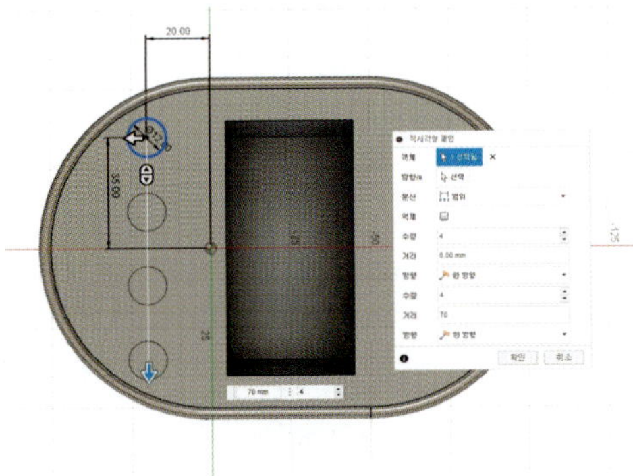

순서 23 작성에서 패턴을 누른다. 직사각형 패턴을 선택한다.
아래 방향으로 수량을 4개, 거리를 70.0 mm으로 한다.
확인을 누른다.

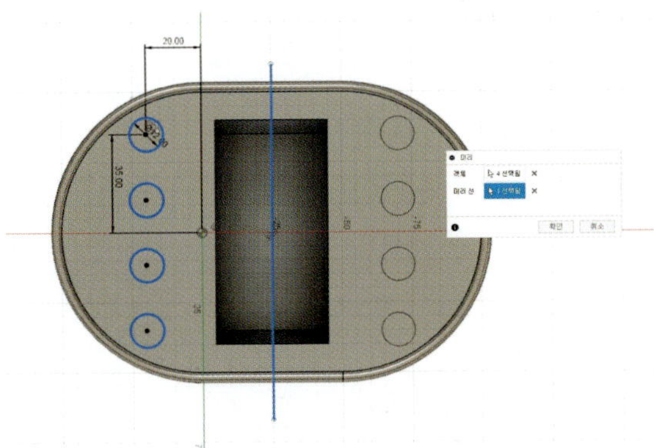

순서 24 작성에서 선을 선택한다. 중심선을 그린다.
작성에서 미러를 선택하고, 중심선을 누른다. 확인을 누른다.
스케치 마무리를 누른다.

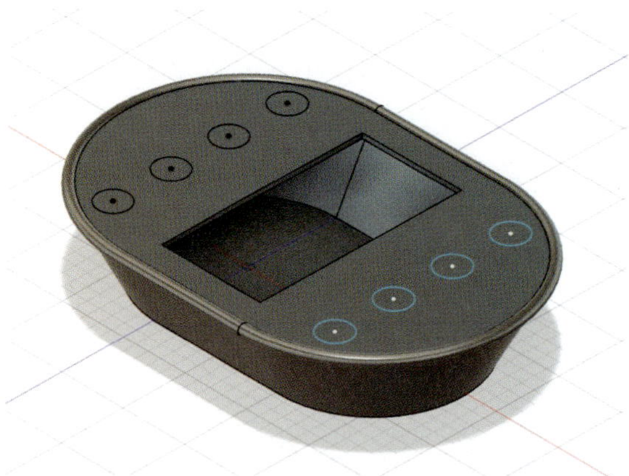

순서 25 홈(집)을 누른다.

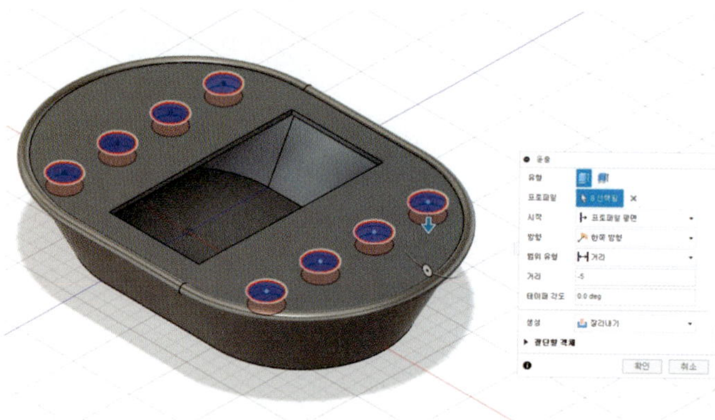

순서 26 작성에서 돌출을 선택한다. 프로파일 8개를 선택한다.
거리를 −5.0 mm로 하고, 생성은 잘라내기를 한다. 확인을 누른다.

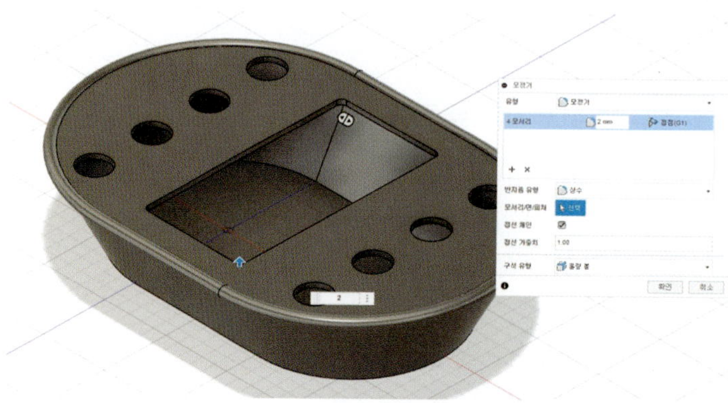

순서 27 수정에서 모깎기를 선택한다. 모서리 4개를 선택한다.
모서리를 2.0 mm로 모깎기 한다. 확인을 누른다.

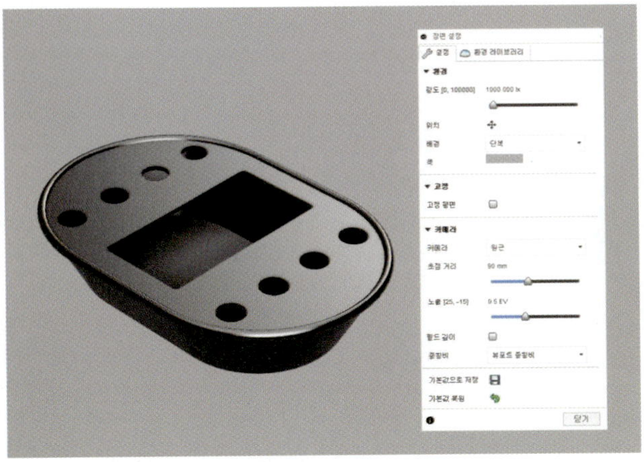

순서 28 디자인에서 렌더링으로 간다.

그림자를 제거하기 위해 장면 설정에서 고정 평면에 체크되어 있는 것을 해제한다.

닫기를 누른다.

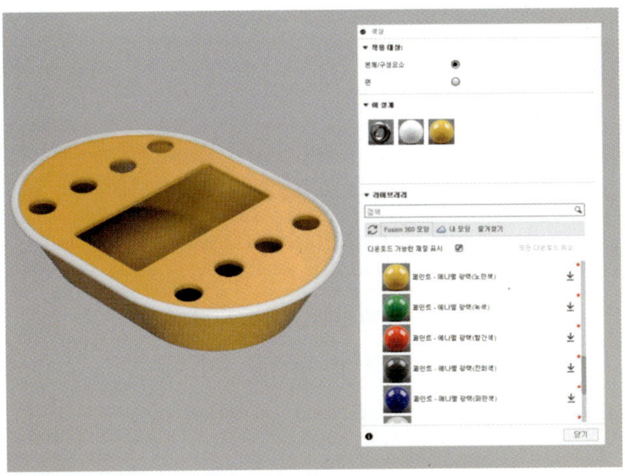

순서 29 색상에서 원하는 색을 선택한다. 닫기를 누른다.

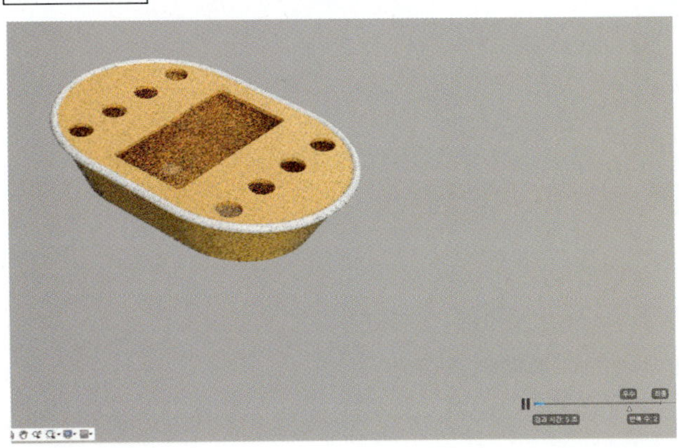

순서 30 캔버스 내 랜더링으로 간다. 시간이 우수가 될 때까지 기다린다.

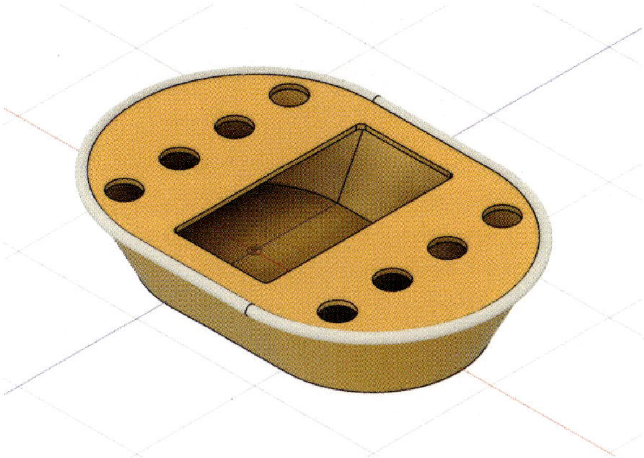

순서 31 최종 마무리된 칫솔꽂이이다.

연습문제

■ 자유치수를 사용하여 모델링 하시오.

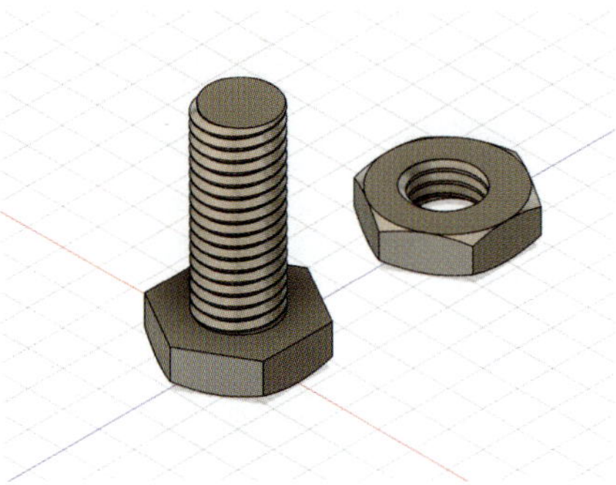

〈 볼트/너트 모델링 〉

〈 실내용 의자 모델링 〉

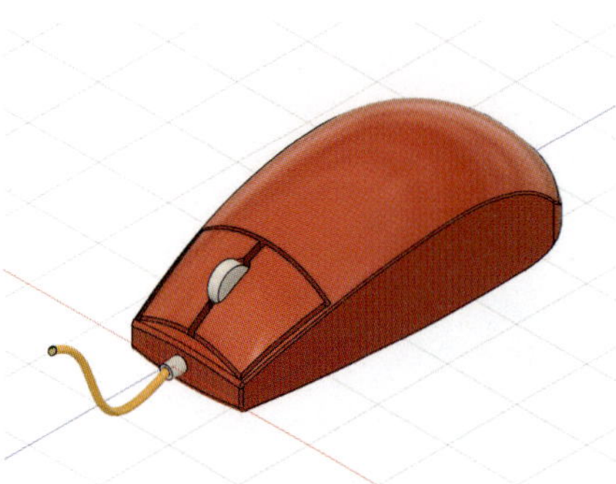

〈 마우스 모델링 〉

참고문헌

1) 기계공학제도 제4판, 김종원, 문운당, 2015

2) 최신 한글판 FUSION360 3D 모델링 & 3D 프린팅 입문편 개정 3판, 노수황, 김홍윤, 하영민 공저, 메카피아, 2022

3) 3D 프린터의 모든 것, 허제 지음, 동아시아

4) 누구나 즐길 수 있는 3D 프린팅, 플로리안 호르쉬 지음, 메카피아, 2010

5) 미래의 핵심 기술 3D 프린팅, 임용진, 도서출판 퍼플, 2015

6) Autodesk Fusion 360과 3D 프린팅 실전 활용서, 조성일, 노수황 공저, 메카피아, 2016

재미있고 신나는

3D모델링

2023년 8월 20일 인쇄 발행

저 자	원대희
발 행 인	송기수
발 행 처	도서출판 GS인터비전
편 집 처	도서출판 GS인터비전
편 집 인	공예서
표지디자인	디자인붐
인 쇄 처	더블비
등 록 번 호	제 25100-2016-000050호
I S B N	979-11-5576-449-7(93550)

주 소 서울 은평구 증산로 15길 69, 2층

전 화 02-976-7898, 02-3272-7898

팩 스 02-6468-7898

홈페이지 gsintervision.kr

E-Mail gsinter7@gmail.com

정 가 30,000원